KB030272

함께 성장해요!

배워서 바로 쓰는 학급상담

초등상담나무 지음

학지사
지혜의 상자 WISEBOX
인싸이트 심리검사연구소

추천사

한국심리상담연구소장 김인자

초등상담나무 선생님들의 『배워서 바로 쓰는 학급상담』의 출판을 진심으로 축하드립니다. 이 책을 읽으면서 많은 감동을 받았고 초등상담나무 선생님들의 그동안의 노고에 감사의 마음을 전합니다.

한국 가정이 많은 어려움을 겪고 있고, 한국 사회가 아이들의 성장에 효과적인 도움을 주기에 어려운 이때, 초등상담나무 선생님들의 학급상담에 대한 노력은 희망의 등불로서 우리 사회 발전에 큰 힘이 되리라 믿습니다.

우리 모두는 일생을 살면서 건강하고 행복한 삶을 누리고자 나름대로 여러 가지 수단과 방법을 배우고 그것을 자기 삶에 적용합니다. 하지만 우리가 바라던 대로, 바라던 만큼 이루어지지 않아 행복이 좌절될 때가 있습니다. 그때마다 우리는 환경을 탓하거나 다른 사람의 탓이라고 생각합니다. 행복을 연구한 에드 디너는 2010년 조사에서 한국인의 행복감이 한국의 환경조건과 비례하지 않는다는 것을 확인하였습니다. 그리고 GDP가 열번째로 높은 우리나라의 행복지수가 OECD 국가 중 최하위이며, 자살률도 제일 높은 나라로 조사되었다고 합니다. 그러면 무엇이 개인의 건강과 행복의 조건이 되는 것일까요?

1950년대 미국의 상담심리학자 토머스 고든은 개인의 건강과 행복의 원천은 바로 따뜻한 가족관계에서 비롯된다고 주장하며 P.E.T 프로그램을 만들어 냈습니다.

『배워서 바로 쓰는 학급상담』에서도 교사와 학생들이 좋은 관계를 맺으면 함께 성장할 수 있다는 것을 알려 주고 있습니다. 학급 안에서 교사가 학생들의 성장을 돕기 위해 상담기법을 적용하는 것은 학생들에게 효과적인 도움을 줄 뿐만 아니라 교사에게도 성취감을 경험하게 하여 함께 행복해진다는 것입니다.

초등학교 때부터 윌리엄 글래서(William Glasser) 현실치료 상담의 기본 이론인 '선택이론'을 적용하여 자신의 행복을 위해 스스로 행동을 선택하고, 그 선택에 대한 책임을 지는 방법을 쉽게 배워서 몸에 익힐 수 있도록 해 준 초등상담나무 선생님들의 뛰어난 '순수성'과 아낌없는 '나눔'에 감사드립니다.

이 책을 통해 한국 교사들이 학급상담을 배우고 나누고 다지는 초석이 되기를 기도하며 응원합니다. 기도와 사랑으로...

현실치료상담 전문가 김서규 박사

이 책은 교사연구모임인 초등상담나무에서 만든 학급상담을 위한 최고의 지침서다. 나는 초등상담나무의 공동대표인 김명신 선생님을 한국교원대학교 교육대학원에서 학교 상담을 공부하면서 처음 만났다. 그때의 김명신 선생님은 아이들을 바르게 지도하는 방법에 목마른 구도자의 모습이었고, 희망을 찾는 교육자의 풋풋함 그 자체였다. 우리는 라일락 꽃향기가 가득한 아름다운 인문관 교정에서 우리에게 맡겨진 아이들을 어떻게 하면 좀 더 훌륭한 아이들로 성장시킬까 하는 이야기로 밤 깊은 줄 모르고 토론하던 젊디젊은 사람들이었다.

대학원 과정이 끝나고 나서 우리는 각자의 교육 현장으로 나갔고, 열정은 그대로 이어졌다. 김명신 선생님은 부산에서 동료 선생님들과 함께 초등상담나무라는 모임을 시작했고, 여러 해 동안 한국형 교실 상담을 위해 연구와 생산 그리고 나눔을 꾸준히 실천하셨다. 그 결과 다양한 상담 도구인 공감대화카드, RT상담카드, 공감대화보드, 샤이닝 강점카드, 공감Talk,

안녕! 오늘의 마음 공책과 도서 『놀며 자라는 놀이집단상담』, 그림책 『내 마음이 궁금해』를 개발하였고 이번에는 『배워서 바로 쓰는 학급상담』을 출판하게 되었다.

이 책은 무엇보다 현장을 잘 아는 교사들이 지혜를 모아서 만들었기 때문에 가치가 크다. 사실 교사보다 현장을 더 잘 아는 사람은 없을 것이다. 하지만 현장에 있는 교사는 학생과 수업, 생활지도, 업무에 정신없이 바쁘다. 초등상담나무 선생님은 함께 이 어려움을 극복하고 현장에 도움을 주기 위해 실제 실천하고 적용한 것을 책으로 만들었으니 정말 대단한 일이다. 교육학을 전공한 학자나 교육 관련 연구자, 그리고 현장 밖에서 교육 활동을 조력하는 사람들의 연구도 소중하지만, 학교 안에서 아이들과 날마다 부대끼는 교사들의 목소리는 얼마나 소중한가!

또한 학교 상담 기법 중에서도 매우 효율적이라고 평가받는 현실치료상담(Reality Therapy)을 기반으로 만든 점이 돋보인다. 이 기법의 창시자 윌리엄 글래서는 상담의 대가이기도 하지만, 북미 지역에서 좋은학교운동(Quality School Movement)의 선구자이고, 『어떠한 학생이라도 성공할 수 있다(Every student can succeed)』의 저자이기도 하다. 그는 생활지도에 사용할 수 있도록 상담 기법을 최적화했기 때문에 일선 학교에서 사용하기가 매우 편리하다.

김명신 선생님은 이 책을 만들기 위해 선생님들께 현실치료상담 기법을 배우도록 권유했고, 그래서 선생님들의 이론적 능력이 높은 수준에 이르렀으며, 거기에 다년간의 현장 경험을 잘 녹여서 현재 이 책을 세상에 내놓게 되었다.

독자들은 이 책을 통해서 아이들과 소통하는 방법, 다루기 힘든 아이를 상담하는 방법, 상담망을 만드는 방법을 명쾌하게 알 수 있을 것이다. 아이들과 소통하는 방법에 목마른 분에게 강력하게 추천해 드린다.

이 책이 나오기까지

대표저자 김명신

첫 발령을 받고 나는 좋은 교사가 되고 싶었고, 공부를 잘 가르치면 좋은 교사가 되는 줄 알았다. 그래서 아이들에게 공부를 가르치는 데 온 열정을 쏟았다. 아이들과 학교생활을 하면서 어떻게 소통하는지 몰라 버럭 화를 냈고, 일방적인 지시와 훈계, 심지어는 체벌로 상황을 통제했다. 주변에서는 경력이 얼마 되지 않은 선생님이 어떻게 저렇게 아이들을 잘 다루느냐고 칭찬까지 해 주셔서 내가 잘하고 있는 줄 알았고, 스스로 좋은 교사라고 생각했다.

그러던 중, 내가 아이들 곁으로 가면 아이들이 순간 무서움에 움찔거리는 것을 발견하게 되었다. 겉으로는 말을 잘 듣는 것처럼 보였지만 실제 아이들과 나의 심리적 관계는 점점 멀어지고 있었던 것이다. 아이들과 진심으로 연결되지 못한 나는 교실에서 점점 외롭게 지쳐 갔고 교직을 그만두어야 하나라는 생각까지 들었다. 그러다 1급 정교사 연수에서 들은 상담강의가 나에게 새로운 전환점이 되었다. 화내거나 혼내지 않으면서도 아이들을 대하고 가르치는 방법이 있다는 걸 처음 깨달았다. 본격적으로 공부를 하고 싶어서 배울 수 있는 곳이라면 먼 곳도 오가며 아이들과 대화하는 방법부터 배웠다. 그러자 아이들과의 관계에 변화가 생겼다. 나를 어려워하던 아이들이 하나둘씩 곁에 와서 이야기도 하고 웃기 시작했다. 그런 아이들의 이야기를 듣고 공감하면서 아이들과의 관계는 달라지고 나의 학교생활은 행복하게 바뀌어 갔다.

교사로서 상담의 필요를 절실히 느낀 나는 더 적극적으로 상담 공부를 했고, 특히 현실치료를 배우면서 아이들의 행동뿐 아니라 나 자신을 이해하게 되었다. 아이들을 대하는 마음이 근본적으로 바뀐 것이다. 하지만 현실치료를 아이들과의 상담에 적용해 보니 초보자로서 상담을 진행하기가 쉽지 않았고 상담을 받는 아이들도 상담질문에 대답하기 어려워하는 것이 느껴졌다. 고민하던 중 한 아이의 아이디어를 통해 현실치료상담을 쉽게 이해할 수 있는 간단한 상담과정 그림이 필요함을 깨달았다. 그래서 상담에 적용할 수 있도록 RT상담카드를 고안하여 개발하였다. RT상담카드로 아이들과 상담을 하니 훨씬 쉽게 상담이 진행되고 효과도 만족스러웠다.

한편, 학교현장은 적응에 어려움을 겪는 아이들이 갈수록 늘어나고, 담임 혼자의 역량으로 많은 아이를 다 보살피기가 어려운 현실이다. 상담을 하다 보니 감당하기 어려운 까다로운 문제도 발견했다. 이런 문제에 대해 주변 자원과 함께 연계하여 아이들을 더 도울 수 있는 방법도 찾게 되었다.

학급의 모든 아이와 공감하고 소통하며 좋은 관계를 맺기, 도움이 더 필요한 아이들은 상담법으로 돕기, 교사 혼자서 감당하기 어려운 아이들은 주변의 여러 자원을 활용한 학급상담망을 조성해서 돕기 등 아이와 교사가 함께 성장하는 '학급상담'의 체계가 마련되었다.

교사 성장기를 거치며 혼자 하던 고민에서 나아가 이 뜻과 고민을 함께하고자 하는 주변 선생님들이 모였다. 이에 '초등상담나무' 교사연구회를 결성하고 우리의 학급상담을 적용하여 함께 더 최적화하며 나아가게 되었다. 여럿이 함께하면서 긍정 에너지로 추진과 동력이 배가 되었다. 이렇게 함께한 선생님들과의 긴 시간 현장 경험을 통해 '학급상담'이 만들어지게 되었다.

2011년 『마음을 여는 초등학급상담』(우리교육) 책 출판을 시작으로, '초등학급상담 교사연수 프로그램(30시간, 2012년~)'을 개설하였다. 매년 많은 선생님께서 참여하여 배우고 또 현장으로 돌아가 연수 내용을 적용하고 있다. 초등상담나무의 연구 활동은 아이들과 더 쉽게 공감하고 소통할 수 있는 도구인 '공감대화카드'의 개발을 통해 아이들의 갈등 중재, 학부모 상담에까지 널리 확장, 적용 가능하게 되었다. RT상담카드를 활용한 상담법은 배움이 더 필요한 많은 선생님의 요구로 '상담적용과정' 모임도 생겼다. 학급에서 일어나는 실제 사례들을 함께 나누며 더 잘 배워서 쓸 수 있도록 심화하고 있다. 이제 그동안 연구하고 적용한 초등상담나무의 자료와 사례들을 더 많은 선생님과 함께 나누고 도움이 되고자 이 책을 집필하게 되었다.

이 책은 상담에 학식이 높은 교수님이나 전문 상담가가 만든 이론서가 아니다. 아이들과 소통이 안 되고 대화도 할 줄 모르던 교사, 너무 허용적이어서 아이들에게조차 무시당하며 힘들어하던 교사, 교실에서 감당하기 어려운 한 아이 때문에 교직을 그만두고자 했던 교사…. 이런 교사들이 상담을 배우면서 어떻게 행복한 교실로 전환될 수 있었는지, 누구보다 열정적으로 아이들과 소통하며 즐겁게 생활하게 된 비결을 담은 책이다.

이 책의 발간에는 초등상담나무 11명의 교사가 저자로 참여하였지만 책 속의 내용은 수년간 아이들의 변화와 성장을 위해 애쓰고 적용한 초등상담나무 전체 선생님의 결과물이다. 함께해 주신 초등상담나무 선생님들께 먼저 감사드린다. 그리고 책 집필의 시작과 함께 1년 넘게 그림 작업으로 애써 주신 강지현 그림작가님께 깊이 감사드린다. 또한 초등상담나무를 격려해 주시고 이론적으로 균형을 잡아 주시며 아낌없이 지지해 주신 김인자 교수님, 김서규 선생님께도 진심으로 감사드린다.

초등상담나무가 만드는 자료라면 묻지도 따지지도 않는다고 하시며 생각한 것을 과감하게 시도해 볼 수 있도록 언제나 응원과 지원을 해 주시는 존경하는 학지사 김진환 사장님과 편집부에 진심으로 고마운 마음을 전한다.

들어가면서: 교사의 상담역량이 왜 필요한가

교사는 아이들을 잘 가르치고 그들의 성장을 돕고 싶어 한다. 교사의 가르침이 아이들의 삶에 영향을 준다고 느낄 때 그 즐거움과 보람은 참으로 특별하다. 하지만 급변하는 현대 사회의 현상만큼 교실에서 교사의 가르침을 무색하게 만들거나 당황하게 하는 아이들이 부쩍 늘어나고 있다. 과격한 행동으로 감정을 표출하는 아이, 공부에 이미 싫증이 나 있거나 집중이 어려운 아이, 무리를 짓고 친구를 소외시키는 아이, 자신의 행동을 상대 탓으로 돌리는 아이 등. 학급에서 이런 아이들을 만날 때 어떻게 가르치고 성장을 도와야 할지 교사의 막막함과 고민은 깊어진다.

아이들이 겪는 정서적 어려움이나 부적응 행동, 관계에서 일어나는 갈등을 해결하지 않은 채 가르치는 일에 전념하기는 무척 어렵다. 교실에서 친구나 교사를 힘들게 하는 아이를 학습 방해자로 구분한 채 전체 학생에게 영향력을 발휘하기도 마땅하지 않다. 어쩌면 아이들이 겪는 갈등이나 문제는 성장 중인 아이들에게서 당연히 일어날 수 있는 것이므로 교사는 학습지도에 앞서 더 기본적이고 전문적으로 그들의 문제에 접근할 수 있어야 한다.

이를 위해 필요한 것이 바로 교사의 상담역량이다. 아이들과 좋은 관계를 맺고 안정적인 분위기를 유지하기, 학습 동기를 북돋우며 서로 존중하는 관계로 나아가기, 갈등이 발생했을 때 해결하고 배움으로 더 나아가도록 돕기 등 교사가 아이들을 대하는 모든 영역에 상담적 태도와 역량이 필요하다.

Hamblin, Lang(1993)은 아이들의 성장과 발달을 돕는 인성교육 및 생활교육을 위해 모든 교사에게 다음 네 가지 수준의 상담역량이 발휘되어야 한다고 했다.

수준 1	긍정적 학습 분위기를 형성하고 학생의 자존감을 향상시키기 위해 교실에서 상담기술을 활용
수준 2	생활 중 일어나는 학생의 문제해결을 돕기 위해 상담기술을 활용
수준 3	전문상담교사 등 학교 내 훈련된 전문가가 실시하는 개인상담이나 소집단상담을 활용
수준 4	심리학자와 정신과 의사와 같은 학교 밖 전문가의 상담을 통해 학생이 도움을 얻을 수 있도록 의뢰하는 것

학교에서 아이들을 위해 요구되는 교사의 상담역량은 학급 전체 아이들과 편안한 분위기를 만들고 개인을 존중하는 수준 1부터 외부 전문가에게 의뢰해서 도움을 주는 수준 4까지, 모든 아이에 대해 그리고 아이 개별로 알맞은 교사의 태도와 지원이 필요함을 시사한다.

배움과 성장의 과정에 있는 아이들에게 필요하고 적절한 도움을 주는 활동 모두가 상담 영역임을 확인하고, 교사가 그 역량을 익혀 발휘해야 하는 것이 당연하다 할 수 있다.

실제 교육현장에서 바로 적용할 수 있는 상담이 필요하다

상담역량의 필요를 느끼는 많은 교사가 교육청이나 연수기관, 서적 등을 통해 상담을 접한다. 하지만 상담이론은 매우 다양하고 그 이론을 실제 체득하여 적용까지 하려면 많은 시간과 훈련이 필요하다. 또한 교사가 학급 아이들을 돕기 위해 실시하는 상담은 상담 전문가들이 하는 일반상담과는 다소 다른 접근과 영역이 요구된다. 구체적으로 살펴보면, 다음과 같다.

학생들의 성장과 발달, 문제 예방에 초점을 맞춘 상담이어야 한다

일반적인 전문 상담은 병리적 내담자에 대한 치료에 목적을 둔다. 그래서 심리학적 이론을 체계적으로 이해하고 전문적인 수련이나 긴 훈련과정을 필수로 이수한다. 하지만 교사들에게 필요한 상담은 아이들이 발달과정에서 겪을 수 있는 정서행동상의 문제나 어려움을 예방하고 돕는 것이 대부분이다. 이전에는 특정한 몇 명의 문제 상황을 해결하기 위해 상담이 필요하다고 보았지만 지금은 문제나 갈등이 일어났을 때의 개입뿐 아니라 예방적 측면의 상담도 중요시한다. 즉, 모든 아이의 성장 과정과 발달을 돕는 적극적인 지원을 상담 영역으로 보고 관심과 적극적인 지지로 아이들을 돕는 상담이 필요한 것이다. 더불어 치료가 필요한 병리적인 문제를 가진 아이(예를 들면, 약물치료가 필요한 ADHD, 조절이 힘든 게임중독에 이른 경우 등)를 발견하여 전문상담사나 외부 전문가에 연계함으로써 도움을 받도록 한다. 아울러 상황이나 문제를 악화시키지 않고 개선될 수 있도록 학부모, 전문가와 협력하며 아이를 더 보살펴 주는 것 등을 포함한다.

짧은 시간에 효과적인 도움을 줄 수 있는 상담이 필요하다

학급의 아이들과 시간을 갖고 그들의 문제를 돕고 싶은 마음은 간절하나 교사의 하루는 숨이 가쁘다. 출근과 동시에 쏟아지는 많은 메신저, 정해진 수업량과 처리해야 할 여러 업무, 아이들 역시 수업이 끝나자마자 학원 차 시간을 맞추기 위해 달려 나가는 현실이기에 상담을 위한 시간 확보가 어렵다. 아이와 여유 있게 마주 앉아 충분한 시간과 여러 회기로 상담을 진행하는 계획은 현실적 가능성이 많이 떨어진다. 그래서 지금 현장에서는 교사와 아이 모두에게 효율적인 단기 상담, 짧은 시간과 회기이지만 효과적 상담이 될 수 있는 특별한 상담방법이 필요하다. 이에 교사가 쉽게 배우고 적용할 수 있는 상담 방법, 아이들이 즐겁게 자신을 돌아보고 나아갈 수 있는 상담 방법을 소개하고자 한다.

이 책을 읽고 나면 제대로 된 학급상담을 바로 할 수 있다

이 책은 교사가 상담의 원리를 이해하여 상담역량을 잘 발휘하도록 하기 위해 크게 두 부분으로 구성하였다. '1부 배워서'에서는 상담에 필요한 기본 이론을 살펴보고, '2부 바로 쓰는'에서는 배운 이론을 상담에 적용하는 방법과 과정을 실제 사례와 함께 설명하였다. 단, 빠른 시간 안에 누구라도 쉽게 상담이 가능하도록 개발된 초등상담나무의 상담도구(공감대화카드, RT상담카드)를 활용한 상담 방법을 소개·활용한다.

'1부 배워서' 에서 다루는 상담이론은 2부 상담과정의 바탕이 되는 상담이론이다. 1부의 전체 내용 흐름은 다음과 같이 세 부분으로 구성, 정리하였다.

첫번째, 이 책의 바탕은 선택이론에서 시작한다. 윌리엄 글래서(William Glasser)가 주창한 선택이론은 인간이 왜, 어떻게 행동하는지를 설명해 주는 이론이다. 선택이론을 배우면 우리가 하는 행동의 이면에 충족하고자 하는 욕구와 바람이 있음을 이해하게 된다. 그리하여 아이들의 행동을 깊이 이해하여 그들을 도울 수 있고 교사 스스로도 자신의 욕구를 인식하여 충족할 수 있는 새로운 행동으로 나아갈 수 있다.

1. 아이들이 왜, 어떻게 행동하는지를 배우는 **선택이론**	당신의 삶은 누가 선택하는가
	인간을 움직이는 힘: 다섯 가지 욕구
	욕구가 잘 충족된 사진들이 모인 곳: 좋은 세계
	사람은 왜 똑같은 대상을 다르게 보는가: 지각된 세계
	우리는 끊임없이 행동을 선택한다: 행동체계
	우리의 행동은 네 가지로 구성되어 있다: 전행동자동차
	마음은 어떻게 작용하는가
2. 아이들과 소통하고 상담하기 위해 배우는 **현실치료의 RWDEP**	상담환경 가꾸기(Relationship): 좋은 관계 맺기
	바람탐색(Want): 당신은 무엇을 원하나요
	행동탐색(Doing): 당신은 무엇을 하고 있나요
	자기평가(self-Evaluation): 자신의 행동이 원하는 것을 얻는 데 도움이 되고 있나요
	계획하기(Plan): 다르게 해 본다면 어떻게 해 볼 건가요
3. 아이들의 힘을 돋우는 방법을 배우는 **해결중심 질문과 강점메시지**	새로운 관점: 문제중심이 아닌 해결중심이 필요하다
	해결중심 질문법
	힘이 나게 하는 강점메시지

두 번째, 선택이론을 근간으로 하여 상담의 과정으로 나아가는 상담 기법이 현실치료 상담이다. 현실치료 상담의 과정은 바람탐색(Want)-행동탐색(Doing)-자기평가(self-Evaluation)-계획하기(Plan)의 구체적 과정(RWDEP 과정)으로 되어 있어 익히기가 쉽고, 행동변화에 초점을 두기 때문에 단기적이고 빠르게 문제를 해결하도록 돕는다.

세 번째, 드세이저(Steve De Shazer)와 김인수 박사가 만든 해결중심상담에서 나온 접근방법인 해결중심 질문법이다. 예외상황질문, 대처질문, 척도질문을 통해 자신이 잘하고 있는 것을 발견하게 하고 그 자원과 강점을 활용하여 여러 가지 문제를 긍정적으로 해결하도록 돕는다. 자신에 대한 긍정적인 발견은 단지 문제해결을 넘어서서 자존감을 살리고 자신의 가치를 발견하는 계기를 마련하여 삶을 변화시킬 수 있게 한다.

글래서는 선택이론을 철로에 비유하고 현실치료는 철로 위를 달리는 기차라고 설명하였다. 여기에 상황을 긍정적으로 바라보는 해결중심적인 관점을 등불처럼 덧붙여 앞을 밝혀 가면 교사도 아이도 행복한 삶을 향해 더 잘 나아갈 것이다.

이 책의 집필에 참여한 교사들은 공통적으로, 처음 상담을 배울 때 '아이들을 어떻게 바꿀 수 있을까?' 라는 생각으로 상담 공부를 시작했다가 더 많이 변한 것은 교사 자신이라고 말한다. 전보다 더 힘든 상황, 교사를 난감하게 하는 아이들을 만나지만 그들이 무얼 원하는지 들으려고 노력하고 함께 이야기를 나누며 여유 있게 아이들의 성장까지 도울 수 있게 되었다고 한다. 상담역량을 기르는 것이 자신부터 더 성장시키는 길이 되는 것이다. 독자인 여러분의 삶에도 이 이론들이 스며들어 자신과 나아가 학급 아이들에게 잘 적용되길 바란다.

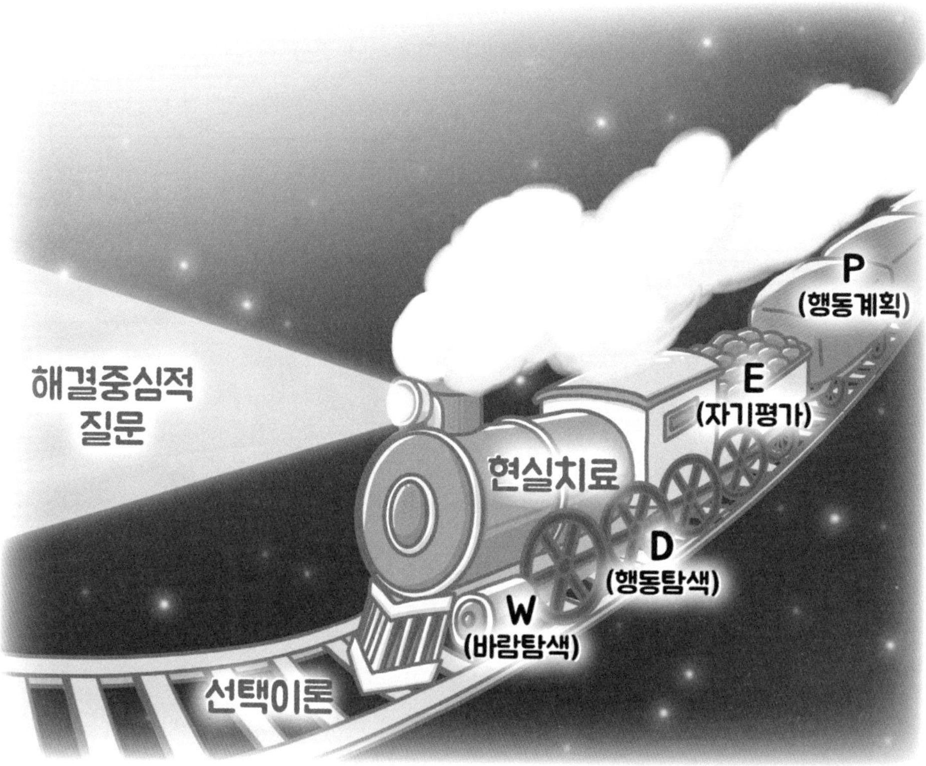

'2부 바로 쓰는' 부분은 1부에서 배운 이론을 바탕으로 교육현장에서 적용할 수 있도록 적용 범위에 따라 접근방법도 체계적으로 나누어 제시하였다.

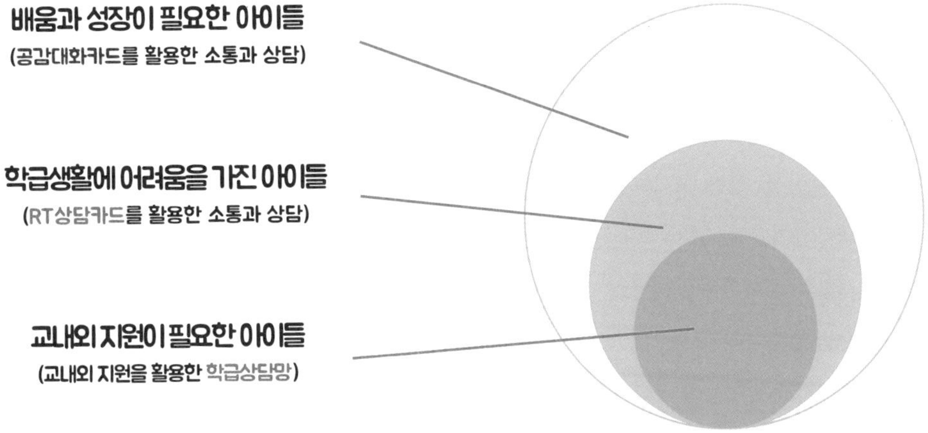

'2부 바로 쓰는'의 세 가지 부분을 살펴보면, 다음과 같다.

1. 학급 아이들 모두에게 바로 쓰는 **공감대화카드**	공감대화카드로 아이들과 공감하고 소통하기
	공감대화카드로 쉽게 상담하기
	공감대화카드를 활용한 중재하기
	공감대화카드로 학부모 상담하기
2. 생활의 어려움을 겪는 아이들에게 바로 쓰는 **RT상담카드**	학교현장을 통해 만들어진 RT상담카드
	RT상담카드 상담과정
	RT상담카드 상담진행 매뉴얼
	사례로 RT상담카드 상담과정 익히기
	사례 코칭을 통해 배우는 RT상담카드 상담
3. 교사 혼자서는 어려운 아이들에게 바로 쓰는 **학급상담망**	교사가 감당하기 어려운 아이들! 어떻게 할까
	교사가 감당하기 어려운 아이들 돕고 성장시키기

첫째, 공감대화카드를 활용하는 상담과정을 소개한다. 공감대화카드는 학급 모든 아이를 대상으로 소통하고 상담할 수 있는 도구이다. 사용법도 간단해서 적용하기 쉬우며 대화, 상담, 중재까지 활용도가 높다. 생활교육과 관련하여 일상생활 속에서 교사와 아이, 아이와 아이 간에 소통을 통해 함께 성장하도록 도와준다.

둘째, 학급 내에서 생활문제로 어려움을 겪는 아이들을 개별로 도울 수 있는 RT상담카드를 소개한다. RT상담카드는 현실치료기법을 기반으로 만들어진 시각화 자료이다. 교육현장에 맞게 공감대화카드와 해결중심 질문법을 가미하여 최적화시켰다. 생활하면서 어려움을 겪는 아이들을 체계적으로 도울 수 있고 이론을 완벽히 이해하지 못해도 매뉴얼에 따라 현실치료 과정에 근접하여 사용할 수 있다.

셋째, 학급상담망은 교사 혼자서는 해결하기 어려운 아이들이 있을 때 교내외 자원들을 활용하여 함께 연결하고 협조함으로써 아이들을 더 효율적으로 도울 수 있는 방법을 안내한다.

이 책의 구성 체계는 이러하나 읽는 독자들이 현재 상황에서 필요하다고 생각되는 부분부터의 적용도 가능하다. '1부 배워서'에 제시된 이론을 이해하면 더 잘 활용할 수 있지만 이론을 완전히 이해하지 못하더라도 '2부 바로 쓰는'에 제시된 상담 방법을 바로 활용할 수 있다.

이 책의 내용은 교육현장에서 생활교육을 실천하고자 애쓰는 교사들의 실제 이야기이며 창의적인 접근방법이다. 교실이나 상담현장의 실천가들이 바로 활용할 수 있도록 최적화하고자 힘을 기울였다. 이 책이 작은 출발이 되어 상담을 통해 아이들과 교사가 함께 행복한 교실이 되는 데 기여하길 바란다.

※ 이 책에 수록된 사례의 등장인물은 모두 가명임을 밝혀 둡니다.

이 책을 더 잘 활용할 수 있는 TIP!!!

▶ 선택이론을 나의 삶에 적용해 보세요

- <#직접 해 봐요!>를 나의 삶에 적용해 보면서
  중요 개념들을 내면화할 수 있습니다.
- <나의 선택! 행복한 삶으로의 출발> 선택이론 학습판을 나에게 적용하여
  나는 왜, 어떻게 행동하는지 이해할 수 있습니다.

▶ 현실치료의 RWDEP 과정을 교실에서 바로 적용해 보세요

- <활동지>를 바로 복사해서 사용하실 수 있습니다.
- 현실치료 상담과정을 배우고 나서
  교실에서 아이들에게 쉽게 활용할 수 있습니다.

▶ 해결중심질문과 강점메시지 예문을 활용해 보세요

- 학급상담을 할 때 쉽게 적용할 수 있도록
  해결중심질문과 강점메시지의 예문을 모아 정리하였습니다.
- 해결중심질문과 강점메시지를 전달하면
  아이들의 이야기를 더 많이 들을 수 있습니다.

▶ 책 속의 QR코드를 찍어 활용하세요

- CT학습판, RT활동지, RT학습판을 내려받아 쓸 수 있습니다.

▶ 학급상담에 RT상담카드를 활용해 보세요

- 상담에 쉽게 활용할 수 있도록 RT상담카드를 부록에 넣었습니다.
- RT상담카드를 사용하여 상담과정이 익숙해지면
  RT상담카드 없이도 쉽게 상담할 수 있습니다.

차 례

1부
(필요한 이론) 배워서

Chapter 1
선택이론

Chapter 2
현실치료의 RWDEP

Chapter 3
해결중심 질문과 강점메시지

· Chapter 1 ·

아이들이 왜, 어떻게 행동하는지 배우는

선택이론

윌리엄 글래서의 선택이론은 인간이 왜, 어떻게 행동하는지를 설명해 주는 이론이다. 교사가 선택이론을 알고 나면 아이들의 행동 이면에 다양한 욕구와 바람이 있음을 이해하게 된다. 아이들과 진심으로 소통하고 상담하며 아이들의 주변에서 일어나는 갈등과 어려움의 원인을 자신 내부의 바람과 연결시켜 효과적인 행동을 선택하도록 도울 수 있다.

당신의 삶은 누가 선택하는가

오늘도 정신없이 아침을 깨워 출근길에 오른다. '와, 눈부시게 맑은 가을 아침이다.' 드높이 펼쳐진 파아란 하늘에 괜스레 마음이 설레면서 불현듯 이런 생각이 밀려든다.

'아~ 오늘은 출근하기 싫다. 그냥 출근하지 말까?'

'하루쯤 내가 없다고 무슨 일이 생기겠어?'

이런 생각을 하다가

'학교엔 뭐라고 하지?'

'수업은 어쩌지?'

'오늘 꼭 해야 할 업무가 뭐였더라?'

마음이 이리저리 흐트러진다. 그 사이 차는 기억이나 해 놓은 듯 어느새 목적지인 학교 앞에 와 있다. 출근하기 싫은 마음을 황급히 접으려는데 갑자기 누군가 나에게 묻는다.

"당신은 왜 학교로 가고 있습니까?"

우리가 생각하고, 활동하고, 느끼는 모든 것은 우리 내면의 작용에 의해 일어난다

오늘처럼 출근하기 싫은 마음을 누르고 왜 우리는 학교로 가고 있는가? '월급 때문에, 수업과 내가 맡은 업무를 해야 해서, 가족들도 안정된 직장에 다니길 바라니까….' 그 밖에도 나를 학교로 향하게 만드는 이유는 많다.

하지만 선택이론에서는 인간의 모든 행동은 외부 작용 때문에 어쩔 수 없이 하는 것이 아니라 자신의 욕구를 충족하기 위해 스스로 선택하는 것이라고 이야기한다. 우리가 행동하는 모든 것은 그 동기가 좋든 나쁘든 간에 우리 내면의 작용에 의한다고 설명한다. 즉, 월급, 수업, 업무, 가족 때문에 어쩔 수 없이 학교에 가는 것이 아니라, 우리 내면의 욕구에 의해 스스로 학교에 가기를 선택한다는 것이다.

글래서는 다음과 같은 이야기로 설명한다.

우리가 차를 같이 타고 가는데 빨간색 신호등이 켜져 당신이 차를 멈추었다고 하자.

그때 내가 묻는다.

"왜 차를 멈추나요?"

당신은 신호등을 가리키며 이렇게 말한다.

"빨간 불이 켜지면 저는 항상 차를 멈추죠."

여기에서 질문을 던져 본다.

"당신은 항상 빨간 불에 차를 멈추나요?"

우리는 빨간색 신호등이 켜졌을 때 항상 차를 멈추지는 않는다. 가끔 아주 급한 일이 있을 때면 빨간색 신호등을 무시하고 지나가기도 한다. 다시 말해 빨간색 신호등이 켜졌을 때 안전하기를 원하므로 대부분 차를 멈춘다. 하지만 빨간색 신호등에도 불구하고 더 중요한 것(시간을 절약해야 하거나 중요한 약속, 급한 일 등)이 있다면 무시하고 지나갈 때도 있다. 따라서 차를 멈추는 우리의 행동은 빨간색 신호등 때문이 아니라 내면의 필요를 충족하기 위한 나의 선택이라는 것이다.

이제 "당신은 왜 학교로 가고 있습니까?"라는 질문에 대한 답을 다시 생각해 보자. '월급, 수업, 업무, 가족 때문에 어쩔 수 없이….'라는 이유는 우리가 외부의 동기에 의해 행동한 것이라 보는 시각이다.

다음의 질문에 한 번 더 대답을 해 보자.

"당신은 왜 학교로 가고 있습니까?"

"아이들을 가르치는 것이 즐거워서요."

"나의 생계가 해결되면 더 여유 있는 생활을 할 수 있어서요."

"나의 가족과 함께 안정된 삶을 원하기 때문입니다."

"나는 책임 있는 사람이 되고 싶기 때문입니다."

어떤가? 학교로 향하는 마음과 발걸음이 훨씬 당당해짐을 느끼지 않는가? 내 삶을 움직이는 주인은 바로 나라는 사실을 기억하자!

내가 통제할 수 있는 것과 통제할 수 없는 것을 구분하는 것이 중요하다

모든 행동이 내가 선택한 것이라고 한다면 '모든 게 다 내 탓인가?', '내가 전혀 선택할 수 없는 상황도 있지 않나?' 하는 생각이 강하게 고개를 들 것이다. 예를 들어, 소중한 사람의 죽음, 폭력적인 부모, 전쟁, 빗발치는 학부모 민원 전화, 상사의 부당한 압력 등 어쩔 수 없는 외부 상황으로 인해 선택의 여지가 없는 경우도 있는데 내가 선택한 행동이니 모두 내 탓이라고?

물론 소중한 사람의 죽음을 대면해야 하는 일이나 폭력적인 부모에게서 태어나는 일, 전쟁을 겪어야 하는 일 등 분명 내가 선택할 수 없는 상황도 존재한다. 하지만 통제할 수 없는 상황이 있다 하더라도, 그 상황에서 '나는 어떤 행동을 선택할 것인가?'는 다른 이야기다. 즉, 불가피한 상황에 대한 선택은 내가 할 수 없을지라도, 그 상황을 직면했을 때의 행동은 내 선택이라는 것이다.

5학년 담임일 때의 일이다. 어머니와 사는 여자아이가 있었다. 항상 밝은 표정으로 친구들과 잘 지내고 수업 마치고도 교실에서 놀다 가서 담임인 나와 친했다. 하루는 머리가 자꾸 아프다고 해서 조퇴를 허락하고 어머니께 병원에 가 보라고 연락을 했다. 다음날 어머니로부터 전화가 왔는데 큰 병원에서 검사 중이라고 했고, 며칠 후에 뇌종양이라는 연락을 받았다. 얼마나 슬프고 마음이 힘든지 아무것도 손에 잡히지 않고 그 아이의 얼굴만 떠올랐다. 자꾸 눈물이 났다. 수업시간에도 잘 웃지 않다 보니 학급 분위기도 어두워졌다. 며칠을 그렇게 우울하게 보내다가 문득 이런 생각이 들었다. 아이가 뇌종양이 된 상황은 어찌할 수 없지만 내가 계속 우울해하고 잘 웃지도 않는 것은 나의 선택이라는 생각이다. 의연한 선생님이 되어야겠다 싶어서 먼저 아이들에게 웃기로 했다. 웃기 시작하니 아이들 얼굴도 환해졌다. 그다음에 뇌종양 판정을 받은 아이를 위해 무엇을 할 것인지 학급 회의를 했고 가정 형편이 어려우니 모금 활동을 하자는 의견이 나왔다. 우리 반에서 시작된 모금 활동은 학부모님들과 학교에 알려지고 학교 전체 모금으로 번져 아이가 수술을 할 수 있게 되었다.

아이가 뇌종양 판정을 받은 것은 내가 통제할 수 없는 상황이지만 우울해하거나 웃지 않는 것은 내가 통제할 수 있는 것이었다. 우울해하기 대신 웃기, 아이들과 의논하기라는 행동선택을 통해 우울한 마음도 사라지고 오히려 내가 할 수 있는 일들이 더 많이 보였다. 내가 통제할 수 없는 것에 원망과 비난의 에너지를 쏟는 대신 통제할 수 있는 것에 집중함으로써 우리는 더 많은 문제를 효율적으로 해결할 수 있고 더 행복한 삶을 선택할 수 있다.

효과적이든 비효과적이든 그 순간엔 그게 최선이었어

선택이론에서는 우리가 어떤 행동을 하든지 그 순간에는 자신이 선택한 최선의 행동이라고 한다.

학교가 해수욕장 근처라서 우리 학년에서는 학생들을 인솔하여 바닷가로 봉사활동을 갔다. 봉사활동이 끝나 갈 즈음 우리 반 아이 두 명이 다투기 시작했다. 담임인 내가 중재를 하면 금방 화해할 줄 알았는데 한 명은 내 말도 듣지 않고 계속 고집을 부렸다. 봉사활동이 끝난 다른 반은 학교로 돌아가는데 우리 반만 출발을 못했다. 주변에 도움을 구할 만한 선생님들이 모두 가고 없어서 당황한 나는 반장에게 다른 아이들과 함께 출발하라고 했다. 그리고 나는 친구들이 출발해도 계속 고집을 부리는 아이에게 화를 내고 소리를 지르며 급기야 아이의 팔을 억지로 끌고 학교로 돌아와야 했다. 해수욕장에 있던 사람들이 우리를 쳐다보고 있어 학교까지 가는 길이 평소보다 몇 배나 멀게 느껴졌다.

학교로 오는 동안 화를 내는 나 자신이 너무 부끄러워 견딜 수가 없었다. 다른 방법으로 멋있게 아이를 지도하고 싶었는데 그러지 못해 너무 힘들었다. 한편으로는 봉사활동을 시킨 관리자와 우리 반 상황은 아랑곳하지 않고 먼저 가 버린 동학년 선생님들에게도 화가 났다.

선생님의 행동은 아이를 학교로 안전하게 데려가고 싶은 욕구를 충족하기 위한 최선의 선택이었다. 이때 그 행동이 효과적인가 비효과적인가는 다른 이야기다. 우리가 보기에 해당 행동이 어리석은 것처럼 보일지라도, 그 순간 자신에게 필요한 욕구를 충족하기 위해 이것이 최선이라고 생각하면서 스스로 그 행동을 선택한다는 의미이다. 최근에 내가 선택한 행동 가운데 후회되거나 실망스러운 것이 있는가? 행동에 대한 자책이나 후회보다 어떤 욕구를 충족하기 위해 그 행동을 선택하였는지 살펴보라. 그러면 '비록 비효과적인 상황을 초래했을지라도 그 순간엔 그게 최선이었어.'라고 이해가 되고, 다음에는 그 욕구를 충족하기 위해 더 나은 행동을 선택할 수 있을 것이다.

교실에서 만나는 우리 아이들은 어떤가

교사를 힘들게 하는 아이의 '문제'행동에도 이처럼 다양한 욕구가 내재해 있다. 그 순간, 아이는 자신의 욕구 충족을 위한 행동을 하고 있는 것이다. 욕구 자체는 좋고 나쁘고 옳고 그른 것이 없으므로 '문제아이', 또는 '문제행동'이라고 생각하기에 앞서, 지금 그 아이가 충족하고자 하는 욕구는 무엇인지 들여다보면 아이의 행동을 바라보는 관점에 전환이 온다.

실내화를 여기저기 잘 잃어버리는 지웅이는 며칠째 실내화 없이 지내고 있었다. 어머니께 연락을 드려 실내화를 준비해 달라고 하였다. 다음 날 새 실내화를 사 왔다며 한껏 자랑을 했다. 그런데 2교시 쉬는 시간에 갑자기 새 실내화를 가위로 싹싹싹싹 오리고 있는 것이 아닌가? 너무 놀랍고 당황해서 "야!" 고함을 지르려다가 한 호흡을 들이쉬고 아이를 지켜보기로 했다. 아이가 뭘 하고 싶은 건지 궁금하기도 했지만 실내화는 이미 난도질이 되어 있어서 고함쳐도 소용없는 상황이었다.

"지웅아, 뭐 하니?"

"잠깐만요."

너무 많이 오려 내어 남아 있는 부분이 얼마 없는 걸 보며 어이가 없는데 아이는 열심, 또 열심이었다. '아유~, 말썽꾸러기 정말….' 한숨이 나오는 찰나, 물결무늬 하얀 슬리퍼가 뚝딱 탄생하였다. "아! 예쁘다."하는 감탄이 절로 나왔다. '어떻게 이런 생각을 했을까?' 피식 웃음이 났다. 평소 지웅이는 가만히 앉아 있는 것이 힘들고 감정조절도 잘 안 되지만 미술적 감각만큼은 남달랐던 터라 완성된 슬리퍼는 상상 이상이었다. 지웅이는 자기가 만든 슬리퍼 실내화를 신고 세상 행복한 표정을 지으며 한동안 학교를 돌아다녔다.

"지웅아, 너무 예뻐서 선생님도 사고 싶을 정도네. 그런데 학교에서 신기 좀 불편하지 않아?"

"불편은 하네요. 히힛. 오늘 엄마한테 새 실내화 사 달라고 할 거예요."

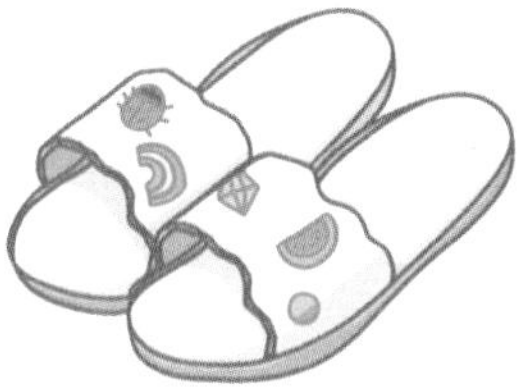

만약 가위로 실내화를 자르는 행동만 보고 '이상 행동을 하는 아이'로 생각하여 성급하게 다그치거나 몰아갔다면 열정을 불태우는 꼬마 디자이너 지웅이의 모습은 볼 수 없었을 것이다. 인간은 자신의 욕구를 충족하기 위해 행동한다. 따라서 행동의 이유를 물어봐 주고 그 행동 이면의 욕구에 관심을 가진다면 아이의 행동을 이해할 수 있을 것이다.

'비난하기'에서 '해결하기'의 길로 나아가기

지금까지 이야기를 통해 우리의 행동은 외부의 어떤 요인 때문이 아니라 우리 내면의 욕구에 의해 스스로가 선택한다는 것을 배웠다. 이제 나의 모든 행동이 욕구 충족을 위한 자신의 선택임을 알고 나서도 여전히 상대에 대한 원망과 비난에만 머물러 있겠는가? 선택이론을 이해하게 되면 상대를 비난하고 불평하는 데 들이는 에너지가 얼마나 비효율적인지 깨닫게 된다. 따라서 상대를 탓하고 바꾸기 위해 힘을 쓰는 대신 내 안의 욕구를 들여다보며 내가 진짜 원하는 것을 찾고, '이것을 얻기 위해 무엇을, 어떻게 해 볼 것인가?'에 시간과 에너지를 집중하는 것이 훨씬 더 효율적임을 느끼게 될 것이다.

도서 『나는 아버지입니다』의 주인공 딕 호이트는 '아버지와 함께 달리고 싶다'는 아들의 바람을 이루어 주기 위해 전신 마비 장애인 아들을 휠체어에 태우고, 1977년부터 시작하여 마라톤 대회 풀코스와 철인 3종 경기 등 1,000회 이상의 레이스를 휠체어를 밀며 완주하였다. 호이트 부자는 '장애'라는 상황을 외부 환경의 탓으로 돌려 '체념하기', '비난하기'를 선택하지 않고 그들이 할 수 있는 행동을 선택하여 '해결하기'에 집중함으로써 자신의 삶을 스스로 통제하는 충만하고 행복한 삶을 살았다.

불평하고 비난만 하는 동안
우리는 삶을 통제하는 데 절대적으로 필요한 모든 기회를 빼앗기고 만다.

- 윌리엄 글래서 -

직접 해 봐요!

지금까지 내 삶을 통제하는 것은 그 누구도, 그 무엇도 아닌 바로 나 자신이며 모든 행동은 나의 내면의 욕구를 충족하기 위한 자신의 선택이라는 것을 배웠습니다. 이제 선택이론을 내 삶에 적용해 봅시다.

(남 탓, 환경 탓…) 때문에 (　　　　　　　　)한다.

▶ 나는 (　　　　　　　　　　)하는 것을 원하기 때문에 (행동)하는 것을 선택한다.

예시 문장

아빠가 자주 사 오는 아이스크림 때문에 나는 살이 찐다.

▶ 나는 (아빠와 함께 달콤한 음식을 먹는 즐거움)을 원하기 때문에 (아이스크림 먹기)를 선택한다.

처리할 업무가 많아서 모두 퇴근하고 혼자 남아 일을 한다.

▶ 나는 (오늘 업무를 끝내고 내일은 여유 있게 지내기)를 원하기 때문에 (저녁에 혼자 남아 일하기)를 선택한다.

이제 자기 사례를 넣어 봅시다

상황 :

▶ 나는 (   ) 를/을 원하기 때문에

(   ) 를/을 선택한다.

그리고 지금 이 책장을 넘기는 순간, 당신이 얻고자 하는 것은 무엇인가요?

인간을 움직이는 힘: 다섯 가지 욕구

우리 반 세찬이는 수업 중에 멀리 있는 친구와 큰 소리로 이야기를 하고, 준비물을 가지러 왔다 갔다 한다. 하기 싫은 일에는 "이거 꼭 해야 돼요?"라며 반항하듯 한 번씩 더 묻기도 한다. 이런 일이 반복되던 어느 날 나는 참다못해 "세찬아, 왜 그렇게 돌아다녀?"라고 짜증 섞인 한마디를 던지게 되었다. "그렇게 해야 선생님이 나를 봐 주고 내 이름을 불러 주잖아요." 세찬이의 대답에 나는 뒤통수를 얻어맞은 기분이 들었다. 세찬이가 과장된 소리를 내고 수업시간에 돌아다니는 행동 이면에 나에게 관심받고 사랑받고 싶은 마음이 있다는 것을 알게 된 것이다. 말썽꾸러기로만 여겼던 세찬이에게 이런 마음이 있을 줄이야…. 그저 수업시간이 지겹고 장난이 치고 싶어 그러나 보다 했던 세찬이의 행동을 관심과 사랑의 욕구로 이해하고 나니 세찬이를 다시 보게 되었고 그날 이후 세찬이를 다르게 대할 수 있었다. 세찬이의 이름을 자주 부르며 나를 자주 만날 수 있는 역할(통신문 나눔이)을 맡기고 나서 세찬이의 문제행동은 많이 줄었고 오히려 칭찬받을 일이 생겼다.

이처럼 우리는 눈에 보이는 행동만 주로 의식하는데 그 행동의 내면에는 충족하고자 하는 다양한 욕구가 있다. 우리의 행동이 어떤 욕구를 충족하고 싶어 하는지 알면 자신과 상대를 이해하는 데 큰 도움이 된다.

글래서는 이처럼 인간을 움직이게 하는 기본적인 욕구를 다섯 가지로 보았다. 이 다섯 가지는 생존의 욕구, 사랑·소속의 욕구, 힘·성취의 욕구, 자유의 욕구, 즐거움의 욕구이다.

생존의 욕구

"사람은 먹고 자며 건강하게 오래 살고 싶어 해요."

우리는 건강하게 생명을 유지하며 살고 싶고, 종족을 이어 가고자 하는 생존의 욕구를 가지고 태어난다. 배고픔을 채워야 하고 피곤하고 힘들면 쉬어야 한다. 생명의 위협에서 안전해야 하며 쾌적한 환경으로 건강을 지키고자 하는 욕구를 생존의 욕구라고 한다. 생존의 욕구가 먼저 충족되어야 다른 활동도 활발하게 할 수 있다.

2교시 즈음이면 불쑥 "밥 언제 먹어요?"라는 질문을 하는 아이가 있었다. 수업이 끝나고 따로 이야기를 나누어 보니, 아침을 거르고 학교에 와서 급식 시간만 기다리는 상황임을 알게 되었다. 생존의 욕구가 충족되지 않으면 누구든 신체적, 정신적으로 큰 어려움을 겪게 된다. 이처럼 생존의 욕구를 잘 이해하면 아이에게 적절한 돌봄이나 도움을 줄 수 있다.

생존의 욕구를 충족하는 일반적 행동 예시

- 몸이 아프거나 피곤하면 푹 자기
- 배고프면 밥 챙겨 먹기
- 건강을 위해 운동하기

사랑 · 소속의 욕구

"사람은 가족, 친구, 이웃들과 함께 사랑하고 나누고 협력하고 싶어 해요."

우리는 사랑을 주고받으며 나누고 싶고, 협력하고자 하는 사랑·소속의 욕구를 가지고 있다. 사랑·소속의 욕구는 매우 중요한 심리적 욕구로, 주변 사람에게 관심을 갖고 그 사람의 필요한 부분을 채워 주려고 하는 것이다.

아이들의 경우, 또래 집단에 소속되어 놀이나 활동을 같이하고 싶은 마음이 여기에 해당한다. SNS의 대화방에 함께하고 싶고 같은 취미나 특기를 가진 동아리에 속하고 싶어 한다. 단짝 친구를 만들어 친밀한 관계를 유지하려 하고 화장실을 같이 가는 것처럼 무엇이든 함께하는 것을 좋아하는 것도 사랑·소속의 욕구에 속하는 행동들이다.

사랑 · 소속의 욕구를 충족하는 일반적 행동 예시

- 친구들과 각종 모임하기
- 가까운 사람들 생일 축하하기
- SNS로 소통하기

힘 · 성취의 욕구

"사람은 다른 사람과 경쟁하고 성공하고 싶고, 중요한 존재이고 싶어 해요."

우리는 다른 사람과 겨루며 인정받고 싶고, 어떤 일을 성취하며 중요한 존재임을 확인하고 싶은 힘·성취의 욕구를 가지고 있다. 놀이나 공부 심지어 쉬는 시간이 끝나고 교실에 들어서며 "나, 1등!"이라고 외치는 아이의 모습에서 힘에 대한 욕구를 볼 수 있다. 경쟁에서 이기고 싶고 다른 사람에게 주목받고 싶으며 자신의 방식대로 이끌어 가고 싶어 한다.

그러나 이 힘의 욕구는 꼭 다른 사람과의 경쟁에서 상대를 누르고 쟁취하는 것만을 의미하지는 않는다. 스스로의 성취와 자존감을 높일 수 있는 활동, 어떤 일을 계획하고 실천에 옮기는 것도 힘에 대한 욕구를 채우는 데 도움이 된다.

또한 어떤 사람들은 개인의 이익이 아니라 공공의 이익을 위해 일하고 주변에 좋은 영향을 끼침으로써 힘을 얻기도 한다. 평생 힘들게 모은 돈을 사회에 기부하는 행위, 지진이나 태풍 피해 복구 현장에 달려가서 자원봉사 활동을 하는 행위, 마더 테레사처럼 사회적 약자를 위해 힘껏 돕고 헌신하는 행위 등도 여기에 해당한다.

힘 · 성취의 욕구를 충족하는 일반적 행동 예시

- 자격증 따기
- 게임 레벨 올리기
- 봉사 활동하기

자유의 욕구

"사람은 스스로 선택하고 표현하고 이동하는 것 등을 마음대로 하고 싶어 해요."

우리는 스스로 하고 싶은 대로 행동하고 표현하고자 하는 자유의 욕구를 가지고 있다. 스스로 어떻게 삶을 영위해 나갈지 결정하는 것, 자신의 생각을 말이나 글로 자유롭게 표현하는 것, 자기가 선택한 사람과 교제하는 것, 가고 싶은 대로 여행을 다니는 것, 구속이나 속박과 같은 외적 제약에서 벗어나 편안하게 행동할 수 있는 상태를 추구하는 것 모두 자유의 욕구에 해당한다.

아이들에게 마음대로 움직이고 자유로이 활동할 수 있는 쉬는 시간은 자유의 욕구를 충족할 수 있는 꿀같이 달콤한 시간이다. 쉬는 시간을 침해받았다고 느낄 때 아이들이 하는 반발은 자유에 대한 욕구를 강렬히 충족하기 위함이다.

자유의 욕구를 충족하는 일반적 행동 예시

- 먹고 싶은 메뉴 말하기
- 여행 가기
- 내가 원하지 않는 것을 "No!"라고 말하기

즐거움의 욕구

"사람은 새로운 것을 배우고 놀이를 통해 즐거움을 얻고자 해요."

우리는 즐거움이나 기쁨을 추구하고 놀이를 통해 즐기려 하는 욕구를 가지고 있다. 새로운 것을 배우고 싶은 것도 즐거움의 욕구에 속한다. 글래서는 이 즐거움의 욕구가 때로는 자신의 생명이 위험해지는 것을 감수하며 충족된다고 했다. 위험한 산악지대에서 산악자전거 타기나 아찔한 롤러코스터 타기, 낙하산을 타고 뛰어내리는 위험한 행동 등이 그 예이다.

숨이 막힐 듯한 더운 날씨에도 땀을 뻘뻘 흘리며 술래잡기를 하는 아이들은 놀이를 통해 즐거움의 욕구를 충족하는 것이다. 게임의 즐거움에 빠져서 먹는 것, 잠자는 것도 잊는 아이들도 있다.

즐거움의 욕구를 충족하는 일반적 행동 예시

- 좋아하는 드라마 몰아 보기
- 신나는 음악에 춤, 노래하기
- 맛집 탐방하기

욕구를 충족하는 방법은 사람마다 다르다

직접 해 봐요!

사람들은 욕구를 충족하기 위해 행동을 선택합니다. 자신의 욕구 충족을 위해 나는 어떤 행동을 선택하고 있는지 다음의 표에 적어 봅시다.

생존의 욕구

먹고 자며 건강하게
오래 살고 싶어 해요.

사랑·소속의 욕구

가족, 친구, 이웃들과
함께 사랑하고 나누고
협력하고 싶어 해요.

힘·성취의 욕구

다른 사람과 경쟁하고
성공하고 싶고,
중요한 존재이고
싶어 해요.

자유의 욕구

스스로 선택하고
표현하고 이동하는 것
등을 마음대로 하고
싶어 해요.

즐거움의 욕구

새로운 것을 배우고
놀이를 통해
즐거움을 얻고자 해요.

♥ 욕구를 충족하기 위해 내가 선택하는 행동을 적으면서 무엇을 알게 되었나요?

♥ 욕구 충족을 위해 다른 사람들도 나와 같은 행동을 할까요?

우리는 모두 다섯 가지 욕구를 가지고 있으며 욕구 충족을 위해 다양한 행동을 선택하고 있다는 것을 알게 되었을 것이다.

그러면 욕구 충족을 위해 우리가 하는 행동은 사람마다 같을까? 다음 두 교사의 표를 비교해 보자.

욕구	<A교사>	<B교사>
생존의 욕구 먹고 자며 건강하게 오래 살고 싶어 해요.	-인스턴트 식품 줄이기 -몸이 피곤하고 아프면 푹 자기	-매일 30분씩 운동하기 -건강식품 보조제 챙겨 먹기
사랑·소속의 욕구 가족, 친구, 이웃들과 함께 사랑하고 나누고 협력하고 싶어 해요.	-친구들과 각종 모임하기 -벽화 그리기 동호회 가입하기 -엄마, 아빠 안아 드리기	-가족을 위해 기도하기 -친구들 만나 수다 떨기 -가족이랑 여행 가기 -자전거 동호회 가입하기
힘·성취의 욕구 다른 사람과 경쟁하고 성공하고 싶고, 중요한 존재이고 싶어 해요.	-수업 대회 나가기 -아이디어 공모전에 작품 내기 -자기계발 도서 찾아서 읽기	-대학원 시험 치기 -자격증 도전하기 -학급경영 연수 듣기

생존의 욕구 충족을 위해 A교사는 인스턴트 음식을 줄이는 행동을 선택하고 있지만, B교사는 매일 30분씩 운동을 하고 있다. A교사는 힘·성취의 욕구를 충족하기 위해 수업 대회에 나가고, B교사는 대학원 시험을 치는 행동을 선택하고 있다. 이처럼 사람들은 다섯 가지 욕구를 모두 가지고 있지만, 욕구를 충족하는 방법은 개인마다 다르다.

1학기 말 즈음, 우리 반 아이들이 전담 선생님에게 크게 칭찬을 들었다고 자랑을 하여 '자유 시간'을 주기로 했다. 아이들끼리 자유 시간을 즐겁게 보낼 방법에 대해 의논을 시작하였다.

영수 운동장에 나가서 축구를 합시다. 신나게 뛰어다니면서 골도 넣고… .
민희 반대합니다. 뛰어다니면 힘들고 땀을 흘리면 찝찝합니다.
저는 교실에서 영화를 보면 좋겠습니다. 편안하게 앉아서 재미있는 영화를 봅시다.
서준 교실에서 보드게임을 합시다. 친구들과 함께 머리도 식힐 겸… .
나림 보드게임도 머리 아픕니다. 다 같이 할 수 있는 단체 줄넘기를 합시다.
우리 반 친구들과 함께하면 즐겁습니다.

모두 즐거움의 욕구를 가지고 있지만 그 욕구를 충족하는 방법은 축구, 영화 보기, 보드게임, 줄넘기 등 아이들마다 다르고 다양하다는 것을 알 수 있다.

욕구 간에 갈등이 있고 그 욕구갈등을 통해 인간은 발전한다

선택이론에서는 우리가 외부 요인에 의해 행동하는 것이 아니라 내면의 작용, 즉 자신의 욕구에 의해 행동을 선택한다고 한다. 그런데 우리의 욕구 간에는 동시에 충족하기 어려운 것들도 있어 갈등이 존재한다. 예를 들어, 결혼을 하면 사랑·소속의 욕구는 충족되지만 자유의 욕구나 힘·성취의 욕구는 제한되는 부분이 있다. 이런 욕구 간의 갈등으로 선택을 고민하고 결정하기 어려울 때가 많다.

해마다 학기 초가 되면 친절한 교사가 될지, 엄격한 교사가 될지 고민하는 교사들을 볼 수 있다. 친절하고 따뜻한 교사로서 아이들과 웃으며 좋은 관계를 맺을 것인지, 엄격한 교사로서 교실의 질서를 잘 유지하고 통제력을 먼저 가질 것인지에 대한 고민이다. 이

는 사랑·소속의 욕구와 힘·성취의 욕구 사이에서 갈등하고 있는 것이라 할 수 있겠다.

모두에게 욕구갈등은 늘 존재하며 욕구 간의 갈등을 해결하기 위해 고민하며 방법을 찾는 과정이 우리를 발전으로 이끈다. 욕구는 충족되어야 하고 조화롭게 해결하기 위해 다양한 노력이 필요하다.

자신 안의 욕구 간 갈등도 있지만 사람마다 욕구가 다르기 때문에 다른 사람과의 관계에서 갈등은 더 많이 발생한다. 친구 사이, 부모와 자식 사이 등 가까운 관계에서 욕구갈등은 더 격렬하게 존재하기도 한다. 자신의 욕구를 가까운 관계에서 충족하고 싶어하기에 상대방에게 요구하는 것이 많고, 욕구가 충족되지 못할 때 상대를 비난하며 관계를 해치기도 한다. 따라서 갈등이 생겼을 때 자신의 욕구뿐 아니라 상대방의 (비록 어린 자녀일지라도) 욕구를 존중하며 타협하여 함께 살아갈 수 있는 절충안을 찾아내는 것이 매우 중요하다.

우리는 모두 다섯 가지의 기본 욕구에 의해 끊임없이 행동하고 매 순간 최선이라고 판단되는 행동, 즉 옳고 그름의 문제를 떠나 자기 나름의 방법으로 자신의 욕구를 충족하고자 한다. 욕구를 이해하면서 많은 갈등 속에 살고 있는 우리를 좀 더 깊이 이해하고 서로의 욕구를 충족할 수 있을 때 행복하고 건강한 삶을 살아가게 될 것이다.

욕구가 잘 충족된 사진들이 모인 곳: 좋은 세계

"띠링!" 친구로부터 여행 가서 찍은 사진 앨범을 확인하라는 문자가 왔다. 10년 지기 친구들과 방학 때 함께했던 여행 장면들! 떠올리면 너무 행복하다. 이렇게 행복한 이유는 뭘까? 팍팍한 일상을 벗어나 원하는 곳을 자유롭게 다니며 친구들과 어울려 우정도 확인하고, 맛집에서 맛있는 음식을 먹는 즐거움까지…. 여러 가지 욕구가 한껏 충족된 장면이기 때문일 것이다. 여러분의 머릿속에도 이처럼 욕구가 충족되었던 즐거운 장면이 떠오르는가?

글래서는 욕구가 충족된 즐거운 경험들은 개인의 머릿속에 사진처럼 저장된다고 하였다. 이런 여러 사진이 저장된 머릿속 사진첩을 '개인사진첩(Personal Picture Album)', 곧 '좋은 세계'라고 부른다.

'좋은 세계'는 구체적인 장면의 사진으로 저장된다

좋은 세계의 장면은 대부분 시각적인 구체적 장면으로 떠오른다. 그래서 글래서는 '좋은 세계'를 욕구가 충족된 시각적인 '사진'들이 모인 저장소라고 표현했다. 여기서 '좋은' 의 의미는 개인적으로 긍정적 느낌과 가치가 있는 것을 의미한다.

내 머릿속 좋은 세계의 사진에는 '콧잔등에 땀을 닦으며 나의 소울 푸드인 떡볶이를 먹는 모습, 마음 맞는 친구를 만나 수다 떠는 모습, 휴일에 늦잠을 자고 일어나 이불에서 편안히 휴대폰으로 검색을 하는 모습, 날씨 좋은 날 가족과 함께 나들이하는 모습' 등이 있다. 나의 욕구를 충족시켜 주는 구체적인 장면들이다. '떡볶이를 먹는 것'은 생존과 즐거움의 욕구를, '친구와 수다를 떠는 모습'은 사랑·소속의 욕구와 자유의 욕구를 잘 충족시켜 준다. 좋은 세계의 사진은 한 가지 또는 여러 가지 욕구가 함께 충족될 수도 있다. 휴일에 늦잠을 자고 이불에서 휴대폰을 가지고 뒹구는 모습은 생존의 욕구와 자유, 즐거움의 욕구까지 충족시킨다.

아이들은 쉬는 시간을 무척 기다리며 좋아한다. 쉬는 시간은 아이들에게 급한 화장실 용무를 해결하는 생존의 욕구를, 마음껏 뛰놀 수 있는 자유와 즐거움의 욕구를, 친한 친구들과 어울려 이야기할 수 있는 사랑·소속의 욕구를 충족시킨다. 이렇게 쉬는 시간은 아이들의 다섯 가지 욕구를 거의 다 충족할 수 있는 중요한 시간이므로 충분히 확보해 주어야 한다. 우리의 욕구가 잘 충족된 사진들로 차곡차곡 저장된 머릿속 저장고가 좋은 세계이다.

좋은 세계

직접 해 봐요!

- 나의 좋은 세계의 장면들을 그림이나 글로 적어 봅시다.

♥ 한 장당 한 가지씩 좋은 대상, 사람, 상황을 떠올려 글이나 그림으로 표현해 보세요.

♥ 좋은 세계의 장면들을 글이나 그림으로 채우면서 즐겁고 행복한 기분이 들었나요?

♥ 어떤 욕구가 충족되는 것 같나요?

아이들의 좋은 세계에 선생님의 모습이 있다면

나의 좋은 세계에 있는 '여행' 장면을 떠올리면 행복해지듯이, 아이들의 좋은 세계에 선생님의 모습이 있다면 학교생활이 어떨까? 아마도 즐겁게 학교에 오고, 선생님을 믿고 따르며 열심히 공부하고 학교가 행복한 배움터가 될 것이다.

그렇다면 어떤 선생님이 아이들의 좋은 세계에 있을 수 있을까? 아이들의 욕구를 알아주고 채워 줄 수 있는 교사라야 할 것이다. 예를 들면, 성취 욕구가 강하고 인정을 받고 싶어 하는 아이에게 자기가 잘하는 줄넘기를 시범 보이게 하여 힘·성취의 욕구를 충족하게 할 수 있다. 활동적이고 자유로움이 강한 아이에게는 움직임이 많은 역할을 주어 자유의 욕구를 충족시킬 수도 있다. 이렇게 아이들의 욕구가 충족된 사진을 가질 수 있도록 교사가 도와주다 보면, 선생님 존재 자체가 아이의 좋은 세계 안에 들어 있을 것이다.

5학년 담임을 했을 때 기억에 남는 민수라는 아이가 있었다. 민수의 전 담임선생님께서는 민수에 대해 말씀하시며 힘든 아이라고 혀를 내두르셨다. 개학 첫날, 민수는 선생님이 궁금했는지 교실에 제일 먼저 와 있었다. 나는 민수에게 관심을 보이며 어쩜 이렇게 일찍왔냐고 부지런하다는 칭찬을 했다. 그날, 전체 아이들에게 아침에 제일 일찍 오는 사람이 창문을 열어 달라고 부탁했는데, 민수가 다음 날에도 제일 먼저 등교하여 창문을 열어 두었다. 그래서 아이들 앞에서 민수의 행동을 칭찬했다. 민수는 이런 칭찬을 받은 적이 없었는지, 처음에는 떨떠름해하며 나의 진심을 의심하는 태도를 보였다. 그러나 꾸준히 진심 어린 태도로 대하자 한 달 후 민수는 누구보다 선생님의 편이 되어 주는 아이로 변하였다.

민수에 대한 나의 지지가 민수의 성취 욕구와 사랑·소속의 욕구를 충족시켰던 것 같다. 그리고 1년간 교사를 힘들게 하는 일 없이 즐겁게 학교생활을 했다. 민수의 좋은 세계의 사진에 자신을 믿고 칭찬하는 선생님의 모습이 저장되면서 예전과는 다르게 선생님에게 인정받는 행동을 하는 다른 모습의 민수가 된 것이다.

이처럼 욕구가 충족된 좋은 세계의 개념을 배우면서 나는 아이들에게 어떤 욕구나 바람이 있는지를 살피게 되었다. 아이들의 좋은 세계에 내가 들어가기 위해 아이들을 인정하고 관심을 가지려 노력했다. 그 결과 아이들이 잘 따르며 서로 좋은 관계가 되었고 행복한 배움이 이루어졌다.

욕구는 누구나 가지고 있으나 좋은 세계의 사진은 개인적이고 독특한 것이다

욕구가 같다고 해도 그 욕구를 충족하는 좋은 세계의 사진은 개인마다 다르다. 힘·성취의 욕구를 충족하는 장면이 어떤 교사에게는 관리자(교장, 교감)로 승진하는 사진, 어떤 교사에게는 연구회에 열심히 참여하는 사진, 또 다른 교사에게는 수업을 잘하는 사진이나 학급을 잘 경영하는 사진일 수도 있다. 욕구는 같지만 욕구를 충족시키는 방법은 사람마다 다르기 때문에, 좋은 세계의 장면이 개인마다 다른 것이다.

또한 비슷한 행동을 해도 사람마다 충족하고자 하는 욕구는 다르다. 공부를 열심히 하는 행동으로 어떤 아이는 부모님께 관심과 사랑을 받고 싶은 사랑·소속의 욕구를

충족하고, 어떤 아이는 공부를 잘함으로써 목표를 이루며 힘·성취의 욕구를 채우고자 한다. 때로는 배우는 것 자체로 즐거움의 욕구를 충족하는 경우도 있다. 이처럼 공부하는 좋은 세계의 사진 장면이 비슷해 보여도, 사람마다 충족하고자 하는 욕구는 다르다.

좋은 세계의 사진은 개인의 욕구가 잘 충족된 행동들이 저장된 것이므로 모두 윤리적인 것만 있는 것은 아니다. 예를 들면, 게임중독에 빠진 사람의 좋은 세계에는 게임이 있다. 게임을 통해 즐거움과 자유, 온라인이지만 함께 연결되는 소속, 경쟁하고 이기며 인정받는 힘의 욕구가 충족되기도 한다. 이처럼 여러 욕구가 충족되기에 게임은 아주 강력한 좋은 세계의 사진이 될 수 있다. 같은 이유로 알코올, 마약도 좋은 세계의 사진이 될 수 있다. 즉, 좋은 세계의 '좋은'이라는 개념이 윤리적인 것이 아닐 수 있으며, 나에게 즐겁고 욕구가 잘 충족된 것이면 좋은 세계의 사진이 된다는 것을 알아야 한다. 게임중독인 아이의 좋은 세계에 '하루 종일 게임하기'가 들어 있다면, 그것이 아이의 어떤 욕구를 충족시켜 주는지 찾아보아야 한다. "게임을 하면 뭐가 좋니?"라고 물으며 아이가 게임을 통해 충족하는 욕구를 찾고, 그 욕구를 충족시킬 수 있는 다른 대처 방법에 대해 함께 이야기해 보아야 한다. 좋은 세계의 사진은 욕구와 연결되어 있다.

욕구를 충족시키는 좋은 세계의 사진이 각자 다르듯, 아이와 교사, 부모와 자녀의 좋은 세계의 사진도 다르다. 교사가 힘·성취의 욕구를 충족시키는 자신의 좋은 세계의 모습에 아이들을 끼워 맞추려고 할 때, 갈등이 생긴다.

과거의 나는 쉬는 시간 종이 쳐도 목표한 학습량이 모자라면 "여기까지만 마저 하자, 애들아~" 하면서 못다 한 수업량을 채워 마무리했다. 아이들이 그 시간에 배울 내용을 모두 학습해야 한다는 좋은 세계의 사진을 갖고 있었기 때문에, 쉬는 시간 2~3분 정도를 예사롭게 넘긴 것이다. 그렇게 하는 것이 아이들을 위하는 교사로서 책임 있는 태도를 보여 주는 모습이라고 생각했다. 그러나 아이들의 좋은 세계는 달랐다. 종이 치는 순간, 아이들의 머릿속은 이미 화장실, 놀이, 친구 등으로 가득 찬다는 것을 알게 되었다. 아이들의 좋은 세계의 사진을 생각하지 않고, 나의 좋은 세계 사진만을 추구하였다는 것을 깨달은 이후부터 아이들의 좋은 세계도 존중하려고 노력하게 되었다.

사람마다 욕구와 좋은 세계는 다른 것이 당연하므로, 나의 좋은 세계를 강요하기보다 상대의 좋은 세계를 이해하고 존중하는 것이 중요하다.

좋은 세계의 사진 중에는 현실세계에서 실현되기 어려운 사진들도 있다

좋은 세계는 우리의 욕구를 충족시켜 주는 구체적인 사진을 담고 있지만, 현실적으로 이루어지기 어려운 사진들도 있다.

몇 년 전, 나는 한 아이와 계속 불편한 감정이 쌓이다가 학기 말이 다 된 11월 즈음에는 쳐다보기도 싫을 정도로 관계가 극에 치달았다. 이 아이는 힘이 약하다고 생각되는 친구들을 은밀하게 괴롭혔다. 도움반 아이가 우유를 먹고 있으면 지나가면서 일부러 치고 웃는다거나, 자기 마음에 들지 않는 친구의 뺨을 때리는 행동을 반복했다. 아이를 이해하려고도 해 보고 어르고 달래기도 해 보았지만 아이의 행동은 좀처럼 바뀌지 않았다. 지도를 하면 아이는 오히려 없는 이야기를 지어내며 억울해하고 급기야 수업시간에 물건을 던지고 교실 밖으로 나가는 행동까지 하였다.

나는 곤혹스러운 마음에 주변 선생님들께 어떻게 하면 좋을지 조언을 구하게 되었다. 어떻게 해도 안 되는 아이라고 울면서 나의 답답함을 털어놓았다. 그때, 한 선생님께서 이렇게 질문을 하셨다.

"선생님이 원하는 만큼 그 아이가 바뀌는 것이 현실적으로 실현가능한가요?"

"네?"

그 순간 깨달았다. 내가 지금 바라고 있는 좋은 세계의 사진은 현실적으로 이루어지기가 어렵다는 것을…. 내 머릿속 좋은 세계의 사진은 '모든 아이가 수업시간에 잘 참여하고 그 아이 역시 나의 지도에 얌전히 따르는 모습'이었다. 이 좋은 세계의 사진을 생각해 보며 유능한 교사가 되고 싶은 성취의 욕구가 있음을 깨달았다. 그것을 충족하기 위해 일 년 동안을 노력했다. 나는 현실적으로 이루어지기 어려운 좋은 세계를 위해 너무나 애를 쓰고 있었고, 에너지가 거의 고갈된 상태였다.

그래서 ‘수업시간에 잘 참여하고 나의 지도에 잘 따르게 하는 모습’에서 ‘친구를 방해하지 않는 행동에 대해서는 덜 지적하고 교실에서 평화롭게 지내는 모습’으로 좋은 세계의 사진을 바꾸었다. 그러고 나니 내가 할 행동이 명확해졌다. 그 아이에게 억지로라도 수업에 참여하게 하려고 했던 효과 없던 노력들(관심받기 위해 하는 문제행동을 보며 ‘하지 마!’라고 말하기, 가서 책 펴 주기 등)에 힘을 낭비하지 않기로 했다. 관계를 더 해치지 않도록 아이가 간혹 과제를 하거나 학습활동에 참여할 때 긍정적 강화를 주기로 했다. 아이가 관심받기 위해 문제행동을 할 때에는 대응을 하지 않고, 열심히 공부하고 있는 다른 아이들에게 주의를 돌리며 긍정적 분위기를 유지하였다. 그 아이의 자율성과 혼자 하려는 독립성을 존중해 주니 아이도 덜 반항적으로 행동하였다. 한꺼번에 상황이 180도 달라지지는 않았지만, 아이와 문제행동으로 만나는 횟수가 훨씬 줄었고 학급 전체의 분위기도 편안히 바뀌어 갔다.

우리의 삶에서 좋은 세계는 우리가 살고 싶어 하는 세계이며 우리의 욕구가 충족되는 곳이다. 나의 좋은 세계 사진이 현실적으로 실현되기 어려울 수도 있다는 것을 알아차리고, 실현 가능한 사진으로 바꾸는 것은 쉽지 않은 일이다. 그렇다고 가능하지 않은 것은 아니다. 욕구를 충족시키기 위해 우리들은 끊임없이 다른 모습의 좋은 세계를 만들거나 바꿀 수 있다. 나의 욕구가 충족되는 이상적인 좋은 세계만을 고집하는 것은 현실적으로 실현되기 어렵다.

나의 좋은 세계와 함께 주변 사람들이 가진 좋은 세계는 무엇인지에 대해서도 관심을 가지는 것이 필요하다. 그들과 공존하는 좋은 세계의 사진을 위해서!

사람은 왜 똑같은 대상을 다르게 보는가: 지각된 세계

놀이동산에서 휘돌며 움직이는 '롤러코스터'를 보면 당신은 어떤 생각이나 느낌이 드는가? 신나서 심장이 두근대며 흥분되는가? 떨어질 것 같은 두려움에 무섭고 긴장되는가? 어떤 사람은 롤러코스터를 높은 곳에서 낮은 곳으로 빠르게 떨어지는 속도를 즐기며 흥분되고, 짜릿하고 즐거운 대상으로 지각한다. 반면, 어떤 사람은 생명의 위협을 느끼는 공포의 대상으로 받아들인다.

우리는 이처럼 현실에 있는 같은 대상이나 상황(현실세계)을 있는 그대로 받아들이는 것이 아니라 주관적인 가치와 느낌으로 다르게 인식한다.

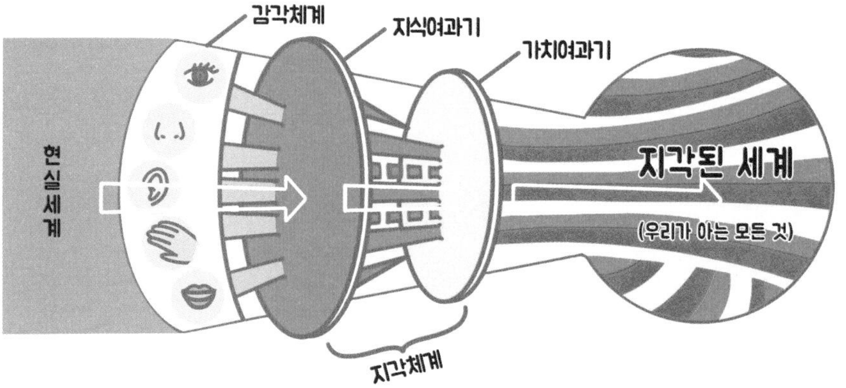

글래서는 이 그림처럼 우리의 뇌가 외부 '현실세계'를 받아들일 때 개인의 감각체계와 지각체계(지식여과기, 가치여과기)를 거치며 각자 다르게 인식하게 된다고 설명한다. 개인의 감각체계와 지각체계를 거치며 내가 받아들인 세상을 '지각된 세계'라고 표현하고 우리는 각자의 지각된 세계로 세상을 살아간다.

지각된 세계에는 긍정적, 부정적 또는 중성적인 가치와 느낌이 부여되어 있으며, 이는 좋은 세계와 연관되어 있다.

사람마다 지각된 세계는 다르다

쉬는 시간에 학급 아이가 "선생님, 오늘 체육 시간에 뭐해요?"라고 물어본다. 이 객관적 상황의 현실세계를 개인이 어떤 과정을 통해 지각하는지 살펴보자.

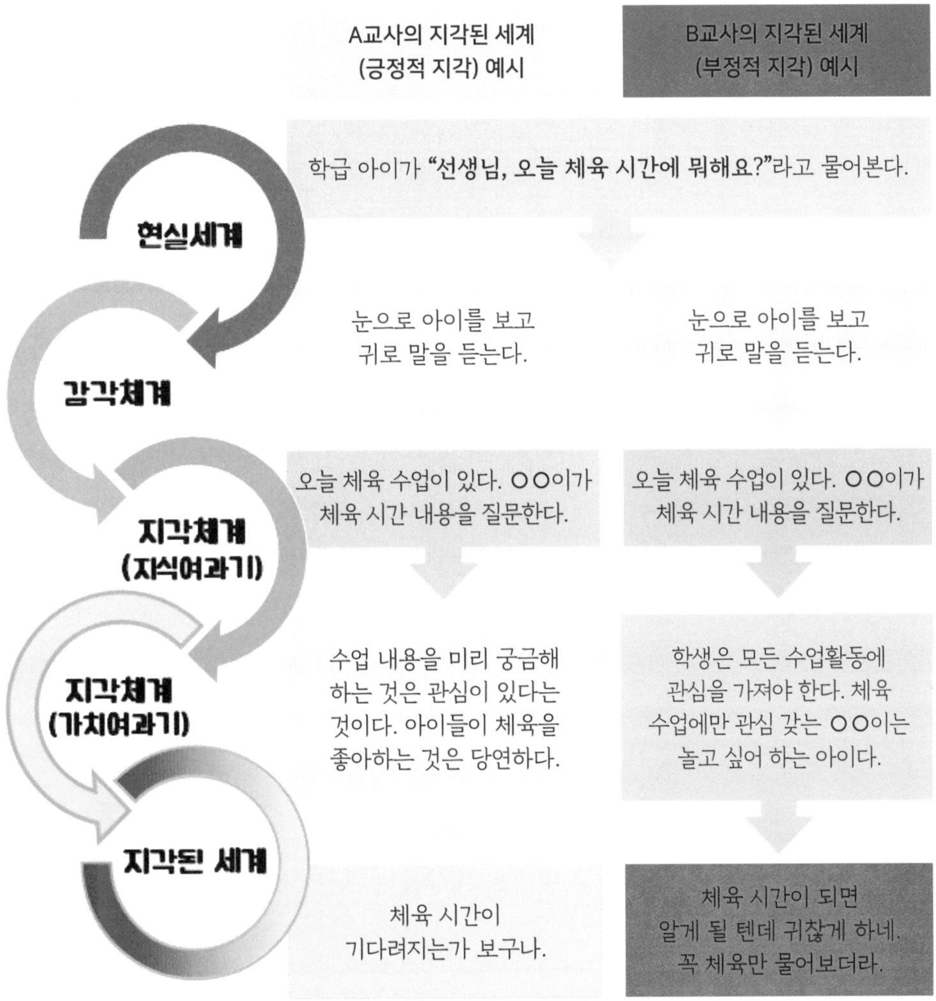

먼저, 우리의 오감인 '감각체계'를 통해 상황을 인식한다. 다음 '지식여과기'와 '가치여과기'라는 두 가지 '지각체계'를 거치며 각자가 다르게 그 상황을 받아들인다.

지각체계를 살펴보면 '지식여과기'는 감각체계(오감)를 통해 들어온 정보 중에서 자기 자신에게 의미 있는 정보를 받아들이는 곳이다. 아이의 질문을 통해 오늘 체육 수업이 있다는 것, 질문하는 아이가 '누구'라는 것, 또 질문하는 아이가 체육 수업만 물어봤다는 내용 등이 의미 있는 정보가 된다.

'가치여과기'는 지식여과기를 통과한 의미 있는 정보에 자신의 긍정적(좋다), 부정적(나쁘다), 중성적 가치를 부여하는 곳이다. 우리가 받아들인 외부정보는 가치여과기를 통과하는 동안에 자신이 바라는 좋은 세계의 사진과 비교하여 일치하면 긍정적 가치를, 일치하지 않으면 부정적 가치를 부여한다. 교사의 좋은 세계에 아이들이 수업내용에 관심을 가지고 질문하는 모습과 체육 시간을 좋아하는 것은 당연하다는 가치를 가지고 있다면 "체육 시간에 뭐해요?"라고 묻는 이 상황에 긍정적 가치를 부여할 것이다. 반면, '모든' 수업시간에 관심을 갖는 아이들의 모습이 교사의 좋은 세계 사진에 있거나 또는 ○○이가 평소 교사 욕구를 충족시키는 모습과 다른 대상이라면 이 질문을 부정적으로 지각할 것이다. 이처럼 우리가 객관적인 현실세계를 그대로 받아들이지 않고 긍정적, 중성적, 부정적 가치로 받아들이게 되는 중요한 요인이 바로 개인이 가진 '가치여과기' 때문이다.

개인이 가진 지식여과기와 가치여과기라는 지각체계를 거치며 우리는 각자 다르게 세상을 지각하게 된다. 즉, 외부 현실세계에 대해 각자 내부의 지각체계를 거치면서 나에게 의미 있는 정보를 받아들이고 거기에 자신의 가치를 부여하여 지각하는 것이다. 이렇게 인식한 자신의 세계가 '지각된 세계'이다.

개인이 어떤 정보를 의미 있게 받아들이는가(지식여과기)와 어떤 가치를 가지고 있는가(가치여과기)에 따라 세상을 보는 방향과 행동이 달라진다. 즉, 우리는 '현실세계'에 대해 각자 다른 개인의 '지각된 세계'로 세상을 살아간다고 할 수 있다.

우리가 지닌 모든 가치는 우리 안에서 나오는 것이다

우리가 경험하는 것들은 우리의 좋은 세계 안에 있는 욕구를 충족시키는 사진들과 비교된다. 아이가 과제를 잘해 오는 모습, 준비물을 잘 챙기는 모습, 골고루 잘 먹는 모습, 수업시간에 손 들고 발표하는 모습 등이 좋은 세계 사진으로 있다면 현실세계에서 본 이 장면들은 지각체계의 가치여과기를 통과하면서 긍정적 가치를 부여받는다. 반대로 자신의 좋은 세계에 있는 사진과 매우 다르게 행동하는 아이를 만나면 부정적 가치를 부여한다. 그리고 그런 아이들에게 '게으른, 무관심한, 무기력한, 편식하는'이라는 꼬리표를 붙인다. 즉, 우리가 지닌 모든 가치는 좋은 것이든 나쁜 것이든 우리 안에서 나오는 것이다.

원하는 것과 다르다고 '나쁜' 꼬리표를 붙이지 말아야 한다

균형 잡힌 식사를 중요하게 생각하는 교사는 편식을 고쳐 주기 위해 억지로라도 반찬을 골고루 먹이려고 애쓴다. 그리고 따라오지 못한 아이에게 편식한다는 꼬리표를 단다. 반면, 어떤 교사는 편식이라는 꼬리표 대신 먹고 싶은 대로 먹는 자율성이 더 중요하다고 생각한다.

지각된 세계는 세상을 있는 그대로 충실히 기록하는 카메라가 아니라 나의 머릿속에 있는 사진과 비슷한 방법으로 세상을 보게 만드는 특별한 카메라인 셈이다. 결국 내가 원하는 대로 찍는 지각용 카메라로 인해 현실세계의 아이는 꼬리표를 달 수도 있고 달지 않을 수도 있게 되는 것이다.

우리가 사용하는 일상의 표현에서 꼬리표를 붙인 예를 쉽게 찾을 수 있다.

'나의 게으른 아들이 등교 시간이 다 되어 가는데 침대에 드러누워 휴대폰만 들여다본다. 학교에 도착하니 말썽꾸러기 민수가 교실을 뛰어다니며 시끄럽게 놀고 있다. 평

소 업무 배분을 잘 못하는 부장 선생님이 불러서 가니 또 나에게 일을 맡긴다.'

이렇게 꼬리표를 붙여 놓고 생활하면 어떨까? 게으른 아들, 말썽꾸러기 학생, 업무 배분 못하는 부장 선생님과 함께 생활하는 나는 행복할까? 꼬리표를 붙이는 것이 부모, 교사, 동료로서 좋은 관계를 맺는 데 도움이 되는지 스스로 물어볼 필요가 있다. 만약 대답이 '아니요'라면 그 꼬리표를 없애야 한다.

당신이 교사라면 '게으르고 무기력하며 무책임하고 약속을 지키지 않는 아이'를 의욕적으로 가르칠 수 있겠는가? 또한 아이는 자신에게 이렇게 꼬리표를 붙이는 교사와 좋은 관계를 맺을 수가 있겠는가? 글래서는 좋은 관계가 중요하다고 생각하여 꼬리표를 많이 붙일수록 관계가 나빠지기 때문에 내가 원하는 것과 다르다고 나쁜 꼬리표를 붙여서는 안 된다고 말한다.

우리가 보는 현실세계를 가치여과기가 왜곡시킨다는 것을 아는 것은 매우 중요하다. 부정적 가치를 적게 부여하여 있는 그대로 세상을 바라본다면 그만큼 우리는 행복하고 더 편안하며 효율적으로 세상을 살아갈 수 있을 것이다.

지각된 세계는 변하지 않을까

학기 초 수업시간에 계속 하품을 하고 결국 꾸벅꾸벅 조는 아이를 만난 적이 있다. 수업시간에 하품을 하며 집중하지 않는 모습은 나의 가치여과기를 통과하면서 '공부에 관심 없는 무기력한 아이'라는 꼬리표를 달고 부정적으로 지각되었다. 게다가 그 아이는 쉬는 시간이 되면 잠에서 깨어 친구들과 어울려 노는 것이었다. 그 모습은 내가 아이에게 붙인 '공부에 관심 없는 무기력한 아이'라는 꼬리표를 더 확신시켜 주었고, 다음 시간 다시 하품을 하는 아이에게 무례하다고 심하게 야단을 쳤다.

그날 오후 아이의 어머니로부터 전화를 받게 되었는데 아이가 최근 아토피가 심해져 전날 거의 잠을 자지 못했다는 말을 듣게 되었다. 그 이야기를 듣고 얼마나 안쓰러운 마음이 들고 미안하던지…. 그 전화 이후 나는 수업시간에 그 아이가 하품을 하거나 엎드려도 '아토피로 잠을 제대로 자지 못한 안쓰러운 아이'로 다르게 지각하게 되었다.

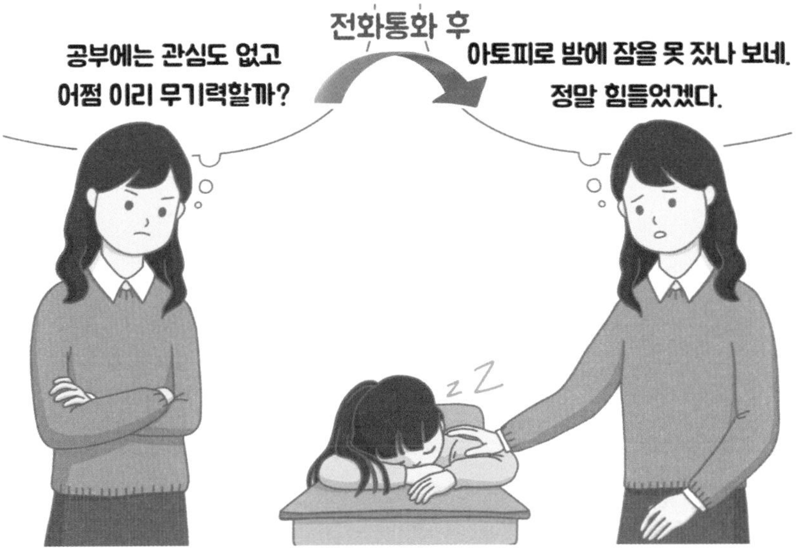

앞서 롤러코스터의 예에서 본 것처럼 지각된 세계는 사람들마다 다르다. 그리고 새로운 정보에 의해 우리의 지각된 세계가 달라지기도 한다. 코페르니쿠스가 지구가 돈다는 지동설을 주장했을 때 다른 사람들은 그를 미친 사람으로 취급하며 인정하지 않았다. 다시 말하면, 현재 우리의 지각된 세계는 개인적인 것이며 항상 진실인 것도 아니다.

그러면 나와 지각된 세계가 다른 상대를 만났을 때 어떻게 해야 할까? 상대방의 지각된 세계는 나와 다르고 각자가 옳다고 믿는 경우가 많으므로 일단 그대로 수용하는 것이 필요하다. 서로의 지각된 세계를 '맞다', '틀리다'로 따지고 들면 갈등을 해결하거나 소통하기가 어렵다. "너는 그렇게 생각하는구나."라고 표현하며 상대의 지각된 세계에 대해 더 알아보는 것이 중요하다.

아이들은 종종 "친구가 나를 괴롭혀요.", "나는 안 때렸어요.", "나는 잘못 없어요.", "내가 한 거 아니에요."라고 말한다. 그런 경우 "선생님이 다 봤는데 무슨 소리니? 바른대로 말하렴. 거짓말은 나쁜 거야."라고 교사의 지각된 세계로 단정 지어 대응할 때가 있다. 이런 말 대신 먼저 상대의 지각된 세계를 수용하며 "너는 때리지 않았다고 생각하는구나.", "너는 잘못이 없다고 생각하는구나."라는 표현으로 조심스레 접근하는 것이 필요하다.

사례로 다음의 두 상황을 비교해 보자.

상황 1

철수 선생님, 용수가 제 물건 훔쳐 갔어요, 제 물건을 가지고 있어요.

교사 뭐? 용수 너 이리 와 봐! 친구 물건을 왜 가져갔어?

용수 억울해요. 전 안 훔쳤어요!

교사 용수가 안 훔쳤다는데 그럼 철수가 함부로 말했네.
철수 네가 실제로 용수가 가져가는 거 보았니?

철수 진짜예요. 제 물건을 용수가 가지고 있잖아요.
증거가 있는데 왜 용수 말만 믿으세요?

교사 ???

상황 2

철수 선생님, 용수가 제 물건 훔쳐 갔어요,

교사 너는 그렇게 생각하는구나.
용수야. 철수가 물건을 잃어버렸는데 그게 어쩌다가 너한테 있니?

용수 아, 그거요. 아까 바닥에 떨어져 있어서
누구 것인지 몰라 찾아 주려고 제 책상 위에 올려 둔 거예요.

교사 그랬구나.
(철수를 보며) 철수야, 용수가 주인을 못 찾아서 책상 위에 올려 둔 거라고 하는데
이 이야기를 듣고 나니 어때?

철수 그래요? 전 그럴 줄 몰랐어요. 오해해서 용수에게 미안해요.

두 가지 대화 상황은 무엇이 다른가? 상황 1은 상대방의 지각된 세계가 진실 또는 거짓이라고 생각하는 것이다. 이런 판단은 소통을 단절시키고 또 다른 갈등을 일으키게 된다. 그래서 교사와 용수, 교사와 철수 사이에 갈등이 생겼으며 소통도 되지 않고 문제도 해결할 수 없었다. 그러나 상황 2처럼 서로의 지각된 세계가 다를 수 있음을

알고 각자의 지각된 세계를 그대로 수용하게 되면 대화가 달라진다. 어느 편에도 기울지 않고 섣부른 판단을 보류하게 된다. 지각된 세계를 수용함으로써 상대에게 공감받는다는 안도감을 갖게 하며 편안한 소통을 통해 갈등도 예방할 수 있다.

우리는 끊임없이 행동을 선택한다: 행동체계

우리 반을 생각할 때 나의 머릿속 좋은 세계에는 어떤 사진들이 있을까? 아이들이 초롱초롱한 눈빛으로 즐겁게 수업에 임하는 모습, 어려움을 가진 아이에게 다가가 따스한 도움을 주는 모습, 그런 선생님의 수고와 사랑에 감사해하는 아이들의 손편지, 에너지를 다시 충전하게 하는 자유로운 방학과 휴식을 취하는 모습 등….

하지만 실제 교실에서는 나의 수업 안내나 활동에 따르지 않는 아이들, 도움을 주려는 나의 친절을 거부하는 아이, 반복해서 설명하느라 지쳐 잠시 숨 돌리는 쉬는 시간, 화장실 가는 것도 잊게 하는 아이들의 고자질과 다툼 등의 모습을 더 자주 보게 된다.

글래서는 이런 상황을 '갈등'이라고 설명한다. 우리 머릿속에는 내가 추구하고 원하는(좋은 세계) 사진이 있는데, 현재 보이는 장면(지각된 세계)은 기대하던 사진과 다르고 차이가 있다. 그때 갈등 신호가 발생하게 되고, 그 차이를 줄이기 위해 우리는 어떤 행동을 하게 된다는 것이다.

우리 내부에서는 끊임없이 좋은 세계와 지각된 세계의 차이를 감지한다. 그리고 다르다는 갈등 신호가 올 때마다 원하는 것을 이루기 위해 행동을 시작하게 된다. 우리의 행동은 우리가 원하는 것과 우리가 바라보고 있는 세상의 차이, 즉 갈등을 줄이려는 끊임없는 시도이자 노력이다.

행동의 순간, 우리는 수많은 행동 중 하나를 선택한다

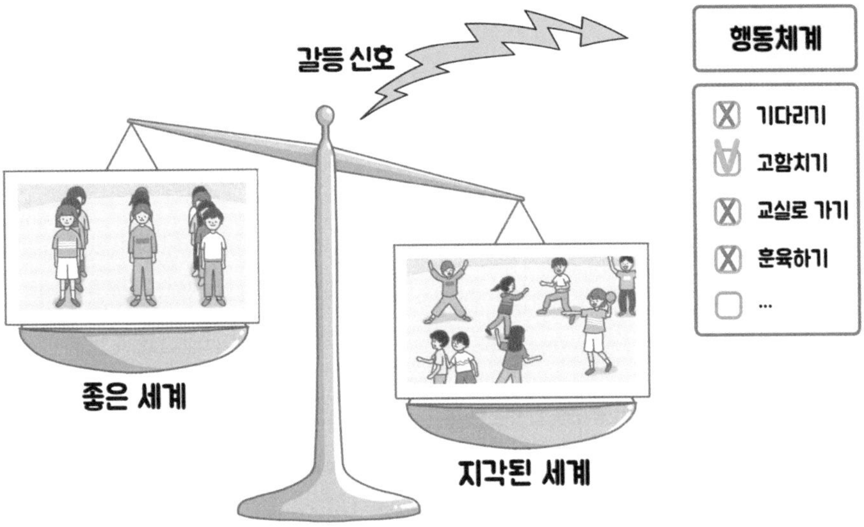

한 교사가 체육 시간을 앞두고 "선생님 옷 갈아입고 갈 테니 수업 종이 치면 줄을 서 있으세요."라고 말하고 아이들을 먼저 운동장으로 보낸다. 체육복을 갈아입고 운동장으로 가면서 교사는 줄을 서서 기다리고 있을 아이들의 모습을 기대한다. 그러나 교사가 본 장면은 시작종이 쳤는데도 여전히 뛰어다니며 놀고 있는 아이들의 모습이다. 좋은 세계의 사진과 지각된 세계의 모습에 차이가 생기며 교사에게 갈등 신호가 온다. 이때, 교사가 할 수 있는 행동에는 어떤 것이 있을까? 당신이라면 어떤 행동을 하게 될까?

크게 소리 지르며 화내기, 지시에 따르지 않았다고 수업 대신 훈육하기, 아이들이 모일 때까지 가만히 기다리기, 호각 신호로 아이들을 모으고 수업 시작하기, 체육 수업을 하지 않고 교실로 가기 등.

갈등 신호가 생기면 내가 할 수 있는 여러 행동 중 한 가지 행동을 하게 되는데 이런 행동선택의 과정을 글래서는 '행동체계'라고 했다. 우리의 행동체계에는 갓난아기 때부터 지금껏, 일생 동안 수많은 모방과 창조를 통해 얻은 무수한 행동이 저장되어 있다. 행동을 해야 하는 갈등 신호가 생기면 수많은 행동 중 하나를 선택하게 되는데, 자주 하는 익숙한 행동을 할 수도 있고 새로운 행동을 시도해 볼 수도 있다.

개인이 주로 하고 익숙하여 즉각적으로 하는 행동을 '조직화된 행동'이라고 한다. 만약 교사가 "다 모여! 줄 서 있으라는 말을 못 들었어?"라는 행동을 즉각 했다면 이 교사는 '고함치고 화내기' 행동이 조직화되어 있다고 할 수 있다. 그러나 그날 체육 수행 평가로 시간이 촉박하여 훈육을 할까 하고 잠시 망설이다가 평소와 달리 아이들에게 화를 내지 않고 호각을 불며 운동장을 돌기 시작했다고 하자. 자연스럽게 아이들이 교사의 뒤를 따르며 계획한 수업시간을 진행했다면 이 행동은 새롭게 창조된 행동이 되는 셈이다. 즉, 분노를 표현하는 조직화된 행동이 저장되어 있었지만 새로운 행동을 재조직하며 창조하게 된 것이다. 교사가 그 순간 선택한 행동에 따라 이후 수업 분위기는 많이 달라질 수 있다.

갈등의 순간 우리가 선택한 행동은 최선이었다. 하지만 그 당시 선택한 행동은 행동체계에 있는 조직화된 하나의 행동일 뿐, 선택할 수 있는 다른 행동도 얼마든지 있다. 수많은 행동 중에서 주로 하는 행동이 내가 반복하여 행동했던 익숙한 행동이라는 것과 자신이 스스로 선택하고 있다는 사실을 인정한다면 지금 내가 하는 행동을 다른 것으로 대체할 수도 있을 것이다.

'그럴 수밖에 없었다'에서 '다르게도 할 수 있다'로

자신의 행동체계에 있는 대부분의 행동은 그것이 효과적이든 비효과적이든 간에 우리가 좋아하고 존경하는 사람들로부터 배운 것이 많다.

분노를 표출하는 것 외에 다른 행동이 없다고 말하는 아이들이 있다. 이 아이는 화내기가 자신의 좋은 세계를 충족하는 강력한 행동으로 조직화되어 있는 것이다. 화를 내는 행동으로 주변 상황이나 다른 사람을 통제할 수 있었거나 자신의 불편한 감정을 해소하면서 욕구를 채울 수도 있었을 것이다. 화를 내는 방법이 자신의 욕구는 충족하지만 다른 사람과의 좋은 관계를 유지하기에 어려움이 있다면 이 아이는 화를 내는 대신 다르게 행동하는 새로운 창조 행동을 배워 조직화할 필요가 있을 것이다. 화내기를 주로 하는 행동체계에 다른 긍정적이고 창조적인 새로운 행동 목록이 필요한 셈이다. '그럴 수밖에 없었다'에서 '다르게도 할 수 있다'라는 배움이 필요하다. 아이가 화내기 행동으로 얻으려 했던 내면의 좋은 세계를 알아보고 더 효율적인 새로운 행동으로 재조직하도록 도와주는 것이 바로 상담의 과정이 될 것이다.

우리는 이 세상을 의미 있게, 다른 사람과 조화롭게 지내며 자신의 행동을 통제하는 방법을 배우고 선택할 수 있어야 한다. 갈등을 통해 좋은 세계의 사진이 무엇인지를 살피고 그에 맞는 효과적인 행동을 조직하며 나아가는 것, 그리고 새로운 행동을 계속 배우는 창조성을 가지고 효율적인 행동을 선택하느냐 못하느냐에 따라 개인의 삶과 행복에 커다란 차이가 나타날 것이다.

직접 해 봐요!

- 요즈음 갈등되었던 일이 있나요?

그 상황을 떠올려 보세요. 그리고 다음의 표에 정리해 봅시다.

1. 현재 내 눈 앞에 보이는 장면을 '지각된 세계'에 써 보세요.
2. 머릿속에 내가 추구하고 원하는 사진을 '좋은 세계'에 써 보세요.
3. 갈등 상황에서 내가 할 수 있는 행동들을 '행동체계'에 써 보고 내가 선택한 행동에 ∨표를 하세요.

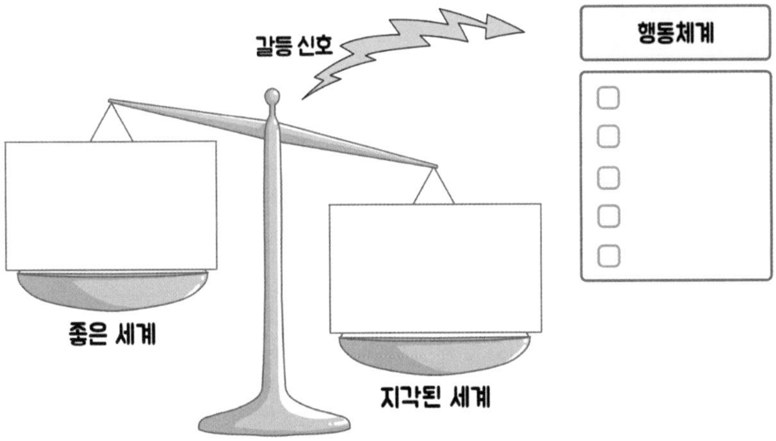

4. 다르게 행동을 선택해 본다면 어떤 행동을 할 건가요?
5. 적어 보니 어떤 생각이 들었나요?

우리의 행동은 네 가지로 구성되어 있다: 전행동자동차

우리는 끊임없이 움직이며 행동한다. 글래서는 우리가 우리 내부의 욕구를 충족하는 좋은 세계의 사진(바람)을 이루기 위해 행동한다고 했다. 그리고 행동을 하는 매 순간 행동체계의 수많은 행동 중 하나의 행동(또는 그 이상)을 선택한다고 하였다. 선택이론에서는 이 '행동'의 개념을 움직이는 네 바퀴의 자동차로 비유하여 설명한 것이 특별하다. 자동차의 네 바퀴가 동시에 움직이듯 우리의 행동도 네 가지 요소가 동시에 작동한다고 보았다. 즉, 행동은 활동하기, 생각하기, 느끼기, 신체반응의 네 가지로 구성되어 있다고 하여, 이를 '전행동(全行動, total behavior)자동차'라고 부른다.

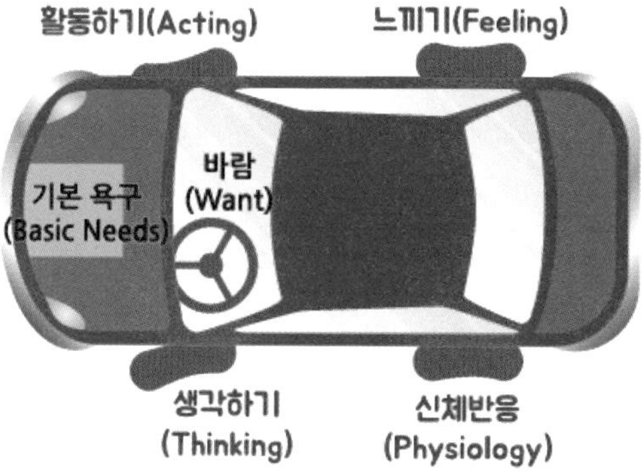

선택이론에서 말하는 우리의 행동을 전행동자동차에 넣어 설명하면, '공포 영화 보기'라는 하나의 행동에 네 가지 요소가 동시에 일어난다고 본다. 활동하기는 화면을 응시하기, 생각하기는 '언제쯤 귀신이 나타날까?', 느끼기는 '무섭다', 신체반응은 '땀이 나고 심장이 두근거린다'로 나타낼 수 있다. 이처럼 행동은 네 가지 요소로 연결되어 동시에 일어나고 있는 것이다.

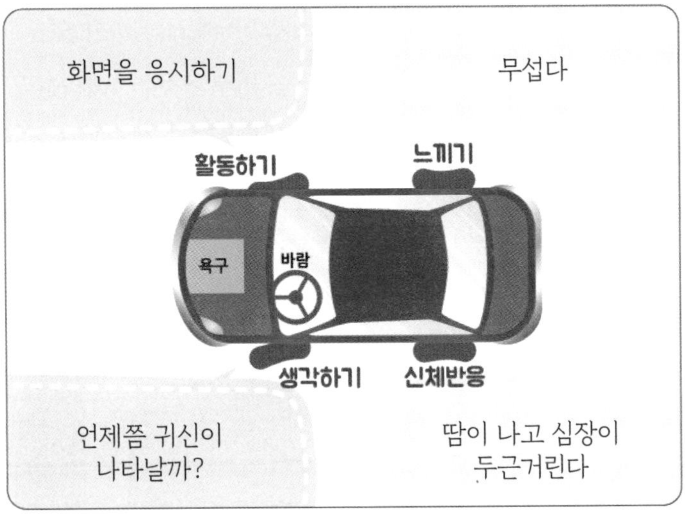

행동을 왜 전행동자동차로 설명했을까

글래서가 '행동'을 움직이는 전행동자동차로 설명한 것은 특히 중요한 의미가 있다. 자동차는 앞바퀴의 움직임 방향대로 뒷바퀴가 저절로 따라가게 되어 있다. 전행동자동차의 앞바퀴를 '활동하기'와 '생각하기'로 하고, 뒷바퀴를 '느끼기'와 '신체반응'으로 정해 놓은 것은 이러한 맥락에서다. 즉, 앞바퀴인 '활동하기', '생각하기'의 움직임에 따라 뒷바퀴인 '느끼기'와 '신체반응'은 자연스럽게 따라간다는 것이고 앞바퀴의 요소를 움직이고 바꾸어야 행동의 변화가 쉽다는 중요한 의미를 부여하고 있다. 따라서 우리가 자신의 행동을 변화시키기 원한다면, '활동하기'와 '생각하기'의 요소에 집중해야 한다. '활동하기'와 '생각하기'의 두 요소 중에서도 특히 '활동하기'는 거의 전적으로 우리가 쉽게 변화시키고 통제할 수 있는 방법이다. 가장 통제하기 쉬운 '활동하기'를 바꿈으로써 쉽게 행동의 변화가 일어난다는 것을 전행동자동차로 설명한 것이다.

전행동자동차의 네 가지 요소를 직접 체험해 보면 더 쉽게 이해할 수 있다. 다음 네 가지 요소 중 어떤 것이 쉽게 통제 가능한지 당신이 직접 지시에 따르며 알아보기를 바란다.

1. 당신의 심장박동수를 곧바로 2배로 빨리 뛰게 하라. (신체반응 요소)
2. 당신의 지금 감정을 매우 우울하도록 즉시 바꾸어 보라. (느끼기 요소)
3. 싫은 사람을 떠올리고 좋은 사람이라고 생각을 바꾸어 보라. (생각하기 요소)
4. 지금 바로 오른손을 들어 보라. (활동하기 요소)

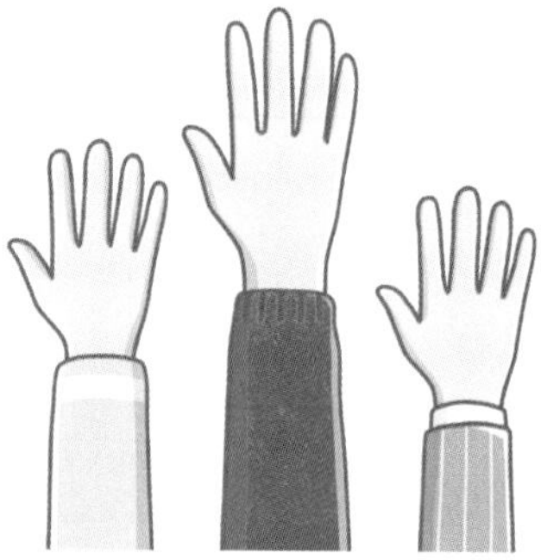

네 가지 요소 중 어느 것이 가장 쉽게 되었는가? 어느 것이 내가 가장 통제하기 쉬웠는가? 바로 '활동하기'였던 '오른손 들기'이다.

이처럼 선택이론은 우리가 가장 쉽고 통제하기 쉬운 '활동하기'를 변화시키는 데 초점을 둔다. 무서운 공포 영화를 계속 보면서 무서움을 느끼지 않겠다거나, 심장이 두근거리는 것을 멈추겠다는 것이 쉬운가? 아니면 화면의 장면이 꾸며진 이야기라고 생각을 바꾸는 것이 쉬운가? 더 이상 두려움을 원치 않는다면 영화관을 나오는 '활동하기'를 선택하는 것이 가장 빠른 해결책이 될 것이다. 영화관을 나오는 순간 무서운 생각도, 떨리는 감정도, 두근거리는 신체의 심장박동도 빠르게 제자리로 돌아올 것이다.

우리가 가장 통제하기 쉬운
활동하기에 초점을 맞추어 행동을 변화시킨다

우리 대부분은 우리가 하는 행동의 네 가지 요소 중 하나인 '느끼기'를 강하게 감지한다. 요즘 어떻게 지내느냐고 물을 때 "우울해요."라거나 "힘들어요."라고 말하는 경우가 많은데 이것은 '느끼기' 요소를 뚜렷이 인식하여 말한 것이다. 전행동의 뒷바퀴인 '느끼기' 부분을 크게 부각하고 다른 요소는 대체로 덜 의식한 결과이다.

'우울하다'고 말하는 사람의 행동에 대해 살펴보자. '우울하다'는 '느끼기' 요소를 표현한 것이다. 우울할 때 우리는 전행동의 앞바퀴 요소인 '활동하기'에서 어떤 활동을 하고 있는지 인식해 보자. 침대에 누워 있지 않는가? 혼자 방에서 천장을 보고 있지 않는가? 자신이 하는 '활동하기'는 잘 의식하지 않고 '우울하다'는 느낌만을 강하게 가지고 있는 셈이다. 방에 혼자 누워 있으면서 우울함을 바꾸기가 쉬운가? 우울함이 지금 대표적으로 뚜렷한 것이라고 할지라도 전행동을 이루는 네 가지 구성요소 중 하나라는 것을 떠올리자.

자신의 우울함을 바꾸고 싶다면 누워 있는 활동하기를 다르게 바꾸라고 권한다. 왜냐하면 자동차의 뒷바퀴인 '느끼기'를 바꾸거나 '신체반응'을 통제하기는 어렵기 때문이다. 감정을 변화시킬 방법은 활동하기에 있다. 나의 전행동 중 내가 통제할 수 있는 '활동하기'를 통해 감정을 바꾸고 좀 더 행복한 선택을 하게 될 것이다. '누워 있기' 대신 '일어나기, 밖으로 나가 산책하기'라는 활동하기를 하면서 계속해서 우울한 감정을 유지하는 것은 쉽지 않다.

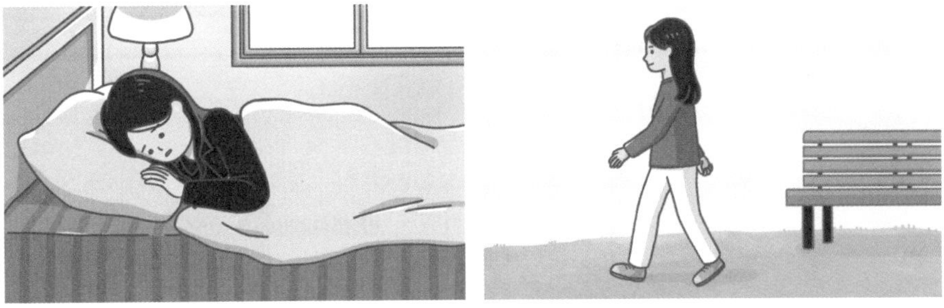

속상하고 우울할 때 산책을 나가거나 마트에서 물건을 고르거나 즐거운 영화를 보는 활동하기를 하면 감정도 따라 전환된다. 달라진 상태로 다시 도전할 용기를 얻을 수도 있고 환기된 에너지를 얻게 될 수도 있다. 지금의 불행이 우울한 '느끼기' 요소를 유지하고 있는 나의 행동선택이라는 것을 알면 우리는 다른 선택을 할 수 있을 것이다.

갈등이 생기면 행동체계가 작동되면서 행동을 선택한다

아이들에게 친구들과 어울리고 싶은 소속 욕구와 인정받고 싶은 욕구는 둘 다 매우 중요하다. 재미있게 놀고 있는 친구들과 자신도 어울리고 싶은데, 친구들은 놀이에 흠뻑 빠져 자신을 의식하지 않는다. 갈등의 신호가 오는 이런 상황에서 함께 어울리고 싶은 자신의 바람을 어떤 방법으로 이룰 수 있을까? 이런 갈등에서 할 수 있는 아이의 행동은 수없이 많다.

"나도 같이 놀고 싶어. 나도 끼워 줄래?"라고 말하기, 먹는 것으로 주의 끌기, 친구들이 노는 모습 구경하며 기다리기, 다른 놀이 제안하기, 혼자 놀기, 노는 친구 앞에서 방해하기 등.

한 아이는 친구들과 놀고 싶은데 친구들이 관심을 주지 않으면 놀고 있는 친구를 갑자기 툭 치고 가 버린다. 자신을 무시한다고 생각하며 화난 감정으로 친구의 어깨를 치거나 다리를 찬다. 갈등 상황의 행동체계에서 주로 '친구 건드리기'라는 조직화된 행동을 선택한 것이다. 다음은 아이의 갈등 상황을 행동체계와 전행동자동차에 대입하여 전체적으로 표현해 본 것이다.

갈등	행동체계	선택한 행동
 친구들과 어울려 놀고 싶은데 친구들은 자신에게 관심을 주지 않는다.	▶끼워 달라고 부탁하기 ▶친구들 모습 구경하기 ▶**친구 건드리기** ▶혼자 놀기 ▶놀이 방해하기 ▶	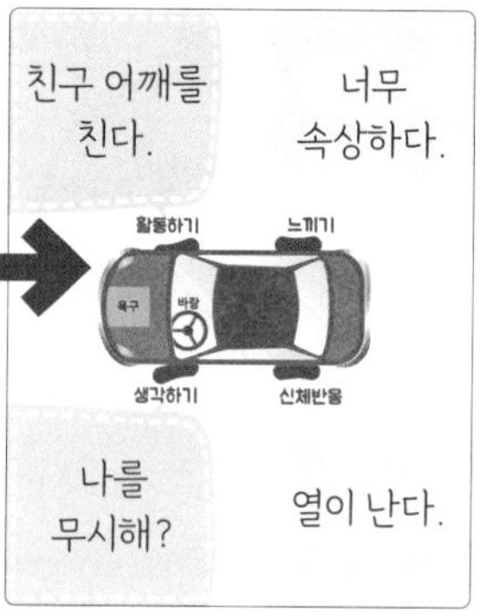

갈등에서 아이는 행동체계의 수많은 행동 중 하나로 조직화된 '친구 건드리기'를 선택한 것이다. 자신이 선택한 행동을 네 가지 요소로 물어보면서 활동하기, 생각하기, 느끼기, 신체반응을 탐색하게 한다. '활동하기'는 친구의 어깨를 툭 치고, '생각하기'는 '나를 무시해?'라는 생각을 한다. 그때의 '느끼기'는 '너무 속상하다.' 이고, '신체반응'으로 몸에 열도 난다. 갈등 상황에서 자신이 한 행동을 자세히 인식하지 못하는 경우가 많기 때문에 이런 전행동자동차 요소 탐색 질문을 통해서 자신의 행동을 관찰카메라로 보는 것처럼 들여다보게 하는 것이 도움이 된다. 갈등에서 자신이 한 전행동의 탐색을 통해 아이는 자신의 행동이 친구들과 어울리고 싶은 바람을 이루는 데 도움이 되지 않는다는 것을 알게 된다. 갈등을 겪는 아이들은 이처럼 비효과적인 방법으로 조

직화된 행동, 즉 자주 하는 익숙한 행동을 선택해서 갈등을 반복하고 있다. 우리의 행동선택이 늘 효과적인 것은 아니다. 그러나 나의 선택 행동이 원하는 것을 이루는 데 도움이 되지 않는다는 것을 명확히 알고 나면 그 행동을 계속하기는 어려울 것이다. 그러므로 우리는 행동체계의 수많은 행동 중에서 자신의 좋은 세계의 사진을 충족하는 효과적인 행동을 끊임없이 재조직하고 창조할 필요가 있다.

직접 해 봐요!

- 갈등 상황에서 내가 선택한 행동을 떠올려 보고 전행동자동차에 적어 보세요.

(앞의 행동체계에서 썼던 갈등 사례를 이어서 해 보아도 좋아요.)

갈등	행동체계	선택한 행동
	▶ ▶ ▶ ▶ ▶	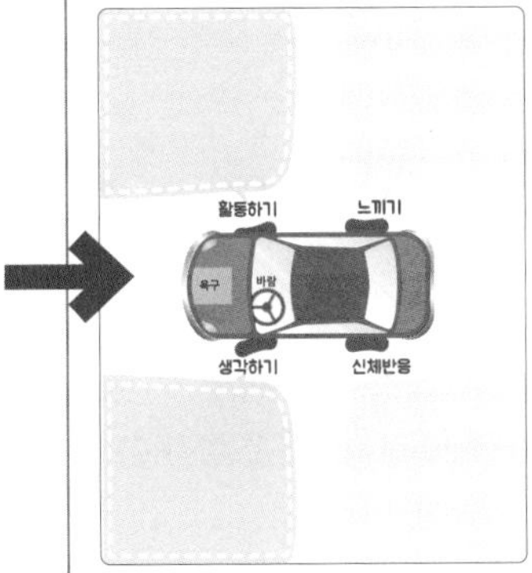

- 전행동자동차에 나의 선택행동을 적어 보았나요? 적어 보니 어떤 생각이 드나요?

마음은 어떻게 작용하는가

지금까지 윌리엄 글래서의 선택이론에 관하여 알아보았다. 우리가 왜, 어떻게 행동하는지를 설명하는 선택이론에 따라 행동 선택의 원리나 구조를 이해하면, 보다 행복한 삶을 추구할 수 있다. 이를 간단하게 표로 요약해 보면 다음과 같다.

우리의 행동은 욕구를 충족하기 위해 내가 선택하는 것이다.

↓

욕구	우리는 다섯 가지 욕구를 가지고 있고 그 욕구를 충족하기 위해 행동한다.

좋은 세계	좋은 세계는 욕구가 잘 충족된 사진들이 모인 곳이다.	**지각된 세계**	사람마다 지각된 세계는 다 다르다.

↓ ↓

좋은 세계와 지각된 세계의 차이로 갈등이 생긴다.

↓

행동체계	갈등을 해결하기 위해 많은 행동 중에서 한 가지 행동을 선택한다.

↓

전행동 자동차	선택한 하나의 행동은 네 가지 요소로 구성되어 있고 그중에 '활동하기'가 가장 통제하기 쉽다.

↓

현실세계	상황이 행동의 결과로 나타난다.

↓

효율적인 행동선택을 통해
비생산적인 상황을 생산적인 상황으로 전환함으로써
행복한 삶을 추구한다.

선택이론은 우리가 앞에서 배운 개념들이 개별적인 것이 아니라 하나의 시스템처럼 연결되어 우리가 왜, 어떻게 행동을 선택하는지를 설명해 준다. 글래서는 선택이론을 쉽게 설명하기 위해 우리의 행동 과정을 한 장의 그림으로 시각화하여 설명했는데 이 그림을 선택이론차트, CT(Choice Theory)차트라고 한다. CT차트를 통해 나의 욕구와 바람을 탐색하고 왜 이 행동을 선택했는지 자신을 이해할 수 있다. 나아가 상대방의 행동까지도 이해할 수 있게 된다.

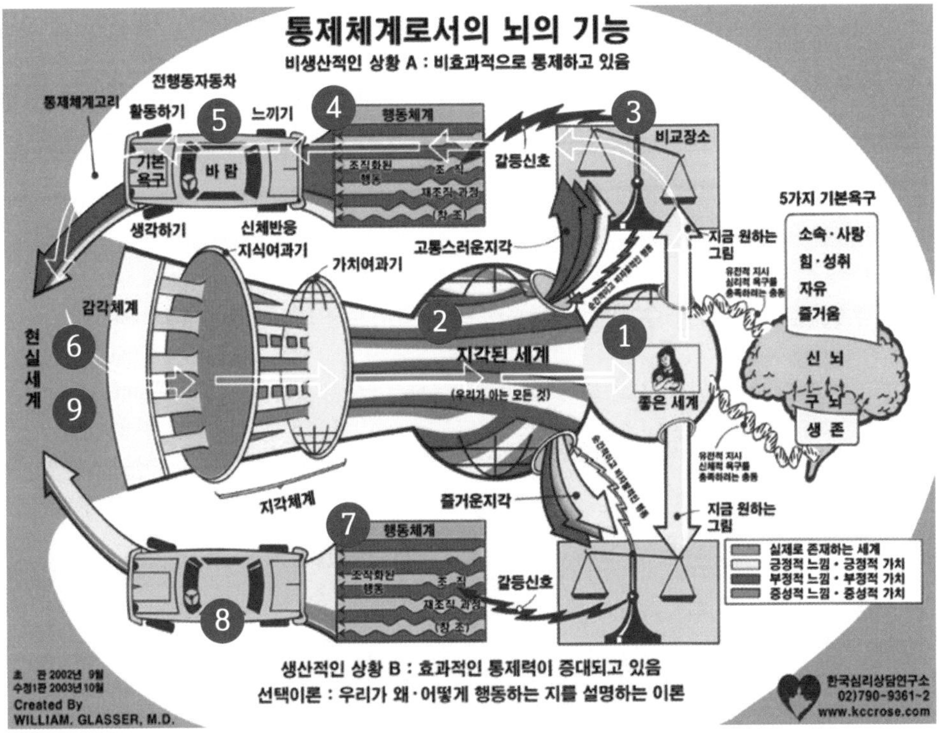

CT차트를 활용한 행동선택의 과정을 살펴보면 크게 위쪽의 비생산적인 상황(비효과적으로 통제하고 있을 때)과 아래쪽 노랑 배경의 생산적인 상황(효과적인 통제력이 증대된 상황)으로 나뉘어 표현되어 있다.

먼저, 비생산적인 상황에서의 행동선택 과정을 알아보자. 우리는 욕구가 충족된 장면을 사진처럼 간직하고 있다. 이것이 ❶ **좋은 세계**이다. 그런데 현재 상황이 지각체계를 거치면서 ❷ **지각된 세계**가 나의 좋은 세계와 다를 때 고통스러운 지각이 생긴다. 좋은 세계와 지각된 세계의 차이로 인해 ❸ **비교장소**의 저울이 기울고 갈등 신호가 오게 된다. 이 갈등을 해결하기 위해 ❹ **행동체계**의 많은 행동 중에서 하나를 선택하여 행동하게 된다(❺ **전행동자동차**). 이 행동의 결과에 따라 갈등이 더 심해지거나 그대로 남아 있는 ❻ **현실세계**를 맞이하게 된다. 우리는 이 비생산적인 상황을 생산적인 상황으로 만들기 위해 다시 ❼ **행동체계**에서 새로운 행동(❽ **전행동자동차**)을 선택함으로써 갈등이 해결된 ❾ **현실세계**로 바꾸게 된다.

글래서는 내가 원하는 것을 얻기 위해 선택한 행동이 내가 바라는 것과 더 멀어지고 있다는 것을 알면서도 계속 그 행동을 선택하기는 더 어렵다고 했다. 그래서 우리가 어떤 과정으로 행동하는지 CT차트를 만들어 선택이론을 설명하고, 그 과정을 살펴보면서 우리의 행동을 잘 통제하고 선택할 수 있도록 한다. CT차트를 통해 자신이 진정으로 원하는 것을 찾고 새로운 행동을 선택하여 효과적인 상황으로 바꾸는 것이 바로 선택이론을 배우는 이유이다.

누구나 쉽게 적용해 볼 수 있게 만든 선택이론차트 익히기 학습판

CT차트를 배우고 나면 우리의 마음을 이해하고 효과적인 행동을 선택하는 데 큰 도움을 받을 수 있다. 하지만 처음 CT차트를 접하면 다소 복잡해 보이고 이론을 이해하고 적용하기까지 긴 시간이 소요되는 경우가 많다. 현실치료를 배워 적용해보면서 스스로의 삶에 큰 도움이 되었고 이를 더 많은 사람에게 전달하고 싶은 고민에서 시작해 차트를 쉽게 익히도록 구안된 '선택이론차트 익히기 학습판'(김명신, 2010)을 소개한다. 선택이론차트 익히기 학습판은 각 그림의 순서에 따라 직접 기록 하면서 CT차트과정을 쉽게 익힐 수 있다. 선택이론이나 현실치료에 대한 기본 지식이 부족한 아이들도 학습판의 과정을 따라 하면서 자신의 행동을 바라보게 되고 효율적인 선택을 하도록 도울 수 있다.

CT학습판

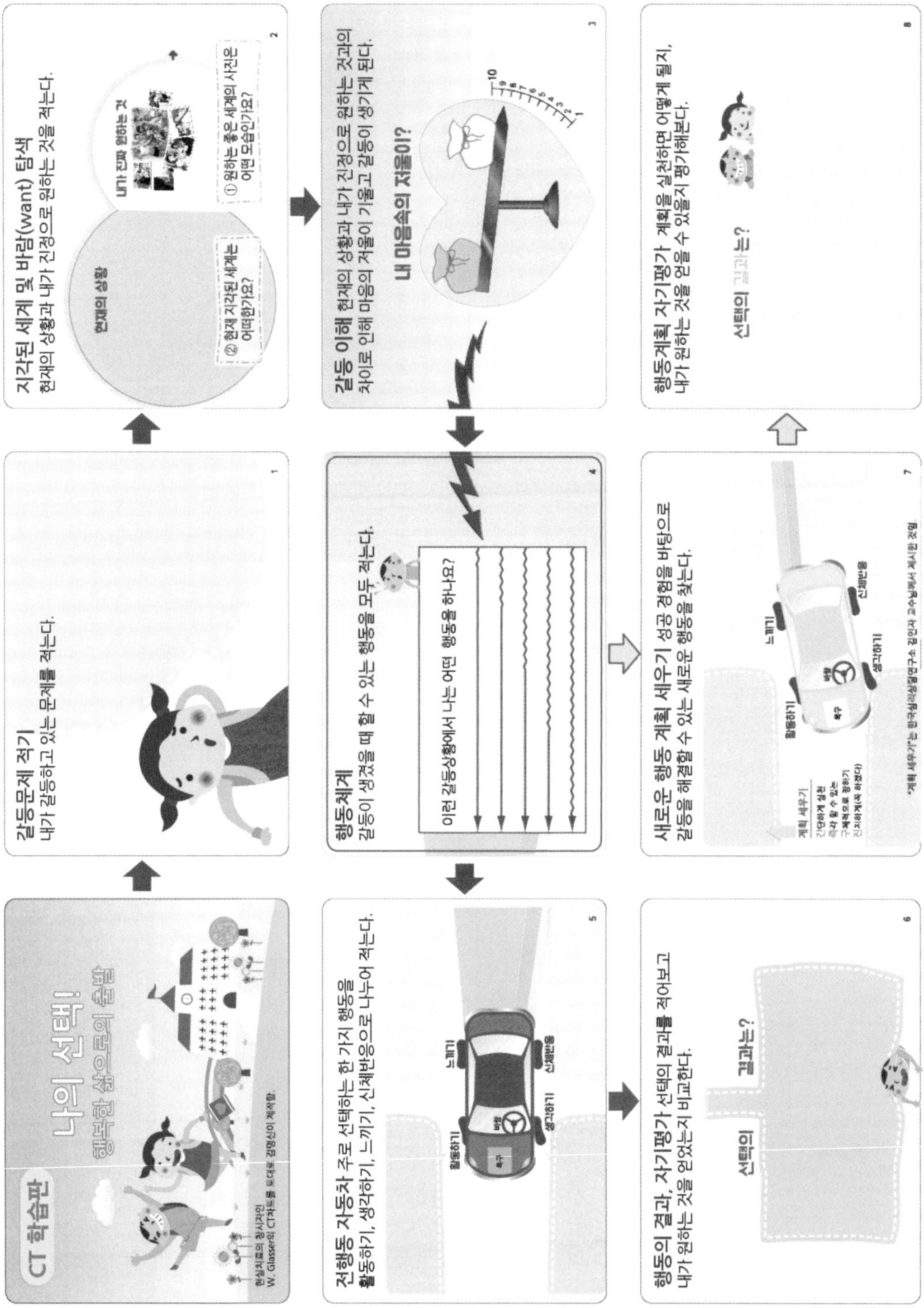

선택이론차트를 누구나 쉽게 적용할 수 있도록 만든 자료(김명신, 2010)

CT차트의 과정을 쉽게 적용할 수 있는 선택이론차트 익히기 학습판을 살펴보면 다음과 같다.

❶ **갈등 문제 적기** 내가 갈등하고 있는 문제를 솔직히 적는다.

• 갈등하고 있는 문제는 무엇인가요?

❷ **지각된 세계 및 바람(want) 탐색** 현재의 상황과 내가 진정으로 원하는 것을 적는다.

• 현재 상황이 어떤가요?(지각된 세계)
• 원하는 모습은 어떤 것인가요?
(좋은 세계 사진)
• 원하는 모습이 되면 어떤 욕구가
충족 되나요?

❸ **갈등 이해** 현재 상황과 내가 진정으로 원하는 것과의 차이로 인해
마음의 저울이 기울고 갈등이 생기게 된다.
갈등의 차이를 수치로 나타낸다.

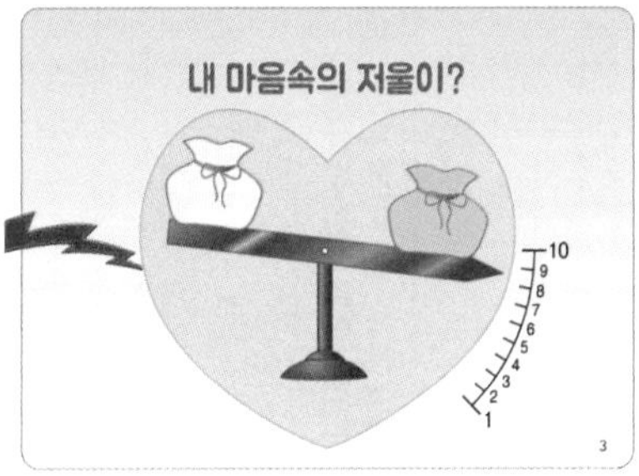

• 내가 원하는 모습과 현재의 모습이 달라
마음의 저울이 기울었네요.(갈등)
• 마음의 저울이 왜 기울었나요?
• 마음의 점수가 몇 점쯤 되나요?
(균형이 잘 이루어진 것을 10점,
많이 기울면 원하는 것과 현재 상황의
차이가 크다는 의미)

❹ 행동체계 갈등이 생겼을 때 할 수 있는 행동을 다 적어 본다.

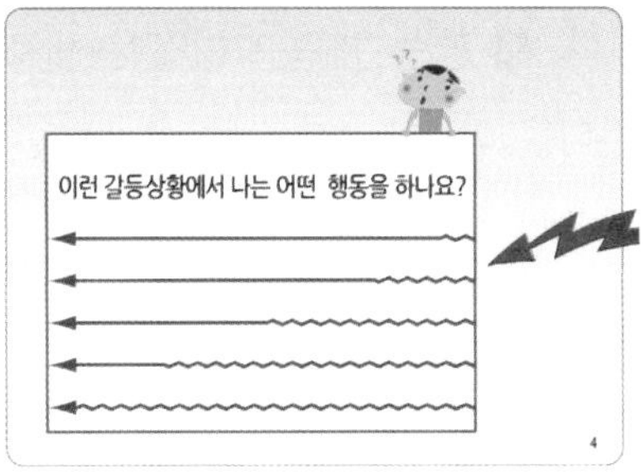

- 갈등이 생겼을 때 내가 선택할 수 있는 행동은 어떤 것이 있나요?

❺ 전행동자동차 주로 선택하는 하나의 행동을 활동하기, 생각하기, 느끼기, 신체반응의 네 가지 구성요소로 나누어 적는다.

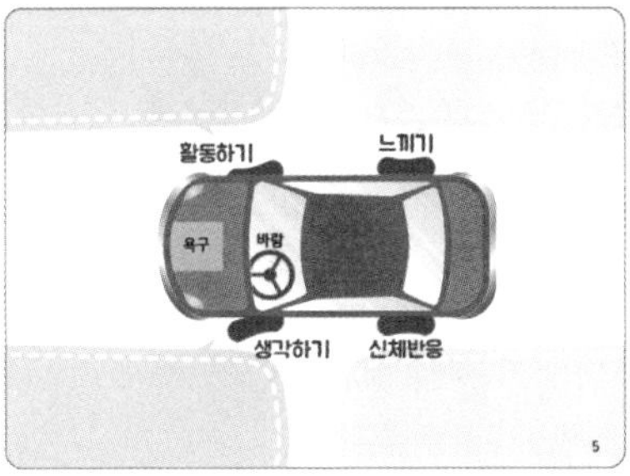

- 어떤 행동을 선택했나요?

★선택한 행동을 나누어 보면
- 활동하기:
- 생각하기:
- 느끼기:
- 신체반응:

❻ 행동의 결과, 자기평가 선택의 결과가 어떠한지 적어 본다. 내가 원하는 것을 얻었는지 비교한다.

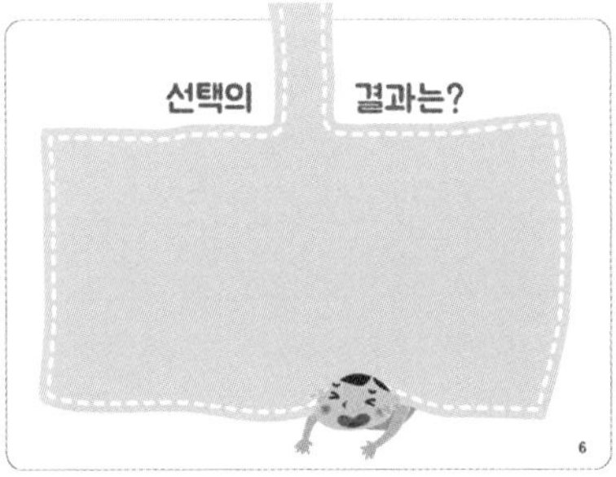

- 행동의 결과는 어떠한가요?
- 내가 원하는 모습과 비교해 보면 어떤가요?

비효과적으로 통제하고 있는 상황이라면 효과적으로 통제하는 상황으로 만들기 위해 ❼ 새로운 행동 계획 세우기-내가 잘 해결했던 성공 경험을 바탕으로 행동체계에서 갈등을 해결할 수 있는 새로운 행동을 선택한다. ❽ 행동 계획 자기평가-새로운 행동으로 내가 원하는 것을 얻을 수 있는지 살펴본다.

❼ 새로운 행동 계획 세우기 잘 해결했던 성공경험을 바탕으로,
갈등을 해결할 수 있는 새로운 행동을 찾는다.

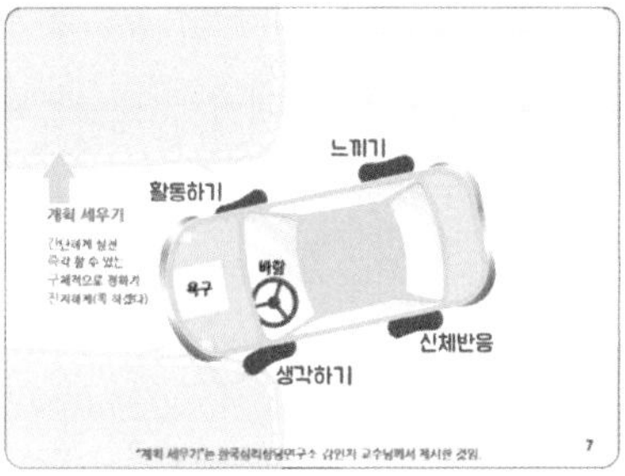

- 어떤 행동을 선택했나요?

  - 활동하기:
  - 생각하기:
  - 느끼기:
  - 신체반응:

❽ 행동 계획 자기평가 ❼번과 같은 행동을 통해 어떤 결과가 이루어질지 생각해 본다.
내가 원하는 것을 얻을지 자기평가를 해 본다.

- 새로운 행동선택의 결과는 어떠한가요?
- 내가 원하는 것을 얻었나요?

'선택이론차트 익히기 학습판'을 활용한 행동선택 과정을 사례를 통해 살펴보기

사례 1. 우유갑으로 만들기 언제 해요?(1학년)

전통집 만들기를 하려고 우유갑을 씻어서 교실 뒤쪽에 말리고 있다. 아이들에게는 각자 우유갑 3개를 모으면 전통집 만들기를 한다고 했다. 평소 잘난 척하며 간섭하기를 잘하는 철이가 우유갑을 말리기 시작한 첫날부터 사흘째 되는 오늘까지 계속 "선생님, 저 우유갑 언제 해요?"라고 묻는다. 첫날은 "아직 3개도 안 모였어. 기다려." 둘째 날은 "선생님이 할 시간 되면 할 거야."라고 했다. 기다리면 어련히 내가 알아서 나누어 줄 텐데 날마다 물어보는 철이가 꼭 나를 재촉하고 간섭하는 것처럼 느껴져 슬슬 짜증이 났다.

사흘째 되는 날, 역시나 철이는 나에게 다가와 "선생님, 저 우유갑 언제 해요?"라고 물어서 나는 큰 소리로 화를 냈다.

❶ **갈등 문제 적기** 내가 갈등하고 있는 문제를 솔직히 적는다.

• 갈등하고 있는 문제는 무엇인가요?

- 우유갑이 다 모이지도 않았는데
언제 하는지 계속 똑같은 질문을 되풀이하는
철이의 행동이 나를 간섭하는 것 같아
귀찮고 밉고 화가 난다.

❷ 지각된 세계 및 바람(want) 탐색 현재의 상황과 내가 진정으로 원하는 것을 적는다.

• 현재 상황이 어떤가요?(지각된 세계)

- 잘난 척하고 간섭 잘하는 철이가
  내가 두 번씩이나 짜증을 꾹 참고
  기다리라고 했는데도, 또 내 말을 듣지 않고
  똑같은 질문을 해서 나를 화나게 만들고 있다.

• 원하는 모습은 어떤 것인가요?(좋은 세계 사진)

- 우유갑이 다 모일 때까지 기다리라고 하면
  철이가 "네, 알겠습니다."라고 대답하고
  똑같은 질문을 더 이상 하지 않고 기다리는 모습

• 원하는 모습이 되면 어떤 욕구가 충족되나요?

- 힘과 성취의 욕구(내 말에 철이가 잘 따르는 것),
  생존의 욕구(여러 번 똑같은 답을 하지 않아 몸과
  마음이 편해지는 것)

❸ 갈등 이해 현재 상황과 내가 진정으로 원하는 것과의 차이로 인해
마음의 저울이 기울고 갈등이 생기게 된다.
갈등의 차이를 수치로 나타낸다.

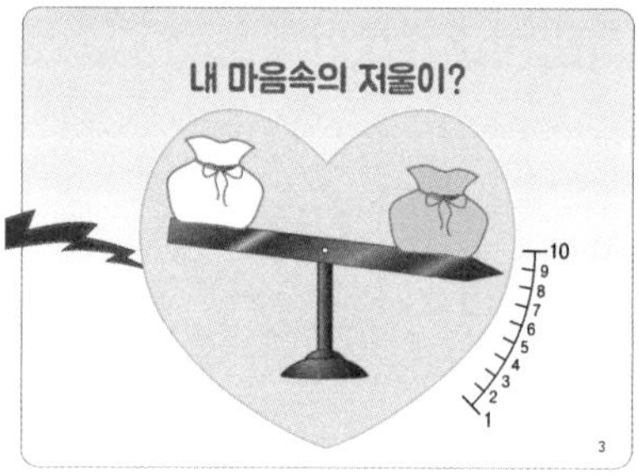

• 내가 원하는 모습과 현재의 모습이 달라 마음의 저울이 기울었네요.(갈등)

• 마음의 저울 이 왜 기울었나요?

• 마음의 점수가 몇 점 쯤 되나요?

- 내가 진정으로 원하는 것은
  철이가 나의 말을 듣고 "네, 알겠어요." 하고
  우유갑이 모일 때까지 기다리는 것인데
  현재 상황은 날마다 똑같은 질문을 반복하며
  찾아와서는 나를 자꾸 간섭하고 있어서
  불편한 마음에 저울이 기울었다.

❹ 행동체계 갈등이 생겼을 때 할 수 있는 행동을 다 적어 본다.

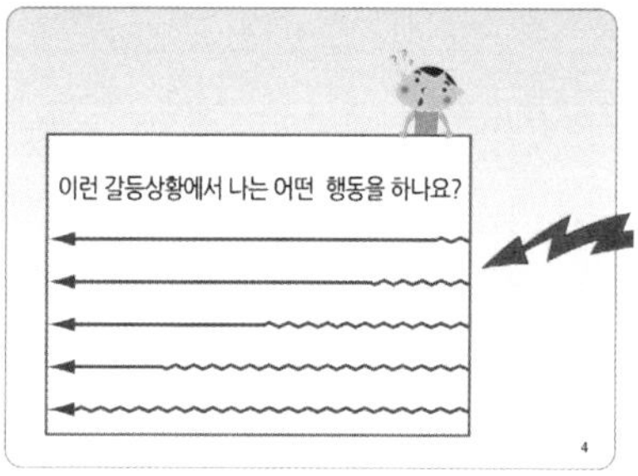

• 갈등이 생겼을 때 내가 선택할 수 있는 행동은 어떤 것이 있나요?

- 꾹 참고 기다리라고 말하기
- 화내기
- 대답하지 않고 다른 곳으로 가기
- 다른 아이를 불러서 가르쳐 주라고 하기
- 왜 자꾸 묻는지 물어보기
- 아이 마음 공감하기

❺ 전행동자동차 주로 선택하는 하나의 행동을 활동하기, 생각하기, 느끼기, 신체반응의 네 가지 구성요소로 나누어 적는다.

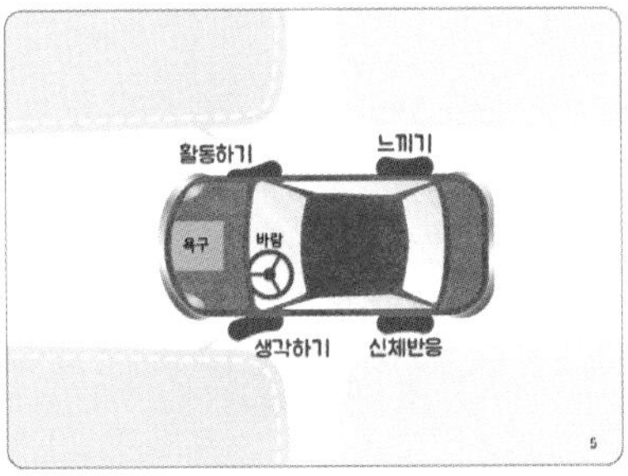

• 어떤 행동을 선택했나요? 화내기

★선택한 행동을 나누어 보면
- 활동하기: 큰 소리로 "선생님이 기다리라고 했지!"라고 말하기
- 생각하기: 이제 그만 물어봐라. 또 잘난 척하고 간섭하고 있네.
- 느끼기: 짜증난다. 답답하다.
- 신체반응: 얼굴이 벌게지며 눈이 커지고 어깨가 들썩이며 씩씩거린다.

❻ 행동의 결과, 자기평가 선택의 결과가 어떠한지 적어 본다. 내가 원하는 것을 얻었는지 비교한다.

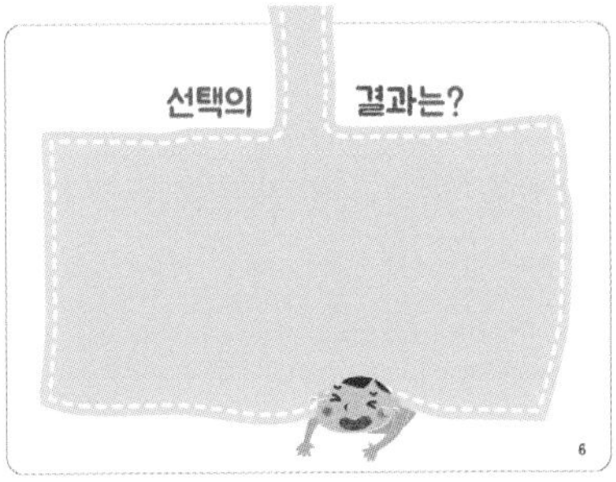

• 행동의 결과는 어떠한가요?
- 아이는 당황하고 실망한 표정으로 돌아서서 가고, 나는 '이게 아닌데….' 하며 후회를 했다. 아이에게 미안한 마음도 들었다.

• 내가 원하는 모습과 비교해 보면 어떤가요?
- 나의 원하는 모습과는 다른 모습이다.

❼ 새로운 행동 계획 세우기 잘 해결했던 성공경험을 바탕으로, 갈등을 해결할 수 있는 새로운 행동을 찾는다.

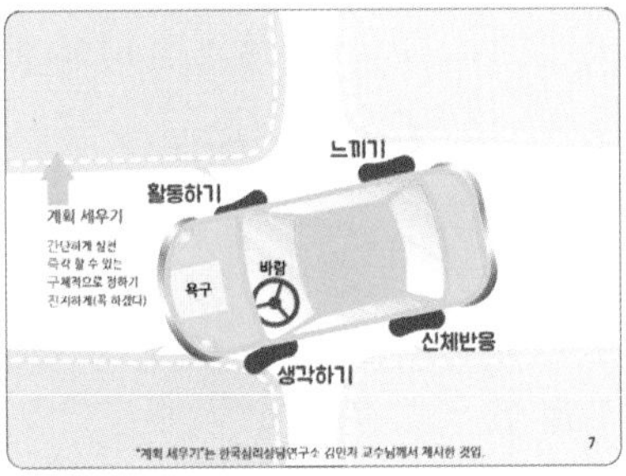

• 어떤 행동을 선택했나요? 철이 마음 공감하기

- 활동하기: "우유갑으로 전통집 만들기를 하는 게 기대되나 보구나."라고 말하기
- 생각하기: 이런 마음이겠지?
- 느끼기: 기대된다.
- 신체반응: 부드러운 목소리, 올라간 입꼬리

❽ 행동 계획 자기평가 ❼번과 같은 행동을 통해 어떤 결과가 이루어질지 생각해 본다.
내가 원하는 것을 얻을지 자기평가를 해 본다.

• 새로운 행동선택의 결과는 어떠한가요?

– "아니요."라고 해서 내가 당황한 순간, 철이가 "제가 체험학습을 가는데 다음 주에 하면 좋겠어요."라고 했다. "체험학습을 일주일 동안 가는구나. 수업을 일주일이나 뒤로 미루기는 어렵겠는데…." 하고 "만들기에 필요한 준비물을 네 것은 따로 챙겨 둘게."라고 하자 "네, 알겠어요."라고 말했다.

• 내가 원하는 것을 얻었나요?

– 철이가 자신의 속마음을 말하게 되었고, "네 알겠어요."라며 내 말에 수긍하였다. 내가 원하던 모습에 가까워졌다.

선택이론차트 익히기 학습판을 통해 여기까지의 나의 행동선택 과정을 살펴보면서 깨달은 점은 다음과 같다.

첫째, 내가 선택한 '화내기'라는 행동은 내가 원하는 것을 얻는 데 효과적이지 않았다는 것이다. 내가 화를 내고 소리를 지르니까 아이는 당황하고 실망한 표정으로 아무 대답 없이 돌아서서 갔고, 나는 후회를 하게 되었다. 나의 좋은 세계는 '철이가 "네, 알겠어요."라고 대답하고 더 이상 나에게 오지 않고 우유갑 3개가 다 모일 때까지 기다리는 것'이었는데 '화내기'라는 행동으로 나의 좋은 세계와 더 멀어진 현실세계를 맞이하게 되었다.

둘째, 철이 때문에 내가 화를 내고 있다고 생각했지만 화내기를 선택한 것은 바로 나 자신이었다. 선택이론에서는 '나는 다른 사람을 통제할 수 없으며 나의 행동만을 통제할 수 있다.'라고 한다. 계속 물으러 오는 철이를 통제할 수는 없지만, 철이에 대한 나의 행동은 내가 선택할 수 있다는 것이다. 그렇다면 나의 욕구와 바람을 충족하는 다른 효과적인 행동을 선택하면 된다.

셋째, 지각된 세계는 나의 개인적인 판단이 들어간, 내가 보고 싶은 대로 보는 현실세계이다. 나는 평소 철이에게 잘난 척하고 간섭하는 아이라는 꼬리표를 붙이고 있었다. 그래서 "만들기 언제 해요?"라고 물어보는 이유를 '미리 알고 잘난 척하고 싶어서 또 저러는구나.'로 판단하고, '내가 알아서 할 텐데 나를 간섭하려고 하네.'라고 지각하고 있었음을 깨달았다. 그래서 철이가 같은 질문을 세 번씩이나 반복하는 다른 이유가 있을 거라는 생각을 하지 못했다.

선택이론차트 익히기 학습판으로 나의 행동을 돌아보고 나서 '이렇게 하면 좋은데….'라고 알고는 있지만 자주 하지 않은 '공감하기'라는 새로운 행동을 선택해 보기로 했다.

나는 철이가 만들기를 빨리 하고 싶은 마음이 큰가 보다 짐작하며 "기대되나 보구나."라고 말하였다. 그러나 뜻밖에도 철이는 자신이 가족체험학습을 갔다 온 뒤에 '전통집 만들기' 수업하기를 원해서 매일 "언제 해요?"라고 물어봤다는 것을 알게 되었다. 그래서 나는 철이에게 전통집 만들기를 할 수 있도록 필요한 준비물을 따로 챙겨 두겠다고 제안하였고 철이는 만족하며 자기 자리로 돌아갔다.

철이는 전통집 만들기 수업을 체험학습 다녀온 뒤에 하기를 바라기 때문에 나에게 "언제 해요?"라고 물어보기라는 행동을 하였다. 그런데 이 메시지는 나에게는 다르게 받아들여져서 "빨리 해요. 못 기다리겠어요. 도대체 언제 할 거예요?"라고 지각되었던 것이다. 나의 지각된 세계를 알고 나니 왠지 철이를 오해하고 화를 냈던 것이 미안해졌다.

선택이론차트 익히기 학습판을 통해 나의 새로운 행동선택 과정을 살펴보면서 두 가지를 알게 되었다.

첫째, 내가 원하는 것은 철이가 내 말을 듣고 기다리는 것이고, 내가 선택한 행동인 '화내기'는 비효과적이었다는 것이다. 그래서 '공감하기'라는 새로운 행동선택을 하였고, 그 결과 철이와의 관계도 좋아지고 원하는 것도 이루었다.

둘째, 철이의 행동을 '나를 간섭하는 불편한 행동'으로 보는 시각에서 '자신이 원하는 것을 얻기 위한 행동'으로 보게 되었다. 이렇게 관점을 바꾸어 보니, 철이가 원하는 것은 전통집 만들기를 하는 것인데 가족과 체험학습을 가서 자칫 못하게 될 것 같아 나에게 언제 하는지 물어보는 행동을 선택했다는 것을 알게 되었다.

내가 왜 그리고 어떻게 행동을 선택하는지를 보여 주는 선택이론차트 익히기 학습판을 통해 나 자신을 이해하고 나아가 상대방인 철이의 행동도 이해하게 되었다.

선택이론을 배우기 전에는 내가 했던 행동에 대한 후회와 부끄러움으로 "왜 그랬을까? 바보같이…."라고 표현하는 경우가 많았다.

그러나 선택이론을 배우고 나니 달라졌다. 그때 내가 선택한 행동은 나의 좋은 세계 사진처럼 되고 싶어서 선택한 행동이었음을 알았고, 그 순간 나에게 진정으로 원하는 바람이 있었음을 깨닫게 되었다. 행동의 결과에만 초점을 두었을 때는 후회하고 자책을 했지만 이면의 내 바람과 욕구를 알고 나니 그 행동을 선택한 나 자신이 이해되었다. 단지 내가 선택한 행동이 내가 원하는 것을 얻는 데 효과적이지 않았을 뿐이며 효과적인 다른 행동이 있다는 것을 알게 되니 마음이 한결 가벼워지고 후회 대신 더 효과적인 행동을 실천하려고 노력하게 된다.

우리는 다른 사람들, 즉 '배우자가, 아이가, 동료가' 뭔가 해 주기를 바란다. 또 내 주변의 환경이 바뀌기만을 바란다. 그런데 선택이론에서는 내가 통제할 수 있는 것은 나 자신밖에 없다고 한다. 결국 내가 행복해지기 위해서 '내가 무엇을 할 것인가'가 문제 해결의 핵심이다. 나의 행동을 탐색하는 선택이론차트 익히기 학습판은 행복으로 들어가는 문이 아닐까?

'내 행복의 열쇠는 내가 가지고 있다. 변화의 힘은 나에게서 나온다.'

아이들도 선택이론차트 익히기 학습판을 활용해요

선택이론차트 익히기 학습판은 아이들이 쉽게 사용할 수 있도록 만든 자료다. 다음 사례는 교사의 안내로 아이가 선택이론차트 익히기 학습판을 활용하여 자신의 행동을 돌아보고 새로운 행동 계획 세우기를 실천한 사례다. 선택이론차트 익히기 학습판의 질문에 아이가 답을 말하거나 적으면서 활용하였다. 아이가 갈등 상황에서 어떻게 선택이론차트 익히기 학습판을 활용했는지 살펴보자.

사례 2. 방과후 수업에 가기 싫어요(3학년)

수업을 마치고 난 뒤 모두 인사를 하고 나갔는데 나영이는 다시 교실에 들어왔다. 평소에도 가끔 교실로 다시 와서 칠판을 정리하거나, 교실에 있는 배추흰나비를 관찰하는 등의

행동을 했었다. 오늘은 방과후 수업에 가는 날이 아니냐고 물으니 맞다고 하면서 슬픈 표정을 지었다. 나영이는 1학년 때부터 방과후 줄넘기 수업을 하고 있는데 엄마가 시켜서 지금까지 다녔지만 너무 하기 싫다고 했다. 그 이유는 줄넘기가 너무 어려워 힘들고 즐겁지도 않다고 했다. 그래서 그전에도 줄넘기 수업에 가기 싫을 때 다시 교실에 와서 선생님 일을 도와드리면서 시간을 보냈다고 한다. 오늘도 나영이는 방과후 수업에 가기가 싫어서 다시 교실로 돌아왔다.

❶ **갈등 문제 적기** - 내가 갈등하고 있는 문제를 솔직히 적는다.

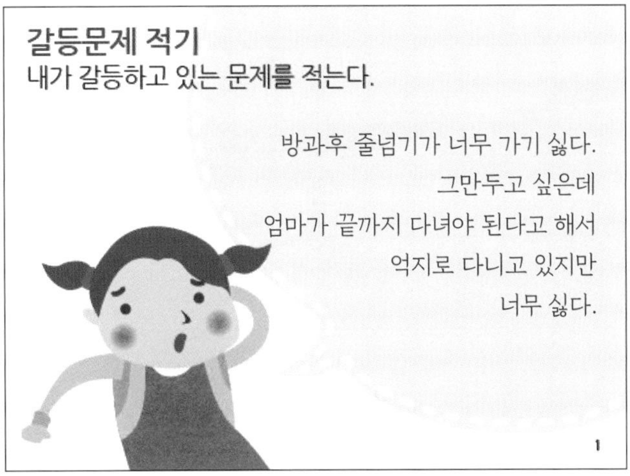

❷ 지각된 세계 및 바람(want) 탐색

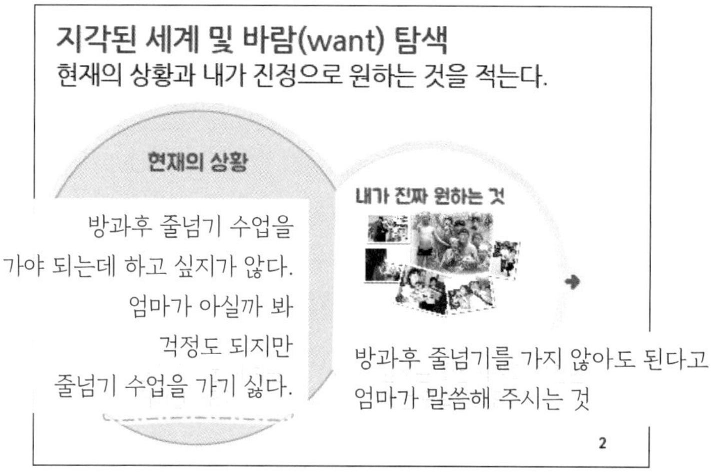

❸ 갈등 이해 - 갈등의 차이를 수치로 나타내 본다.

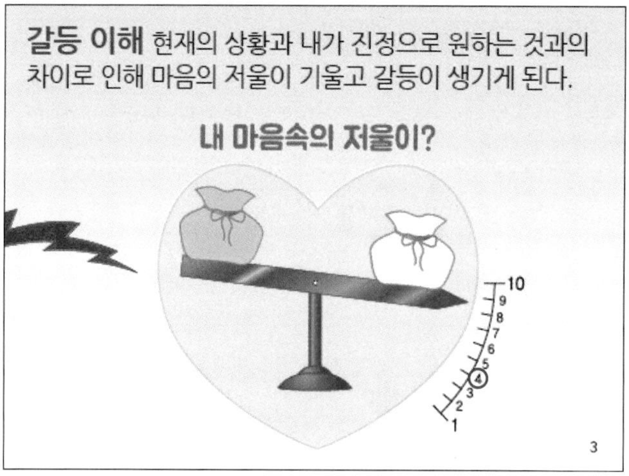

❸에서 교사는 나영이에게 4점을 준 이유를 물었다. 나영이는 줄넘기가 하기 싫지만 나영이가 몸이 약해서 줄넘기를 하면 건강해지니까 시키는 엄마의 마음은 이해가 되고, 또 줄넘기가 키 크는 데 좋은 것은 알고 있기 때문이라고 했다. 그런데 엄마는 한 번 한 것은 끝까지 해야 한다고 생각하시기 때문에 6학년까지 줄넘기를 해야하는 것이 너무 힘들고 괴로워서 4점이라고 하였다.

❹ **행동체계** - 갈등이 생겼을 때 할 수 있는 행동을 다 적어 본다.

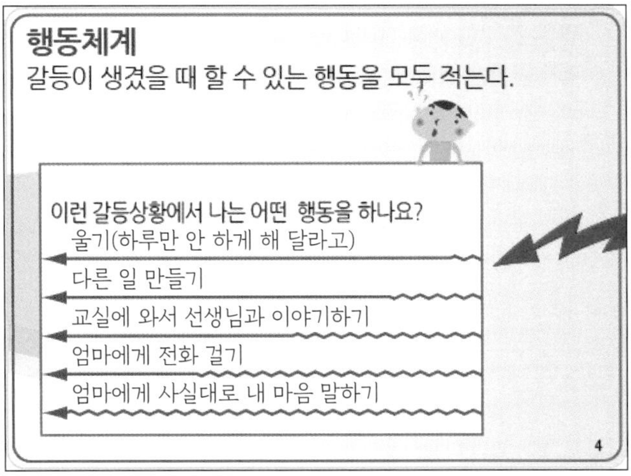

❺ **전행동자동차** - 네 가지 구성 요소로 나누어 적는다.

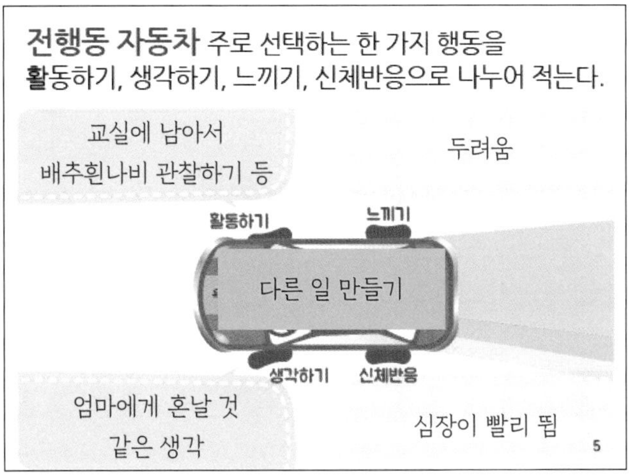

❻ 행동의 결과 - 선택의 결과를 적는다.

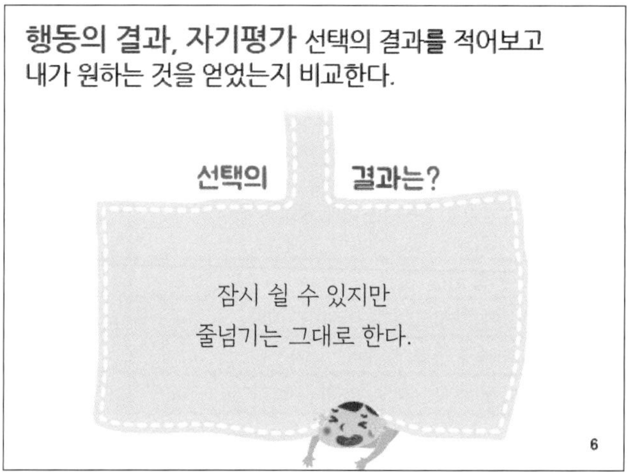

❻에서 교사는 나영이에게 "그동안 했던 다른 일하기(배추흰나비 관찰하기, 선생님 도와드리기 등)가 나영이가 원하는 것을 이루는 데 도움이 되었니?"라고 물었다. 나영이는 "아니요. 엄마가 화를 안 냈고 잠깐은 쉴 수 있었지만 줄넘기를 하는 것은 그대로예요."라고 했다. 엄마가 나영이에게 하루 쉬라고 한 적이 있었는데, 그날은 나영이가 쉬었으면 좋겠다고 엄마에게 부탁을 해서 쉬게 된 것을 기억해 냈다. 그리고 줄넘기를 계속하라고 하시는 엄마의 바람은 나영이의 건강이라는 것도 알게 되었다. 나영이는 수영도 매주 2회 가고 있다고 했고 수영은 재미있고 계속하고 싶다고 했다.

❼ 새로운 행동 계획 세우기 - 갈등을 해결할 수 있는 새로운 행동을 찾는다.

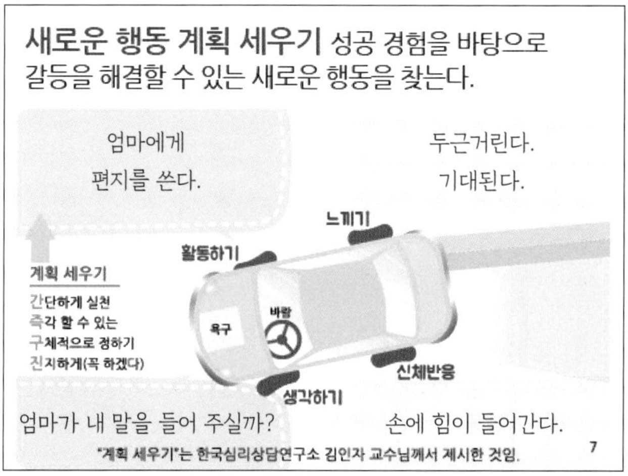

그래서 나영이는 엄마에게 편지로 마음을 적어 보겠다고 했다. 엄마가 걱정하지 않도록 건강을 위해 수영을 열심히 다닐 수 있다는 내용과 함께 자신이 바라는 줄넘기를 그만하고 싶다는 내용을 쓰기로 했다.

❽ 행동 계획 자기평가 - 계획을 실천하면 어떤 결과가 있을지 자기평가를 해 본다.

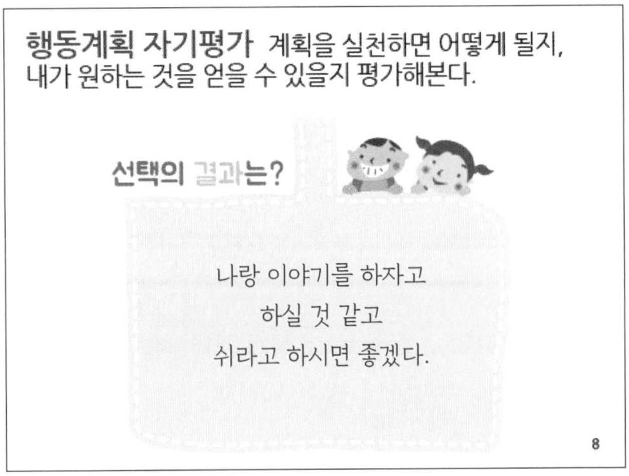

다음 날 나영이는 밝은 얼굴로 교사에게 왔다. 엄마가 편지를 보고 "줄넘기가 그렇게 하기 싫니?"라고 물어보고는 쉬어 보자고 했다고 말했다. 어제 그렇게 떨리는 목소리로 힘없이 이야기하던 나영이의 모습이 달라져 있었다. 그리고 그 후 줄넘기를 그만두게 되었다고 기쁘게 이야기를 했다.

선택이론차트 익히기 학습판을 활용한다고 모든 갈등이 해결되고 원하는 것을 이루는 것은 아니다. 하지만 나영이가 원하는 것을 이루게 된 이유는 무엇일까?

첫째, 선택이론차트 익히기 학습판을 통해 자신의 원하는 것, 지금 상황, 행동, 그 결과를 하나하나 질문하고 답하면서 자신이 선택한 행동이 원하는 것을 이루는데 효과적이지 않았다는 것을 알게 되었기 때문이다.

둘째, 엄마가 원하는 것을 알게 되었기 때문이다. 엄마는 나영이가 단지 줄넘기하는 것을 원한 것이 아니라 나영이의 건강을 바라고 있고 그래서 꾸준히 운동하기를 바랐다는 것을 알아차리게 된 것이다.

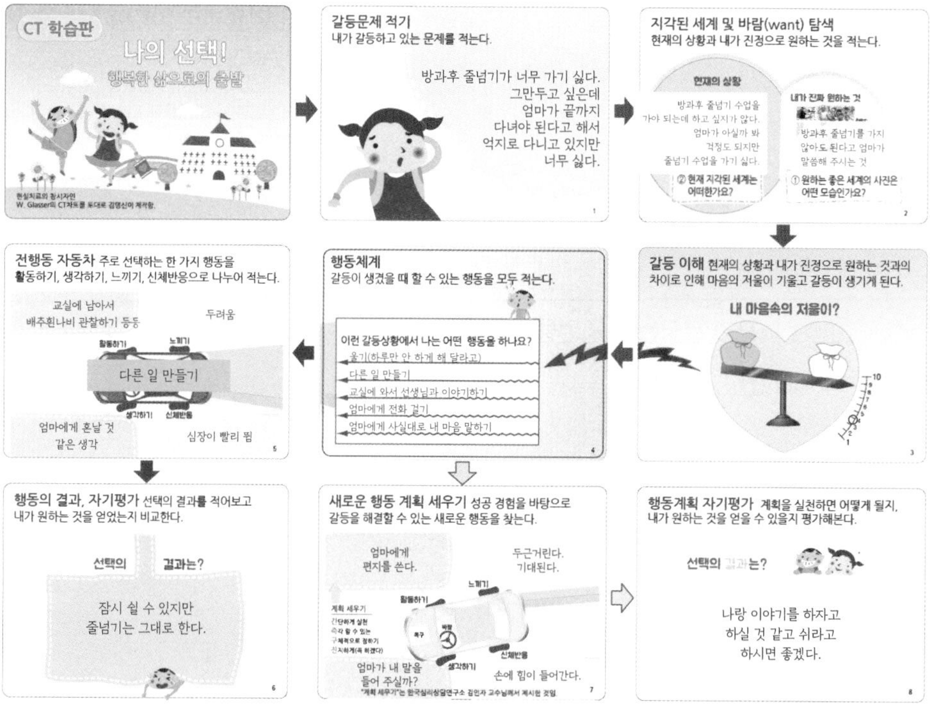

<초등학교 3학년 학생의 선택이론차트 익히기 학습판>

이렇게 자신의 행동선택 과정을 돌아본 후 다시 선택한 '엄마에게 편지 쓰기' 활동으로 나영이는 갈등을 해결할 수 있었다. 그건 아마도 편지에 나영이의 바람과 엄마의 바람에 대한 이해가 들어 있었기 때문일 것이다. 선택이론차트 익히기 학습판은 아이들에게도 자신이 무엇을 원하고 있는지, 그것을 얻기 위해 어떤 행동을 선택하는 것이 좋은지를 안내해 주는 멋진 친구가 된다.

선택이론차트 익히기 학습판을 통해 자신이 왜, 그리고 어떻게 행동을 선택했는지, 그 결과가 원하는 것을 얻는 데 도움이 되었는지를 한눈에 볼 수 있다. 내가 원하는 것, 지금 현재의 모습, 내가 주로 하는 행동, 그 행동 속에 어떤 말을 하고 있는지, 그때의 생각, 느끼기, 신체반응까지 알 수 있다. 그리고 그 행동이 내가 원하는 것을 이루는 데 효과적이었는지를 살펴보면서 스스로에 대한 성찰이 생긴다. 71쪽에 선택이론차트 익히기 학습판이 첨부되어 있다. 고민이 되는 문제를 넣어서 스스로 실습하며 활용해 보기 바란다.

· Chapter 2 ·

아이들과 소통하고 상담하기 위해 배우는

현실치료의 RWDEP

현실치료는 선택이론을 바탕으로 한 상담기법이다. 글래서는 현실치료의 과정을 크게 두 가지로 구분하였다. 하나는 변화를 유도하는 상담환경 가꾸기이고 다른 하나는 내담자의 행동을 변화하도록 이끄는 과정이다. 상담환경 가꾸기는 내담자와 좋은 관계(Relationship)를 유지하면서 상담이 잘 진행되도록 하는 것이다. 내담자의 행동변화를 위한 과정은 바람탐색(Want) - 행동탐색(Doing) - 자기평가(self-Evaluation) - 계획하기(Plan)의 절차로 진행된다. RWDEP 시스템으로 구조화되어 있어 익히기가 쉽고 행동변화에 초점을 두기 때문에 단기적이고 빠르게 문제를 해결하도록 돕는다.

상담환경 가꾸기(Relationship): 좋은 관계 맺기

현실치료의 과정을 정리한 우볼딩(Robert Wubbolding)은 현실치료의 실행은 진실되고, 따뜻하고, 관심 어린 관계를 만들려는 노력과 함께 시작된다고 하였다. 상담환경 가꾸기란 상담과정 전반에 걸쳐서 내담자와 좋은 관계를 만들기 위해 상담 분위기를 조성하는 것이다. 내담자와 상담자 간에 유대감이나 신뢰감을 형성하는 상담환경 가꾸기는 상담절차의 시작이자 성공적인 상담의 기반을 마련한다. 교실 상황에서 내담자인 학생에게 '우리 선생님은 나에게 긍정적 관심을 가지고 공감하고 지지해 주며, 나의 변화를 위하여 함께 고민하고 도움을 주는 사람'이라는 믿음이 생기면 상담의 효과가 증대되며, 상담의 목표를 달성할 가능성도 커진다. 교실에서 이상적인 상담환경을 가꾸기 위한 가장 좋은 방법은 교사가 그 학생의 좋은 세계(Quality World)의 한 부분으로 들어가는 것이다. 그렇게 되면 학생은 마음을 열고 교사의 말을 받아들일 준비를 하며, 자신의 변화를 위해 기꺼이 노력하는 자발적 내담자가 된다.

우볼딩은 내담자와 따뜻하고 우호적인 관계를 형성하기 위한 구체적인 지침을 제시하였다. 다음 페이지에 표로 제시하는 권장 사항과 금지 사항은 상담을 할 때 기본이 되는 마음 자세와 주의를 기울여야 하는 부분들로, 상담환경 가꾸기에 도움을 줄 것이다.

내담자와 관계를 형성하기 위한 권장 사항과 금지 사항

권장 사항	금지 사항
1. 주의 기울이기 2. AB-CDEFG하기 AB: always be 언제나 C: courteous & calm 친절하고 침착하게 D: determined 확신을 가지고 E: enthusiastic 열성적으로, 긍정적으로 F: firm 단호하게 G: genuine 진실하게 3. 판단 보류하기 4. 역설적 기법 사용하기 5. 유머 사용하기 6. 자기답게 개성 있게 하기 7. 자기 개방하기 8. 은유적 표현에 귀 기울이기 9. 주제에 귀 기울이기 10. 요약하기와 초점 맞추기 11. 선택에 대한 책임 지우기 12. 침묵 허용하기 13. 공감해 주기 14. 윤리적이기 15. 예측하게 하기 16. 리드형 관리를 훈련하기 17. Quality에 대해 논의하기 18. 선택을 늘리기	1. 변명을 받아들이기 2. 보스형 관리 3. 비판하거나 논쟁하기 4. 무시하기 5. 강압하기 6. 공포 분위기 만들기 7. 쉽게 포기하기

(우볼딩, 현실치료의 적용, 1986)

친밀한 관계 형성을 위한 권장 사항

1. 주의 기울이기(Use Attending Behaviors)

다음은 현실치료 상담 실습을 위해 Ivey가 제시한 유의사항이다.

- **눈 맞춤과 얼굴 표정** - 빤히 쳐다보는 대신 바라보기, 진지한 관심 드러내기
- **자세** - 열린 마음으로 상대방을 받아들이려는 태도로 앉아 있기
- **언어적 행동** - 반영적 경청하기
- **비언어적 행동** - 목소리의 억양과 같은 내담자의 표현 방식에 대해 주의 기울이기
- **바꾸어 말하기** - 때로 내담자의 의견을 다른 말로 표현하기

2. AB(=always be)법칙을 실시하기(Practice the ABs)

AB법칙은 내담자와의 지속적인 우호 관계 형성에 도움이 되는 법칙이다.

■ 항상 예의 바를 것(Always Be Courteous)

내담자가 화를 내고, 욕설을 퍼붓고, 언짢게 대할지라도 상담자는 그에 동요하지 않고 친절하고 예의 바르게 비판 없이 바라보며 대하는 것이 중요하다. 교실에서 아이가 분노하거나 폭력적인 모습을 보일 때 교사가 동요하지 않고, 침착하고 차분한 모습으로 감정이 다소 가라앉기를 기다려 주거나, “도움을 주고 싶은데, 어떤 일이 있었는지 말해 줄 수 있겠니?”라고 부드럽게 물어봐 주는 것이 효과적이다.

■ 항상 신념을 가질 것(Always Be Determined)

현실치료 상담은 우리의 행동이 거의 언제나 선택된다는 원리에 입각하고 있다. 상담자는 문제를 안고 있는 대부분의 내담자가 보다 효과적으로 행동함으로써 더 나은 삶에 도달할 수 있다는 신념을 확고하게 가져야 한다. 글래서는 “이곳이 바로 ‘해답’을 내는(work-it-out) 장소이다.”라고 즐겨 말했으며 그것은 바로 ‘방법이 여기 있다(the way it is)’는 것이다. 또 가장 좋은 해결책은 교사가 아니라 아이 자신이 가지고 있다는 신념이 필요하다.

■ **항상 열성적일 것(Always Be Enthusiastic)**

'쓰러지면 일어난다. 일단 일어나면 끝까지 버틴다.'라는 신념으로 상담에 임하는 것을 말한다. 내담자와 상담할 때는 유쾌하고 긍정적인 기분 상태를 유지하도록 노력해야 한다. 교사가 아이와 상담할 때 우울, 좌절, 극심한 피로 등을 겪고 있다면 효과적인 상담이 되기 어렵다. 따라서 교사의 몸과 마음을 긍정적이고 안정적으로 유지하는 것이 필요하다.

■ **항상 확고할 것(Always Be Firm)**

학교에는 일정한 규칙이 있다. 규칙이 합리적이라는 것을 전제하고 마치 경찰관이 교통위반자에게 우호적이고 침착하며 당당한 태도로 딱지를 떼듯이 아무런 변명 없이 실행되어야 한다. 내담자의 어떠한 변명도 용납되어서는 안 된다. 확고함은 내담자나 그들의 아픔에 대한 감정이입, 친절, 개방성을 부인하라는 뜻이 아니다. 아이가 규칙에 어긋나는 행동을 했을 때 침착하게 "우리 반의 규칙이 뭐였지?"라고 질문하면 된다.

■ **항상 진실할 것(Always Be Genuine)**

정직함, 솔직함, 개방성을 내담자에게 보여 주는 것이 중요하다. 상담자가 이러한 태도를 보여 주면 건강한 관계를 통해 삶이 보다 향상된다는 사실을 내담자가 은연중에 배운다.

3. 판단 보류하기(Suspend Judgement)

상담자는 1차 수준의 지각에서, 즉 판단하거나 비난하지 않고 내담자의 행동을 보아야 한다. 가령, 선생님의 말에 대답을 하지 않는 아이의 행동에 '버릇없는', '반항하는' 등의 가치를 부여하거나 판단하는 것을 보류하는 것이다. 하지만 파괴적인 행동까지 묵과하라는 뜻은 아니다.

4. 역설적 기법 사용하기(Do the Unexpected)

이 방식은 상담자가 때때로 내담자가 예상하지 않은 방식으로 반응하는 것을 말한다. 예를 들어, 화가 나면 습관적으로 소리를 지르는 아이에게 “왜 소리를 질렀어?”라고 묻는 대신 “엄청 화가 나고 속상했는데도 소리를 지르지 않고 말한 적이 있었니?” 라고 묻는 것이다. 상담자가 분명한 행동 이외의 다른 행동에 초점을 맞출 때, 내담자들은 더 이상 파괴적인 행동을 하지 않으려고 한다.

5. 유머 사용하기(Use Humor)

상담 중 유머를 사용하는 것은 특히 문제가 심각한 경우에 매우 중요하다. 유머는 선량하고, 평등하고, 순수한 것이어야 하며 적당한 시기에 사용되어야 하고 내담자와 상담자 모두 웃고 학습하는 데 도움이 되어야 한다. 상담자는 유머 감각을 통해 ‘삶이 아름다울 수 있고’, ‘희망이 있고’, ‘웃음이 가장 좋은 약’이라는 것을 내담자에게 가르친다.

6. 자기답게 개성있게 하기(Be Yourself)

현실치료 상담은 말이 적거나 과묵한 상담자도 사용할 수 있고, 다혈질적인 사람이나 수줍어하는 사람 또한 사용할 수 있다. 즉, 자기 자신의 모습, 색깔대로 편안하게 상담을 진행하면 된다.

7. 자기 개방하기(Share Yourself)

현실치료 상담의 첫 번째 단계는 ‘친구 되기’다. 친구가 되기 위해서는 서로 자신을 개방하고, 어떤 점에서는 상대방에게 자신의 부족한 점도 보일 수 있어야 한다.

8. 은유적 표현에 귀 기울이기(Listen for Metaphors)

내담자들은 종종 처해 있는 자신의 상황을 묘사하기 위해 비유적 표현을 사용한다. “친구들이 나를 축구공처럼 이리저리 가지고 놀아요.”처럼. Witmer(1985)는 비유적 표현을 하는 목적을 ‘이미 알려진 것을 더 많이 이해하도록 하기 위해, 알려지지 않는 것에 대해 더 많은 통찰력을 제공해 주기 위해, 심미적이고 정서적인 강도를 표현할 수 있도록 하기 위해.’ 라고 하였다. 내담자의 은유적 표현과 목적에 상담자가 주의 깊게 귀 기울이고 활용하는 것이 필요하다.

9. 주제에 귀 기울이기(Listen for Themes)

종종 내담자들은 주제를 사용하여 자신의 상황을 묘사하려고 한다. 현실치료 상담자들은 내담자들의 주제를 경청한 후 명료화하여 반영한다. 예를 들면, 아이의 이야기를 들으며 '친구 관계'라는 주제를 발견하여 현실치료 상담으로 진행해 가는 것이다.

10. 요약하기와 초점 맞추기(Use Summaries and Focus)

친구와 다툼이 생겨 모든 친구가 다 싫고, 급식시간에 밥을 먹으러 가지 않겠다고 하는 아이가 있었다. 무슨 일이 있었는지 한참 이야기를 듣고 난 후에 "너는 친구들에게 너의 의견을 존중받고 싶은 거네?"라고 요약해 주었다.

'초점 맞추기(focusing)'는 한 가지 또는 그 이상의 요점, 주제, 비판적인 사고 등을 강조하는 것을 의미한다. 내담자가 원하는 것, 아직 충족되지 못한 욕구, 내담자의 일상생활 중에서 어느 특별한 날, 또는 내담자가 현실적으로 성취할 수 있는 것 등에 초점을 맞출 수 있다.

11. 선택에 대한 책임 지우기(Allow or Impose Consequences)

'결과를 허용한다는 것(allowing consequences)'은 한 가지 행동이 다른 행동에서 나온다는 것을 의미한다. 공부를 하지 않으면 수학 시험 성적이 낮게 나오고, 늦잠을 자면 학교에 지각하게 된다. 상담에서 결과를 허용한다는 것은 그 결과가 당연하다는 것을 내포하고 있다. 그러므로 자기 선택에 대한 결과를 책임지게 함으로써 내담자는 한계를 알고 체계적으로 행동하게 된다.

12. 침묵 허용하기(Allow Silence)

교사는 상담에서 아이가 침묵할 때 견디지 못하는 경향이 있다. 어색한 분위기를 전환하기 위해 침묵을 깨려 한다. 하지만 침묵은 내담자가 자기 생각을 모으게 하고, 통찰을 얻게 하고, 심리적 사진첩 속의 사진과 지각을 명백하게 하며 계획을 세우게 한다. 이런 귀중한 침묵을 깨는 것은 생산적인 일련의 과정을 파괴하는 것이다. 따라서 내담자가 잠시 침묵한 뒤 먼저 솔선해서 이야기하도록 허용하는 것이 효과적이다.

13. 윤리적이기(Be Ethical)

진실한 내담자와의 관계는 상담자의 높은 수준의 윤리적 행동에 기초한다.

상담 관계에서 피해야 할 금지 사항

우볼딩은 현실치료 상담이 효과적으로 사용되는 환경을 조성하려 할 때 금지해야 할 점을 다음과 같이 언급하였다.

1. 변명을 받아들이지 말기(Don't Accept Excuse)

'왜'라는 질문은 자칫 자기 자신보다는 '그들 때문에'라거나 '막연한 어떤 것 때문'이라는 식으로 외부 세력에 그 탓을 돌리게 한다. 아이들은 흔히 교사의 '왜?'라는 질문에 "쟤가 먼저 놀렸기 때문에 때렸어요.", "엄마가 안 챙겨 줘서 준비물을 못 가져왔어요.", "시간이 없어서 과제를 못했어요."라고 변명을 한다. 만약 이 같은 변명을 이기려고 하면 논쟁은 끝이 없을 것이다. 이러한 변명을 받아들이는 것은 '당신은 나약해서 자신의 행동을 통제할 수 없기 때문에 책임을 면할 수 있다. 당신은 자신의 삶에 어떠한 변화도 일으킬 수 없다.'는 메시지를 함축하고 있다.

현실치료 상담에서는 인간의 모든 행동은 욕구와 바람에서 기인되므로 사람이 왜 실패하는지를 물을 필요가 없다고 설명한다. 단, 지식을 묻는 질문으로서의 '왜'와 기술적인 질문으로서의 '왜' 또는 성공하게 된 원인을 알아보려는 것은 가치가 있다.

2. 처벌하지 말고, 비판하거나 논쟁하지 말 것: 결과를 허용할 것 (Don't Punish, Criticize or Argue: Allow Consequences)

처벌은 극단적이며, 비처벌자의 위반 행위와는 상관이 없다. 처벌을 가하는 자의 감정이 복받쳐 화가 나서 가해지며, 비교육적이고, 분개와 복수를 야기하기도 한다. 반면, 결과는 합리적이고, 비처벌자의 위반 행위와 관련이 있다. 또한 규칙을 위반한 자에게 합리적이거나 사실적으로 부과되고, 교육적이며, 책임 있는 행동과 재활할 수 있는 계기가 된다.

교통경찰이 속도위반 차량 운전자에게 경찰봉을 휘두르고 큰 소리로 꾸짖는다면

이는 처벌이 되듯이 교사가 아이들이 규칙을 어기는 행동을 했을 경우 화내고, 소리지르고, 벌을 세우는 등의 행위는 처벌이 된다. 처벌은 좌절감을 낳게 하고, 문제를 해결하는 좋은 방법을 제공하지 않으므로 비생산적이다. 비판 또한 처벌의 한 종류일 수 있으므로 가능하면 피해야 한다. 논쟁도 비판의 일종으로 '나의 지각이 네 지각보다 낫다.'라는 전제를 기본으로 하고 있으므로 좋은 관계를 유지하기 위해서는 가능하면 피해야 한다.

3. 쉽게 포기하지 말기(Don't Give Up Easily)

이 지침은 실행하기 힘들고 여러 면에서 가장 어렵다. 반항적이고, 마지못해 하고, 수동적이고, 비협조적이며, 화를 잘 내거나 냉담한 내담자를 포기하는 것은 쉬운 일이다. 그럼에도 가장 힘든 내담자가 가장 도움을 필요로 하는 아이라고 생각하며 끝까지 포기하지 않으려고 노력하는 자세가 중요하다.

"오늘 마음은 어때?" 매일 아침 교실에 들어서자마자 나누는 감정 인사에 날마다 '행복하다' 감정 단어를 고르는 별이. 그런데 문제는 별이 얼굴이 전혀 행복해 보이지 않는다는 것이다. 잔뜩 고민이 묻어 있는 얼굴로 영혼 없이 "행복해요."라고 말하는 아이에게서 말 못할 고민이나 가슴앓이가 느껴진다. 무슨 일 있느냐고 물어도 아무 일 없다고 하는 아이. 하지만 요즘 부쩍 화를 내거나 짜증을 심하게 내는 일이 늘었다. 그런 상황이 반복되던 어느 날, 별이에게 수업을 마치고 상담을 하자고 불렀다.

교육현장에서 상담이 필요한 아이 대부분은 스스로 상담의 문을 열기보다 이렇게 교사에 의해 상담 자리에 앉는 비자발적 내담자인 경우가 많다. 지나친 공격성으로 문제 상황을 만드는 아이, 무기력, 우울로 삶의 의욕이 저하된 아이, 친구 사이의 관계로 힘든 아이, 말하지 못할 고민이 있는 아이 등등. 교사는 문제해결을 하거나 아이를 돕고자 하는 마음으로 상담에 초대하지만, 아이는 교사와의 일대일 대화가 특별한 관심으로 여겨지기보다 '내가 뭘 잘못했나?' 하는 생각부터 먼저 들고, 어떤 야단이나 꾸중이 떨어지지 않을까 걱정하고 긴장하는 마음이 크다. 상담 시작 전부터 마음의 벽이 높다. 그런 아이의 벽을 낮추고 속마음을 나누려면 관계를 형성하는 것부터 시작해야 한다. 아이는 교사로부터 자신을 진심으로 도와주려는 마음과 긍정적 관심을 느낄 때 마음의 문을 열고 자기 이야기를 들려준다. 따라서 상담은 따뜻하고 안전한 환경을 가꾸는 것이 무척 중요하다.

문제를 갖고 있는 아이는 자신의 문제를 잘 드러내지 않으려고 한다. 우선, 교사에게 혼이 날까 두려움을 안고 있기도 하고, 일이 더 커지거나 복잡하게 될 것을 우려하기도, 혹은 교사가 해결해 줄 수 없다고 생각하면서 마음의 빗장을 더 단단히 걸어 잠그기도 한다. 이때 필요한 것은 "너를 계속 관심 있게 지켜보고 있었다."는 한마디이다. 그간 아이의 행동에서 관찰된 내용을 이야기하면서 돕고 싶은 마음을 건네는 것이다.

"○○가 요즘 말수도 적어지고, 혼자 있는 때가 많아 보여서 좀 걱정이 되네. 괜찮으면 선생님하고 이야기할 수 있을까?"

상담이 취조가 되지 않고 안전한 상담환경으로 나아가는 방법은 상담자의 지속적인 경청과 공감적 반응이다. 누군가의 이야기를 끝까지 들어 주는 것은 생각보다 쉽지 않다. 자신도 모르게 툭툭 끼어들기 일쑤다. 특히 교사는 바쁘다. 빨리 해결해 주고 싶고, 가르쳐 주고 싶은 마음에 자꾸 채근하는 모양새가 되기도 한다. 그렇게 해서는 상담의 효과를 기대하기 힘들다. 아이가 이야기를 시작할 때 내가 너의 이야기를 온몸으로 듣고 있다는 신호를 언어적, 비언어적으로 보내는 것이 중요하다. 누군가 온전히 내 이야기에 귀를 기울여 주고 있는 것만으로도 아이는 위로받는다. 거기에 더하여 자신이 풀어내는 이야기에 교사로부터 "진짜 힘들었겠다. 속상했겠다. 이렇게 힘든데 어떻게 견뎠니?" 등 공감해 주는 반응을 들으면 내 마음을 이해받고 있다는 생각이 들면서 교사를 조력자로 생각하게 된다.

상담자로서 교사는 아이의 감정을 수용해 주어야 한다. 우리는 수용한다는 것과 허용한다는 것을 혼돈할 때가 있다. 허용한다는 것은 아이의 행동뿐만 아니라 그 행동에 따른 어떠한 결과도 받아들인다는 것이다. 무분별한 허용하기는 아이에게 자기 행동에 대한 책임을 회피하게 만들고, 더 많은 변명을 낳게 만들기 때문에 더 나은 방향으로 나아가는 데 방해 요소로 작용한다. 허용이 되는 행동과 되지 않는 행동의 경계를 분명하게 제시하는 것이 중요하다. 반면, 수용하기는 아이의 감정에 대한 수용으로, "친구를 때려 주고 싶어요."라고 했을 때 "그건 안 돼!"라고 교육적으로 지도하기에 앞서 친구를 때려 주고 싶을 만큼 힘들고 속상한 아이의 마음을 충분히 공감하고 그대로 수용해 준다는 것이다. 다시 말해 아이의 힘들고 불편한 감정은 수용하되, 때리는 행동은 허용되지 않는다는 메시지를 분명하게 주는 것이 필요하다.

마지막으로, 상담에서는 아이들이 가진 해결의 힘을 믿고 스스로 해결책을 찾을 수 있도록 돕는 것이 중요하다. 교사들이 흔히 범하는 오류 중의 하나는, 아이들이 안고 있는 문제에 교사의 해결책을 너무 성급하게 제시한다는 것이다. "그럴 땐 이렇게 하면 돼."라고 말한다. 물론 상담이 필요한 아이들은 해결 방법을 잘 모르거나 또 다른 대안 행동을 몰라서 문제 상황에 빠져 허우적대고 있는 경우가 많다. 이러지도 저러지도 못한 채 힘들어하는 아이들을 위해 당장에 쓸 수 있는 특효약으로 도움의 손길을 주는 것은 교사의 책무로 느껴진다.

하지만 현실치료 상담에서는 모든 내담자가 자신의 해결책을 가지고 있다고 믿는다. 그 해결책이 내담자 자신에게서 나왔을 때 더 나은 삶의 방향으로 나아갈 가능성이 있다. 우리 아이들에게도 해결 능력이 있다. 누군가 관심을 가지고 가만히 자기 이야기에 귀 기울여 주고 공감해 주고 기다려 주면 아이들은 감정의 홍수 상태를 보내고 이성적, 합리적으로 사고하게 되면서 자기만의 해결책을 내어놓는다. 교사에게는 아주 작고 미미해 보이거나 허황되어 보일지라도 말이다. 자기가 내어놓은 해결책은 도전해 보려는 의지가 생긴다. "너의 바람을 이루기 위해 뭘 해 볼 수 있겠니?"라고 묻고, 충분히 기다려 주고, 그다음에 도와주어도 늦지 않다.

교사의 눈빛, 목소리, 억양, 자세 그리고 공감적 언어를 통해 아이는 교사의 진심을 느낀다. 마음이 아픈 아이들은 누구보다 그것을 빨리 간파한다. 햇빛을 찾아 뻗어가는 나뭇가지처럼. 따뜻한 관심과 공감, 경청이 바탕이 된 상담은 한 줄기 빛처럼 아이의 마음에 가 닿는다. 아이는 그것을 안다.

오늘 선생님이랑 얘기를 했다. 처음에 선생님이 얘기하자 했을 때 조금 무섭기도 하고 당황하기도 하고, 많은 감정이 들었다. 그런데 얘기한 다음에는 선생님한테 고마웠다. 왜냐하면 나랑 이런 얘기를 해 주고 날 울게 해 주었기 때문이다. 그동안 좀 울고 싶었고, 이런 얘기 나눌 사람이 필요했다.

- 별이와 상담을 한 날, 별이가 쓴 일기 -

바람탐색(Want): 당신은 무엇을 원하나요

바람탐색은 자신의 충족되는 욕구와 충족되지 못한 욕구를 탐색하고 자신의 욕구를 충족시키는 바람이 무엇인지를 명확히 알아내는 상담의 과정이다. 다음의 질문은 다양한 관점에서 바람탐색을 할 수 있는 질문이다.

"무엇을 원하는가?"
"진정으로 원하는 것이 무엇인가?"
"사람들이 당신에게 원하는 것이 무엇이라고 생각하는가?"

상담을 할 때 상담목표를 명확히 하고 시작해야 효과적인 상담이 이루어진다. 그래서 상담의 목표가 되는 바람탐색은 상담 초기에 이루어진다. 하지만 상담의 진행 과정에서 바람이 더 구체화되기도 하고 변화하기도 하므로 상담과정 전체에 걸쳐서 계속적으로 바람을 탐색해야 한다.

"무엇을 원하는가?"

이것은 아이가 무엇을 원하는지를 알아보는 질문이다. 아이들은 자신이 원하는 것을 명확하게 모르는 경우가 많은데 이때 아이의 바람을 찾도록 하는 자연스러운 질문이다. 나아가 아이와 관계 있는 가족, 친구, 부모, 하는 일에서 아이가 원하는 것을 살펴보면서 아이의 좋은 세계를 전반적으로 탐색하고 바람을 명료화할 수 있도록 도와준다.

학교에 오기 싫다고 하는 현우

교사 현우야! 요즘 학교 오는 게 많이 힘들어 보여.

현우 ….

교사 어떻게 하면 현우가 학교에 오고 싶을까?

현우 모르겠어요.

교사 학교에 바라는 것이 있니?

현우 모르겠어요.

교사 선생님한테 바라는 것은?

현우 말해도 어차피 안 될 거잖아요.

교사 말 한대로 안 될까 봐 망설여지는 거니?

현우 네.

교사 그래도 바라는 대로 된다면 어떤 것을 바라는데?

현우 수업시간에 제가 좀 돌아다녀도 그냥 두면 좋겠어요.
수업시간에 돌아다니면 혼내잖아요.

교사 수업시간에 앉아 있기가 힘드니?

현우 네, 공부는 재미가 없어요. 그래서 힘들어요. 가만히 있을 수가 없어요.

교사 현우는 수업이 좀 더 재미있기를 바라는 거니?

현우 물론 그러면 좋겠죠.

교사 체육 시간에는 웃고 즐겁게 활동하는 것 같던데….

현우 체육하고 이야기 꾸미기는 재미있어요. 그리고 만들기 할 때도 재미있어요.
그리고 연극으로 표현할 때도 재미있었어요.

교사 맞아. 저번에 네가 이야기 꾸민 것 발표할 때 친구들이 즐거워했어.
그때 너도 무척 즐거워하던데 혹시 그때도 돌아다니고 싶었니?

현우 아니요.

교사 친구들하고는 잘 지내니? 쉬는 시간에는 친구들과는 잘 노는 것 같던데….

현우 쉬는 시간이니까 잘 놀죠. 하지만 친구들은 싫어요.

교사 그러면 좋아하는 친구가 한 명도 없어?

현우 음. 지완이랑 준우는 좋아요. 제가 저번에 혼났을 때 위로해 줬어요. 그리고 게임도 같이해요.

교사 반 친구들하고 좀 더 친하게 지내고 싶니?

현우 그러면 좋겠죠.

교사 현우는 학교에서 즐겁게 지내고 싶은 것 같아. 그런데 이미 쉬는 시간과 체육 시간에는 즐겁게 지내고 있네. 이야기 꾸미기, 연극하기와 만들기 수업도 좋아하고. 사이 좋은 친구가 2명이나 있고.

현우 네.

교사 하지만 반 친구들과 좀 더 친해지기를 바라고, 수업시간이 좀 재미있었으면 하고, 힘들 때는 돌아다니고 싶고?

현우 네.

"무엇을 원하는가?"라는 질문은 아이의 바람을 탐색하면서 이를 점점 더 명확히 해 주고 있다. 아이는 막연히 '학교에 오고 싶지 않은 바람'에서 '반 친구들과 친해지고, 수업시간에 좀 더 재미있고, 힘들 때는 돌아다니고 싶다는 바람'을 발견하게 되었다.

또한 교사는 아이가 이미 충족하고 있는 바람과 충족하지 못하는 바람을 구분해 주고 있다. 교사는 아이가 '학교에서 즐겁게 지내고 싶은 바람'을 가지고 있는데 '쉬는 시간, 체육, 국어, 미술 시간에는 즐겁게 보내기도 한다'는 것, 즉 아이가 원하는 것 중에서 이미 욕구를 충족한 바람도 있다는 것을 지각하게 해 주었다. 이를 통해 아이는 이미 자신의 삶을 스스로 통제하는 부분이 있다는 것을 지각하게 되고 긍정적인 에너지와 힘을 얻게 된다. 그래서 삶이 더 나아질 수 있다는 희망을 가지게 된다.

"진정으로 원하는 것이 무엇인가?"

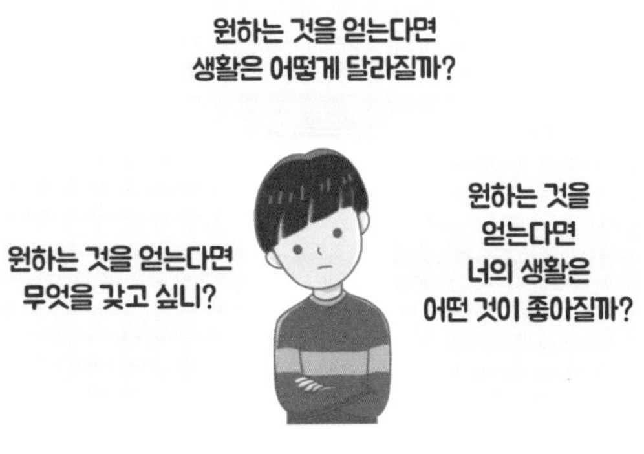

앞에서 "원하는 것이 무엇인가?"의 질문으로 자신이 원하는 바람을 탐색해 보았다. "진정으로 원하는 것이 무엇인가?"라는 질문은 아이가 바라는 여러 가지 바람 중에서 가장 원하는 바람과 별로 중요하지 않은 바람을 탐색하면서 자신의 욕구를 스스로 발견하게 하고 욕구를 충족시키는 '진정한 바람'을 탐색하게 하는 과정이다. 이 과정에서 현실에서 실현하기 어려운 바람일 경우에는 실현 가능한 바람으로 바꾸도록 도와준다.

안 싸우는 방법을 알고 싶은 경준

교사 네가 원하는 것들을 말해 볼래?

경준 저는 맨날 싸우니까 이제 안 싸우는 방법을 알고 싶어요.

교사 와~! 그래? 진짜 감동이다.

경준 그리고 원하는 것을 자유롭게 선택하고 싶어요.
제가 말할 때 되는 게 없기 때문이에요.

교사 말할 때 되는 게 없다는 것은 무슨 말이지?

경준 내가 하고 싶은 대로 해도 애들이 화 안 내고 다 들어 주면 좋겠어요.

교사 음. 경준이가 하고 싶은 대로 해도 친구들이 화 안 내고…. 애들이 그렇게 경준이를 잘 따라 주면 좋겠다는 거지?

경준 ….

교사 항상 경준이는 하고 싶은 대로 하고 친구들은 화를 내지 않기를 바란다는 거야?

경준 네.

교사 혹시 경준이도 다른 친구들에게 항상 그렇게 해 주니?

경준 아니요. 그건 아니지만….

교사 경준이도 항상 그렇게 하지는 못하지만 친구들이 그렇게 해 주면 좋겠다는 거구나.

경준 네. 그리고 자꾸 싸우고 화내니까 즐거움을 못 가지잖아요.
안 싸우도록 노력해서 즐거움을 갖고 싶어요.

교사 친구들과 즐겁게 지내고 싶구나.

경준 네, 친구들과 친하게 지내면서 즐겁게 지내고 싶어요.

교사 그래, 여러 가지 바람을 이야기했는데 그중에 가장 원하는 것 한 가지만 골라 볼래?

경준 친구와 가깝게 지내고 싶어요.

교사 친구들과 가깝게 지내고 싶다고 했는데 그렇게 되면 뭐가 좋아지지?

경준 친구들과 가깝게 지내면 학교에서 즐겁게 지낼 수 있겠죠. 그리고 내가 원하는 대로 친구들이 따라 주면 좋겠는데 이거는 친구들이 그렇게 해 줄 수 없을 것 같아요.

교사 경준이가 하고 싶은 대로 친구들이 화내지 않고 따라오는 것은 이루어지기 어렵다고 생각한 거니?

경준 네….

교사 와! 대단하네. 어떻게 그런 생각을 하게 되었지?

경준 말하다가 보니까…. 친구들과 즐겁게 지내려면 내 마음대로 하면 안 될 것 같아요.

교사 경준이가 친구들과 즐겁게 지내고 싶다고 했는데 그러면 뭐가 좋을까?

경준 안 싸우니까 마음이 편하겠죠. 음….

교사 그동안 경준이도 마음이 많이 불편했구나.

경준 네.

교사 그리고 또 뭐가 좋을까?

경준 (웃으며) 친구들하고 싸우면 선생님께 혼나는데 혼도 안 나니까 좋죠.

교사 그러면 친구들과 즐겁게 지내기 위해 네가 할 수 있는 것은 무엇일까?

경준 친구들에게 화를 내면 안 될 것 같아요. 음, 일단은 말로….

이 사례에서 "진정으로 원하는 것이 무엇인가?"를 통해 아이는 자신이 원하는 여러 가지 바람 중에서 가장 원하는 바람이 '친구들과 즐겁게 지내는 것'임을 지각하였다. 그리고 "그렇게 되면 뭐가 좋을까?"라는 질문을 통해 자신도 지각하지 못했던 '마음이 편하고, 선생님께도 인정받고 싶은' 욕구를 탐색하게 되었다.

또한 아이는 바람을 탐색하는 과정에서 진정으로 원하는 바람인 '친구들과 즐겁게 지내는 것'을 위해서는 '자기는 마음대로 해도 아이들은 화를 내지 않는' 바람이 현실에서는 실현하기 힘든 것임을 지각하게 되었다. 그래서 "내가 원하는 대로 친구들이 따라 주면 좋겠는데 이거는 친구들이 그렇게 해 줄 수 없을 것 같아요."라고 말하였다. 이렇게 "진정으로 원하는 것이 무엇인가?"의 질문으로 바람을 탐색하면서 진정한 바람을 명확히 알게 되면 그 바람을 실현하는 데 필요한 효율적인 행동 계획을 쉽게 세울 수 있게 된다. 그리고 스스로 해도 되는 행동과 하지 말아야 할 행동을 알게 된다. 학급 운영을 할 때도 교사가 아이들의 바람을 아는 것은 중요하다.

멋있게 보이고 싶은 재희

올해 우리 반에는 자기 마음대로 되지 않으면 교실 바닥에 누워 있거나 교실을 뛰쳐나가는 아이가 있었다. 처음에는 문제행동을 가만히 두면 습관이 될까 하여 단호하게 때로는 무서운 말투를 써 가며 행동을 고치려고 하였다. 하지만 아이의 행동은 고쳐지지 않았고 문제 행동은 더 심해졌다.

'어떻게 하면 좋을까?' 고민이 깊어지던 어느 날, 수업 종이 쳤는데 교실 문을 발로 차고 있는 재희를 보았다. "지금 뭐 하니?"라는 말이 목구멍까지 올라왔지만 조용히 다가가서 "재희야, 지금 네 마음이 안 좋은 것 같은데 뭘 원하니? 선생님이 도와주고 싶은데."라고 말하며 복도로 나가서 이야기 좀 하자고 했다. 그러자 재희가 따라 나왔고 오늘 급식 당번을 뽑았는데 자기가 안 된 것이 화가 나서 그랬다고 말했다.

"재희가 급식 당번이 정말 되고 싶었나 보네. 그런데 공정한 방법으로 이미 뽑았는데 어떻게 하지? 그러면 친구들에게 재희의 마음을 잘 이야기하고 허락을 구해 보면 어떨까? 하지만 친구들이 허락하지 않을 수도 있고 그러면 못할 수도 있어."라고 제안하니 "네."라고 대답하였다. 그리고 "재희야! 속이 상해도 교실 문을 발로 차면 안 되고 말로 해야 해."라고 하니 "네."라고 하였다. '와~, 이렇게 순순히 대답하다니!' 놀라웠다. 아이들에게 의견을 물어보니 다행히 허락해 주었다.

이후 재희가 문제행동을 일으킬 때마다 행동에 초점을 두기보다는 "원하는 것이 뭐니?"

라는 질문을 하게 되었다. 그리고 재희와 이야기를 하면서 재희가 친구들에게 멋있게 보이고 싶어 한다는 것을 알게 되었다. 어느 날은 수업 중에 바닥에 누워 있기에 "재희야, 뭘 원하기에 이렇게 누워 있어?"라고 하니 자신은 발표를 많이 하고 싶은데 하지 못해서 화가 난다고 했다. "와, 오늘 발표 엄청 많이 했는데 더 하고 싶었구나. 그런데 재희는 친구들에게 멋있는 모습을 보여 주고 싶다고 했는데 이렇게 행동하면 친구들이 멋있다고 생각할까?"라고 말해 주니 스스로 일어나 앉았다.

재희는 이제 화가 나도 밖으로 뛰쳐나가지 않는다. 자신의 바람이 친구들에게 멋있게 보이는 것임을 알고 난 뒤 화가 난 어느 날은 스스로 "운동장 한 바퀴 돌고 올게요."라고 말하는 아이가 되었다. 여름방학 전에 1학기를 보낸 소감을 쓸 때 '선생님은 나랑 잘 맞는다. 내 마음을 잘 알아주어서 고맙다.'라고 쓰여 있었다.

이 일을 통해 아이들이 하는 문제 행동 속에는 바람이 있고 그 바람은 다 긍정적이라는 것, 그리고 아이들은 그 문제를 스스로 해결할 수 있는 힘이 있다는 것을 알게 되었다.

이처럼 교사가 아이들의 문제행동에 초점을 맞추기보다는 아이가 바라는 것에 초점을 맞추고 문제해결 방법을 같이 찾으면 아이가 달라지기 시작한다. 교사 역시 감정적이었던 마음이 누그러지고 아이를 도와줄 수 있는 협력자가 되어 자긍심이 커진다. 교사가 아이의 좋은 세계에 들어가게 되고 관계가 좋아진다. 그리고 아이는 교육 활동에 적극적으로 참여하고 자신에게 문제가 발생했을 때 자신이 바라는 것을 찾아 해결하는 삶의 태도를 기르는 데 도움이 된다.

"사람들이 당신에게 원하는 것이 무엇이라고 생각하는가?"

"사람들이 당신에게 원하는 것이 무엇이라고 생각하는가?"는 주위 사람들의 바람을 아이가 어떻게 지각하는가를 탐색하는 질문이다. "부모님은, 선생님은, 친구들은 너에게 무엇을 원한다고 생각하니?"라는 질문을 통해 아이에게 다른 사람들의 바람을 탐색하는 기회를 주고, 아이가 다른 사람들의 바람을 어떻게 지각하고 있는지를 알아낼 수 있다. 이러한 과정을 통해 자신의 진정한 바람을 탐색할 수 있다.

'아이들은 내가 전학 가기를 원해.'라고 생각하는 5학년 재현

재현 정말 저는 집에 가고 싶어요.

교사 어떻게 그렇게 생각하게 되었어?

재현 모둠 꾸미기 하고 있었는데 제가 거기에 그림을 그리니까 아이들이 하지 말라고 하잖아요.

교사 아이들이 하지 말라고 말해서 속상했구나. 아이들이 하지 말라는 말에 집에 가고 싶을 만큼 속상했구나.

재현 우리 반 아이들이 다 그렇게 원할걸요.

교사 아이들이 원하는 것이 뭔데?

재현 아이들은 제가 전학 가기를 원해요. 저를 다 싫어해요.

교사 아이들이 너를 싫어해서 전학 가기를 원한다고 생각했구나. 친구들이 다 너를 싫어한다고 생각하면 참 힘들겠는데….

재현 ….

교사 반에서 친한 친구는 없니? 저번에 지안이가 너의 절친이라고 했던 것 같네.

재현 지안이하고는 친하죠. 지안이는 내 마음을 알아주니까. 그리고 제가 혼났을 때도 위로해 주었으니까요.

교사 네가 혼났을 때 위로해 주고 친한 것을 보니 지안이는 널 좋아하는 것 같네. 그리고 준수하고도 친한 것 같던데, 과학 전담 시간에 항상 짝을 하잖아.

재현 네, 준수하고도 절친이에요. 남학생들하고는 좋아요.

교사 남학생하고는 잘 지내는구나. 그런데도 너는 전학 가고 싶니?

재현 전학을 가고 싶은 아이가 어디에 있어요. 아이들이 싫어하니까….

교사 너는 전학을 가고 싶지는 않구나. 저번에 국어 시간에 네가 이야기 꾸민 것 발표할 때, 아이들이 엄청 즐거워했잖아. 박수도 치고, 또 금요일에 고마운 친구 발표할 때 너보고 여학생들이 고맙다고 말한 것 기억하니?

재현 네.

교사 지금도 집에 가고 싶어?

재현 아뇨.

교사는 "아이들이 원하는 것이 뭔데?"라는 질문으로 재현이가 '반의 모든 아이가 나를 싫어해. 내가 전학 가는 것을 원해.'라고 지각하고 있다는 것을 알게 되었다. 그리고 교사는 모둠활동을 하면서 일어난 갈등 상황에서 재현이가 "집에 가고 싶다."라고 말한 상황을 이해하였다. 그래서 교사는 상담을 통해 재현이의 지각된 세계를 다루어 주었고 재현이는 '모든 아이가 자신을 싫어하는 것이 아니고 자신을 좋아하는 친구도 있다는 것'을 지각할 수 있었다.

무엇보다 이 질문은 다른 사람의 바람과 자신의 바람을 비교하면서 진정으로 자신이 원하는 것이 무엇인지를 탐색하여 스스로 찾아내게 하였다. 교사는 재현이가 '반 아이들 모두가 재현이를 싫어하고 전학 가기를 바란다.'라고 지각해서 '집에 가고 싶다.'는 바람을 말한다는 것을 알게 되었다. 교사는 상담을 통해 재현이가 '집에 가고 싶다.'라고 표현하는 바람이 '사랑·소속 또는 힘·성취'의 욕구가 충족되지 못한 것에서 비롯되었음을 짐작하였다. 진정으로 원하는 바람은 '반 친구들에게 인정받고 싶고 친하게 지내고 싶다.'라는 것을 탐색하게 된 것이다. 재현이도 상담을 통한 바람탐색으로 '집에 가고 싶다.'는 바람이 자신이 진짜 원하는 것은 아님을 지각하게 되었고 교실에 남아 있기를 스스로 선택하였다.

동시에 "사람들이 당신에게 원하는 것이 무엇이라고 생각하는가?"라는 질문은 아이가 자신에게 영향을 끼치는 사람들의 바람과 자신의 바람을 비교하면서 자신의 바람을 명확하게 해 주는 역할을 한다.

교사 엄마가 너에게 바라는 것이 뭐라고 생각하니?

아이 공부만 잘하면 된다고 하세요.

교사 너는 어때? 너도 원하는 것이니?

아이 아니요. 저는 공부하기가 싫어요.

교사 그러면 너는 무엇을 하고 싶니?

아이 부모님께서 허락하지 않으실걸요.
부모님의 지원이 필요한 일이라서….

교사 만약 허락하신다면 어떤 일을 하고 싶어?

아이 공부보다는 작곡을 하고 싶어요.

교사는 다른 사람의 바람을 알아보는 "엄마의 바람은 뭐라고 생각하니?"의 질문에 이어서 아이가 다른 사람의 바람을 어떻게 생각하는지를 알아보는 "엄마의 바람에 대해 너는 어때? 너도 원하는 것이니?"라는 질문을 하였다. 이 질문을 통해 진정으로 아이 자신이 원하는 것에 대해 더 명확히 알아볼 수도 있었다.

비현실적인 바람은 실현 가능한 현실적인 바람으로 바꾸어 주어야 한다

"무엇을 원하는가?"라는 질문을 통하여 아이는 진정으로 원하는 바람을 스스로 탐색하고 찾아 나간다. 바람을 정확히 아는 것은 상담목표를 정하고 그곳을 향해 달려가는 것이므로 상담에서 정확한 바람을 아는 것은 정말 중요하다.

그런데 좋은 세계에 있는 바람은 현실에서 실현 불가능한 비현실적인 바람들도 많다. 이때 비현실적이라는 것은 아이의 지금 상황에서 바로 이루기 어려운 것을 말한다. '너무 높은 단계의 성취나 다른 사람이 변하기를 바라는 것' 등의 바람은 시간이 너무 많이 걸리거나 오히려 다른 사람과의 갈등을 가져오게 되어 비현실적인 바람이라 할 수 있다.

예를 들면, 대통령이 되고 싶다는 것은 미래에는 가능할 수도 있지만 지금 바로 이루기 어렵다. 학습부진아가 다음 시험에서는 100점을 받고 싶다는 것, 모든 친구가 나를 좋아하는 것, 몸무게를 일주일 내에 10kg 감량하는 것 등은 비현실적인 바람이다. 실제 상담에서 바람을 정하고 상담을 진행하여 새로운 행동 계획을 세우고 행동을 실천해도 바람을 이룰 수 없을 때가 있다. 이럴 때 바람이 현실적인지, 비현실적인지를 살펴볼 필요가 있다. 바람이 비현실적일 때는 계획단계에서도 그 실현 방법을 찾기가 어렵고, 실행하기도 어려워진다. 그래서 바람을 정할 때는 '아이의 지금 현실에서 실현 가능한 바람이어야 한다.'는 것을 교사는 명심하고 있어야 한다.

학교에서 자유를 원하는 종민

종민 (흥분해서) 저 학교 때려치울 거예요. 오늘도 진짜 오기 싫었는데….

상담교사 학교 오기 싫은데 왔다니 정말 힘든가 보네.

종민 ….

상담교사 학교에 오지 않으면 너는 무엇을 하고 싶니?

종민 대안학교를 가거나 태권도 학원에는 다니고 엄마랑 집에서 공부하고 싶어요.

상담교사 그래도 대안학교를 가거나 집에서라도 공부는 하고 싶구나. 엄마와 이야기는 나누어 보았니?

종민 대안학교는 너무 비싸고 이사 갈 형편도 안 된다고 하셨어요. 그리고 집에서 공부하는 것은 엄마가 너무 힘들어서 안 된다고 해요.

상담교사 네가 원하는 대로 안 되어서 속상했겠네. 대안학교나 집에서 공부하면 너에게 어떤 점이 좋지?

종민 내가 좀 더 하고 싶은 대로 할 수 있잖아요. 학교는 선생님이 원하는 대로 이거 해라 저거 해라 하잖아요. 정말 힘들어요.

상담교사 너는 좀 더 자유롭게 생활하고 싶은 것 같은데, 네가 그렇게 되기 위해 선생님한테 부탁하고 싶은 것은 없니?

종민 수업시간에 힘들면 조용히 뒤로 가서 친구들에게 방해되지 않게 앉아 있고 싶어요.

상담교사 그렇구나. 담임선생님께 너의 생각을 말해 본 적은 있니?

종민 아니요. 선생님이 허락하실 리가 없죠.

상담교사 선생님께서 조용히 뒤로 가서 친구들에게 방해되지 않게 앉아 있는 것을 허락하시면 학교 다니는 게 좀 나을까?

종민 그렇게만 해도 좋죠.

상담교사 그러면 너의 생각을 선생님께 한번 말씀드려 볼까?

학교를 그만두려고 하는 아이의 욕구는 '자유'이다. 자유의 욕구를 충족하는 방법은 다양하지만 아이가 바라는 것은 '학교를 그만두는 것'이었다. 하지만 아직은 초등학생이고 부모의 통제로 '학교를 그만두는 바람'은 지금의 상황에서 아이에게는 비현실적이다. 오기 싫은 학교에 오다 보니 학교생활에서 여러 가지 문제가 일어나고 있었다.

상담을 통해 아이 스스로 "수업시간에 힘들면 조용히 뒤로 가서 친구들에게 방해되지 않게 앉아 있고 싶어요."라고 말하였다. 수업시간에 뒤로 가서 앉아 있는 것은 학교를 그만두는 바람에 비하면 훨씬 실현 가능성이 높다. 사실 이 바람도 아이가 실현하려면 상대(담임교사)의 허락이 있어야 하지만 '학교에 다니지 않는 것'보다 훨씬 실현 가능하고 현실적인 바람으로 바뀐 것이다.

이렇게 상담을 하면서 바람을 탐색할 때 아이에게 실현 가능한 바람인지, 불가능한 바람인지를 알아보고 실현 가능한 바람으로 바꾸어 가야 한다.

어떤 시각으로 바라보는가(지각된 세계 살펴보기)

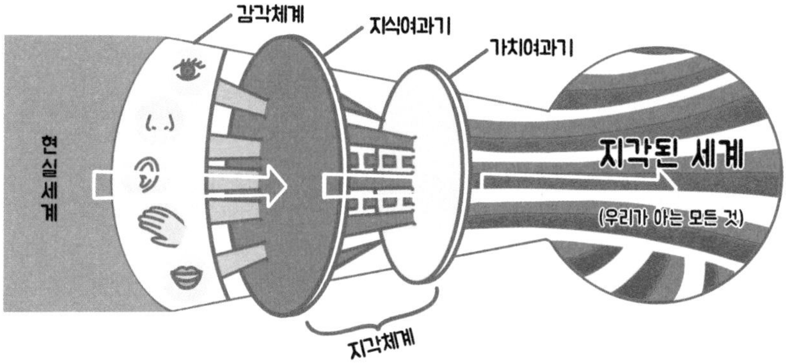

앞서 선택이론을 통해 현실세계에서 일어나는 일들이 사람마다 다르게 지각된다는 것을 알게 되었다. 따라서 상담을 통해 아이가 어떤 시각으로 현재 상황이나 주변 사람들을 지각하고 있는지 살펴보는 것이 중요하다.

사람마다 지각된 세계가 다르기 때문에 교사는 "또 거짓말하는구나.", "네가 규칙을 안 지키니까 그렇지." 등 아이가 지각하고 있는 것을 판단하거나 좋다, 나쁘다고 가치 부여를 할 필요가 없다. 아이가 지각한 세계를 평가 없이 그대로 수용하는 것이 중요하다. 그래야 아이가 자신이 생각하고 느끼는 것을 그대로 개방하게 되어 더 성공적인 상담이 될 수 있다.

다음의 사례를 살펴보면 사람마다 지각된 세계가 다르다는 것을 알 수 있다.

친구들이 잘못했다고 해서 억울한 규민

점심시간에 바깥에서 놀고 온 규민이(3학년, 남)가 교실에 들어오면서 "선생님, 우리 반 애들이 전부 나보고 잘못했다고 그러잖아요. 자기들이 잘못했으면서."라고 울면서 소리를

쳤고 뒤따라온 아이들은 "아니에요, 아니에요." 라고 한다. 이야기를 들어 보니, 현지를 오해하여 따지러 온 4학년이 있었다. 그때 규민이가 나서서 현지에게 상황을 물어보고는 4학년에게 "그런 일 없으니 꺼지라고!"라고 말했다고 한다. 4학년은 화가 나서 규민이와 말싸움을 하게 되었다. 뒤늦게 나와서 이 장면을 본 아이들이 규민이에게 "넌 좀 가만있어."라고 했고 규민이는 교실로 들어온 것이다.

교사 규민아, 친구들이 너에게 어떤 말을 해서 화가 났니?

규민 친구들이 전부 나보고 가만히 있으라고 막 잡아끌고 또 내가 잘못했다고 하잖아요.

교사 (아이들에게) 규민이에게 잘못했다고 한 사람이 누구니?

아이들 ….

시찬 아니요. 가만있으라고 제가 했어요. 그런데 잘못했다고는 안 했어요.

규민 그게 그거잖아. 나는 쉬는 시간이 줄어들까 봐 빨리 해결하려고 현지에게 알아보고 바로 말한 건데 너희들은 나만 가만있으라고 팔을 잡아당기고, 나보고 잘못했다는 거잖아!

교사 아~, 규민이는 쉬는 시간이 줄어들까 봐 빨리 해결하고 싶었네. 그래서 나서서 이야기를 했던 거구나. 그런데 너희들이 봤을 때는 4학년과 다투고 있었고 시찬이가 가만있으라고 한 거니?

시찬 네. 저는 규민이가 현지에게 물어보는 것도 못 봤고, 쉬는 시간 때문에 그런 줄도 몰랐어요. 평소에 이유 없이 성질을 잘 내니까 또 성질부터 내는가 싶어서 일단 말려야겠다고 생각해서 가만히 있으라고 한 거예요. 그런데 말로 해도 안 들어서 4학년하고 떼어 두려고 팔을 당긴 거예요.

교사 얘들아, 규민이가 전부 잘못했다고 생각하니?

아이들 아니요.

현지 규민이는 절 도와주려고 했어요. 저에게 사실인지 확인을 먼저 했고요. 제가 작은 소리로 아니라고 하니까 규민이가 그 언니한테 아니라고 말해 준 거예요. 그런데 꺼지라고 하니까 그 언니도 화가 나서 안 가고 더 따지게 된 거예요.

아이들은 규민이가 현지에게 물어보았고, 쉬는 시간이 줄어들까 걱정하고 있었다는 것을 알지 못했다. 규민이는 아이들이 '가만있으라고 하고 팔을 잡아당긴 것'을 '네가 다 잘못했어.'라고 지각했다. 규민이가 "그런 일 없으니 꺼지라고."라고 말한 것을 보고 아이들은 '또 이유 없이 성질을 내는구나.'라고 지각해서 말리는 행동을 한 것이다. 또 시찬이는 '규민이가 이유 없이 성질을 내는구나.'라고 지각했고 현지는 '규민이가 나를 도와주었어.'라고 지각하고 있다. 이처럼 아이들의 지각된 세계는 모두 다르다.

교사는 아이들이 대화를 통해 서로의 지각된 세계를 탐색해 볼 수 있도록 하였다. "저는 규민이가 현지에게 물어보는 것도 못 봤고, 쉬는 시간 때문에 그런 줄도 몰랐어요."라는 시찬이의 말처럼 아이들은 교사의 질문을 통해 서로의 지각된 세계가 다르다는 것과 오해가 생겼음을 알게 된다. 그리고 자신의 행동이 주변에 어떻게 영향을 미치는지 알게 된다. 즉, 규민이는 "쉬는 시간이 줄어들까 걱정돼."라는 말을 친구들에게 하지 않았기 때문에 친구들이 오해했고, 아이들은 규민이의 팔을 잡아당긴 것이 규민이에게는 '네가 다 잘못했어.'라고 생각될 수도 있다는 것을 알게 된다.

이처럼 교실 생활에서 아이마다 각각 지각된 세계가 달라서 오해가 생기고 갈등이 일어나는 경우가 많다. 아이들 사이에 갈등이 일어났을 때 교사가 판단하기보다 질문을 통해 서로의 지각된 세계를 바라볼 기회를 제공함으로써 아이들의 오해를 풀어 줄 수 있다.

다음의 사례는 한 아이의 지각된 세계 내에서도 상황에 따라 다르게 지각된다는 것을 보여 준다.

친구를 자주 놀리고 화가 나면 주먹으로 친구를 때리는 재호

교사 재호는 친구들이 놀릴 때마다 매번 싸우지는 않았잖아. 동혁이가 재호를 놀린 적 있니?

재호 아니요.

교사 그럼 재호는 동혁이를 놀린 적이 있었니?

재호 아니요.

교사 동혁이를 놀린 적이 없구나. 그럼 재호는 어떤 친구들을 놀리니?

재호 저를 잘 안 대해 주는 친구요.

교사 그럼 윤지는 재호를 귀여워하는데 놀리는 이유는 뭘까?

재호 윤지는 잘난 척하는 것 같아서요.

교사 윤지의 어떤 부분이 잘난 척하는 것 같니?

재호 자기가 나는 팔자 뛰기 잘한다고 했는데 보니까 못하고…. 잘난 척해요.

(중략)

교사 그럼 친구들이 어떨 때 재호를 주로 놀리니? 가만히 있는데 놀려?

재호 아니요. 제가 친구 놀릴 때 친구들이 놀려요.

교사 재호가 먼저 친구를 놀리면 그 친구도 재호를 놀리는 거네.

재호 ….

교사 재호는 친구들하고 잘 지내고 싶은 마음이 있니?

재호 네.

교사 그러면 어떤 행동을 좀 바꿔야 할까?

재호 놀리고 때리는 행동이요.

재호의 지각된 세계에서는 '나는 나에게 잘 안 대해 주는 친구를 놀린다.'라고 지각하고 있다. 그래서 자신에게 잘 안 대해 준다고 생각하는 친구들에게 놀리는 행동을 했다. 교사의 질문을 통해 살펴보면 재호는 '잘난 척하는 것도 잘 안 대해 주는 것'으로 지각하고 있다. 또 자신에게 잘 안 대해 주는 친구만을 놀리는 것으로 지각하고 있지만, 실제로는 자신이 먼저 친구들을 놀려서 친구들도 놀린다는 것을 알게 되었다.

교사는 재호의 지각된 세계를 탐색하면서 아이 스스로 모순을 발견하게 해 주었다.

그래서 재호는 자신의 행동이 친구들과 잘 지내고 싶은 바람을 얻는 데 효율적인 행동이 아니라는 것을 스스로 평가하게 되고 친구들과 잘 지내고 싶은 바람을 얻기 위한 효율적인 행동을 선택하게 되었다.

행동탐색(Doing): 당신은 무엇을 하고 있나요

쉬는 시간 우리 반 영우가 울면서 교실로 들어왔다. 손가락을 붙잡고 아프다며 울고 있었다. 이유를 물으니 다른 반의 성진이가 자기 손가락을 꺾었다고 했다.

영우 선생님, 성진이가 갑자기 내 엄지손가락을 꺾었어요. 나는 아무 짓도 안 했는데…. (눈물을 흘리며) 엉엉, 엉엉.

교사 아무 짓도 안 했다고 생각하는데 손가락이 꺾여서 정말 억울하고 황당하겠다. 그런데 성진이가 손가락을 꺾기 전에 둘이 무슨 일 있었니?

영우 아무 일도 없었어요. 그냥 성진이가 복도에서 친구들이랑 이야기하고 있길래 저도 무슨 일인가 해서 옆에 가서 섰어요.

교사 성진이가 무슨 이야기를 하고 있었는데?

영우 지금 한창 야구 시즌이잖아요? 자기가 응원하는 ★★팀이 어제 졌다고 하면서 막 화를 내고 있었어요.

교사 그걸 들으면서 네가 뭐라고 말했니?

영우 별말 안 했어요. 그냥 ★★팀이 꼴찌라고 말했어요.

교사 그 말을 어떤 식으로 말했는지 선생님한테 그대로 표현해 볼래?

영우 (노래 부르듯이) ★★팀 꼴찌~~, ★★팀 꼴찌~~! 이렇게 말했어요. (잠시 가만히 서 있다. 그리고 곤란한 표정을 지으면서 머뭇거린다.)

교사 영우 표정을 보니까 성진이가 왜 화가 났는지 알아차린 것 같은데, 맞니?

영우 네. 성진이가 제가 놀렸다고 생각해서 화가 났었나 봐요.

영우는 자신의 행동 때문에 성진이가 화가 났다는 것을 알게 된 그 순간에는 당황한 표정이었지만 더 이상 억울하다고 말하지 않았다. 대부분의 아이는 영우처럼 자신이 어떤 행동을 했는지 알지 못해서 자신은 아무 짓도 하지 않았으며 친구가 무조건 잘못했다고 말한다. 그러나 이렇게 자신이 어떤 행동을 했는지 스스로 알아차릴 수 있게 도와주면 무엇이 달라질까? 억울해하거나 원망하지 않고 자신의 행동을 수용하고 인정하게 될 것이다.

사람들은 다른 사람들이 어떻게 했는지는 기억하지만 자신이 어떤 행동을 했는지는 잘 알아차리지 못한다. 상대방의 반응을 보며 놀라거나 억울한 감정을 느끼면서도 상대방의 반응 이전에 자신이 먼저 한 행동이 있었음을 기억하지 못하는 것이다. 이렇게 자신이 어떤 행동을 하는지를 알아보는 과정을 행동 탐색이라고 한다. 아이의 행동을 탐색하기 위해 교사는 "너는 무엇을 하고 있니(What are you doing)?"라고 질문한다.

당신은(You)

상담을 받으러 온 아이는 자기 행동을 들여다보기보다 남 탓, 환경 탓을 하며 변명하거나 자신의 행동은 어쩔 수 없는 선택이었다고 말하기도 한다. "엄마가 잔소리해요.", "친구가 괴롭혀요.", "친구가 먼저 그랬어요."라고 말하며 자신을 빼고 이야기한다. 그래서 현실치료에서는 초점을 자신으로 바꿀 수 있도록 질문을 한다. "엄마가 잔소리할 때 너는 어떻게 했니?", "친구가 괴롭힐 때 너는 뭐라고 말했니?"로 질문해서 아이의 행동에 초점을 맞춘다.

정민 모둠 친구들 모두 자기 마음대로 해요.
교사 친구들이 어떻게 했는데?
정민 사회 과제 역할 정할 때 자기들이 마음대로 정해서 나보고 하라고 했어요. 모둠 친구들 때문에 정말 짜증나서 모둠 활동하기 싫어요.
교사 그래서 너는 어떻게 했는데?
정민 싫다고 했어요. 그랬더니 모두 짜증을 냈어요.
교사 네가 뭐라고 말하면서 싫다고 했어? 구체적으로 말해 볼래?
정민 "너희 마음대로 정하고 나는 안 할 거다. 너희들끼리 다 해라."라고 했어요.
교사 그 말을 하면서 다른 행동도 했니?
정민 들고 있던 연필을 책상 위로 던졌어요.
교사 그 말을 하고 나서 너는 어떻게 했니?
정민 일어나서 다른 친구들한테 놀러 갔어요.

교사 그랬더니 친구들이 어떻게 했어? 네가 원하는 대로 달라졌어?

정민 아니요. 저를 빼고 모둠활동을 했어요. 저는 점수도 받지 못했어요.

교사 네가 어떻게 했으면 결과가 달라졌을까?

정민 음…. 내가 어떤 역할을 하고 싶은지를 먼저 말했으면 결과가 달랐을 거 같아요. 지금 생각해 보니 계속 싫다고만 했지 무엇을 하고 싶다고는 말하지 않았네요. 친구들이 내 마음을 몰랐을 것 같아요.

선택이론에서는 모든 행동은 자신의 욕구를 충족하기 위한 선택이라고 말한다. 즉, 모둠 친구들이 역할을 정해 줘서 짜증나는 것이 아니라 아이는 힘의 욕구와 자유의 욕구를 충족하지 못해서 화가 난 것이다. 갈등 상황에서 친구들이 얼마나 자신을 화나게 했는지에 초점이 맞추어져 있을 때, 교사는 아이가 어떻게 행동했는지를 계속 질문하면서 초점을 '나'로 돌리고 있다. 결국 아이는 친구들에게 화를 내고 연필을 던지고, 일어나서 가 버리는 행동을 선택했다는 것을 알게 되었다. 또 그런 행동이 내가 원하는 역할을 선택하는 데 효과가 없었으며 점수도 받을 수 없게 되었다는 것을 알게 된 것이다.

'당신은'이라는 질문은 '내가 어떻게 하고 있는지'를 바라보고 '내가 무엇을 할 수 있는지'에 초점을 맞출 수 있도록 바꾸어 준다. 남 탓, 환경 탓하는 것으로부터 100% 통제 가능한 '나'로 전환할 수 있게 만들어 준다.

YOU → I

무엇을(What)

아이에게 자기 시간을 어떻게 보냈는지에 대해 관찰카메라로 찍은 것처럼 자세하게 표현할 수 있도록 질문한다. 이 질문을 통해 아이는 자신이 미처 인지하지 못했던 세부사항을 기억해 내고 자신이 어떤 행동을 선택하고 있었는지 지각하게 된다. 친구에게 어떤 말을 했나? 그 말을 할 때 표정은 어떠했나? 그때 어떤 동작을 하고 있었나? 등을 물어보는 것이다. 이렇게 '무엇'을 질문하는 이유는 자신의 모습을 그대로 보여 주기 위해서다. 예를 들면, 머리가 헝클어져 있다는 사실을 다른 사람이 말해 주는 것보다 거울을 보면서 헝클어진 자신의 머리를 발견하는 것이 훨씬 효과적이기 때문이다.

교사 어머니가 화를 내셨을 때 너는 어떻게 했니?

지훈 아무 말도 안 했어요. 그냥 가만히 있었어요.

교사 가만히 있었는데 어머니가 점점 더 화를 많이 내셨다는 거지?

지훈 네. 그러니까 제가 억울하지요. 저는 아무 짓도 안 했는데.

교사 그럼 어머니가 화를 내고 계실 때 너는 무엇을 하고 있었어?

지훈 휴대폰을 보고 있었어요.

교사 휴대폰으로 무얼 하고 있었니?

지훈 게임을 하고 있었어요.

교사 어머니가 화가 나서 이야기하실 때 넌 어머니와 눈을 맞추고 있었니?

지훈 아니요. 휴대폰만 보고 있었어요.

교사 그렇구나. 어머니가 너에게 화가 나서 야단을 치고 있을 때 넌 휴대폰을 보며 게임을 하고 있었구나.

어머니가 화를 낼 때 아이는 '아무 짓도 하지 않았다'고 말했다. 그래서 어머니가 자신에게 점점 더 화를 내는 것이 억울하다고 했다. 그러나 처음에는 자신이 어떤 행동을 선택하고 있었는지 지각하지 못했지만 교사의 질문으로 자신이 선택한 행동을 하나하나 탐색해 가면서 어머니가 점점 더 화가 많이 난 이유를 알 수 있었다.

'무엇을'이라는 질문을 통해 교사는 드러나지 않았던 아이의 행동을 찾아낼 수 있다. 아이도 자신의 모습을 거울을 보듯 발견함으로써 휴대폰을 하면서 어머니의 말에 귀를 기울이지 않고 있었다는 것을 알게 된 것이다.

하고(Doing)

인간은 보통 갈등 상황에서 자신이 느꼈던 감정은 잘 인식하나 자신이 어떤 활동하기를 선택했는지는 잘 기억하지 못한다. 갈등 상황에서 어떻게 했는지를 물어보면 '슬펐다', '울었다', '참았다' 등으로 표현한다. 즉, 하나의 행동을 하는 순간에 〔활동하기〕와 〔생각하기〕, 〔신체 반응〕 요소도 동시에 일어나지만, 전행동자동차의 〔느끼기〕를 강하게 인식하는 것이다.

예를 들면, 슬픔을 느낄 때 〔활동하기〕는 '창밖을 보기'이고, 〔생각하기〕는 '나한테 왜 이런 일이 생기지?'이며, '눈이 붉어지고 눈물이 흐른다.'의 〔신체반응〕이 동시에 일어난다.

그러나 슬픔을 느끼는 상황에서 〔활동하기〕를 바꾸면 느끼기도 바뀔 수 있다. 방안에 앉아 '창밖을 보기'가 아니라 밖으로 나가 '산책하기'로 바꾸면 산책을 하는 동안은 〔느끼기〕가 전환되는 것을 경험할 수 있다.

현실치료에서는 아이가 인식하지 못하는 활동하기를 찾아낼 수 있도록 행동 탐색을 도와준다. 아이가 자신이 어떤 〔활동하기〕를 선택했는지 알게 되면 바람과 욕구를 충족하기 위해 다른 〔활동하기〕를 선택할 수 있음을 알게 되기 때문이다. 그 선택의 결과로 다른 감정을 느낄 수 있다는 것도 알게 된다. 따라서 현실치료는 〔활동하기〕에 초점을 맞추고 변화시키려고 노력한다.

교사 친구가 네 그림 보고 "괜찮네. 잘 그렸네."라고 말하면 좋겠는데 "못 그렸다."고 말해서 너무 속상하다는 거지?

민정 네. 너무 속상하고 미워서 그 친구랑 절교하고 싶을 정도예요. 진짜 짜증나요!!!

교사 그런 상황에서 너는 주로 어떻게 행동하니?

민정 글쎄요. 잘 모르겠어요.

교사 친구가 못 그렸다고 말할 때 짜증이 났다고 했는데 어떤 말이나 동작을 하는지 물어보는 거란다.

민정 음…. 그럴 때 어떤 말이나 행동을 하지는 않는데…. 주로 말하지 않고 참아요.

교사 참을 때 너의 모습을 말해 줄래?

민정 아무 말도 안하고 그림만 보고 있어요.

교사 그럴 때 어떤 생각이 들어?

민정 '다음에 나도 너한테 그림 못 그렸다고 말할 거다.'라는 생각을 해요.

교사 말하지 않고 그림만 보고 있을 때 어떤 감정을 느껴?

민정 짜증나요!!! 진짜!!

교사 정말 짜증이 많이 났었구나. 그럴 때 얼굴도 막 찌푸려지고 그러니?

민정 맞아요. 그리고 손에 힘도 막 들어가서 주먹을 꼭 쥐고 있어요.

교사 그렇구나. 그런데 네가 그렇게 하니까 그 친구는 어떻게 했어?

민정 그 친구는 행동이 바뀌지 않고 그대로예요. 그래서 절교하고 싶을 정도로 싫어졌어요.

교사 친구가 하는 말을 들으며 아무 말 없이 그림만 보고 있으니 짜증이 많이 났었구나. 너무 짜증이 나서 절교하고 싶을 정도였구나.

이 아이는 너무 짜증이 나서 친구와 절교하고 싶을 정도로 감정이 상해 있었다. 짜증이라는 감정이 강력해서 자신이 어떤 활동하기를 선택하고 있는지 알지 못할 정도였다. 친구가 하는 말이 너무 속상한데 아무런 말도 하지 않고 그림만 보고 있으니 속이 답답하고 짜증이 났을 것이다. 여기까지 이야기를 나누고 나서 아이는 자신이 말 한마디 못하고 있었다는 사실을 지각하게 되었고, 상담을 진행하면서 그 친구에게 "그런 말은 너무 섭섭하다."라는 자기표현을 하겠다고 계획을 세웠다.

있나요(Are)

현실치료에서는 현재에 대해서만 수정이 가능하고 보다 나은 미래를 설계하기 때문에 과거에 대해서는 거의 말하지 않는다. 아이의 문제가 과거에서 비롯되었다 하더라도 아이의 충족되지 못한 욕구와 바람은 현재에 있으므로 현재에서 해결하고 충족되어야 한다.

따돌림으로 마음고생을 했던 한 여학생이 있었다. 아이와도 상담하고 어머니와도 상담을 하며 문제를 해결하면서 지냈는데 몇 년이 지나 그 어머니가 전화를 주신 적이 있다. 그리고 지금 딸이 “엄마는 내가 그때 왕따도 당하고 너무 힘들었는데 왜 나를 도와주지 않았어?”라고 말하며 원망한다고 하셨다.

자기 딸에게 돌이킬 수 없는 상처가 된 것 같아 그때 따돌림을 시킨 아이들을 찾아서 이유를 알아봐야겠다며 연락처를 알려 달라고 하셨다. 그래서 “몇 년이 지난 지금 그 이야기를 불현듯 꺼낸다는 것은 아이의 현재 교우 관계가 어려운 거 아닐까요? 그래서 과거의 기억이 다시 소환되고 있는 것은 아닐까 생각됩니다. 또는 지금 어머님의 관심과 사랑이 필요하다는 신호를 보내고 있는 것일 수도 있어요.”라고 말씀드렸다. 그 이야기를 듣고 어머니는 전혀 그런 방향으로는 생각을 하지 못했다고 하시며 지금 바로 아이에게 문제가 없는지 물어보겠다고 말씀하셨다. 그리고 그 이후로는 전화가 오지 않았다.

만약 아이의 충족되지 못한 욕구와 바람이 현재에 있다는 것을 알지 못했다면 몇 년 전의 사건을 끄집어내어 사과를 주고받도록 하는 게 해결책이라고 생각했을 것이고 다른 아이들과 더 많은 갈등이 생겼을 수도 있다. 현실치료에서는 과거를 수용하고 다루지만 과거의 미해결된 문제를 해결해 주지는 않는다. 현실치료에서 과거는 성공 경험을 찾기 위해서만 활용된다.

행동을 탐색하기 위한 “너는 무엇을 하고 있니?”라는 질문은 현실치료에서 중요하다. 갈등 상황에서 휴대폰을 보고 있었던 아이, 짜증나는 감정을 누르며 아무 말 없이 그림만 보고 있었던 아이, 모두 자신의 행동은 알지 못하고 어머니와 친구의 잘못이라고 말했다. 그러나 행동탐색을 통해 자신이 욕구 충족을 위해 어떻게 행동을 선택하는지 알아차리게 되었다.

갈등 상황에서 아이는 자신의 잘못을 회피하기 위해 남 탓을 하거나 비난하기 쉽다. 그러나 행동탐색을 통해 자신이 어떤 행동을 선택했는가를 알게 되면 회피하지 않고 자신의 행동을 그대로 수용하고 인정하게 된다. 행동탐색은 변명하고 남 탓하는 '나'를, 인정하고 수용하는 '나'로 전환시켜 준다.

자기평가(self-Evaluation): 자신의 행동이 원하는 것을 얻는 데 도움이 되고 있나요

자기평가는 아이가 스스로 자신의 행동에 대해서 평가해 보는 단계다. 현실치료의 상담 목표는 아이가 자신이 원하는 삶을 살기 위해 보다 효과적인 선택을 할 수 있도록 도와주는 것이다. 따라서 교사는 아이가 자기 스스로를 평가할 수 있도록 돕는 것이 중요하다. 상담의 모든 과정이 중요하지만, 글래서 또한 '자기평가'를 현실치료의 핵심이라고 표현하고 있다.

'자기평가'를 위한 질문

"당신의 행동이 당신에게 도움이 됩니까, 해가 됩니까?"

당신의 행동이 도움이 되는지에 대한 전체적인 방향성을 묻는 질문이다. 즉, 자신의 행동이 현재는 물론이고 미래에도 최고의 이익을 줄 수 있는가라는 것이다. 무의식적으로 습관화된 행동을 하면서 실제로는 이것이 정말 자신에게 도움이 되는지 생각하지 않고 행동하는 경우가 있다. 그런 경우에는 이 질문을 받는 것 자체로도 자기평가의 좋은 기회가 된다.

옆 반에 평소 짜증이 많은 아이가 있었다. 기분이 나쁘면 욱하고 화를 내며 신경질적인 표현을 하는 아이였다. 점심시간에 친구들과 이야기하다 뭔가에 기분이 나빴는지, 학교 현관 유리문을 발로 차 크게 다쳤다. 바로 아이는 119로 실려가 병원에서 치료를 받았고, 한동안 깁스를 하고 다녔다. 언젠가 동아리 시간에 그 아이가 우리 교실에 왔다. 걱정되는 마음에, 다리는 좀 괜찮은지 물어보았는데 괜찮다고 해서 다행이라는 생각이 들었다.

그리고 넌지시 아이에게 "그때 문을 찬 것이 너의 감정을 해소하는 데 도움이 되었어?"라고 물어보았다. 아이가 부끄러운 듯 "아니요."라고 하였다. 아이도 자신의 행동이 자신에게 도움이 되는지 스스로 판단할 수 있었다. 아마 그 아이는 아무리 화가 나도 앞으로는 문을 차지 않을 것이다.

"당신이 지금 하고 있는 것이 원하는 것을 얻는 데 도움이 되나요?"

당신이 지금 하고 있는 것이 바람을 이루는 데 도움이 되는지 자기평가를 하는 질문이다. 친구와 친하게 지내고 싶어서 계속 친구에게 시비를 걸고 장난을 치는 아이가 있다. 아이에게 무엇을 했냐고 하니, "그냥 친구랑 놀고 싶어서 주먹으로 팔을 툭툭 치고 머리를 당기고 도망갔어요."라고 한다.

자기평가를 돕기 위해 "친구를 툭툭 치고 도망가는 것이 친구와 친하게 지내는 데 도움이 되었니?"라고 묻는다. 이 질문을 통해서 아이에게 자신의 최근 행동이 자신의 바람과 욕구를 효과적으로 충족시키고 있는지 스스로 평가해보도록 한다. 물론 누구든 말 한 마디에 바뀌기는 어렵다. 자기평가를 반복하게 하고 새로운 행동을 계획해서 실천하는지 꾸준히 관심을 준다면 아이가 조금씩 변화하는 모습이 보인다. 교사가 직접 "그렇게 하면 친구랑 더 멀어져."라고 답을 주는 것보다 아이가 스스로 판단해 보게 하는 것이 더 효과적이다.

"당신이 행동하고 있는 것이 규칙에 어긋납니까?"

특히 아이들과 상담할 때 아주 중요한 한마디이다. 아이가 규칙을 어겼을 때 "그 행동이 도움이 되었니?"라거나 "현실적인가요?"라고 묻는 것은 오히려 상황을 복잡하게 만들 수도 있다. 아이들이 씩씩거리면서 서로 욕하고 싸웠는데, "너의 행동이 도움이 되었니?"라고 물어본 적이 있다. 그때 아이들은 "네. 욕해서 속은 시원한데요.", "쟤가 욕해서 짜증나는데 그럼 안 때리고 어떻게 해요."라고 말해서 "뭐, 도움이 되었다고?" 하며 상담이 미궁 속으로 빠졌다.

교사는 먼저 "어떻게 했니?"라고 물어 상황과 행동을 들은 다음에, "우리 반 규칙은 무엇이었지?"라고 물어본다. 그럼 아이들은 "때리지 않고 말로 하는 거요.", "욕하지 않고 내 감정과 바람을 말하는 거요." 같은 정해진 규칙을 말하며 내가 어긴 부분에 대해 잘못을 인지하게 된다. 이처럼 공동체의 정해진 규칙을 어기는 경우일 때는, 거울을 통해서 보듯이 자신의 행동을 스스로 관찰하는 것이 중요하다.

일상에서 우리는 감정이나 생각에 빠져 자신이 어떤 활동하기를 하는지에 대해서는 잘 인식하지 못할 때가 많다. 아이들이 친구와 서로 욕을 하고 싸웠을 때, 아이들은 각자 자기의 감정에 빠져 속상하고 억울해하면서도, 그런 상황을 초래한 자신의 행동에 대해서는 크게 인식하지 못한다.

이럴 때, 이런 질문을 받으면 자신의 행동을 인지하는 데 도움이 되고, 나아가 새로운 행동을 탐색할 계기가 된다.

"당신이 원하는 것은 실현 가능한가요?"

실현 가능하지 않은 바람을 가지고 있으면, 아무리 노력해도 좌절감을 맛보는 안타까운 상황이 생긴다. 교사는 아이가 원하는 것이 실현 가능한 것인지를 생각해 보도록 도와주어야 한다. 다음은 민기와 교사의 대화이다.

교사 음…. 민기는 학원을 끊고 혼자 공부해 보겠다고 엄마에게 말하고 싶어?

민기 네.

교사 그런데 엄마가 들어주실까?

민기 아니요.

교사 엄마가 들어 주지 않을 것 같다는 것이 이미 예상되는구나. 그렇지?

민기 네.

교사 이 방법이 안 된다면, 엄마 부탁도 조금 들어주면서, 민기도 지금보다 더 나아진 상황이 될 수 있는 방법은 뭘까?

민기 (한참을 생각해 본 후에) 음…. 엄마가 일을 안 하고 집에 있는 거?

교사 엄마가 일을 안 하고 집에 있는 거? 그러면 뭐가 좋을까?

민기 집에 있으면 엄마가 봐 줄 수 있으니깐.

교사 엄마가 일을 안 하고 집에서 봐 준다?
그런데 엄마가 일을 안 하실 가능성이 있을까?

민기 아니요. 절대 없어요.

교사 절대 없어. 그렇지? 그러면 또, 우리는 실천 가능한 방법을 찾아야 하잖아. 안 되는 거 떼쓸 수는 없잖아?

민기 음…. 공부계획표를 만든다?

교사 아~ 공부계획표 한번 만들어 볼래?

민기 네, 지금 만들어 보면 안 돼요?

교사 그게 좋겠다. 민기가 공부계획표를 만들어서 "엄마, 이 계획표를 한 달 동안 잘 지키면 그다음 한 달 동안은 제 말도 들어주시면 안 돼요?"라고 하는 건 어때?

민기 좋은데요.

교사는 민기의 바람이 실현 가능한지 함께 고민해 보고 실천할 수 있도록 돕는다. 현실적으로 바람이 이루어질 수 있는지 논쟁하는 것이 아니라, 성취하기 위한 방법을 진심으로 함께 떠올려 간다는 것이 중요하다.

"그런 식으로 보는 것이 도움이 되나요?"

아이가 바라보는 시선에 따라서 같은 대상이지만 다르게도 보인다. 왜냐하면 아이가 바라보는 시선에 가치판단이 들어가기 때문이다. 다음은 엄마를 원망하는 아이와의 상담 내용이다.

교사 너는 엄마를 어떻게 생각해?

수진 자기 기분대로만 행동하는 짜증나는 사람이요.

교사 엄마가 무엇을 했기에 그렇게 생각해?

수진 엄마는 밖에서는 잘 웃고 즐거워하는데 집에서는 늘 찡그리고 칭찬도 안 해 주고, 제가 조금만 실수해도 혼만 내요. 정말 나빠요.

교사 엄마가 다정하게 대해 주지 않아서 많이 속상했구나. 그래서 엄마를 나쁜 사람으로 생각하는구나.

수진 네.

교사 그렇게 엄마를 나쁘게 보는 것이 너에게 정말 도움이 될까?

수진 그건 엄마 잘못이죠.

교사 실제 엄마가 어떻든 간에 엄마의 좋은 면을 보는 게 도움이 되니?
아니면 적으로 보는 게 도움이 되니?

수진 엄마가 안 바뀌면 저는 좋게 볼 수 없어요.

교사 네가 변화해야 한다고 말하는 건 아니야.
그저 엄마를 적이라고 여기는 것이 네가 엄마를 볼 때 도움이 되는지를 묻고 있어.

수진 적으로 보지 않는 것이 도움이 되겠죠.

이 상담에서는 수진이가 '엄마'를 바라보는 시선이 드러난다. 수진이는 엄마란 '집에서도 잘 웃고 즐겁게 지내고 칭찬을 잘해야 하는 대상'이라는 생각을 가지고 있다. 그러나 자신의 엄마가 그렇지 않다고 인식하니, 엄마를 부정적인 대상으로 바라보고 있는 것이다.

교사는 수진이가 대상을 어떻게 바라보는지를 파악하기 위해 질문을 한다. 그리고 엄마를 부정적으로 바라보는 현재의 관점이 자신에게 도움이 되는지를 묻는다. 그러면서 엄마를 적으로 보기보다, 그래도 함께 지내는 가족 구성원으로 생각하며 엄마에 대한 시선을 바꿀 수 있도록 돕는다.

이렇게 자신의 시선에 대해 자기평가를 하는 기회를 갖는 것은 자신의 인식에 대한 전환의 계기가 된다. 물론 생각이나 행동이 쉽게 바뀌지는 않지만, 변화의 시작이 될 수 있다.

"당신을 변화시키는 데 얼마나 노력할 것인가요?"

사람마다 노력을 하겠다는 정도나 마음, 태도는 다양하다. 교사는 상담을 통해 아이의 노력 수준을 알고, 더 높은 단계의 노력 수준으로 가도록 돕는 것이 필요하다. 아이가 의지를 갖고 노력할 수 있도록, 교사가 주의를 기울이는 것도 중요하다.

노력 수준

❶ “내 문제가 아니라 다른 사람들 때문이에요.”

- “아빠가 아이스크림을 사 오셨기 때문에 살이 찔 수밖에 없잖아요.”와 같이 자신의 문제로 받아들이지 않고 남의 탓으로 돌린다. 노력에 앞서 자신의 문제라고 받아들이지 않는 사람들이다. 좋은 결과나 변화를 기대하기 어렵다.

❷ “목표는 이루고 싶지만, 노력은 하기 싫어요.”

- 다이어트는 하고 싶지만 먹는 것은 줄이고 싶지 않은 유형이다. 이 단계의 사람들은 계획은 세울 수 있지만 실천을 하지 않아 실패할 가능성이 높다.

❸ “노력은 해 보죠.”

- 단순하게 노력을 해 보겠다는 약속만으로는 원하는 것을 이루기가 어렵다. 목표인 다이어트를 이루고자 한다면 구체적인 계획뿐만 아니라 확고한 노력이 필수적이다. 그래도 2단계보다는 변화 가능성이 있다.

❹ “최선을 다하겠다.”, “결과가 어떻게 되든 하겠다.”

- “아빠가 아이스크림을 사 오시더라도 다이어트를 위해 저는 먹지 않겠어요.” 이렇게 확고한 노력에 대한 의지를 보여 주는 수준의 사람은 원하는 것을 얻을 가능성이 높다.

교사는 아이의 다양한 노력 수준을 파악하고, 수준을 높일 수 있도록 도와준다. 또한 아이들이 잘 실천하고 있는지를 당분간 관찰하고 주기적으로 만나면서 자극과 격려를 꾸준히 한다면 바람을 이루는 데 훨씬 도움이 될 것이다.

"도움이 되는 계획인가요?"

아이가 새로운 행동 계획을 세울 때에도 새로운 행동이 타당한지 평가해 보는 것이 필요하다. 새로운 행동이 간단하게 실천 가능한지, 즉각적으로 할 수 있는지, 구체적인 계획인지, 진심이 담긴 계획인지를 평가한다. 행동 계획에 대한 평가는 다음 장에서 구체적으로 설명할 것이다.

자신이 외부를 바라보는 관점(지각된 세계), 바람(원하는 것), 행동(지금 하고 있는 것), 계획 등 모든 부분에 대해 아이가 자기평가의 기회를 갖는 것은 중요한 전환의 순간이다.

계획하기(Plan): 다르게 해 본다면 어떻게 해 볼 건가요

시험점수나 목표와 관련해서 다음처럼 이야기 나누는 걸 종종 듣는다.

"다음번에는 몇 점 받을래?"
"100점이요."
"할 수 있겠어?"
"100점이라고 목표를 정해 둬야지 노력해서 80점이라도 받을 수 있지 않겠어요?"

굳이 점수가 아니더라도 목표에 대해 이야기를 나눠 보면 이렇게 최고의 목표를 정해 두고 노력하겠다는 이야기를 듣곤 한다. 만점을 받는다는 것과, 완벽하게 해낸다는 것은 정말 어려운 일임에도 불구하고 목표를 높이 가져야 노력이라도 할 수 있을 것이라는 기대감이 빚어내는 표현인 것이다. 실제로 80점을 받게 되면 목표를 높게 세웠기 때문에 그만큼이라도 할 수 있었다고 위안을 한다. 그러나 다른 관점에서 이야기하면 도달하기 힘든 목표를 세웠기 때문에 목표에 도달하지 못해 실패와 좌절의 경험을 하게 되는 것은 아닐까?

실패를 또 하나의 연습으로 받아들이고 다시 도전하는 내면의 힘이 있는 사람이거나 일상을 살아가는 데 심리적 어려움이 없는 사람이라면 이런 높은 목표와 방향성도 가능할 것이다.

그러나 상담 장면의 아이들은 심리적으로 위축되어 있고 반복되는 좌절로 인해 무기력해져 있기 때문에 이런 목표는 실천할 엄두조차 내지 못하게 만들 수 있다. 그래서 상담에서는 다른 접근이 필요하다. 여기에서는 목표를 '계획하기'로 용어를 바꾸어서 설명하겠다.

현실치료에서는 아이가 선택하고 있는 행동이 자기평가에서 비효과적이라면 다시 행동체계로 가서 효과적인 행동을 찾도록 한다. 이 단계가 계획하기이다.

대체로 상담에 임하는 아이들은 무기력, 좌절, 포기, 반항 등으로 의욕이 낮고 위축되어 있기가 쉽다. 그래서 새로운 행동을 시도한다는 것 자체가 어렵고 부담이 된다. '계획하기'는 변화를 위한 도전이며 새로운 시도이다. 아이가 계획을 실천하고 바람이 충족된다면 성취감을 느낄 것이며 새로운 변화를 위해 한 발 나아가려는 의욕이 높아질 것이다. 그래서 계획하기는 다음과 같은 방향성을 가지고 세워질 때 아이의 성장과 변화에 기여할 수 있다.

욕구가 충족되는 계획

친구와 사이좋게 지내는 것이 자신의 바람이라면 '등교할 때 "안녕?"이라고 말하면서 교실 들어오기', '짝에게 "같이 놀자."고 먼저 말하기' 등이 행동 계획이 될 수 있다. 이런 행동 계획은 평소에 하지 않은 것일 수도 있고 어떤 아이들에게는 실천하기 어려울 수도 있다. 그러나 이런 행동 계획이 사랑과 소속의 욕구를 충족시킨다면 어려움을 무릅쓰고서라도 실천하려고 노력할 것이다.

그런데 '친구들 노는 모습 구경하기'를 계획으로 선택한다면 욕구가 충족될 수 없을 것이다. 그럴 때는 "네가 지금 선택한 행동이 네가 바라는 친구와 사이좋게 지내는 데 도움이 될까?"라는 자기평가 질문을 해 준다. 욕구가 충족되는 계획을 세울 수 있도록 바람과 연결해서 자기평가를 하게 하는 것이다.

교사 너는 친구와 사이좋게 지내길 원한다고 했는데 그렇게 되기 위해서 어떤 행동을 하면 좋을까?

병수 글쎄요. 쉬는 시간에 친구들이 사이좋게 노는 걸 지켜보는 것은 어떨까요?

교사 그렇게 하고 싶은 이유는 뭘까?

병수 친구들이 저랑 놀아 주지 않을 것 같아서요. 그래서 친구들이 노는 모습을 구경하는 것도 좋을 것 같아요.

교사 자신이 없고 걱정이 되어서 그런 것 같구나. 그런데 네가 친구들 노는 것을 구경하고 있는 것이 네가 친구와 사이좋게 지내는 데 도움이 될까?

병수 아니요….

교사 네가 원하는 것을 이룰 수 있는 행동 중에 네가 할 수 있는 것으로 하면 된단다. 예를 들면, '등교해서 짝꿍에게 "안녕?"이라고 인사하기'라든지 '친구에게 "같이 놀자."고 말하기'와 같은 걸로 정하면 된단다.

쉽고 단순한 계획

무기력, 반항, 우울, 화, 분노 등 불편한 감정에 빠져 있는 아이들에게는 단순한 계획이 특히 중요하다. 대부분 자신의 감정에 대해서는 무척 잘 파악하고 있지만, 자기가 어떻게 행동하고 있는지는 잘 알지 못하기 때문이다.

평소 자신을 놀리던 학급 아이들에 대한 분노로 화를 통제하기 어려워하던 아이가 있었다. 그 아이는 자신을 놀리는 친구들이 사고가 나서 다치길 바라고, 죽어 버렸으면 좋겠다고 하고, 지옥이 있어서 그 아이들이 벌을 받았으면 좋겠다고 말하면서 교사가 말할 틈도 없이 계속 자신의 생각을 쏟아냈다.

이야기를 듣고 나서 교사가 여러 가지 새로운 행동을 제안했지만 아이는 실천하기 어렵다고 말하며 모두 거절했다. 그래서 "지금 선생님한테 말하고 나니 어때?"라고 물었다. 아이가 "속이 시원해요."라고 했고, "그러면 그 친구들 때문에 너무 속상하고 화가 나서 참을 수 없을 때는 선생님한테 와서 그 일을 말해 주는 건 어때? 선생님이 네 이야기를 잘 들어 줄게."라고 하였다. "그래도 되나요? 그건 할 수 있어요."라고 하여 그 아이의 계획하기는 '선생님한테 와서 있었던 일 말하기'가 되었다. 분노 조절이 힘들었던 이 아이 외에도 우울하기를 선택해서 아무것도 하고 싶지 않다고 하던 아이도 '방과 후에 선생님한테 와서 이야기하고 가기'를 계획으로 세워 실천한 적이 있었다.

현실적이고 실현 가능한 계획

맞벌이 부모를 대신해서 동생을 돌보느라 지친 아이가 나만의 휴식이 필요하다고 말했다. 책도 마음대로 읽고 싶을 때 읽고 친구도 만나고 주말 아침에는 늦잠도 자고 싶다고 했다. 그러나 그런 행동 선택은 불가능하기 때문에 막막하고 답답해서 눈물이 난다고 했다. 상담을 통해 '주말 아침 9시까지는 잠을 잘 수 있도록 부모님과 동생에게 부탁하기'를 계획으로 세웠다. 7시만 되면 일어나서 누나 방을 찾아와 놀아 달라,

간식 달라고 하는 동생 때문에 늦잠을 잘 수 없었는데 이 계획은 부모님과 동생이 도와줄 것 같다고 했다. 상담을 마치고 기대감으로 한층 밝아진 아이의 목소리가 인상적이었다. 아무리 사소한 계획이라도 아이에게 희망이 있다고 깨닫도록 돕는 것이라면 이 계획은 매우 중요한 의미를 갖는다. 계획이 현실적이고 실현 가능할 때 아이는 희망을 갖고 실천할 의욕이 생긴다.

행위를 중지시키기보다는 새로운 행동을 하도록 하는 계획

- 싸우지 않기
- 고함지르지 않기
- 뛰지 않기
- 욕하지 않기
- 화내지 않기

학교는 아이들의 행위를 중지시키는 행동 계획이 많다. 그러다 보니 아이와의 상담에서도 '~을 하지 않기'로 계획을 세우는 경우가 생긴다. 그러나 싸우지 않고, 고함지르지 않고, 뛰지 않고, 욕하지 않는다는 것은 그 행동 대신 다른 무엇인가를 하고 있다는 것을 의미한다. 싸우지 않고 손을 부르르 떨고 있거나, 고함치지 않고 참느라 입을 꼭 다물고 있거나, 뛰지 않고 걷거나, 욕하지 않고 중얼거리거나…. 그래서 행위를 중지시키는 것보다 그 행위 대신 어떤 다른 행동을 할 것인지로 계획을 세우는 것이 필요하다.

즉 '싸우지 않기', '욕하지 않기' 대신 '친구에게 하루 한 가지씩 칭찬하기'로, '화내지 않기' 대신 '화날 때는 손가락으로 하나, 둘, 셋 헤아리기'로 실천하기 쉽고 긍정적인 행동 계획을 세우는 것이 좋다.

실천할 사람이 할 수 있는 계획

친구와 좋은 관계를 갖기 위한 계획을 세울 때 친구가 아플 때 보건실에 같이 가 주기(선생님의 허락이 필요하거나 아픈 친구가 있어야 함), 친구 생일파티에 참석하기(친구가 초대를 해 주어야 함), 준비물 빌려주기(친구가 준비물을 안 가지고 와야 함), 친구들과 놀이터 같이 가기(친구가 같이 가 줘야 함), 친구와 매일 전화통화를 하거나 문자 주고받기(친구가 협조해야 함) 등과 같은 계획을 세울 수 있다.

그러나 이런 계획은 상대방이 함께 해 줘야만 가능한 계획이다. 그래서 성공하기 어려울 수 있다. "함께할 친구가 없어서 못했어요."라는 변명을 가능하게 하고 남 탓, 상황 탓을 하게 해서 상담진행을 어렵게 만든다.

그래서 오롯이 아이 혼자서 할 수 있는 계획으로 바꾸어 주는 것이 필요하다. 준비물 1개 더 가져가기, 친구에게 전화 걸기, "도와줄까?"라고 말하기 등과 같이 아이가 혼자 할 수 있는 계획으로 바꿀 수 있게 돕는다. 즉, 아이가 다른 사람들의 도움 없이 스스로 혼자 실천할 수 있는 계획을 세우는 것이다.

구체적인 계획

구체적인 계획은 자세하고 명확한 계획이다. 어디서, 누구와, 어떻게, 얼마나 등에 대한 물음에 답할 수 있어야 한다. 좋아하는 이성 친구가 자기 마음도 모른 채 외모를 가지고 계속 놀려서 너무 속상하고 힘들다고 말한 아이가 있었다. 고백은 할 수 없지만 다른 아이들처럼 편안한 관계가 되고 싶다는 바람탐색을 했고 이성 친구에게 불편한 자기 마음을 이야기해 보겠다는 계획을 세웠다.

그 계획을 실천할 수 있도록 언제, 어디서, 어떻게 말할 건지 구체적으로 물어보고 연습까지 해 보았다. 아이는 다음 날 그 친구를 복도로 불러서 "네가 내 외모를 원숭이 닮았다고 놀려서 너무 속상하고 괴로워. 내가 얼마나 힘든지 네가 알아줬으면 좋겠고 이제 그런 말은 하지 않았으면 좋겠어. 부탁해."라며 계획했던 구체적인 실천계획을 성공적으로 해냈다.

진행 중심적인 계획

WHO?(누가)
WHEN?(언제)
WHERE?(어디서)
WHAT?(무엇을)
WHY?(왜)
HOW?(어떻게)

최종 결과와는 무관하게 현실적으로 실현 가능한 아이의 활동에 중점을 둔다. 결과 중심적인 계획이 아니라 진행 중심적인 계획이라는 의미이다. 진행 중심적인 계획은 현실적이고 실현 가능하며, 계획을 세우는 아이에게 달려 있다. 결과나 목표 중심적인 계획은 단지 진행 중심적인 계획을 실천했을 때의 결과물이다.

결과나 목표 중심적인 계획	진행 중심적인 계획
수학 시험을 100점 받겠다.	수학 문제집을 매일 1쪽 풀겠다.
음식을 골고루 먹겠다.	밥상 위의 모든 반찬을 1번씩은 먹겠다.
친구와 사이좋게 지내겠다.	매일 1명의 친구를 칭찬하겠다.
몸무게를 2Kg 줄이겠다.	매일 줄넘기 모둠뛰기를 100개씩 하겠다.

이러한 방향성을 가지고 아이와 계획하기를 세우지만 가끔 아이들 중에서 효과적인 행동을 찾으라고 했을 때 "모르겠어요.", "생각이 안 나요."라고 말하며 어려워하는 경우도 있다. 평소 습관적으로 나오는 조직화된 행동 외에 행동체계에 새로운 행동이 없을 수도 있기 때문이다. 그러면 교사가 행동을 제안할 수도 있다. 물론 이때 "할 수 있겠어?"라고 물어보고 아이가 충분히 할 수 있다고 수용했을 때 계획하기로 선택이 가능하다.

간단하게
즉각적으로
구체적으로
진지하게 하겠다는 마음으로

김인자 교수(한국심리상담연구소)는 계획 세우기의 방향성을 간단하게 '간즉구진'이라는 표현으로 제안했다.

간즉구진은 결과 중심이 아니라 과정 중심의 계획이다. 타인의 도움이나 협조가 아닌 자기 혼자서 할 수 있는 것이어야 한다. 또 100% 달성 가능할 만큼 쉽고 간단한 것이어야 한다. 그래서 성공경험을 할 수 있는 계획을 세우도록 도와주어야 한다.

현실치료의 적용

지금까지 현실치료를 살펴보았다. 현실치료는 선택이론을 바탕으로 한 상담기법이다. 학급 상담에서 현실치료는 전문적인 수련을 위한 긴 훈련과정을 필요로 하는 다른 상담에 비해 RWDEP 시스템으로 구조화되어 있어 누구나 익히기 쉽다. 또 행동변화에 초점을 두기 때문에 단기적이고 빠르게 문제를 해결하는 장점을 가지고 있다. 그래서 교육 현장의 여러 가지 업무로 숨 가쁜 교사들이 아이들의 문제를 짧은 시간에 효율적으로 해결하도록 돕는다. 또한 현실치료의 상담과정을 통해 아이도 스스로 자신의 문제를 해결할 수 있는 합리적인 사고 과정을 자연스럽게 익히게 되어 자신의 변화를 위해 스스로 노력하게 되며, 갈등 문제를 해결하는 힘도 커진다.

이절에서는 그동안 배운 현실치료를 어떻게 학급현장에서 상담으로 적용하는지 사례를 통해 간단히 설명하려고 한다. 그리고 현실치료의 RWDEP 사고 과정을 학습지를 활용하여 자연스럽게 익혀 아이들의 갈등이나 문제해결, 정신건강을 증진시킬 수 있도록 돕고자 한다.

현실치료를 학급상담에 적용하기

현실치료는 상담환경 가꾸기와 RWDEP의 상담과정으로 진행된다. 실제 교실에서 이루어진 상담사례를 통해 현실치료이론의 전체 상담과정이 어떻게 진행되고 적용되는지 알아보자.

▶ **학생 정보 :** 여, 11세, 손미주(가명)
▶ **상담 상황 :** 미주가 교실 뒤에서 그림을 보고 있었는데 서희가 지나가며 "비켜."라고 말하고 미주도 "돌아가면 되잖아."하고 말하여 서로 사이가 나빠진 상황

ⓞ 상담환경 가꾸기(Relationship): 따뜻하고 안전한 분위기로 상담을 시작한다

교사 미주야, 오늘 선생님이 미주랑 이야기를 나누고 싶어서 남아 달라고 했는데 이렇게 남아 줘서 고마워.

미주 네.

교사 미주야. 요즘 표정이 좀 어두워 보여서 무슨 일이 있는지 궁금했어. 혹시 학교생활에서 무슨 고민이 있니?

미주 사실 얼마 전에 제가 뒷문에 붙어 있는 그림을 보고 있었는데 서희가 갑자기 화를 내며 비키라고 해서 좀 속상했어요.

교사 음…. 갑자기 서희가 너한테 화를 내서 속상했구나.

미주 네.

교사 혹시 서희랑 싸웠거나 무슨 일이 있었니?

미주 지난 달에 같은 모둠으로 활동을 할 때 제가 잘 모르거나 빨리 못하면 서희가 재촉하고 자꾸 짜증을 내서 저도 같이 짜증을 냈어요.

교사 그랬구나. 지난달에도 서희랑 갈등이 있어서 미주가 속상했겠구나.

미주 네, 선생님.

교사 네가 뒷문에 붙어 있던 그림을 보고 있는데 서희가 지나가며 비키라고 화를 냈을 때 어떤 감정이 들었니?

미주 그냥 비키라고 좋은 말로 해도 될 텐데 화를 내니까 좀 짜증이 났어요. 나는 그림을 보고 있을 뿐인데 서희가 짜증을 내어 억울하기도 했고요. 나중에는 마음 아프고 슬프기까지 했어요.

교사 좋은 말로 해도 될 텐데 화를 내어 짜증도 나고 억울했구나. 또 마음이 아프고 슬프기까지 했구나.

미주 네.

교사 나중에는 마음이 아프고 슬프기까지 했다고 했는데, 그런 감정이 생긴 이유는 뭘까?

미주 음…, 모르겠어요. 이런 일로 짜증을 내고 있는 것이 슬펐고 그냥 내 마음과 다르게 일이 되어 가는 게 슬펐어요.

교사 미주의 마음과 일이 다르게 되어 가서 슬펐구나.

미주 네….

Point 현실치료 상담은 진실하고 따뜻하며, 관심 어린 관계를 만들려는 노력과 함께 시작됩니다. 약속을 지킨 아이에게 교사의 "고마워."라는 말 한마디는 아이의 마음을 열어 주고 편안한 마음을 갖게 해 주는 상담환경 가꾸기의 좋은 예시입니다. 아이는 자신에게 관심을 가지고 변화를 알아주는 교사에게 신뢰감이 생깁니다. 그리고 아이를 있는 그대로 받아 주고 공감해 주는 상담환경 가꾸기는 아이가 자신을 개방해도 안전하다고 느끼게 하여 효과적인 상담으로 이어집니다. 상담환경 가꾸기는 단순히 상담을 시작할 때 관계 맺기뿐 아니라 상담과정 전반에서 지속적으로 좋은 관계를 맺으며 진행됩니다.

1 바람탐색(Want): 내담자의 바람을 탐색한다

교사 미주가 원하는 것이 무엇인지 말해 볼래?

미주 음, 서희와 전처럼 친하고 가깝게 지내고 싶어요. 전에는 그래도 서희랑 좀 친하게 지냈었는데 지금은 멀어진 것 같아서요.

교사 서희랑 친하고 가깝게 지내고 싶었는데 멀어진 것 같아서 마음이 아프고 슬프기까지 했구나.

미주 네.

교사 서희랑 친하고 가깝게 지내면 어떤 점이 좋니?

미주 서희랑 잘 지내면 다른 친구들도 잘 사귈 수 있을 것 같아요.

교사 서희랑 관계를 잘 유지하면 다른 친구와 사귀는 것도 잘할 수 있는 자신감이 생길 것 같다는 거니?

미주 네.

교사 친구들이 많이 생기면 어떤 점이 좋을 것 같아?

미주 이야기할 친구가 많아져서 교실에 들어설 때 마음이 편안하고 행복할 것 같아요.

교사 그렇게 되면 좋겠다.

미주 네.

교사 그러면 미주야. 서희와 친하고 가깝게 지낸다는 것은 구체적으로 어떤 모습일까?

미주 음…. 자주 싸우지 않고 같이 놀고, 모둠이 됐을 때 차분하게 같이 모둠활동 하는 거요.

교사 그렇구나. 싸우지 않고 같이 놀고 차분하게 모둠활동을 하고 있을 때 서희와 미주는 어떻게 말하고 행동하고 있을까?

미주 같이 웃으면서 이야기 나누고 있을 것 같아요.

교사 아~ 그렇구나. 학교에서 서희랑 웃으며 이야기 나누고 싶은데 지금 상황은 그러지 못해서 마음 아프고 슬프구나.

미주 네, 맞아요.

Point 아이들은 불편한 감정을 느끼지만 그 감정을 유발하는 자신의 욕구는 파악하지 못하는 경우가 많습니다. 교사는 "원하는 것이 무엇인지 말해 볼래?"라는 질문으로 아이가 자신이 몰랐던 바람을 탐색할 수 있게 합니다. "무엇을 원하는가?"라는 바람 탐색 질문은 상담의 목표를 찾는 데 도움이 됩니다. 상담할 때 상담목표를 명확히 하고 시작해야 효과적인 상담이 이루어집니다. 또 "원하는 것이 이루어지면 어떤 것이 좋을까?"라는 교사의 질문은 "친하고 가깝게 지내고 싶어요."라는 아이의 바람 속에 있는 욕구를 탐색하여 아이의 더 깊은 바람(Real Want)인 '마음이 편안하고 행복할 것'을 찾아 명료화하고 바람을 이루는 데 도움을 줍니다. 또한 "친하고 가깝게 지낸다는 것은 구체적으로 어떤 모습일까?"라는 질문을 통해 아이의 바람을 구체화하도록 돕고 있습니다. 바람을 구체화해야 바람을 이루기 쉽습니다. 바람이 명확해지면 바람을 실현하는 데 필요한 효율적인 행동 계획으로 이어지기 쉬우며 바람을 이루고자 하는 의지가 높아집니다.

② 행동탐색(Doing): 내담자가 자기 행동을 탐색한다

교사 네가 그림을 보고 있는데 서희가 "비켜." 하고 화를 냈다고 했잖아. 그때 너는 어떻게 했어?

미주 제가 그림을 보고 있는데 서희가 화를 내며 말했어요. 그때 문이 열려 있어서 "네가 돌아가면 되잖아."라고 말했어요. 그러니까 서희가 저를 밀치면서 나갔어요.

교사 서희가 화를 내고 밀쳤을 때 미주도 화가 났겠구나.

미주 네.

교사 그럼 미주야. 아까 모둠활동할 때도 서희가 화를 내거나 짜증을 낸다고 했잖아? 그때 미주는 어떻게 했어?

미주 음…. 저도 같이 화를 내며 큰소리를 쳤어요.

교사 그랬구나. 그리고 또 어떤 행동을 하니?

미주 음… . 혼자서 "아, 또 그러네."라고 중얼거려요.

교사 그렇구나. 또 다른 행동도 있을까?

미주 아니요. 생각이 잘 안 나요.

Point 보통 상담을 받으러 온 아이는 자신의 행동을 들여다보기보다는 남 탓, 환경 탓을 하며 변명을 하거나 어쩔 수 없는 선택이었다고 말합니다. 교사는 "그때 너는 어떻게 했어?"라고 질문하여 초점을 아이 자신으로 바꾸어 줍니다. "그리고 또 어떤 행동을 하니?"라는 질문을 통해 자신의 행동을 탐색해 보도록 하고 자신이 주로 선택한 행동도 탐색하게 합니다. 이 과정으로 아이는 스스로 어떤 행동을 선택했는지를 알게 됩니다.

교사 그럼 서희와 갈등이 생길 때, 큰소리를 치거나 혼자서 중얼거리기 중에서 주로 어떤 행동을 많이 하는 것 같니?

미주 같이 큰소리를 쳐요.

교사 이번에 그림을 보고 있을 때도 "돌아가면 되잖아." 하고 큰소리를 쳤니?

미주 네.

교사 그럼 그때 어떤 생각을 했어?

미주 '서희가 또 시비를 거네!'라고 생각했어요.

교사 그럴 때 어떤 느낌이 들었어?

미주 짜증나는 느낌이 들었어요.

Point "어떻게 행동하니?", "어떤 생각을 했어?", "어떤 느낌이 들었어?"라는 전행동에 대한 질문을 통해 아이 자신이 인식하지 못하는 활동하기, 생각하기, 느끼기에 대해 탐색할 수 있게 도와줍니다. 특히 활동하기의 "어떻게 행동하니?"라는 질문을 통해 아이는 자신이 어떻게 했는지를 알게 되고 자기평가를 통해 계획하기에서 바람과 욕구를 충족하기 위한 다른 활동하기를 선택하는 것으로 나아갑니다.

③ 자기평가(self-Evaluation): 바람과 행동의 결과를 비교해 본다

교사 그럼 미주가 화를 내며 "돌아가면 되잖아!"라고 말했을 때 서희는 어떻게 했어?

미주 서희가 돌아가도 부딪힌다고 짜증내고 밀치며 지나갔어요. 그러고 나서 나중에 다른 친구에게 귓속말하며 저를 쳐다봤어요.

교사 그랬구나, 미주야. 아까 미주가 바라는 것이 서희와 친하고 가깝게 지내는 것이라고 했잖아. 그 구체적인 모습은 웃으며 이야기 나누는 것이라고 했지?

미주 네.

교사 그런데 서희가 "비켜."라고 화를 내듯 말했을 때 미주가 "네가 돌아가면 되잖아!" 하고 큰소리를 치며 같이 화를 냈다고 했잖아? 미주가 큰소리치며 화를 내는 것이 친구와 친하고 가깝게 지내는 데 도움이 되었니?

미주 아니요. 도움이 되지 않고 더 멀어졌어요.

Point 교사가 판단하거나 답을 주지 않고 "그 행동이 친하고 가깝게 지내는 데 도움이 되었니?"라는 자기평가 질문을 통해 아이는 원하는 바람과 행동의 결과를 비교하게 됩니다. 그리고 자신이 선택한 행동이 바람을 이루는 데 효과적인지를 스스로 평가하게 됩니다.

4 계획하기(Plan): 새로운 행동 계획을 세운다

교사 그렇다면 서희와 친하고 가깝게 지내고 웃으며 이야기하기 위해서 다르게 행동해 볼 수 있을까?

미주 (고개를 천천히 끄덕이며) 네….

교사 진짜? 서희가 너한테 짜증내듯 말하고 싫은 표정을 지을 때 너도 힘들고 화가 났을 텐데, 다른 행동을 선택해 본다고 하다니 정말 대단하구나. 그럼 이런 비슷한 상황이 또 생겼을 때 어떻게 행동해 보면 좋을까?

Point 대체로 상담에 임하는 아이들은 의욕이 낮고 위축된 경우가 많습니다. "다른 행동을 선택해 본다고 하다니 정말 대단하구나."라는 교사의 긍정적 지지는 아이가 힘을 얻고 자신의 문제를 해결해 나가는 데 도움을 줍니다.

미주 "너도 전에 길을 막았을 때 친구들이 잘 못 지나갔잖아. 근데 왜 너는 길을 막지 말라고 하는데?"라고 말해요.

교사 그렇게 말하면 서희가 웃으며 대답을 해 줄까?

Point 아이가 새로 계획한 행동을 수용하면서 그 결과를 평가해 보도록 하고 도움이 되지 않는다면 다른 계획을 세울 수 있도록 도와줍니다.

미주 아니요, 서희가 짜증 낼 것 같아요.

교사 왜 짜증 낼 것 같아?

미주 나도 짜증이 나서 말하니까 기분 나쁠 것 같아요.

교사 그럼 짜증 내지 않고 말할 수 있겠니?

미주 모르겠어요. 서희도 짜증을 내며 말하니까.

Point 문제 상황을 겪고 있는 아이의 경우 자신의 행동체계에 효율적인 행동이 없는 경우에는 "모르겠어요."라고 말하기도 합니다. 이럴 때 교사는 새로운 방법을 제안할 수 있는데 이때는 아이의 의견을 물어보아야 합니다. 그리고 "바람이 이루어졌던 때가 있었는지", "그때는 어떻게 행동했었는지"와 같은 예외질문을 통해 아이디어를 얻을 수도 있습니다.

교사 그러면 내가 제안해도 될까?

미주 뭔데요?

교사 서희에게 네가 화를 내듯이 말하니까 기분이 좋지 않다고 너의 마음을 말로 표현해 보는 것은 어때?

미주 말 못하겠어요.

교사 말로 하는 것이 어색하고 불편해?

미주 네.

Point 친구에게 말로 자신의 마음을 드러내는 것은 쉽지 않습니다. 그래서 "말로 하는 것이 어색하고 불편해?"와 같이 계획을 실천할 수 있는지를 확인하는 과정이 필요합니다. 아이가 쉽게 실천할 수 있고 구체적인 계획이어야 실천 의지가 높아지고 성공하게 됩니다.

교사 그러면 화가 날 때는 잠시 참았다가 편지로 마음을 전해 보는 건 어때?

미주 그건 할 수 있을 것 같아요.

교사 편지를 써서 전해 주면서 어떤 생각이 들 것 같아?

미주 이러면 괜찮아지겠지?

교사 그때 느낌은?

미주 긴장될 것 같아요.

교사 그렇구나. 그럼 저번 일에 대해서도 편지를 한번 써볼까?

미주 네.

교사 언제 써 볼까?

미주 이번 주말에요.

교사 어떤 내용으로 써 볼까?

미주 그동안 섭섭했던 것에 대해서요.

교사 그런데 섭섭했던 부분에 대해서만 쓰면 서희가 편지를 받고 어떨 것 같아?

미주 별로 안 좋아할 것 같아요.

교사 그럼 아까 미주의 바람 있잖아? 서희랑 친하고 가깝게 지내고 싶다는 바람도 적고, 같이 화를 냈었던 것에 대해 사과하는 내용도 적어 보면 어때?

미주 네, 그렇게 할게요.

Point 아이들은 계획을 하고도 실천하기를 어려워합니다. "언제 써 볼까?", "어떤 내용으로?"라는 질문으로 구체적인 계획을 세워서 실천력을 부여할 수 있습니다.

ⓞ 상담환경 가꾸기(Relationship): 내담자의 강점을 전달하며 마무리한다

교사 그래, 그럼 다음 주에 편지를 전해 주고 선생님이랑 다시 상담해 보자.

미주 네, 선생님.

교사 오늘 긴 시간 동안 미주가 선생님에게 마음을 털어놓고 이야기하는 모습에서 미주의 솔직함과 문제를 해결해서 친구와 사이좋게 지내려는 모습을 볼 수 있었어. 적극적으로 상담에 임해 줘서 정말 고마워. 선생님도 미주가 이렇게 속상해하고 있는 줄 몰랐어. 그동안 네 마음을 몰라줘서 미안한 마음도 드네. 다음 주에도 꼭 얘기 나누자!

미주 선생님, 고맙습니다.

Point 상담환경 가꾸기는 상담과정의 곳곳에서 꼭 필요한 부분입니다. 상담을 마무리할 때도 아이의 강점을 찾아 전달하면 아이는 계획한 것을 실천할 용기가 생기고 교사에 대한 신뢰감으로 다음 상담에도 적극적으로 참여하게 됩니다.

현실치료의 상담과정으로 상담한 간단한 사례이다. 단순히 문제해결이 아니라 아이의 마음을 공감하고 아이와 소통하면서, 스스로 문제를 해결할 수 있도록 돕고 있다. 교실현장은 아이와 지속적인 만남이 이루어지는 곳이다. 그래서 아이와의 이런 소통과정이 더욱 중요하다. 또한 아이 스스로 자신의 행동을 돌아보고 자기평가를 통해 문제해결을 위한 행동 실천과 변화로 이어져야 한다. 짧은 시간에 이러한 상담이 이루어지기 때문에 현실치료의 RWDEP 상담과정은 교실현장에서 아주 유용하게 적용할 수 있다.

상담을 하고 나서

학급운영을 하면서 상담으로 도와주고 싶은 아이들이 많다. 하지만 시간도 없고 상담에 대한 지식도 부족하여 훈계로 끝나는 경우가 많았고 아이들은 나아지지 않았으며 나 스스로 자괴감도 생겼다.

현실치료이론을 배우고 보니 현실치료의 간단한 상담과정에 '나도 해 볼 수 있겠는걸!' 하는 마음과 도전해 보고 싶은 의욕이 생겼다. 현실치료의 좋은 점은 쉽다는 것이다. RWDEP의 과정만 명심하고 있으면 끝!

현실치료 상담을 배우고 직접 교실에서 실천해 보면서 상담환경 가꾸기가 많은 도움이 되었다. 아이들의 마음을 수용하고 공감해 주니 좋은 관계를 맺을 수 있었다. 그리고 아이의 바람을 찾는 과정을 통해 나와 아이 모두의 행동 이면에 어떤 바람을 가지고 있는지 알게 되었다. 바람을 알고 나니 아이의 행동이 이해가 되었다. 그러고 나니 아이와 한 팀이 되어 바람을 충족하기 위한 효율적인 행동을 계획하고 선택하며 아이의 문제를 해결해 나갈 수 있었다.

잠시도 눈코 뜰 새 없이 바쁘게 돌아가는 교실 현장에서 아이들과 소통할 수 있는 현실치료 상담은 단비 같은 존재이다.

교육현장에서 RWDEP로 생각의 힘 키우기

현실치료에서는 인간이 자신이나 환경을 스스로 통제할 수 있으며 자기 스스로 행동을 결정하고 책임질 수 있는 존재라는 것을 믿는다. 글래서는 RWDEP로 사고하면 합리적으로 생각하게 되어 정신건강을 증진시킬 수 있다고 했고 이는 여러 연구를 통해 증명되고 있다.

아이들이 RWDEP로 사고할 수 있다면 아이 스스로 자신에게 일어나는 여러 가지 문제를 해결하고 변화를 향해 나아갈 수 있을 것이다. 그래서 다양한 활동지를 개발하게 되었고 실제 적용을 통해 아이들에게서 셀프 카운슬링의 효과를 볼 수 있었다. 다음에 안내할 활동지는 다양한 상황에서 활용할 수 있다.

첫째, 스스로 자신의 문제를 해결하고 싶어 하는 경우
둘째, 문제를 일으킨 아이가 스스로 자신의 행동을 탐색하도록 하고 싶은 경우
셋째, 교사와의 상담에 앞서 아이가 먼저 생각을 정리해 보게 하고 싶은 경우
넷째, 자신의 마음을 들여다보고 분노를 통제할 수 있도록 해 주고 싶은 경우

제시할 활동지의 특징을 간단히 소개하면 다음과 같다.

<활동지 1> 자신의 고민을 해결하기 위해 도움이 되는 행동을 다양하게 탐색해 볼 수 있도록 시각적으로 구조화되어 있다.

<활동지 2> 자신이 정말로 원하는 것과 선택한 행동을 비교하여 자기평가를 할 수 있게 연결되어 있다.

<활동지 3> 자기평가를 통해 화를 조절하는 힘을 키울 수 있도록 만들어졌다.

<활동지 4> 현실치료의 전 과정을 따라가며 RWDEP로 사고하고 자기평가를 통해 새로운 행동을 선택할 수 있도록 구조화되어 있다. 계획을 실천한 날들을 기록하게 함으로써 행동변화까지 연결해 준다.

아이들이 자기 문제를 해결하고 자신의 생활을 변화시키는 데 효과적이었던 다음 활동지가 아이들의 성장을 돕기 위해 방법을 찾고 있는 교사들에게 도움이 되길 바란다.

RT활동지

[활동지1]

나는 선택할 수 있어!

(　　　)초등학교 (　　)학년 (　　)반 (　　)번　이름(　　　　　　　　)

지금 고민이 뭐야?

내가 자주 하는 행동은?

안 해 봤지만 할 수 있을 것 같은 행동은?

이 고민을 해결하기 위해 나는 어떤 행동을 할 수 있을까?

자주는 아니지만 해 본 적이 있는 행동은?

다른 사람이 추천하는 행동은?

어려울 것 같지만 해 보고 싶은 행동은?

고민을 해결하는 데 도움이 될까?

○ △ ×	○ △ ×	○ △ ×	○ △ ×	○ △ ×

내가 선택하고 싶은 행동은?

지금 바로 할 수 있는 행동으로 간단하고 구체적으로 적어 봐.

언제 :

어디서 :

무엇을 :

어떻게 :

"난 할 수 있어!
지금 바로
(연습)해 보자!!"

[활동지2]

고민을 해결하고 싶어요

(　　　)초등학교 (　　)학년 (　　)반 (　　)번 이름(　　　　　　　)

지금 감정은 어떤가요?	이런 감정이 생기게 된 이유는 무엇인가요?
1.	
2.	
3.	

▶내가 정말로 원하는 것을 찾아봅시다◀

나의 바람은 무엇인가요?

1.

2.

3.

가장 중요한 바람에 ○를 해 봅시다.

고민이 해결된 나의 좋은 세계 사진

고민을 해결하기 위해 해 보았던 행동은 무엇인가요?	고민 해결에 도움이 되었나요?
	○ △ ×
	○ △ ×

고민을 해결하기 위해 할 수 있는 행동은 무엇인가요?	고민 해결에 도움이 될까요?
	○ △ ×
	○ △ ×

내가 선택한 행동은 무엇인가요?	실천할 자신이 있나요?
	○ △ ×

[활동지3]

부글부글 화와 만나기

(　　)초등학교 (　　)학년 (　　)반 (　　)번 이름(　　　　　　)

1단계 어떤 일이 있었나요?

2단계 얼마나 화가 났는지 점수를 매겨 봅시다. (점수가 높을수록 화가 많이 난 것)

0 1 2 3 4 5 6 7 8 9 10

그렇게 점수를 준 이유는 무엇인가요?

3단계 지금 어떤 바람이 있나요? 이유도 써봅시다.

바 람			
이 유			

4단계 화가 많이 났을 때 내가 했던 말이나 행동은 어떤 것이었나요?

그 행동이 나의 바람을 이루는 데 도움이 되는 행동이었나요? (○,×)

5단계 바람을 이룰 수 있는 다른 행동이나 말에는 어떤 것이 있을까요?

6단계 기록지를 다 한 후 나의 화는 몇 점인가요?

0 1 2 3 4 5 6 7 8 9 10

그렇게 점수를 준 이유는 무엇인가요?

[활동지4]

행복을 위한 선택

(　　)초등학교 (　　)학년 (　　)반 (　　)번　이름(　　　　　　)

현재의 상태	현재 감정은? (그 이유는?)			
	나의 바람은?			
이런 상황에서 나는 어떤 행동을 했나요?				

내가 주로 하는 행동은?		선택의 결과는?
		(도움이 되었나요?)

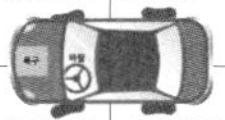

다르게 해 본다면 어떤 행동을 선택해 볼까요?	선택의 결과는?
계획 세우기 **간**단하게 실천 **즉**각 할 수 있는 **구**체적으로 정하기 **진**지하게(꼭 하겠다)	(도움이 될까요?)

성공 예감 (실천 기록)	월　일 (　　)요일	월　일 (　　)요일	월　일 (　　)요일	월　일 (　　)요일	월　일 (　　)요일
	◎ ○ △	◎ ○ △	◎ ○ △	◎ ○ △	◎ ○ △

· Chapter 3 ·

아이들의 힘을 돋우는

해결중심 질문과 강점메시지

해결중심 질문법은 드세이저(Steve De Shazer)와 김인수 박사가 만든 해결중심상담에서 나온 접근 방법이다. 예외상황질문, 척도질문, 대처질문을 통해 자신이 의식하지 않았지만 잘하고 있는 것을 발견하게 하고 그 자원과 강점을 활용하여 여러 가지 문제를 스스로 해결하도록 돕는다. 자기 자신에 대한 긍정적인 발견은 단지 문제해결을 넘어서 나아가 자존감을 살리고 자신의 생활을 더 긍정적으로 바라보며 앞으로의 생활도 변화시킬 수 있는 계기를 마련해 줄 수 있다.

새로운 관점: 문제중심이 아닌 해결중심이 필요하다

A교사

철수는 친구들에게 왜 고집을 피울까?
친구들은 왜 철수를 싫어할까?

어떻게 하면 친구들이 철수를
좋아하고 같이 놀고 싶게 될까?
철수가 할 수 있는 행동은
무엇이 있을까?

B교사

두 교사의 차이점은 무엇일까? A교사는 철수의 문제 원인에 초점을 둔 질문을 하며 B교사는 철수의 문제해결에 초점을 둔 질문을 하고 있다. 두 교사의 차이점을 대화를 통해 살펴보면,

A교사

철수야,
친구들이 너를 왜 싫어하는 것 같니?

몰라요.

A교사

철수 네가
계속 고집을 부려서 그런 거지.

B교사

철수야, 친구들이 너를 싫어하는 것
같아 많이 속상하겠구나.

네….

B교사

네가 생각했을 때 어떻게 하면 친구들이
너를 좋아하고 같이 놀고 싶어 할까?

음….
잘 모르겠어요.

B교사

어떨 때 친구들이
철수를 멀리하는 것 같아?

제가 하고 싶은 것만
하자고 할 때요.

B교사

철수가 하고 싶은 것만 주장할 때
친구들이 철수를 멀리한다고
생각하는구나. 그럼 어떨 때
친구들이 좋아했던 것 같아?

음…. 친구들이
하고 싶은 걸 같이 할 때요.

B교사

그렇구나.
철수가 친구들이랑 잘 지낼 때도 있었네.
예전에 잘 지낼 때 했던 행동을
한번 해보는 건 어떨까?

문제중심 접근을 하고 있는 A교사는 아이의 문제행동에 대한 원인에 초점을 두고 문제를 진단하고 있다. 반면, 해결중심 접근을 하고 있는 B교사는 아이가 가지고 있는 자원이 무엇인지, 아이가 자원을 어떻게 활용할지 스스로 생각할 수 있게 질문하여 문제를 해결해 나가는 것을 볼 수 있다. 이처럼 해결중심 접근은 아이가 원하는 것에 초점을 두고 아이의 강점과 자원을 활용하여 스스로의 삶을 긍정적으로 변화시킬 수 있도록 도울 수 있기에 학교 상담에 매우 유용하다.

해결중심에서 '해결'이라는 것은 내담자의 삶에서 문제가 일어나지 않았던 때의 예외상황, 즉 성공의 경험을 다시 생활에서 재현할 수 있도록 하는 것을 의미한다. 아이에게 자신의 문제를 스스로 해결하는 데 도움이 되는 해결중심 질문법과 강점메시지 전달하기를 소개하고자 한다.

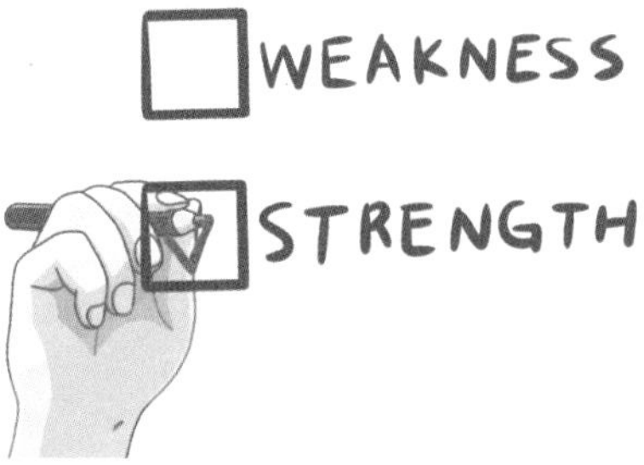

해결중심 질문법

예외상황질문

예외상황이란 내담자가 경험한 과거 생활 중에서 문제가 당연히 발생할 것이라고 생각했지만 발생하지 않은 상황을 의미한다(Steve De Shazer, 1985). 즉, 아이가 문제로 생각하고 있는 것이 일어나지 않은 상황이나 행동이다. 상담에서 예외상황질문은 아이가 문제해결을 위해 성공적으로 잘하고 있으면서도 의식하지 못하거나 가치를 두지 못하는 것을 발견하게 하여 의식적이고 의도적으로 성공하였던 행동을 강화하는 질문이다. 예를 들어, 교실에서 보드게임을 할 때마다 친구들과 다툼이 있었던 민수가 어느 날은 친구들과 다투지 않고 웃으며 보드게임을 하고 있을 때 그 상황은 민수의 예외상황이 되는 것이다. 이런 상황에 대해 교사가 민수에게 "오늘은 어떻게 해서 친구들과 재미있게 보드게임을 할 수 있었어?"라고 물어보면 예외상황질문이 되는 것이다.

학교현장에서 사용할 수 있는 예외상황질문

- 그동안 친구들이 놀리고 괴롭혔을 때 다르게 행동한 적은 없었니?
- 최근에 네가 친구들과 다투지 않았던 때가 언제였니? 그럴 때 어떻게 다르게 행동했었니?
- 네가 반에서 차별을 받는다고 생각하고 있구나. 혹시 차별받지 않는다고 생각한 적은 없었니?
- 최근에 네가 집에서 화를 내지 않았던 적이 있었니?
- 가기 싫은 학교를 기분 좋게 등교했었던 적이 있었니?

실제 교실에서 예외상황질문을 활용한 상담사례를 살펴보자.

정수 친구들이 내 얘기만 안 들어줘요!

교사 친구들이 정수 얘기를 들어 주지 않아서 화가 많이 난 것 같구나.

정수 맞아요! 내가 얘기하면 다른 곳으로 가 버리거나 자기들끼리만 얘기해요.

교사 많이 속상했겠다. 그럼 정수야, **혹시 친구들이 정수 얘기를 들어 줬던 적이 있었니?**

정수 음…. 있긴 했어요. 제가 큰 소리로 얘기 안 하고 옆에 짝지한테 작은 목소리로 물어보니까 얘기를 들어 주고 대답도 해 줬어요.

교사 와, 그럼 정수가 큰 소리로 얘기할 때는 친구들이 정수 얘기를 들어 주지 않았는데 작은 목소리로 얘기하니까 들어 줬었다. 그렇지?

정수 맞아요.

교사 그럼 정수야, 친구들이 얘기를 들어 주지 않을 때 작은 목소리로 얘기해 보는 건 어떨까?

정수 그래도 안 들어 줄 것 같지만 한번 해 볼래요.

교사 와! 친구들이 안 들어 줄 수도 있지만 정수가 용기 내는 모습이 너무 멋진걸! 선생님도 정수 응원하고 있을게!

예외상황질문 ● 혹시 친구들이 정수 얘기를 들어 줬던 적이 있었어?

정수는 친구들이 자신의 말을 들어 주지 않는 것에 속상해한다. 마음이 상해 친구들이 늘, 언제나, 항상 자기의 말을 들어 주지 않은 것처럼 생각되고, 그러다 보니 문제의 해결점은 없어 보인다. 이때 상담자는 정수의 마음을 공감해 주고 나서(충분히 공감이 되지 않으면 다른 질문을 해도 계속 그 감정에만 머물 수 있다.) '친구들이 정수 말을 들어 준 때'가 언제인지 예외적인 상황을 질문한다.

정수는 '작은 목소리로 말했을 때'는 친구들이 자기 말을 들어 준다는 것을 스스로 발견하게 된다. 친구들에게 작은 목소리로 말한 사람은 그 누구도 아닌 바로 정수 자신이 했던 행동이다. 문제해결을 위해 새로운 방법을 생각하거나 고안해 내는 것이 아니라 정수가 어느 순간에 잘했던 방법을 스스로 찾은 것이다.

예외상황질문을 통해서 정수의 강점을 발견해 주고 자신이 인지하지 못하고 있던 성공 경험을 확인시켜 줌으로써 정수의 능동적인 행동 변화를 촉진하고 있다. 자신이 생각했던 문제가 일어나지 않은 상황, 성공적으로 잘 해결했던 것을 생각해 보면서 '아, 내가 이렇게 할 때 문제가 일어나지 않았고 잘 해결한 때도 있었구나.'라고 알게 된다. 자신의 긍정적인 내면의 힘을 발견하게 되어 자존감이 향상되고 변화에 대한 의욕을 더 높일 수 있다.

준영이는 장난이 심한 아이이다. 학기 초부터 준영이의 심한 장난에 여러 아이가 피해를 호소했고 여러 번 주의를 주었지만 고쳐지지 않았다. 어느 날, 청소하고 있는 아이에게 물을 뿌려서 옷이 다 젖게 되어 아이가 울고 불고 하는 일이 있었다. 더 이상 안 되겠다는 생각에 어머니와 통화한 후 방과 후에 어머니를 만나기로 하였다. 나는 어머니가 오시면 보여 드리려고 그동안 있었던 사건을 중심으로 준영이 행동관찰 자료를 정리했다. 체육 전담 시간에 정리를 마치고 창밖으로 아이들이 피구하는 모습을 무심코 지켜보던 중 전혀 생각지도 못한 광경을 보게 되었다. 우리 반에는 다리가 불편하여 휠체어를 타고 다니는 경민이가 있었는데 체육 시간이면 늘 옆에서 참관을 하고 있었다. 그런데 공이 경민이에게 날아가는 것을 본 준영이가 몸으로 막아 주고 그 공을 던진 친구에게 큰 소리로 주의를 주는 것이었다. 그러고는 경민이를 안전한 곳까지 데려다주고 경기장으로 다시 돌아가는 모습을 보았다.

준영이를 그동안 장난이 심한 아이, 자기밖에 모르는 아이, 남에게 피해를 주는 아이로 여기고 있었는데 준영이의 그 모습을 보고 나는 스스로에게 질문을 하게 되었다. '준영이가 늘 장난이 심했나? 장난을 치지 않을 때 준영이의 모습은 어땠지?' 준영이의 다른 모습을 떠올려 표현해 보았다.

뭐든 적극적으로 하려던 준영이, 역할극 할 때 재미있는 유머와 행동으로 반 분위기를 바꾸어 준 준영이, 학교에 일찍 와서 스스로 창문을 열어 놓고 친구들을 기다리던 준영이. 나는 준비해 두었던 행동관찰 자료를 접어 두고 새로운 행동관찰 자료를 작성했다.

방과 후에 걱정스러운 얼굴로 오신 어머니와 준영이에 대한 이야기를 꺼내면서 체육 시간에 있었던 일을 말씀드렸다. 어머니는 조금 놀라시면서 이전에는 매년 준영이의 심한 장난으로 담임선생님들께 지적만 받았는데 준영이의 다른 모습을 봐 주셔서 감사하다고 하셨다. 이후 나도 준영이를 바라보는 시선이 달라지면서 준영이의 모습도 점차 변화해 갔다. 2학기에는 아이들의 투표로 준영이가 학급자치위원으로도 뽑혔다.

이처럼 예외상황을 발견하는 것은 아이의 행동을 보는 교사의 시각을 전환하는 역할을 한다. 아이들이 항상 문제행동만 하는 것은 아니다. 문제행동을 하지 않을 때, 잘하고 있을 때(예외상황)를 찾아서 지지해 주고 긍정적으로 봐 줄 때 문제행동은 자연스럽게 사라질 것이다.

척도질문

척도질문은 내담자가 자신이 관찰한 것과 예측을 1에서 10까지 숫자로 평가하게 하는 질문이다. 척도질문은 '처음 상담을 할 때의 모습, 변화하고 싶은 마음, 원하는 것을 이루기 위해 노력할 의지, 나아진 정도의 평가'(Berg, 1994) 등 거의 모든 것에 관한 내담자의 생각을 알아볼 수 있다.

예를 들어, 아이에게 "1부터 10까지 숫자에서 네가 학교에 절대 오기 싫은 날을 1이라고 하고, 네가 학교에 오고 싶은 날을 10이라고 할 때, 오늘은 몇 점쯤 되니?"라고 물어볼 수 있다.

학교현장에서 사용할 수 있는 척도질문

- **상담의 첫 시작**
  - 선생님이랑 상담하려고 올 때 마음은 몇 점이었니?(1점-싫다, 10점-좋다)
- **행동에 대한 계획**
  - 지금 네가 생각하는 마음의 상태는 몇 점 정도이니?
  - 네가 2점이라고 했는데 3점으로 바꾸기 위해서는 무엇을 할 수 있을까?
- **변화에 대한 동기**
  - 너는 몇 점 정도가 되면 만족할 수 있을까?
  - 다음에 선생님을 만날 때 몇 점이 되어서 오고 싶어?
  - 무엇을 보면 '아, 이제 내가 원하는 9점이구나.'라고 알 수 있을까?
- **마무리 단계**
  - 선생님이랑 얘기하고 나니까 지금 마음은 몇 점이야?
- **추수 상담**
  - 지난주에는 2점이라고 했는데 이번 주는 몇 점이야?
  - 2점에서 6점으로 가기 위해 어떻게 해 보았어?

내 마음의 점수는?

실제 교실에서 척도질문을 활용한 상담사례를 살펴보자.

민호 가족들이 다 같이 운동도 하고 영화도 보러 가고 여행도 가고 함께하는 시간이 많았으면 좋겠는데 우리 집은 항상 따로 생활해요.

교사 민호는 가족들이 함께했으면 좋겠는데 그러지 못하고 있구나. 혹시 민호가 바라는 가족들과 함께 지내는 시간과 얼마나 차이가 있다고 생각해? **민호가 바라는 시간과 지금 가족들과 함께 지내는 시간이 '완전히 일치해요.'라고 생각하면 10점, '완전히 달라요.'라고 생각하면 1점이라고 할 때 지금은 몇 점을 줄 수 있을까?**

민호 음…. 3점이요.

교사 선생님은 민호가 고민을 많이 하는 것 같아서 1점을 줄 거라고 생각했는데 3점을 준 이유가 있을까?

민호 그래도 주말에 한 번씩은 같이 텔레비전을 봐요.

교사 그랬구나. 텔레비전을 같이 보는 것이 좋았구나. 그럼 텔레비전 보는 거 말고 민호는 어떤 걸 제일 해 보고 싶어?

민호 저는 다 같이 여행을 가고 싶어요.

교사 가족이 다 같이 여행을 가기 위해서 민호가 이때까지 해 오던 짜증 내는 행동 말고 어떤 걸 해 볼 수 있을까?

민호 아빠한테 말을 해 보고 싶은데 말하기가 부끄럽고 화를 내실까 봐 무서워요.

교사 그럼 민호야! 아빠한테 직접 말하기 부끄럽고 무서우면 편지를 써 보는 건 어때?

민호 편지는 써 볼 수 있을 것 같아요. 지금 바로 편지를 써 볼래요.

교사 대단하다 민호야! 바로 편지 쓰려고 노력하는 모습이 참 기특하구나. 한번 같이 써

척도질문 ● 민호가 바라는 시간과 지금 가족들과 함께 지내는 시간이 '완전히 일치해요.'라고 생각하면 10점, '완전히 달라요.'라고 생각하면 1점이라고 할 때, 지금은 몇 점을 줄 수 있을까?

민호는 가족이 함께하고 싶은데 따로 생활하는 것에 불만이 있었다. 상담자가 척도질문을 통해 민호가 느끼는 심리적인 정도를 알 수 있었고 1~2점이 아닌 3점이 될 수 있는 이유를 물었다. 늘 따로 생활한다고 생각했는데 텔레비전을 볼 때는 함께한다는 사실도 알게 되었고 텔레비전을 함께 보는 긍정적인 자원도 찾을 수 있었다.

이 외에도 척도질문을 통해 내담자의 현재 상태를 구체적으로 알 수 있고, 변화의 정도, 변화에 대한 자신감에 대해서도 정확하게 파악할 수 있다.

교사 민정이가 저번 시간에 화가 날 때 마음이 1점이라고 했었지?
민정 네, 맞아요. 엄청 화가 났어요!
교사 그럼 민정아, **선생님이랑 상담을 하면서 몇 점으로 만들고 싶어?**
민정 음…. 8점이요.
교사 와, 정말? 민정이의 어떤 모습을 보면 8점이 되었다는 걸 스스로 알 수 있을까?
민정 친구들한테 큰 소리 내지 않고 학교 마치면 손잡고 집에 가는 모습이요.
교사 민정이가 친구들과 사이좋게 지내는 모습을 볼 때 8점이라고 할 수 있다는 거구나.
민정 네, 맞아요.
교사 **8점을 만들기 위해서 민정이는 어떤 노력을 할 수 있을까?**
민정 화가 날 때 친구들에게 소리 지르지 않고 노트에 화가 나는 내용을 적어 볼래요.
교사 좋아, 노트에 화가 난 이유를 적어서 다음 시간에 선생님과 얘기해 보자.

척도질문 ● 선생님이랑 상담을 하면서 몇 점으로 만들고 싶어?
8점을 만들기 위해서 민정이는 어떤 노력을 할 수 있을까?

민정이는 친구들과의 관계에서 자주 화를 내는 친구다. 민정이의 상담목표를 구체적으로 세우기 위해 척도질문을 활용하였다. 척도질문을 통해 상담목표를 스스로 세우고 목표에 달성하기 위한 행동도 명확하게 세울 수 있다. 아이에게 변화에 대한 동기를 촉진하는 것이다.

교사 유신아, **선생님이랑 처음 상담을 할 때는 고민이 4점이라고 했었는데 선생님이랑 상담을 마무리하는 오늘은 고민 해결이 몇 점쯤 될까?**

유신 음…. 9점이요.

교사 와! 고민이 그렇게나 많이 해결되었어?

유신 네.

교사 어떻게 9점까지 줄 수 있었을까?

유신 선생님이랑 얘기하면서 마음이 가벼워지기도 했고, 자신감을 가지고 엄마한테도 고민을 얘기했거든요.

척도질문 ● 선생님이랑 처음 상담을 할 때는 고민이 4점이라고 했었는데 선생님이랑 상담을 마무리하는 오늘은 고민 해결이 몇 점쯤 될까?

유신이는 자신의 힘든 점을 누구에게도 털어놓지 못하던 친구였는데 상담을 통해 힘든 점을 덜어 내는 방법을 배우게 되었다. 상담을 마무리하는 단계에서 척도질문을 하면 상담목표를 달성한 정도를 파악할 수 있고 변화과정을 격려, 강화할 수 있는 구체적인 정보를 얻게 해 준다.

대처질문

대처질문은 고통스러운 상황 속에서도 자신이 하고 있는 일이 무엇인지에 초점을 맞추어 그것을 인식, 강화, 확대하기 위한 질문을 하는 것이다. 대처질문은 예외상황을 탐색하는 또 하나의 특별한 경우를 발견하게 한다.

예를 들어, 교실에서 "학교 가기 싫어요."라고 하는 아이에게 "그런데도 어떻게 해서 학교에 올 수 있었니?"라고 물어봄으로써 아이가 하고 있는 일이 무엇인지에 초점을 맞추어 인식할 수 있게 도와주는 것이다.

학교현장에서 사용할 수 있는 대처질문

- 네가 많이 힘들었을 텐데 어떻게 지금까지 잘 견뎌 왔니?
- 포기하지 않고 어떻게 지금까지 계속할 수 있었니?
- (지각을 반복하는 아이에게) 오늘은 어떻게 이렇게 일찍 올 수 있었니?
- 학교에 그렇게 오기 싫은데도 어떻게 올 수 있었니?
- 그렇게 어려운 상황에서 어떻게 더 나빠지지 않을 수 있었니?

대처질문은 상담의 과정 중에 어디에서든 사용할 수 있다. 상담환경 가꾸기를 할 때나 내담자에게 공감이나 지지를 하는 경우 등 내담자의 강점과 자원에 초점을 맞추어 대처질문을 함으로써 내담자가 잘하고 있는 것, 잘할 수 있다는 것을 스스로 깨닫게 한다.

실제 교실에서 대처질문을 활용한 상담사례를 살펴보자.

철수 애들이 매일 놀리고 혼자 있는 시간이 많아지니까 학교에 오는 게 너무 힘들어요.

교사 **친구들이 매일 놀리고 학교에서 혼자 있는 시간이 많아져 학교에 오고 싶지 않았을 텐데, 그 어려운 상황 속에서 어떻게 포기하지 않고 지금까지 학교에 계속 나올 수 있었어?**

철수 제가 학교를 안 가면 부모님이 걱정을 하시니까요.

교사 철수에게 부모님은 정말 중요하구나.

철수 네, 저희 부모님은요. (중략)

교사 철수가 힘든 상황에서도 부모님을 생각하는 마음이 너무 기특하구나.

대처질문 ● 친구들이 매일 놀리고 학교에서 혼자 있는 시간이 많아져 학교에 오고 싶지 않았을 텐데, 그 어려운 상황 속에서 어떻게 포기하지 않고 지금까지 학교에 계속 나올 수 있었어?

철수는 학교에 오면 친구들이 놀리고 혼자 있는 시간이 많아져서 학교에 오기 싫어하는 친구이다. 대처질문을 통해 철수가 힘든 상황에서도 포기하지 않고 학교에 나온 것과 부모님을 먼저 생각하는 강점(긍정적인 힘)을 가지고 있다는 것을 일깨워 주고 있다.

교사 지혜야, 오늘은 짝 발표를 했구나. 네가 발표를 하다니 정말 놀라웠어.

지혜 그럼 어떡해요? 정수가 하자고 하는데….

교사 **정수가 하자고 하더라도 네가 싫으면 안 했을 것 같은데 어떻게 발표할 수 있었어?**

지혜 저 때문에 정수가 피해를 보면 안 되잖아요. 짝 발표니까요.

교사 세상에, 정말 그렇게 생각했어? 지혜는 어떻게 다른 친구가 피해 보면 안 된다는 생각을 할 수 있었니?

지혜 친구가 속상할 것 같았어요. 저 때문에 발표를 못하면요.

교사 친구의 마음까지 생각해서 발표를 해 주었구나. 멋지다, 지혜야!

대처질문 ● 정수가 하자고 하더라도 네가 싫으면 안 했을 것 같은데 어떻게 발표할 수 있었어?

지혜는 교실에서 아무 말 하지 않고 앉아 있는 친구다. 주변 친구들이 말을 걸어도 대답하지 않고 하루 종일 말 한마디 하지 않는다. 교사는 대처질문을 활용하여 지혜가 발표한 것에 지지를 해 주고 발표를 할 수 있었던 이유에 대해 물어봄으로써 지혜가 생각하지 못한 자신의 강점을 발견할 수 있도록 돕고 있다.

영희 선생님, 짝 언제 바꿔요?

교사 영희는 짝을 빨리 바꾸고 싶은 것 같구나. 혹시 무슨 일이 있니?

영희 짝이 계속 제가 아끼는 학용품을 마음대로 가져가서 쓰고, 자꾸 공부시간에 흥얼흥얼 노래를 불러서 기분이 나빠지고 집중도 안 되는 것 같아요. 민수하고 짝 하는 게 너무 힘들어요.

교사 아끼는 학용품을 마음대로 가져가서 속상하고 힘들었구나. 그런데 **어떻게 한 달 동안 선생님한테 말하지 않고 계속 짝으로 지낼 수 있었어?**

영희 한 달에 한 번 짝을 바꾸니까 어쩔 수 없이 참았죠.

교사 그랬구나. 영희는 우리 반에 정해진 규칙을 위해서 힘들었지만 참았구나.대부분의 아이는 힘들면 바로 이야기를 하는데 어떻게 한 달이나 참을 수 있었니?

영희 제가 바꾸고 싶어서 바꾸면 다른 친구도 똑같은 마음이 들 것 같았어요. 그리고 학급 규칙인데 마음대로 어기면 안 되잖아요.

대처질문 ● 어떻게 한 달 동안 선생님한테 말하지 않고 계속 짝으로 지낼 수 있었어?

영희는 짝이 마음에 들지 않았지만 한 달을 참고 생활해 왔다. 그렇게 할 수 있었던 이유는 다른 친구들도 나처럼 힘들 거라는 생각과 마음에 내키지는 않지만 학급규칙을 지켜야 한다는 생각 때문이었다. 영희는 다른 친구들에 대한 배려, 자기 마음에 들지 않지만 규칙을 지키려고 노력하는 아이였다. 교사는 영희의 그런 행동에 대해 대처질문을 활용하여 칭찬해 주고 강점을 지지해 주고 있다. 영희는 스스로 생각하지 못했던 자신의 강점과 자원을 발견하였고 이를 통해 헤쳐나가지 못할 것 같았던 상황을 해결할 수 있는 힘과 용기를 갖게 되었다.

힘이 나게 하는 강점메시지

강점메시지 전달하기는 한 회기가 끝날 때마다 상담을 통해 발견한 아이의 강점을 전달하는 것이다. 아이의 긍정적인 행동을 강화하고 확대하면서 자존감을 높이고 스스로 행동하고 실천하려는 의지를 북돋아 준다. 강점메시지 전달하기는 칭찬, 연결문, 과제(제안)로 구성된다.

칭찬

칭찬이란 아이를 인정하는 것이다. 아이가 성공했던 경험과 그 경험에서 나타난 강점을 인정해 준다. 강점메시지를 전달할 때 칭찬으로 시작하면 아이가 가진 강점이나 성공한 경험으로 해결방법을 계획할 수 있다는 것을 알게 된다.

연결문

연결문은 처음에 하는 칭찬과 마지막에 하는 과제(제안)를 이어 준다. 연결문의 내용은 상담을 통해 알게 된 정보나 아이가 얘기한 내용으로 이루어진다. 예를 들어, 학원을 너무 많이 다녀 힘들어하는 아이를 상담하고 난 후 강점메시지 전달하기를 할 때 "그냥 학원을 빠질 수 있었을 텐데 꾸준히 가고 숙제를 하려는 모습이 기특하고 책임감이 강한 친구라는 걸 느낄 수 있었어."라고 칭찬을 한다. 그리고 "학원을 너무 많이 가면 피곤해서 학교 수업에 집중할 수가 없다는 너의 말에 선생님도 동의해."라고 하면서 과제(제안)와 연결할 수 있다.

과제(또는 제안)

과제는 다음 회기와의 연결이 될 수 있다. 과제는 간단하면서도 구체적인 것이어야 하고, 다음 회기에 부담이 되지 않는 제안을 하는 것이 좋다. 아이가 성공경험을 할 수 있는 것으로 과제를 선정하고 그전부터 잘해 왔던 것을 강화하는 차원이어야 한다. 예를 들면, "학교 수업에 집중할 수 있는 방법, 학원을 줄일 수 있는 방법은 무엇이 있을지 목록을 적어 보는 건 어때?"라고 제안하는 것이다.

이러한 강점메시지 전달은 교사가 아이의 이야기를 주의 깊게 경청하고 있다는 것을 전달한다. 그리고 상담과정에서 아이의 바람과 생각에 교사가 동감한다는 것을 전달하게 된다.

강점메시지 전달 예시 자료

- 민수가 힘들고 외로운 학교생활을 하면서도 친구들과 사이좋게 지내기 위해서 다양한 노력을 하고 있었구나. 생각대로 되지 않을 때는 지칠 법도 할 텐데 포기하지 않고 꾸준히 친구들에게 다가가는 모습이 너무 대견했어. **(칭찬)**
- 민수가 친구들과 사이좋게 지내는 것이 중요하다고 생각하는 것에 선생님도 동의를 해. 민수가 학교생활을 즐겁게 하기 위해서 필요한 부분이기도 하니까. 그래서 선생님은 민수에게 몇 가지 제안을 하고 싶어. **(연결문)**
- 선생님이 민수에게 과제를 주기 전에 많은 고민을 해 보았는데 민수도 변하고자 하는 의지가 보이는 거 같아서 과제를 주어도 되겠구나 싶었어. 민수가 친해지고 싶은 친구에게 다가가서 그 친구와 공통점을 찾아보는 거야. 예를 들면, 좋아하는 음식은 무엇인지, 좋아하는 가수는 누구인지 등을 물어보면서 말이야. **(과제)**

강점메시지 전달하기를 통해 아이에게 교육적으로 새로운 정보를 제공해 줄 수 있고, 자신이 겪고 있는 문제가 누구나 겪을 수 있다는 것을 알려 주고, 현재 나타나고 있는 문제에 대해 다른 의미를 제공해 줄 수 있다. 과제를 수행함으로써 아이는 긍정적인 면에 관심을 갖게 되고 자신의 목표를 달성해 나가는 방법을 알게 된다.

강점메시지 전달하기를 위해 매번 긴 시간을 할애하기란 쉽지 않나. 학교현장에서는 해결중심 접근을 기초로 해서 짧게 전달할 수 있다.

학교현장의 마무리 단계에서 사용하는 강점메시지 전달 예시

- 오늘 선생님이랑 얘기하는 것이 많이 고민되었을 텐데 용기 내어 긴 시간 함께 얘기 나눠 주어서 고마워. **(선생님의 마음 표현)**
- 민수가 친구들이랑 친하게 지내려고 많은 노력을 하고 있었구나. 민수가 친구들에 대한 마음도 깊고 배려심도 강한 친구라는 걸 알 수 있었어. 이렇게 힘든 상황에서도 여러 가지 방법을 찾아보려는 민수의 모습이 놀라워! **(상담과정에서 얻은 아이의 강점)**
- 오늘 선생님과 이야기하면서 계획하기로 한 '화가 났을 때 열까지 세는 것'도 실천할 거라 믿을게. **(지지, 응원)**

해결중심 질문법과 강점메시지 전달하기를 통해 교실에서는 몇 가지 변화가 나타난다. 교사는 아이의 행동을 문제로만 바라보고 답답해하던 시각에서 벗어나 아이의 행동을 함께 변화시켜 나갈 수 있고, 아이 내면의 힘을 찾아주는 협력자가 될 수 있다. 아이는 교사에게 자신이 할 수 있다는 것을 인정받음으로써 문제를 해결할 수 있는 힘이 자기 내면에 있다는 것을 깨닫고 능동적으로 생활하게 된다.

공감대화카드나 RT상담카드를 활용한 학생단기상담은 해결중심 질문법과 강점메시지 전달하기를 통해 아이들이 자신의 긍정적인 자원과 강점을 발견함으로써 더 활기차고 적극적인 상담이 이루어질 수 있게 한다.

2부
(학교현장에) 바로 쓰는

Chapter 4
공감대화카드

Chapter 5
RT상담카드

Chapter 6
학급상담망

· Chapter 4 ·

학급 아이들 모두에게 쉽게 바로 쓰는

공감대화카드

공감대화카드는 아이들의 공감능력을 향상시키기 위해 제작되었지만 교사가 아이들과 공감하고 소통하면서 아이들의 성장을 촉진하는 생활교육 전반에서 유용하게 활용되고 있다. 특히 공감대화카드는 학급상담에서 교사가 '감정카드'로 아이의 상황을 공감하고, '바람카드'로 아이 스스로 바람을 찾아 자신의 문제를 해결할 수 있게 하여 능숙한 상담이 되도록 돕는다.

상담에 쉽게 활용할 수 있는 공감대화카드

자신이나 상대의 감정과 바람을 알아차리고 살피는 것이 '공감'이고 그 마음을 표현하는 것이 '공감대화'이다. 공감대화는 자신의 마음을 제대로 표현하여 서로의 상황을 이해하고 긍정적 분위기로 전환시킨다. 또한 관계를 더욱 좋게 하며 갈등이 해결되는 훈훈한 마무리로 나아가게도 한다.

공감대화는 참으로 중요하지만 배우기도 어렵고 실생활에서 표현하기까지 오랜 시간과 훈련이 필요하다. 아이들은 물론 어른들조차 대부분 '좋아요/ 나빠요'의 '쾌/불쾌'로 감정을 양분하여 인식하고 표현한다. 우리의 마음인 감정과 바람을 천천히 들여다보고 제대로 표현하는 법을 배워 본 경험이 없기 때문이다. 그러면 교사와 아이들이 공감을 잘 배워서 생활 속에서 공감대화를 잘할 수 있게 하는 방법은 없을까? 어떻게 하면 공감대화를 자연스럽게 배우고 잘 표현하도록 할 수 있을까? 우리 모두의 공감능력 향상과 마음 표현을 위한 공감 소통의 도구가 꼭 필요하다는 고민 끝에 카드형의 '공감대화카드'를 개발하게 되었다(초등상담나무, 2012).

공감대화카드는 감정 상황이 그려진 '감정카드'와 내면의 여러 바람을 문장으로 나타낸 '바람카드' 두 가지로 구성되어 있다. 감정과 바람을 시각화된 카드로 만들어, 보이지 않던 우리의 마음을 구체적으로 확인하고 드러낼 수 있게 한다. 공감대화카드는 서로의 마음을 쉽게 이해하고 연결되도록 하여 공감하고 소통하는 방법의 도구로 활용이 가능하다.

처음 공감대화카드는 아이들의 공감능력을 향상시키기 위해 제작되었지만 교사가 아이들과 공감하고 소통하면서 아이들의 성장을 촉진하는 생활교육 전반에서 유용하게 활용되고 있나. 특히 공감대화카드는 학습상담에서 교사가 '감정카드'로 아이의 상황을 공감하고, '바람카드'로 아이 스스로 바람을 찾아 자신의 문제를 해결할 수 있게 하여 쉽게 상담할 수 있도록 돕는다.

공감대화카드의 구성		
구성	 감정카드	 바람카드
예시	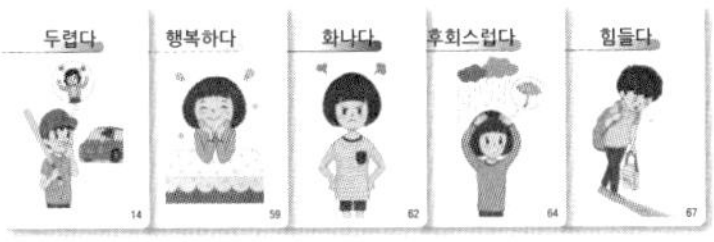	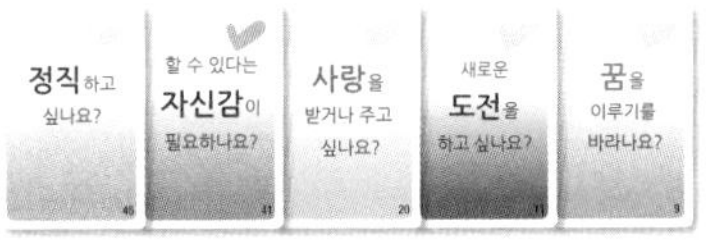
특징	· 아이들이 많이 쓰는 감정단어를 선별하여 67장으로 구성함 · 5개 군집 분류(분노-빨강, 혐오-갈색, 슬픔-파랑, 두려움-보라, 기쁨-노랑)를 색깔로 구분하여 활용도를 높임 · 감정에 대한 이해를 돕기 위해 아이들의 상황이나 표정을 나타내는 그림을 삽입하여 미세한 감정의 구분을 쉽게 함	· 글래서의 다섯가지 욕구(생존의 욕구, 사랑과 소속의 욕구, 힘과 성취의 욕구, 자유의 욕구, 즐거움의 욕구)를 기본으로 그러한 욕구를 충족시키는 바람(want) 문장 59장으로 구성함 · 바람목록을 질문형으로 만들어 카드의 질문을 읽으며 자신이나 타인의 바람을 쉽게 탐색할 수 있음
활용	· 지금(요즘) 마음이 어떤지 감정카드에서 고르게 하고 찾은 이유를 말하기	· 어떤 바람이 있는지 바람카드에서 찾아보게 하고 고른 이유를 말하기
효과	· 감정 표현이 어려운 아이들에게 자신의 감정을 찾아 이야기하며 쉽게 라포를 형성하고 상황을 표현하게 함 · 교사도 아이들의 감정을 보며 편안하게 공감할 수 있음	· 막연하던 자신의 바람을 카드로 직접 찾고 고르며 주도적으로 자신에 대해 탐색함 · 구체화된 바람을 찾은 후 자신의 긍정적 자발적 바람을 향해 나아가게 함

공감대화카드로 아이들과 공감하고 소통하기

많은 아이가 함께 밥을 먹고 뛰어 놀며 생활하는 교실에서는 크고 작은 다툼과 갈등이 존재한다.

"야, 조용히 해!", "뭐라고? 너나 꺼지시지!", "선생님, 친구가 제 필통 자꾸 건드려요." 등 자신을 괴롭힌다고, 자신의 말을 들어 주지 않는다고 피해를 호소하고 억울함으로 분통을 터뜨린다.

'휴우~, 또 다툼이니? 오늘만 해도 몇 번째냐?'라는 생각으로 무슨 일인지 들어 보면 충분히 이해할 만한 상황이 대부분이다. "친구가 네 학용품을 허락 없이 가져다 썼구나. 그래서 속상했네.", "책 읽기 시간에 친구가 리코더를 불어서 괴로웠구나." 이렇게 아이들의 마음을 알아주고 나면 고개를 끄덕이며 표정이 풀린다. 감정을 알아주고 원하는 것을 이야기하고 나면 의젓하게 상대를 이해하고 망설이지 않고 상대에게 사과하는 모습도 볼 수 있다.

교실에서의 많은 갈등은 공감능력과 소통능력의 부족이 원인이다. 교사와 아이들 간의 공감과 소통은 관계를 증진시키고 갈등을 해결하며 문제행동을 감소시켜 행복한 학교생활을 할 수 있도록 한다. 이러한 공감과 소통의 과정이 바로 교실 현장에서는 상담이 된다. 이에 공감대화카드를 활용하여 아이들이 공감과 소통으로 성장할 수 있는 다양한 방법을 소개하고자 한다.

아이 마음 성장시키기

- **활용 1** 감정, 표현하기만 해도 편안해져요.
- **활용 2** 엉켜 있던 마음들, 정리하고 해결할 수 있어요.
- **활용 3** 공감소통으로 편견의 벽을 넘어요.
- **활용 4** 감정 속에 들어있던 바람을 알아차려요.
- **활용 5** "선생님 마음도 알아볼 수 있겠니?" 상대방의 마음도 공감해요.

학급전체 공감 성장, 소통능력 향상시키기

- **활용 6** 아침 감정 말하기, 하루를 공감으로 만나요.
- **활용 7** 오늘의 계획, 아침 바람으로 시작해요.
- **활용 8** 감정과 바람 쓰기로 나를 알 수 있어요.
- **활용 9** 마음을 전하는 화해 코너에서 갈등을 해결해요.

공감대화카드를 활용하여 아이 마음 성장시키기

활용 1. 감정, 표현하기만 해도 편안해져요

쉬는 시간이 끝나자마자 아이들이 우르르 교사 책상을 에워싼다. 이어서 몰아치는 폭풍!

"선생님, ○○이가 때렸어요."

"○○이가 나무 꺾었어요."

"○○이가 실내화 신고 나갔어요."

처음 저학년을 맡았을 때, 나는 아이들의 사건, 사고에 하나하나 판결을 내렸다.

현주 선생님, 민규가 때렸어요.

교사 그래? 왜 때렸어요?

현주 몰라요. 저는 가만히 있는데 민규가 때렸어요.

교사 음…. 민규야, 이리 와 봐. 민규가 현주 때렸어요? 왜 때렸어요?

민규 저 안 때렸어요. 현주가 저를 먼저 놀렸어요.

교사 현주는 민규를 때렸다고 하고, 민규는 현주가 놀렸다고 하고…. 누구의 말이 맞니? 다시 얘기해 보자.(중략)

교사 그래, 현주가 놀린 것은 아니라고 해도 민규를 속상하게 했고, 민규 행동에 현주가 아프다고 하니까 둘 다 조금씩 잘못했네. 서로 마주 보고 자기 잘못 얘기하며 사과하자. 이제 됐지? 들어가.

'지도했으니 고자질이 좀 줄어들겠지.'라는 나의 기대와 달리 시간이 지날수록 고자질하는 아이들의 줄은 더 길어져 갔다. 수업 시작도 하기 전에 이미 교사는 기진맥진하고 아이들의 불편한 마음은 여전히 해소되지 않은 채 수업을 진행하는 일이 많았다.

'왜 이럴까? 어디서부터 잘못된 걸까?'라는 고민이 시작될 무렵, 나를 사로잡은 것이 '감정카드'였다. 선생님께 이야기할 일이 생겼을 때 자신의 감정을 '감정카드'에서 하나씩 골라 와서 이야기하기로 했다.

평소 감정을 말하라고 하면 '좋아요, 싫어요, 짜증 나요, 나빠요'에 머물렀지만 그림으로 표현된 감정카드를 보면서 감정을 찾게 하였더니 자신의 감정을 쉽고 다양하게 골라 왔다. 이처럼 감정카드는 저학년 아이들이 자신의 감정을 살펴보는 데 큰 도움을 주었다.

아이 선생님, 저 속상해요.

교사 아이고, ☆☆이가 속상하구나. 무슨 일이 있었니?

아이 네…. ○○이가 때렸어요.

교사 아하~ ○○이가 때려서 ☆☆이가 속상하구나.

아이 네.

교사 선생님이 불러서 이야기하거나 혼내 줄까?

아이 아니요. 됐어요. (자리로 돌아간다.)

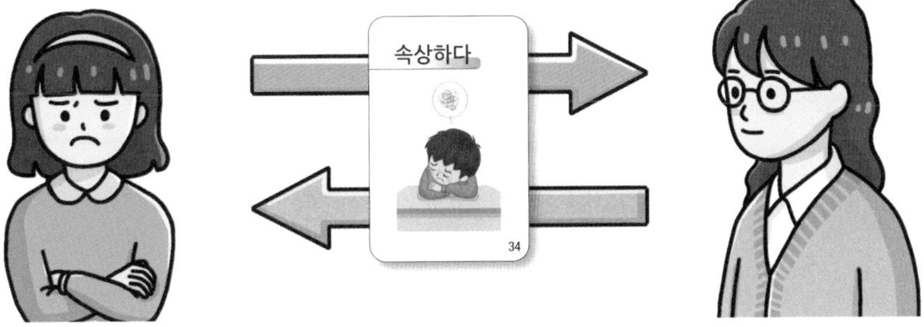

자신의 감정을 말하고 그 감정을 수용받은 아이는 대부분 마음이 풀려 자기 자리로 순순히 돌아갔다. 괜찮아졌다며 친구에 대한 비난을 거두고 넘쳐 흐르던 감정의 홍수에서 벗어나는 것을 볼 수 있었다.

아이들은 교사에게 문제의 해결을 원하는 것이 아니라 그저 자신의 마음을 표현하며 알아달라는 것이다. 아이들 스스로 자신의 감정을 카드에서 찾아 쉽게 표현하고 교사가 그대로 공감해 주는 과정을 통해 불편한 감정들은 연기처럼 사라져 해소되고 빠른 마음의 안정으로 나아가게 된 것이다. 감정, 표현하기만 해도 편해진다.

활용 2. 엉켜 있던 마음들, 정리하고 해결할 수 있어요

아이들은 뭔가 불편한 것을 느끼고 있어도 그것이 무엇인지 잘 모르고 문제를 알고 있어도 말로 표현하는 것이 쉽지 않다. 이때 교사가 감정카드를 내밀고 아이가 느끼는 감정을 찾도록 하면 아이는 스스로 말문을 열고 자신의 감정을 명확하게 표현하고 정리하게 된다.

지현이는 담임선생님의 부탁으로 이미 3회 상담을 한 경험이 있다. 힘든 일이나 하고 싶은 이야기가 있으면 상담하러 오라고 했더니 어느 날 방과 후에 상담실을 찾아왔다.

교사 오랜만이다. 지현아! 잘 지내니?

지현 네….

교사 지현이가 먼저 선생님을 찾아온 걸 보니 무슨 일이 있어?

지현 (망설이며) 아니에요.

교사 그래? 내가 보기에는 다른 날보다 표정이 어두워 보이고 속상해 보이는데 우리 이야기 나누어 볼까?

지현 네….

교사 여기 감정카드에서 지현이의 요즘 감정을 골라 볼래?

지현 (카드를 골라 펼치며) 골랐어요.

교사 음, 요즘 지현이가 억울하고 짜증나고 서러웠구나. 그래서 표정이 어두웠네. 어떤 일로 이런 감정이 들었을까? 이유를 말해 줄래?

지현 제가 칠판 당번이에요. 청소를 하다가 보드마카에 카네이션이 붙어 있는 게 예뻐서 제 폰으로 사진을 찍었어요. 그런데 아이들이 몰려와서 밀리고, 그러면서 제 폰을 떨어뜨렸어요. 그런데 아이들이 미안하다는 말도 안 하는 거예요. 그래서 짜증이 났는데 선생님이 나보고 너는 왜 청소를 안 하느냐고 하잖아요. 저는 사진을 찍고 청소하려고 했는데 선생님은 몰라주고, 진짜 억울했어요.

교사 친구들이 너의 폰을 떨어뜨리고 미안하다는 말을 안 해서 짜증이 났구나. 그런데 선생님도 그렇게 말해서 억울하고 속상했겠다.

지현 맞아요. 1교시부터 5교시까지 칠판 당번이 청소를 안 해서 엄청 더러웠거든요. 그래서 내가 깨끗이 하려고 했는데 선생님이 저보고만 그러니까 정말 서러웠어요.(울먹

울먹)

교사 진짜 억울하고 서러웠겠네.

감정이 복받친 아이의 경우 자신도 어떤 마음인지 잘 모르며 스스로 마음을 표현하는 것이 어렵다. 지현이의 경우에도 자신의 마음을 교사에게 전달하기 위해 왔지만 처음 교사가 무슨 일이 있느냐고 물었을 때 선뜻 말을 꺼내지 못했다. 이렇게 자신의 감정을 명확히 잘 모르거나 특정 단어로 표현하기 힘들 때 감정카드로 자신의 감정을 찾으면 자연스레 감정을 해소할 수 있다. 지현이는 자신의 감정을 찾아 이유를 말하면서 자신의 감정을 명확히 알게 되었고 "마음이 편안하고 시원하다."라고 말하며 복잡하고 엉킨 마음을 풀고 갈 수 있었다.

활용 3. 공감소통으로 편견의 벽을 넘어요

어느 날 아침, 여느 때와 달리 교실이 웅성웅성하였다. 하지만 어느 누구도 내게 와서 말을 하지 않았다. 그때 학부모로부터 한 통의 전화를 받게 되었다. 전날 대훈이가 같은 반 친구들을 험담하는 내용으로 학교명과 담임교사 이름, 친구들의 이름을 SNS에 올렸다고 이 문제를 해결해 달라는 학부모의 전화였다.

대훈이는 평소 친구들과 노는 것을 좋아하는 귀여운 초등학교 2학년 남자아이였다.

'이 아이가 SNS에 동영상을?'

놀라움, 당황스러움, 미움, 실망감이 느껴졌고 갑자기 대훈이는 나에게 '이상한 아이, 나쁜 아이'가 되었다.

알아 보니 이 사건의 발단은 시소놀이였다. 쉬는 시간 우리 반에서 가장 인기 있는 단 2개뿐인 놀이기구 시소. 30명이 한꺼번에 몰려드는 시소는 매일 다툼의 불씨가 되었고 그래서 아이들과 함께 이 문제를 어떻게 할 것인지에 대한 의논을 하였다. 날을 정해서 남자, 여자 번갈아 가며 놀자는 의견이 나왔고 그러기로 했는데도 다툼은 계속되었다. 다시 한번 2차 의논을 거치게 되었는데 남자 친구들의 '지금처럼 나누어서 해 보자'라는 의견과 여자 친구들의 '일주일간 시소놀이를 금지하자'라는 의견이 팽팽하게 대립을 하다 결국 '일주일 시소놀이 금지'로 결정된 뒤 이 일이 벌어진 것이었다.

어떻게 해야 하나 한참 멍하니 있다가 대훈이를 불러서 이야기를 나누어 보았다.

교사 대훈아, 어제 대훈이가 한 행동으로 아침에 선생님이 전화를 받았어. 그래서 그 일에 대해 이야기를 나누고 싶은데 괜찮겠니?

대훈 (기가 죽고 겁먹은 얼굴로) 네.

교사 지금 네 감정이 어떤지 여기 카드에서 골라 볼래?

대훈 (겁먹은 얼굴로 카드를 고른다.)

교사 왜 이 카드를 골랐는지 설명해 줄 수 있겠니?

대훈 시소놀이를 할 때 여자 친구들이 반칙을 하여 그 시소놀이를 못하게 되어 억울하고 여자아이들이 밉고 같이 놀 사람은 학교 친구들밖에 없는데 놀 수 없는 지금 상황이 화가 나요. 그리고 여자 친구들을 때리면 안 되기 때문에 SNS에 싫다고 글을 올렸는데 어제 엄마한테 야단을 많이 맞아서 속상해요.

교사 대훈아, 친구들이랑 시소놀이 많이 하고 싶었어?

대훈 (고개를 끄덕이고 눈물을 흘리며) 네.

교사 친구들이랑 놀고 싶은데 그렇게 하지 못해 눈물 날 만큼 속상했구나.

대훈 (고개를 끄덕인다.)

교사 이제 대훈이가 왜 그런 글을 썼는지 이해가 되네.

대훈 그런데 선생님, 카드 더 골라도 돼요?

교사 그렇게 해도 돼.

대훈 (카드를 고른다.)

교사 왜 이 카드를 골랐어?

대훈 지금 선생님과 이런 이야기를 나누다 보니 어제 한 일이 후회스럽고 SNS에 학교와 선생님 이름을 적어 미안해요. 그리고 선생님한테 이야기를 다 하고 나니 마음이 안심이 되었어요.

대훈이는 시소놀이에 대한 자신의 감정을 감정카드로 솔직하게 이야기했고 그 카드를 통해 나도 아이의 마음을 알 수 있었다. 그 마음을 알아주었을 때 대훈이는 눈물을 흘렸다. 자기의 마음을 알아주는 것에 대한 안도와 고마움이었던 것 같다.

이야기를 나누기 전 나에게 그 아이는 SNS에 글을 올리는 맹랑한 아이, 배신을 안겨 주었던 아이였다. 하지만 감정카드를 통해 이야기를 하고 나니, 대훈이는 친구에 대한 원망의 마음을 글로 표현하는 아이, 늦둥이로 외동처럼 자라 그저 친구들과 함께 놀고 싶은 순수한 2학년 아이였다. 문제를 가지고 있는 아이가 아닌 문제를 해결하는 방법이 미숙한 아이로, 도움이 필요한 아이로 다르게 보였다.

활용 4. 감정 속에 들어 있던 바람을 알아차려요

교사 도윤아, 그럼 이 많은 감정 중에서 가장 크게 느껴지는 감정 세가지만 골라볼 수 있을까?

도윤 음. 어려운데…. (카드를 고른다.)

교사 왜 이렇게 세 개를 골랐는지 이야기해 줄 수 있어?

도윤 친구들과 놀고 싶은데 친구들이 나의 마음을 몰라줘서 섭섭하고, 친구들과 같이 놀고 싶은데 놀지 못해서 속상하고, 친구들이 정한 규칙대로 하는 것이 힘들어요.

교사 오늘 도윤이는 계속 친구들과 놀고 싶다고 말하고 있네. 도윤아, 친구들과 사이좋게 놀고 싶니?

도윤 네. (울먹인다.)

교사 그럼 친구들과 사이좋게 지내기 위해 어떻게 해 볼까?

도윤이는 자기와 놀아 주지 않는 친구들이 싫고 나쁘다고 말하였다가 감정카드로 이야기하면서 친구들과 놀고 싶다는 자신의 바람을 알게 되었다. 이후 친구에게 화를 내고 탓을 하기보다 그 바람을 이루기 위해 도윤이가 무엇을 할 수 있는지 방법을 찾고 실천 계획을 세워 보는 시간을 가졌다. 도윤이는 화가 나면 친구들에게 갑자기 화를 내고 놀이를 방해했었다. 그래서 다음부터는 화가 나면 친구들이 도윤이가 화난 것을 알아볼 수 있도록 신호를 주기로 하였다. 그 신호는 '머리에 손가락으로 뿔 달기'였다. 이 표시를 보면 다른 친구들도 도윤이가 진정될 때까지 조금 지켜보기로 약속하였다.

평소 표현하지 못하고 쌓이고 억눌렸던 감정을 감정카드에서 찾아 이야기하면서 그 속에 충족되지 못한 자신의 바람도 들어 있음을 발견하고 찾게 된다. 불편한 감정 속에 긍정적인 바람이 알곡처럼 가득 들어 있다.

활용 5. "선생님 마음도 알아볼 수 있겠니?" 상대방의 마음도 공감해요

상대방의 입장을 공감하는 것은 쉬운 일이 아니다. 교사도 아이의 감정에 공감하다 보면 때론 지치고 힘들어, 자신의 마음을 표현하고 싶을 때가 있다. 아이의 감정을 공감하는 것만큼이나 교사의 감정을 아이에게 전달하는 것도 중요한데 감정카드가 그 매개체의 역할을 한다.

교사 태희야, 어제 선생님과 약속한 오늘 숙제는 해 왔지?

태희 (작은 목소리로) 아니요.

교사 오늘 숙제해 오기로 했는데 안 했어? 왜 또 안 했니?

태희 ….

교사 아이고, 속상해. (마음을 억누르고) 그만 들어가라.

숙제를 하겠다고 매번 약속하지만 숙제를 해 오지 않는 아이, 반복되면 교사도 서서히 지치고 약도 오른다. 그래서 교사의 마음을 아이에게 찾아보게 하였다.

교사 태희야, 어제 선생님과 해 오기로 약속한 숙제는 해 왔니?

태희 (작은 목소리로) 아니요.

교사 음…. 어제 약속했는데 태희가 숙제를 해 오지 않았구나.
지금 선생님 마음이 어떨까 생각하며 선생님 감정 세 개만 찾아볼래?

태희 (카드를 고른 후) 골랐어요.

교사 왜 선생님이 이런 감정이라고 생각했니?

태희 제가 숙제를 해 오지 않아 화가 나고, 제가 약속을 지키지 않아 속상하고, 제가 해 올 거라고 기대했는데 해 오지 않아 실망하셨을 것 같아요.

교사 태희는 선생님 마음을 무척 잘 알고 있구나. 그리고 태희가 숙제를 하지 않아 성적이 떨어지면 어쩌나 걱정되기도 해. 선생님 마음을 알고 나니 어떤 감정이 드니?

태희 약속을 지키지 못해 부끄럽고, 선생님을 실망시켜 드려서 미안하고, 숙제를 하지 않은 것이 후회스러워요.

교사 태희야, 선생님에게 더 하고 싶은 말이 있니?

태희 선생님, 내일은 꼭 숙제해 올게요. 죄송해요.

교사 태희가 스스로 숙제를 해 오겠다고 하는 마음과 모습을 보니 선생님도 뿌듯하고 내일이 기대가 되는구나.

교사가 따지듯 묻고 화를 내 버리면 잘 가르치고 싶은 진심도 전달되지 못하고 오히려 아이와 더 멀어진다. 그렇다고 교사의 불편한 감정을 억누르기만 하다 보면 관계의 진솔성과 신뢰성이 떨어진다.

교사의 불편한 마음을 감정카드를 활용하여 아이에게 짐작해 보는 경험을 하게 하자. 자신을 걱정하는 선생님의 진심을 알게 되면서 아이도 자신이 할 수 있는 또 다른 모습을 보여 주려고 노력하게 된다. 아이가 교사의 감정을 찾아보는 과정을 통해 상대방의 입장에서 생각하고 이해하는 공감을 배우게 된다.

공감대화카드로 학급 전체 공감 성장, 소통능력 향상시키기

활용 6. 아침 감정 말하기, 하루를 공감으로 만나요

아주 사소한 일에도 친구에게 화를 내고 다투는 아이, 실수를 해서 미안한 마음을 표현해야 하는데 서진이는 "그래서 어쩌라고?"라는 말을 해서 친구를 더 화나게 만든다. 이런 서진이의 행동은 다른 친구들에게도 전달되어 반 분위기는 점차 살벌해진다. 아이들에게 정서적 안정이 먼저 필요하다 싶어서 반 아이들과 '아침 감정 말하기'를 시작하였다.

아이들이 등교하면서 바로 칠판이나 게시판에 붙어 있는 여러 감정 목록 중에서 자신의 감정을 찾고 교사에게 이야기하게 한다.

서진 선생님, 안녕하세요? 오늘 아침 제 감정은 피곤해요. 엄마, 아빠가 일을 마치고 늦게 들어오셔서 기다리다가 늦게 잤어요.

교사 부모님 기다리느라 늦게 자서 많이 피곤하구나.

서진 네….

교사 늦게 잤는데도 지각하지 않고 와서 기특하네.

아침 감정 말하기를 하기 전에는 아이가 이유 없이 심술을 부린다고 생각했는데 아침마다 아이의 감정과 상황을 알고 나니 아이를 이해하게 되고 좀 더 관심을 가지게 되었다.

아침 감정 말하기를 하다 보면 아이들의 숨겨진 걱정이나 고민을 알 수 있다. 교사가 마음을 알아주는 것만으로도 아이들의 감정은 많이 안정되고 해소된다. 짧은 시간에 이루어지는 대화지만 자기의 감정을 선생님께 말하고 공감받은 아이는 피곤함을 잊어버리고 기분 좋게 하루를 시작했다. 간혹 이야기가 더 필요하겠다 싶은 경우에는 점심시간이나 방과 후에 시간을 내어 다시 아이와 상담을 하였다.

어느 날, 반 아이 대부분이 '기대되다'의 감정을 말하며 흥분과 설렘으로 아침 감정을 말했다.

교사 안녕, 재영아!

재영 선생님, 오늘 제 감정은 엄청 기대되어요. 오늘 체육시간에 어떤 활동을 할지 기대가 돼요. 저는 체육 시간이 제일 신나거든요.

교사 재영이는 오늘 학교 올 때 무척 흥분되었겠네. 오늘 하루 즐겁게 보내길 바란다.

재영 네~.

그날은 바로 체육 수업이 있는 날이었다. 자기와 같은 감정을 가진 친구들이 많다는 것을 아이들이 알게 되면 서로의 감정을 존중해 주는 모습을 보인다. 그래서 가끔 특별한 날에는 모두 둘러앉아 아침 감정 말하기를 하는 시간을 갖기도 한다.

하루의 시작, 아이들과 함께하는 30초 눈 맞춤과 공감은 교실의 온기를 만들고 평화를 지키게 한다. 아이들이 다 소중한 존재임을 끈끈하게 확인하게 된다.

활용 7. 오늘의 계획, 아침 바람으로 시작해요

아이들이 자연스럽게 자기의 감정을 찾는 것을 보면서 '바람도 말할 수 있지 않을까?'라는 생각이 들었다. 아침 시간 감정 말하기를 하듯이 오늘 하루 자신이 이루길 바라는 바람을 찾아 와서 "저는 오늘 ~~한 바람을 가지고 있어요."라고 말하고 선생님과 대화를 이어 간다.

민호 선생님, 오늘 저의 바람은 "고마운 마음을 표현하길 바라나요?"예요.

교사 그래? 누구한테 하고 싶은데?

민호 어제 학원 친구가 차에 떨어진 제 물건을 주워 줬는데 고맙다고 말을 못했어요.

교사 고맙다고 표현을 못해서 미안했구나. 그럼 그 말을 언제 할 생각이니?

민호 오늘 영어 학원 가는 날인데 같이 차를 타거든요. 그때 말할 거예요.

교사 멋진 생각이네. 성공하길 빌어.

아이들이 처음에는 바람 말하기를 감정 말하기보다 어려워하고 난감해하며 쉽게 입을 열지 못했다. 그러나 하루하루 거듭되면서 조금씩 바람 찾기에 속도가 붙고 아이들이 다양한 바람에 관심을 가지기 시작했다.

아침 바람 말하기가 익숙해지면서 문득 '바람 말하기를 계획 세우기와 연결하면 어떨까?'라는 생각이 들었다. 자신이 원하는 바람을 어떻게 이룰 것인지를 물어봤더니 아이들은 기특하게도 바람을 위한 활동 계획을 말하는 것이다. 그것도 아주 쉽게.

아이가 바람을 찾으면 교사가 공감해 주고 바람충족을 위해 어떤 행동을 할 것인지 계획을 물어보면 아이는 자기가 실천할 수 있는 계획을 말하고…. 마치 아침마다 mini 상담을 하는 것 같았다. 특히 한 주를 시작하는 월요일, 아이들과 바람 말하기를 하면 한 주를 어떻게 보낼지 함께 고민해 보는 시간도 되었다.

영호 오늘 저의 바람은 "휴식이나 잠이 필요한가요?"입니다.

교사 어제 잠 못 잤어?

영호 네. 학원 숙제가 좀 많았어요.

교사 어쩌니? 많이 피곤하겠다.

영호 네.

교사 그럼 오늘 어떻게 하면 네가 바라는 휴식을 얻을 수 있을까?

영호 음… . 오늘은 쉬는 시간에 그냥 자리에 앉아서 노는 게 좋겠어요.

교사 그래. 좋은 생각인 것 같구나. 혹시 계속 피곤하면 이야기해 줄래?

아이들이 자신의 바람을 이야기하면서 자신의 상황과 갈등이 무엇인지 스스로 알아가는 것이 참 대견하였다.

그러던 어느 날, 아침 시간이 바빠서 그날은 아이들끼리 돌아가며 친구들에게 바람을 말하기로 진행하였다. 1교시 수업이 시작되고 한참 지났을 무렵,

아이들 선생님, 가연이 자요.

교사 응? 뭐라고? 가연이가 잔다고?

아이들 네. 가연이가 엎드려 자요.

교사 아이고 참. 어쩌지?

아이들 선생님, 아침에 가연이가 '휴식이나 잠이 필요한가요?' 카드를 고르던데 많이 피곤한가 봐요.

교사 그런가 보다. 그래도 어쩌지?

아이들 선생님, 피곤해서 그런 거니까 그냥 조금 두면 좋겠어요.

아이들 맞아요. 조금 자게 둬요.

교사 그래. 그럼 그렇게 두자.

(잠시 후, 눈을 비비며 일어나는 가연이)

아이들 가연아, 피곤해?

아이들의 '조금 더 자게 두자'라는 말에 깜짝 놀라고 가슴이 뭉클했다. 그리고 가연이가 일어났을 때 놀리거나 비난하지 않고 "가연아, 피곤해?"라고 공감을 해 주는 것이었다. 아침 바람 말하기를 통해 아이들이 서로를 이해하며 다독이는 모습에 진한 감

동과 보람을 느꼈다.

매일 자신의 바람을 찾고 내가 왜 그것이 하고 싶은지를 생각하면서 생활하는 아이들은 '오랫동안 꿈을 그리는 사람은 마침내 그 꿈을 닮아 간다.'는 니체(Nietzsche, Friedrich Wilhelm)의 말처럼 더 좋은 삶을 위해 노력하지 않을까? 바람 말하기는 아이들의 모습에서 그런 희망을 보여 주었다.

활용 8. 감정과 바람 쓰기로 나를 알 수 있어요

행복한 사람은 자신이 누구이고, 자신이 어떤 감정과 생각을 가졌으며, 왜 그렇게 행동하는지 등 자신에 대한 자기이해 능력이 높다. 자기이해 능력이 있는 사람은 나아가 상대방을 이해하는 공감능력도 뛰어나다.

학교에서 학원으로 정신없이 다니는 아이들. 시간이 날 때도 각종 자극적인 매체에 빠져 자신에 대해 생각해 볼 시간을 가지지 못한다. 자신에 대해 생각해 볼 시간이 있어도 어떤 방법으로 해야 하는지 모른다.

자기이해 능력을 향상시키는 효율적인 교육방법은 없을까? 자기이해를 돕는 방법으로 잘 접근할 수 있는 것이 일기 쓰기이다. 하지만 요즘은 인권을 보호하는 차원으로 학교에서 일기 쓰기 지도를 하지 않는 경향이다. 그래서 일기 쓰기 대신 교사에게 공개해도 되는 자신의 생활문 쓰기 활동으로 자기이해를 도울 수 있도록 해 보았다.

1. 공책의 앞 장에 공감대화카드의 감정과 바람의 목록을 붙여 둔다.
2. 하루를 돌아보며 느낀 감정을 공책 앞에 붙여 둔 목록을 참고하여 3~5가지 정도 찾아본다. 왜 그런 감정을 느꼈는지 이유를 넣어서 글로 표현한다. 바람 목록을 보고 자신이 오늘 원했던 것 한 가지를 찾아 그 이유를 넣어서 글로 표현한다.

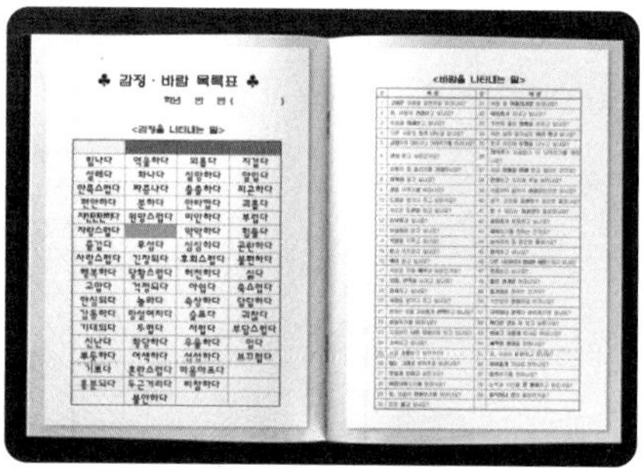

제목: 밉다.

밉다. 우리 형이 내 지우개를 썼다. 나는 안 된다고 말하고 싶었지만 무서워서 못 말하겠다. 이때까지 새 지우개를 아껴 두어서 자랑스러웠는데 형이 써서 아쉽다. (중략) 앞으로 우리 형이 내 지우개를 쓸 때는 허락받고 쓰면 좋겠다. 나는 배려를 받고 싶다.

처음에는 사실 위주로 나열했던 아이들이 감정을 찾아 글을 쓰면서 여러 가지 감정의 종류를 알아 갔다. 그리고 일어난 일에서 느꼈던 자신의 감정을 찾게 되었다. 주위 환경으로 향해 있던 관심을 자신의 마음에 집중하면서 어느 순간 '내 마음이 이랬구나.'라고 깨닫고 스스로 위로하기도 한다. 또 바람 목록에서 자신이 원했던 바람을 찾으면서 점점 자신에 대해 명확하게 알아 가게 된다.

제목: 재영이

솔직하게 학기 초에는 재영이가 별로였다. 그런데 재영이도 성장하고 내 생각도 성장했다. 그래서 지금은 똑같은 친구다. 학기 초에 재영이가 싫었던 이유는 재영이를 잘 몰라서였다. 모르니까 재영이가 하는 행동이 싫었다. 이제는 아니다. 재영이의 행동은 친구들에게 관심 받고 싶어서 그랬던 것이다. 재영이는 쓸쓸했었나 보다. 그런데 친구들이 관심을 가져 주니 조금씩 조금씩 나아지고 있다. 난 재영이에게 미안하다. 인사조차 어색해서. 그리고 고맙다. 막 그렇게 관심 안 가져 주는데 인사하면 엄청 반갑게 인사해 줘서.

'싫은 친구'에서 '그 친구의 미음을 자세히 몰라서 그랬지.'로 변화하는 아이의 마음 성장이 눈부신 감격이었다. 아이의 마음은 어른보다 훨씬 더 말랑말랑하다. 자신의 감정과 바람을 찾는 데 익숙해진 아이는 자연스럽게 다른 사람의 마음에도 관심을 가지게 된다. 자신의 마음을 잘 들여다볼 뿐인데 다른 사람들에 대한 넓은 이해의 폭으로 자라고 깊은 관계로 쑥 나아간다.

활용 9. 마음을 전하는 화해 코너에서 갈등을 해결해요

교실에서 다툼이 일어날 때 아이들은 선생님께 이르거나 감정적인 말로 대응하여 갈등이 더 깊어질 때가 있다. 아이들을 불러서 서로의 감정과 이유를 묻고 들어주면 금세 심각하던 분위기는 사라지고 "미안해~.", "괜찮아~."로 마무리된다. 그 모습을 보면 허무해질 때가 있다. 아이들이 알아서 감정과 바람으로 소통하면 얼마나 좋을까? 그래서 교실 한 곳에 감정카드와 바람카드를 활용해서 '화해하기' 코너를 만들고 다음과 같이 활용했다.

하나, 친구끼리 서로 다툼이 일어났을 때 보조칠판의 감정카드와 바람카드에서 각자 자신의 감정 2~3개, 바람 1~2개를 고른다.

둘, 교실 한쪽에 <화해하기> 코너를 만들어 <말하기> 순서와 예시를 보며 차례로 서로의 감정과 바람을 나눈다(저학년의 경우는 감정만 찾아서 나누어도 된다).

셋, 아이들끼리 화해하고 나면 교사는 둘을 불러서 확인한다.

넷, 신체적 폭력이나 심한 욕설 등 심각한 일로 갈등이 있는 경우는 반드시 교사가 개입을 해 주는 것이 좋다.

색연필을 짝이 마음대로 가져가서 썼다며 다툼이 일어났다. 아이들의 이야기를 듣고 나서 화해하기 코너에 가서 각자 감정을 찾아 말하도록 하였다. 그리고 먼저 이야기를 할 사람은 누구인지 물었더니 영희가 먼저 말하고 싶다고 해서 그렇게 해도 되겠냐고 민수에게 물었더니 민수가 괜찮다고 했다.

영희 (감정카드에서 속상하다, 당황하다, 슬프다를 고른다.)
나는 네가 말도 안 하고 내 색연필을 가지고 가서 속상해.
그리고 나도 파란색을 쓰려고 하는데 네가 가지고 가서 없어진 줄 알고 당황했고,
엄마가 색연필 잃어버리면 혼내는데 잃어버린 줄 알고 슬펐어.

민수 내가 색연필을 그냥 가지고 가서 속상하고 당황하고 슬펐구나.

영희 응, 그래.

민수 (감정카드에서 화나다, 미안하다를 고른다.) 나는 오늘 색연필을 안 가지고 와서

너한테 써도 되냐고 했는데 네가 대답도 안 해서 화가 났어.
그리고 네가 슬퍼하는 걸 보고 조금 미안해.

영희 나도 네가 빌려달라고 하는 말을 못 들어서 미안해.

민수 괜찮아!

감정카드를 활용하여 이야기를 나누면 영희와 민수처럼 상대가 화가 난 이유를 알게 되고 그러면 다음에는 서로 조심하는 모습을 볼 수 있다. 처음에는 서로 씩씩대며 화가 많이 나 있던 아이들도 자신의 감정과 바람을 찾으면서 화가 난 감정이 조금 내려가고 화해 코너에서 친구와 마주 보며 카드로 말하면서 다시 감정이 내려가는 걸 보았다. 그리고 조금씩 자기 마음을 명확하게 표현하는 아이들이 참 대견했다.

화해 코너를 활용할 때 몇 가지 주의할 점이 있다.

하나, 아이들끼리 심하게 다투어서 서로 감정적으로 기분이 많이 상해 있을 때 화해 코너에서 아이들끼리 말하라고 하면 갈등을 해결하는 데 어려움이 있을 수 있다. 이때는 시간을 조금 두고 감정을 가라앉힌 후 시작하거나 교사가 먼저 서로의 상황을 듣고 나서 아이들에게 "이제 화해 코너에서 너희끼리 할 수 있겠니?"라고 아이들의 의견을 물어보는 것이 좋다.

둘, 화해 코너를 아이들끼리 능숙하게 사용하기는 어렵다. "○○(이유)해서 **한 감정이 들어."처럼 자기 마음 표현에 대해 미리 익히고 나서 하는 것이 좋다. 그리고 처음에는 교사가 지켜보면서 감정과 바람을 찾지 못하는 아이들을 조금 도와주거나 보완해 주는 것이 좋다.

셋, 고학년의 경우는 학급 또래 도우미를 정하고 함께 참여하여 도움이 필요할 때 도와주도록 한다.

예전에는 싸우는 아이들을 불러 혼을 내거나 반성문을 쓰게 할 때, 자칫 교사를 원망하는 경우가 많았다. 그런데 화해 코너를 통해 교사는 아이들의 잘잘못을 가리는 판사가 아니라 서로의 마음을 연결해 주는 지원군이 되었다. "선생님, 우리 둘이 저기 가서 이야기 좀 해도 되나요?"라며 어느 날은 아이들이 스스로 문제를 해결하는 모습을 보였다. 화해 코너를 시작하면서 학급 안에서 수시로 일어나는 갈등을 아이들끼리 대화로 해결하고, 평화적인 학급문화를 만드는 데 도움이 되었다.

공감대화카드로 쉽게 상담하기

"선생님! 진짜 되네요." 옆 반에 신규로 발령을 받아 오신 선생님이 아이와 소통하는 것이 힘들다고 해서 공감대화카드를 소개하고 간단히 상담하는 방법을 알려 드렸더니 오후에 온 메시지였다.

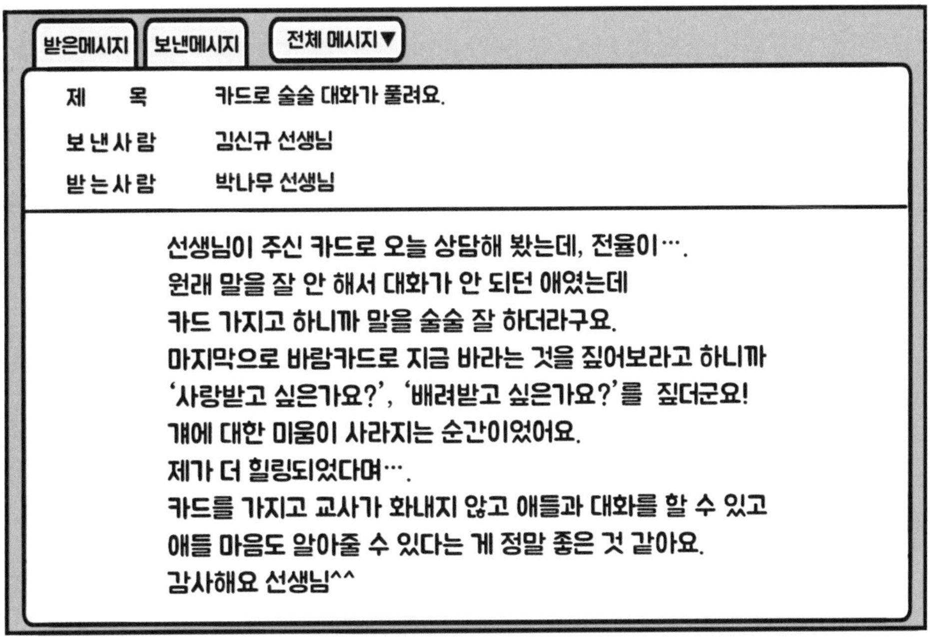
받은메시지 보낸메시지 전체 메시지▼

제 목 카드로 술술 대화가 풀려요.

보낸사람 김신규 선생님

받는사람 박나무 선생님

선생님이 주신 카드로 오늘 상담해 봤는데, 전율이….
원래 말을 잘 안 해서 대화가 안 되던 애였는데
카드 가지고 하니까 말을 술술 잘 하더라구요.
마지막으로 바람카드로 지금 바라는 것을 짚어보라고 하니까
'사랑받고 싶은가요?', '배려받고 싶은가요?'를 짚더군요!
걔에 대한 미움이 사라지는 순간이었어요.
제가 더 힐링되었다며….
카드를 가지고 교사가 화내지 않고 애들과 대화를 할 수 있고
애들 마음도 알아줄 수 있다는 게 정말 좋은 것 같아요.
감사해요 선생님^^

아이와 상담할 때 어떻게 시작해야 할지 또 무슨 이야기부터 해야 할지 막막할 때가 많다. 공감대화카드를 활용하면 누구나 쉽게 상담하고 소통할 수 있다. 이 절에서는 공감대화카드로 쉽게 상담하는 방법을 단계적으로 소개하고자 한다.

#1. 쉽게 아이의 마음을 열게 하는, 감정카드

교사 영수야, 오늘 등교 시간에 늦었는데 무슨 일이 있었니?

영수 ….

교사 어디 아프니?

영수 아니요.

교사 늦잠 잤어?

영수 ….

교사 어휴. 오늘은 그냥 들어가. 내일은 일찍 와.

등교 시간에 자주 지각하는 아이를 타일러도 보고 야단도 쳐 보지만 행동의 변화는 없고 무슨 일로 늦었는지 몇 번을 물어봐도 아무 말도 하지 않거나 '아니요'라는 말만 계속한다. 교사는 아이들을 돕기 위해 상담을 시작하지만 아이들은 자신의 마음을 쉽게 꺼내 놓지 않거나 자신의 마음이 무엇인지를 몰라서 말을 하지 않을 때가 많다.

이렇게 상담의 시작부터 대답조차 하지 않거나 "몰라요", "글쎄요", "아니요."처럼 마음을 열지 않는 아이들을 만났을 때 교사는 어떻게 상담을 시작해야 할지 막막해진다. 이때 감정카드를 활용하면 말로 표현하기 어려웠던 자신의 감정을 카드에서 고르고 하나하나 놓으며 자신의 이야기를 하기 시작한다. 어떤 경우에는 감정을 표현하고 교사가 공감하는 과정만으로도 자연스럽게 문제를 해결되기도 한다.

감정카드로 상담 시작하기

상담을 시작할 때 먼저 아이에게 감정카드에서 자신의 감정을 찾아보게 한다. 그리고 그 카드를 선택한 이유를 말해 보게 하여 아이와 함께 감정카드로 이야기를 나눈다.

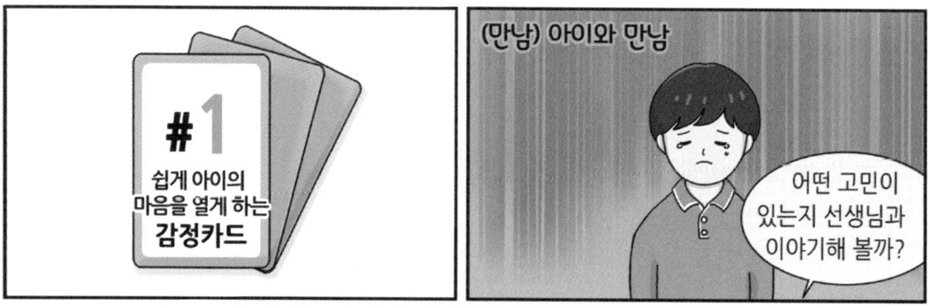

사례로 상담과정 익히기

전담시간에 친구와 싸우다 교실로 돌아온 민기

미술 전담시간, 미술실에 있어야 할 민기가 씩씩거리며 전담 선생님과 교실로 들어섰다. 전담 선생님은 민기와 이야기를 좀 나눠 보라며 가시고 교실에 민기와 둘만 남게 되었다. 민기에게 왜 교실로 돌아오게 되었는지 물어보지만 민기는 말하기를 거부하였다. 이 상담이 자신의 잘못에 대한 '처벌'이라 여기는지 상담에 거부감을 가지고 교사의 질문에 상대방의 탓만 하고 있다.

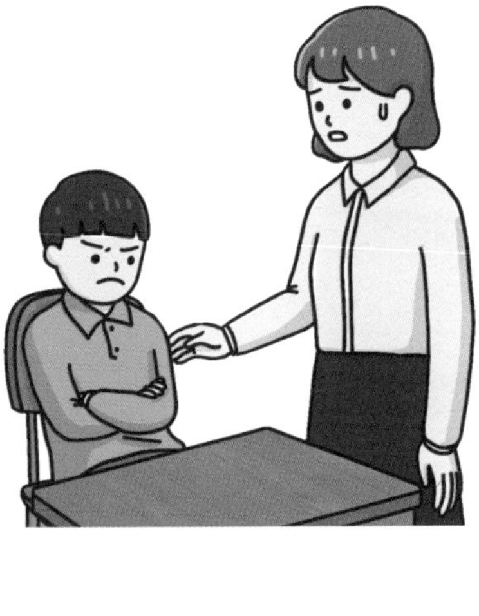

> 1단계 감정카드로 상담 시작하기

"지금 네 감정이 어떤지 감정카드에서 찾아볼래?"

교사 민기야, 오늘 미술 시간에 무슨 일이 있었니? 영수랑 왜 싸우게 되었니?

민기 영수 때문이에요. 왜 나한테만 그래요? 영수가 지나가면서 저를 쳐서 제 작품이 망가졌어요.

교사 저런, 그런 일이 있었구나.

민기 영수는 저번 미술 시간에도 시비를 걸었고 오늘 또 그래서 싸우게 되었어요.

교사 영수가 시비도 걸고 치기도 해서 민기가 화가 더 많이 났겠구나.

민기 그런데 미술 선생님은 아무것도 모르고 저만 야단쳐요.

교사 미술 선생님께 야단맞아서 진짜 속상했겠구나.

민기 이제 미술실에 가기 싫어요.

교사 **그럼 먼저 지금 네가 느끼는 감정을 카드에서 하나하나 찾아볼래?**

민기 여기요.

> 2단계 감정카드를 선택한 이유 말하기

"그 카드를 선택한 이유를 말해 줄래?"

교사 엄청 다양한 감정이 있구나. 이 감정을 왜 골랐는지 얘기해 줄래?

민기 화가 나요. 영수 때문이에요. 영수가 지나가면서 저를 쳐서 제 작품이 망가졌어요.

교사 (민기가 놓은 카드를 보며) 작품이 망가져서 화가 났구나.

민기 속상해요. 오늘 정성껏 제 작품을 하고 있었는데 망가져서 속상해요.

교사 그랬을 것 같아. 정성껏 만든 작품이 망가졌으니까.

민기 미워요. 영수는 저번 미술 시간에도 시비를 걸었고 오늘 또 그래요.

교사 두 번이나 그런 일이 있었으니 미운 마음이 생길 수 있을 것 같아.

민기 그리고 원망스러워요. 미술 선생님은 제가 소리 지른 것만 보시고 아무것도 모르면서 저만 야단쳐요. 그래서 섭섭하기도 해요.

교사 그래. 미술 선생님이 민기만 야단쳐서 원망스럽고 섭섭했겠다.

민기 그리고 외로워요. 애들이 제가 소리를 질러 무섭다고 말하면서 저를 피해서 외로워요.

교사 저런, 친구들이 피하니까 외롭기까지 하구나.

민기 네. 외로워요.

교사 민기야, 오늘 민기는 작품을 멋지게 해 보고 싶었는데 그렇지 못해 속상하고, 작품을 망가뜨린 민수에게 화가 나고 미운 마음이 생기고, 너의 상황을 이해해 주지 않는 선생님과 친구들에게 섭섭하고 외롭다는 거지?

민기 네. 그래요.

교사 그리고 이렇게 네 감정을 이야기하고 나니 어때?

민기 화났던 마음이 조금 내려가고 편안해졌는데 조금 부끄럽기도 해요.

교사 부끄럽다고? **부끄러운 감정이 생긴 이유를 말해 줄래?**

민기 아까 소리 지를 때는 몰랐는데 나중에 친구들을 만날 생각을 하니 좀 부끄러워요. 조금 참을 걸….

교사 아하, 부끄러운 마음도 좀 있구나. 다음에는 조금 참아야겠다는 생각을 스스로 해내는 모습을 보니 민기는 자신의 잘못을 용기 있게 말하는 힘이 있는 것 같아. 다음에는 그렇게 해 볼까?

민기 네….

화가 나서 아무 말도 하지 않던 아이가 감정카드에서 자신의 감정을 찾고 이유를 말하면서 감정을 해소하게 되고 선생님으로부터 공감을 받으면서 점점 화가 났던 마음이 가라앉았다. 감정을 말하면서 자신의 행동을 스스로 되돌아보고 다른 행동을 찾는 여유까지 생겼다.

교사도 문제 상황의 원인과 결과를 찾거나 잘잘못을 따지기보다 아이가 내놓은 감정카드를 보며 몰랐던 아이의 마음과 상황을 쉽게 알게 된다. 그리고 아이가 찾은 감정카드에 있는 감정을 그대로 공감해 준다.

감정카드로 문제해결까지 가능해요

계속 술래를 하게 되어 속상한 영석이

어느 날, 영석이 어머니는 영석이가 쉬는 시간마다 술래를 해서 힘들다고 전화를 하여 자기 아이를 한번 살펴봐 달라고 하였다.

'참나, 쉬는 시간 술래까지 내가 결정해 주어야 하나? 뭐 이런 전화를 다하지?'라는 생각으로 가득 차니 마음이 불편했다.

그러나 알아 보니 아이들은 운동장에 제일 늦게 나오는 친구가 술래를 하도록 했는데 같이 노는 아이들이 순한 영석이에게만 술래를 시켰다고 했다. 영석이는 술래가 되기 싫었지만 그 친구들과 놀기 위해 참고 술래를 했다고 한다.

> 1단계 감정카드로 상담 시작하기

"지금 네 감정이 어떤지 감정카드에서 찾아볼래?"

교사 영석아, 오늘 선생님은 영석이 혼자 술래를 했다는 얘기를 듣고 깜짝 놀랐어.

영석 (풀이 죽어 고개를 숙이고)… .

교사 영석아, 술래하는 거 좋아?

영석 아니요.

교사 그런데 왜 술래를 계속했어?

영석 그래야 친구들이 놀아 줄 것 같아서요.

교사 영석아, 계속 술래를 할 때 **어떤 감정이 들었는지 카드에서 골라 볼래?**

영석 … .

> 2단계 감정카드를 선택한 이유 말하기

"그 카드를 선택한 이유를 말해 줄래?"

교사 영석아, 선생님이 궁금해서 그러는데 **이 카드를 선택한 이유를 말해 줄 수 있어?**

영석 나보고만 술래 하라고 하니까 속상했어요.
그리고 친구를 잡으려고 뛰어다니니까 너무 힘들었고,
다음에는 술래 바꿔 줄까 하는 마음에 기대가 되기도 했는데
바꿔 주지 않아 친구들이 원망스러웠어요.
그런데 내가 싫다고 하면 같이 놀아 주지 않을까 봐 무서웠어요.
술래라서 힘들지만 친구들과 노는 건 정말 즐거워요.

교사 아이고, 우리 영석이 정말 속상하고 힘들었겠다.

영석 (눈물을 흘리며) 네. 힘들었어요.

교사 그리고 혹시 술래를 바꿔 주나 기대하는 마음도 있지만 원망도 했구나.
친구랑 노는 것은 정말 재미있는데
'혹시 같이 안 놀아 주면 어떡하지?' 하는 마음에 조금 무섭기까지 했네.

영석 네….

교사 이렇게 이야기하고 나니까 기분이 어때?

영석 조금 마음이 풀렸어요. 선생님이 제 마음을 알아주니까 고마워요.

교사 앞으로 이 일이 어떻게 되면 좋겠어?

영석 친구들이 돌아가면서 술래를 하면 좋겠어요.

교사 어떻게 하면 그 문제가 해결될 수 있을까? 선생님이 도와줄까? 아니면 영석이가 친구들에게 직접 말해 볼래?

영석 제가 직접 말하고 싶기는 한데 자신이 없어요. 선생님이 도와주세요.

교사 그럼 선생님이 말할 수 있는 자리를 만들어 줄게. 그러면 영석이가 금방 카드 골라서 선생님에게 이야기한 것처럼 친구에게 얘기해 보면 어때?

영석 카드 보고는 할 수 있을 것 같아요.

교사 그래, 같이 연습해 볼까?

영석 (조금 더 커진 목소리로) 네.

학급에서 아이가 불편한 마음이 있을 때, 교사나 친구로부터 자신의 감정을 이해받은 아이는 어느새 불편한 감정이 사라지면서 편안한 마음을 갖게 되고 무엇인가를 새롭게 해 볼 힘을 얻게 된다.

이처럼 감정카드를 활용하여 자신의 감정을 교사에게 있는 그대로 이야기하면서 자신의 감정을 이해하고, 이를 교사에게 충분히 공감받으면 아이는 마음을 열고 상담에 임한다. 그리고 스스로 '다음에는 조금 참겠다.', '직접 말하겠다.'라는 해결 방법까지 찾는 것을 보며 감정카드는 상담의 세계로 가는 열쇠라는 것을 알게 된다.

#2. 공감대화카드(감정카드+바람카드)로 상담하기

상담할 때 아이들에게 제대로 된 대답 하나를 들으려면 진땀을 흘렸는데 감정카드로 아이들과 상담을 해 보면 아이들이 자신의 이야기를 쉽게 잘 꺼내 놓는 것을 볼 수 있다. 감정카드를 통해 자신의 감정을 이야기하면서 선생님과 소통하고, 공감받으면서 많은 문제가 해결된다. 그러나 감정을 표현하고 교사가 그것을 알아주는 것만으로 해결되지 않는 경우도 많다.

교사 이 감정카드를 고른 이유를 말해 줄 수 있니?

아이 친구가 저랑 안 놀아 주고 다른 친구하고만 놀아서 속상하고 섭섭했어요.

교사 그래, 정말 속상하고 섭섭했겠구나.

아이 네….

교사 그래….

아이 중에는 감정카드를 고르고 나서 계속 울거나, 친구와 있었던 일을 말하면서 자신의 감정을 계속 쏟아 내는 아이도 있다. 이런 경우 상담의 다음 단계로 어떻게 넘어가야 할지 혼란스러워진다.

교사 감정카드에서 네 마음을 찾아볼래?

아이 (카드 5장을 고른다.)

교사 이 감정카드를 고른 이유를 말해 줄래?

아이 ~~~하고 ~~해서 속상했고요. @@할 때는 $$해서 밉고 비참했어요.
그런데 %%%%%해서 *****(이하 생략)

교사

상담할 때 아이가 선택한 감정카드와 그 감정을 선택한 이유를 들으면 그 속에 아이의 바람이 있음을 알게 된다. 그러나 평소에 우리는 내면의 바람을 잘 의식하지 못하기 때문에 자신이 무엇을 바라고 무엇이 충족되지 않았는지 잘모른다. 이럴 때 바람카드를 통해 자신의 충족되는 바람과 충족되지 못한 바람을 알게 되면 문제를 바라보는 관점에 전환이 일어난다. 자기가 바라는 것이 무엇인지를 명확하게 알면 자신의 감정과 행동을 이해하게 되고 또 새로운 행동 계획도 가능해진다. 여기서부터 변화가 시작된다.

한눈에 보는 상담과정(감정카드+바람카드)

감정카드와 바람카드를 이용해서 상담하는 과정은 간단하다. 감정카드로 상담하는 과정은 앞에서 배운 1, 2단계와 같다. 거기에 바람카드도 똑같은 방법으로 바람을 고르고 선택한 이유를 이야기하게 된다. 그리고 여러 장의 바람 중에서 자기가 가장 원하는 바람 한 장을 고르도록 한다.

사례로 감정카드+바람카드 상담과정 이해하기

앞에서 상담의 과정을 익혔다면 실제 상담의 장면을 통해 감정카드와 바람카드를 활용하여 어떻게 상담하는지 알아보자.

교사 앞에서 긴장하여 말을 하지 못하는 우용이

우용이는 질문을 하면 입술을 움찔거리지만 대답이 입 밖으로 안 나오는 아이이다. 선생님 앞에서 가쁜 숨을 몰아쉬고, 눈물을 글썽거리기도 한다.

국어, 수학 수업시간에 과제를 하지 않고 선생님의 질문에도 전혀 대답을 하지 않는다. 도움이 필요한지 물어도 긴장한 얼굴로 눈물을 흘려 방과 후에 상담을 하였다.

> 1단계 감정카드로 상담 시작하기

"지금 네 감정이 어떤지 감정카드에서 찾아볼래?"

교사 우용아, 오늘 수학 시간처럼 친구들이 문제 풀 때 우용이는 가만히 앉아 있고 "도움이 필요해?"라고 물어도 대답도 안 하고 울고 있는 일이 오늘만 해도 세 번째잖아. 선생님은 우용이가 왜 그러는지 궁금하고 우용이 이야기를 듣고 싶어서 상담하자고 했어.

우용 ….

교사 우용아, 선생님이랑 이야기할 수 있겠어?

우용 ….(눈물을 글썽인다.)

교사 선생님은 수업시간에 우용이 마음이 어떤지 궁금해. 말해 줄 수 있어?

우용 ….

교사 우용이 마음을 표현하는 데 도움을 줄 수 있는 카드가 있는데 **이 감정카드에서 네 마음을 골라 볼래?** (감정카드를 내놓는다.)

우용 (한참 있다가 고개를 살짝 끄덕인다. 카드를 한 장씩 천천히 넘기며 세 장을 고른다.)

> 2단계 감정카드를 선택한 이유 말하기

"그 카드를 선택한 이유를 말해 줄래?"

교사 **이 카드를 뽑은 이유를 말해 볼래?**

우용 (아주 자그마한 소리로) 선생님한테 혼날까 봐….

교사 선생님한테 혼날까 봐 두렵고, 무섭구나.

우용 네….

교사 그럼 '막막하다'를 고른 이유는 뭘까?

우용 문제를 못 풀어서….

교사 수업시간에 문제를 잘 못 풀어서 막막하고, 그래서 선생님한테 혼날까 봐 두렵고 무서워?

우용 네… .

> 3단계 바람카드에서 바람 찾기

"지금 네 바람이 어떤지 바람카드에서 찾아볼래?"

교사 수업시간마다 정말 힘들었겠다. 도움 요청도 못하고… .
그럼 우용이가 바라는 게 뭘까?

우용 … .

교사 우용이가 바라는 것을 여기 바람카드에서 한번 골라 볼래? (바람카드 내놓는다.)

우용 네. (카드를 고른다.)

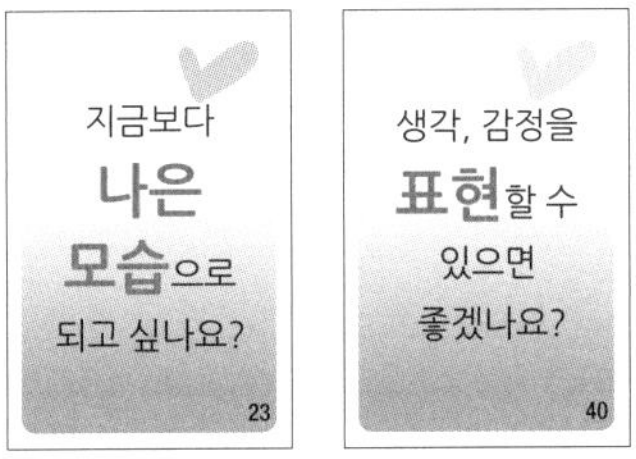

> 4단계 바람카드를 선택한 이유 말하기

"그 카드를 선택한 이유를 말해 줄래?"

교사 이 카드를 뽑은 이유를 말해 볼래?

우용 생각과 감정 표현이 잘 안 되어서 잘하면 좋겠어요.
그리고 지금보다 공부를 잘하고 싶어요.

교사 우용이가 바라는 건 생각과 감정을 잘 표현하고,
공부를 잘해서 지금보다 나은 모습이 되고 싶은 거네.

우용 네.

> 5단계 가장 바라는 바람 찾기

"이 바람카드 중에서 네가 가장 바라는 것은 무엇인지 한 장만 골라 볼래?"

교사 그럼 이 중에서 우용이가 가장 바라는 것은 뭐니?

우용 (카드를 고른다.)

교사 네가 정말 바라는 것은 공부를 잘해서 지금보다 나은 모습으로 되고 싶은 건데 그게 잘 안 돼서 두렵고 무섭고 막막했구나.

우용 네.

교사 상담을 하면서 우용이의 마음, 또 우용이가 진짜 바라는 것을 알게 되어 선생님도 기쁘고, 이렇게 힘든 우용이를 많이 도와주고 싶어.
오늘 용기 내어 마음을 이야기해 줘서 정말 고마워.

처음에는 교사 앞에서 말을 못하던 아이가 자신의 바람을 찾고 표현하게 되었다. 말을 하지 않던 아이가 자신이 원하는 것을 이야기하게 되기까지는 그리 쉬운 과정이 아니다. 전문가에게도 많은 시간과 노력이 필요한 상담이 감정카드, 바람카드를 활용하면 훨씬 쉬워진다. 감정카드와 바람카드를 활용해서 더 자연스럽게 아이와 소통하고 상담해 보자.

감정+바람카드 사용방법 돋보기 1

앞의 사례를 통해 말 꺼내기가 어려운 아이에게 감정과 바람카드를 상담 장면에서 활용하는 과정을 알아보았다. 교실의 아이들 중에는 소극적인 우용이와는 반대로 자신의 감정을 격렬하게 표현하는 경우도 있다. 이러한 상황에서 감정과 바람카드를 사용하여 상담하는 과정을 살펴보자.

친구문제로 고민이 있는 영서

영서는 평소에 친구 문제로 속앓이가 심한 아이다. 이날은 모둠활동 중에 친구들과 갈등이 있었는데 아이들이 모두 하교한 뒤 아이 혼자 교실 문을 열고 들어오더니 친구 문제로 상담을 요청했다.

> 1단계 감정카드로 상담 시작하기

"지금 네 감정이 어떤지 감정카드에서 찾아볼래?"

교사 영서야, **무슨 일로 상담이 필요한지 말해 볼래?**

영서 모둠 친구들이 뭐 할 때 자꾸 저보고만 빨리하라고 해요.

교사 모둠끼리 같이 활동해야 할 때 친구들이 영서에게만 빨리하라고 한단 말이니?

영서 예. 한두 번이 아니에요!

교사 그런 일이 여러 번 반복되었어? 영서 마음이 많이 힘들었겠다.

영서 네!

교사 **여기 감정카드에서 영서 마음을 한번 찾아볼래?**

영서 (감정카드를 12장을 찾아서 놓는다.)

교사 세상에…. 영서 마음이 힘들다는 건 짐작했지만 이만큼인 줄은 몰랐네. 우리 영서 진짜 힘들었구나. (등을 토닥토닥해 준다.)

영서 (눈물을 보인다.)

Tip 아이가 감정카드를 생각보다 많이 고른 상황이다. 실제 학교현장에서는 이렇게 자신의 감정을 쏟아내듯 표현하는 아이들이 많다. 그만큼 아이들이 힘들다는 것이므로 이때 교사는 당황하지 말고 아이의 감정에 진심으로 관심을 보여 주고 "이렇게나 힘들고 어려웠구나." 하며 공감해 주면 된다.

> 2단계 감정카드를 선택한 이유 말하기

"그 카드를 선택한 이유를 말해 줄래?"

교사 **이 카드를 고른 이유를 말해 줄래?**

영서 모둠 친구들과 관계가 안 좋아서 불편해요.
지선이는 나한테만 큰 소리로 짜증내면서 말하니까 차별하고 불공평하게 대해요.
그래서 섭섭하고 힘들고 서러워요. 또 왜 나한테만 그러나 생각하니까 화나고
밉고 친구들이 싫어요. 이 상황이 짜증나고 요즘 그래서 기분도 안 좋아요.
나도 나름대로 노력하고 있거든요. 솔직히 예전보다 속도가 빨라졌는데
계속 그러니까 눈물도 나고 슬프고 막막해요.

교사 영서에게만 유독 큰 소리로 빨리하라고 말하니까 차별당하는 것 같아서 섭섭하고
힘들고 화나고 짜증나고 친구들도 싫고, 관계도 불편하고….
또 나름대로 영서도 노력하고 있는데 그것도 몰라주는 상황이 슬프고 막막하네.

영서 네.

교사 그럼 '미안하다' 카드를 고른 이유는 뭐니?

영서 솔직히 제가 잘 못하는 부분이 있잖아요. 그래서 미안해요.

교사 섭섭하고 속상한 마음도 있지만 미안한 마음도 있는 거네.

영서 네. 제가 멍 때리고 있을 때가 많으니까요.

교사 **그럼 이 중에서 영서가 가장 크게 느끼는 감정 세 가지를 골라 볼래?**

영서 (카드를 고른다.)

Tip 카드를 많이 골라도 아이가 고른 감정카드는 아이 자신이 느낀 감정들이기 때문에 그대로 수용해 주어야 한다. 아이가 감정카드를 선택한 이유를 말하면서 자신의 감정을 꺼내고 표현할 수 있게 되기 때문이다. 이 과정을 통해 아이는 자신의 감정을 인식하고 정리하는 시간을 갖게 된다. 이후 아이가 가장 크게 느낀 감정을 고르도록 하면 핵심감정이 무엇인지 알 수 있다. 핵심감정이 무엇인지 보다 명확하게 알게 되면 그러한 감정의 원인이 되는 충족되지 못한 욕구가 무엇인지를 찾아 가는 다음 과정이 보다 자연스럽고 쉽게 진행된다.

> 3단계 바람카드에서 바람 찾기

"지금 네 바람이 어떤지 바람카드에서 찾아볼래?"

교사 네 마음이 이렇게 힘들다는 건 어떤 바람이 이루어지지 않았다는 신호를 보내는 거야. **영서가 바라는 게 무엇인지 여기 바람카드에서 찾아볼래?**

영서 네.

> 4단계 바람카드를 선택한 이유 말하기

"그 카드를 선택한 이유를 말해 줄래?"

교사 **이 카드를 뽑은 이유를 말해 줄래?**

영서 힘든 마음을 이해받고 싶어요. 차별하지 않고 공평하게 대해 주었으면 좋겠어요.
존중, 있는 그대로 받아 주고 배려해 주기가 비슷한 이유예요.
그리고 친구끼리 친하게 지내면 좋잖아요. 그래서 친하고 가깝게 지내고 싶고,
서로 잘 어울리기, 좋은 관계가 비슷해요.
친구들과 재미있게 놀고 싶고, 관심받고, 인정받고 싶어요.
나도 친구들에게 도움을 줄 수 있으면 좋겠고, 필요한 사람이 되고 싶어요.

교사 영서가 바라는 건 친구들이 공평하게 대해 주기를 바라고
마음을 이해받고 존중받고 싶구나.
또 친구들과 잘 어울리기를 바라고 인정도 받고 싶고,
영서도 도움을 주는 사람이 되고 싶은 거네.

영서 네.

> 5단계 가장 바라는 바람 찾기

"이 바람카드 중에서 네가 가장 바라는 것은 무엇인지 한 장만 골라 볼래?"

교사 이 중에서 영서가 많이 원하는 것 세 장을 골라볼래?

영서 네.

교사 그럼 **이 세 장 중에서 영서가 가장 바라는 게 뭔지 한 장만 골라 볼래?**

영서 (카드를 고른다.) 친구들에게 마음을 이해받고 싶어요.

교사 영서가 진짜 원하는 건 친구들에게 마음을 이해받는 거네.

영서 네.

교사 선생님하고 상담하고 나니 지금 마음은 어때?

영서 마음이 훨씬 가벼워졌어요.

Tip 아이의 생활과 관련된 상담을 할 때는 아이가 많은 바람을 바람카드에서 찾아 표현하기도 한다. 친구 문제로 상담을 하게 된 영서의 경우 자신이 겪고 있는 문제 상황에서 다양한 바람을 이야기하고 있다. 이때는 아이가 고른 바람을 그대로 수용하며 들어 준 다음 그 바람 중에서 다시 가장 바라는 바람을 찾는 질문을 통해 아이가 진짜 바라는 것을 찾도록 돕는다.

감정+바람카드 사용방법 돋보기 2

앞서 제시한 상담사례에서 보듯 감정카드와 바람카드를 함께 활용하면 아이에 대해 더 깊이 공감할 수 있고 아이의 바람 찾기가 무척 쉬워진다. 상담과정이 쉬워지는 것뿐만 아니라 상담의 내용도 훨씬 깊어진다. 말 그대로 상담에 날개가 달리는 것 같다. 감정카드를 통해 자신의 감정을 표현하고 그 감정의 배경이 되는 충족되지 못한 바람이 무엇인지 알게 되면서 그 상황을 바라보는 관점이 자연스럽게 자신에게로 전환되기 때문이다.

1학년 동생이 자꾸 까불어 고민인 3학년 아이와의 상담

앞서 아이가 고른 감정 :

교사 **지금 네 바람이 어떤 것인지 바람카드에서 찾아볼래?** (3단계)

예린 네.

교사 **이 카드를 선택한 이유가 무엇인지 말해 줄래?** (4단계)

예린 '진실'은 동생이 엄마에게 자기한테 유리한 쪽으로만 말하지 않고 사실대로 말했으면 좋겠고요, '자유'는 동생 눈치 안 보고 편했으면 좋겠어요. '나은 모습'은 동생이 저한테 안 까불면 좋겠어요.

교사 **이 카드들 중에서 네가 가장 바라는 바람카드를 한 장 골라 볼래?** (5단계)

예린 지금보다 나은 모습이요.

교사 지금보다 나은 모습은 어떤 모습을 말하는 거니?

예린 동생이 저한테 까불지 않고 저도 동생한테 화를 안 내는 **좋은 언니가 되는 거예요.**

교사 네가 어떻게 하면 그렇게 될 수 있을까?

예린 먼저, 동생이 까불거릴 때 좋은 말로 타이를 거예요. 그리고 동생이 가끔 고맙게 행동할 때가 있는데 그때는 잊지 않고 꼭 '고마워.'라고 말해 주면 좋을 것 같아요.

이 사례는 자꾸 까부는 동생에 대한 갈등과 고민으로 상담을 시작했지만 카드를 통해 동생에게 좋은 언니가 되었으면 하는 자신의 바람이 있음을 알게 되는 과정으로 발전한다. 동생이 까불지 않는 것에서 나아가 동생에게 좋은 언니가 되어 주고 싶고 그것을 동생에게 인정받고 싶은 자신의 욕구와 바람을 깨닫게 됨으로써 이후 아이의 생각과 행동에 변화가 일어난다.

감정카드와 바람카드가 상담에 자유롭고 가벼운 날개를 달아 주는 또 하나의 이유는 복잡한 것을 단순하게 만들어 주기 때문이다. 상담이 필요하거나 상담을 요청하는 아이들은 복잡한 상황과 자신도 알지 못하는 복잡한 마음을 가지고 교사를 만나게 된다. 그래서 많은 교사가 상담과정에서 아이의 정리되지 않은 말을 듣다가 에너지가 소진되는 경험을 한다. 그런데 감정카드와 바람카드의 내용은 그 자체로 명료하고 간결하게 표현되어 있다. 따라서 감정카드와 바람카드를 고르고 이야기하면서 교사는 오롯이 아이를 공감해 주고 수용해 주는 데 에너지를 사용하면 된다.

또 감정카드와 바람카드를 이용한 상담은 아이가 고른 카드를 중심으로 이야기가 진행되기 때문에 상담의 목표가 명확해진다. 아이의 충족되지 못한 욕구와 그로 인해 지금 느끼고 있는 감정을 집중해서 듣고 공감하고 수용해 주면 대부분의 고민은 여기서 해소된다. 이미 카드를 통해 알고자 하는 것을 충분히 파악할 수 있기 때문에 아이의 문제 상황을 해결해 주기 위해 교사가 여기저기 건드릴 필요가 없다. 또한 감정카드와 바람카드를 통해 교사는 아이에 대한 이해의 폭을 넓힐 수 있는데 이것은 아이도 마찬가지다. 아이는 스스로에 대한 이해와 자신의 마음을 명확히 알게 되는 기회가 된다.

감정카드와 바람카드는 수시로 일어나는 갈등 중재 상황, 교실 규칙 세우기 등 교실에서 일어나는 다양한 상담 장면에서 필요할 때마다 꺼내 쓰는 치트키와 같은 역할을 한다. 요리할 때만 좋은 도구가 필요한 것이 아니다. 상담도 도구가 있으면 멀리 돌아가는 길이 아니라 쭉쭉 뻗은 대로로 갈 수 있다. 공감대화카드를 활용하여 '감정'과 '바람'의 길을 따라 아이와 따뜻하게 소통하면서 전환으로 이끌어 주는 상담을 시작해 보자.

#3. 공감대화카드로 문제해결(행동변화)까지 해 보기

감정카드와 바람카드로 마음을 알게 되면 고민 끝?

교사 선생님하고 상담하고 나니 지금 마음은 어때?

아이 마음이 훨씬 가벼워졌어요.

앞서 제시한 것처럼 <감정카드로 상담하기>와 <감정카드+바람카드로 상담하기>를 진행하고 나면 대부분 위의 대화처럼 마무리된다. 아이는 불안하고 힘들었던 감정이 많이 안정되고 스스로 자기의 바람을 바라보게 되며 교사도 아이를 깊이 이해하게 된다. 아이의 마음은 가벼워지고 정리되지만 아이가 처음 고민하던 문제나 갈등 상황은 여전히 존재하기도 한다.

> 평소 밝은 표정으로 생활하던 하윤이가 표정이 어둡고 의기소침해하며 달라진 모습이 눈에 띄었다. "무슨 고민이 있니?"라고 물으니 단짝이었던 서영이가 집에 갈 때 자신이 말을 붙이면 아무 말도 안 하고, 옆에 있던 다른 친구가 말을 하면 둘이서 이야기하며 앞서간다며 친구 관계의 어려움을 호소하였다. 그래서 감정카드와 바람카드로 이야기를 나누었고 20분 정도 이야기를 나눈 하윤이는 표정이 환해져 집으로 돌아갔다.
>
> 그 후 며칠 뒤 "요즘은 서영이랑 어떻게 지내니?"라고 묻자 엄마가 같이 다니지 말라고 해서 그냥 혼자 다닌다고 했다. 그래서 "아하, 그렇구나. 넌 괜찮니?"라고 했을 때 "네. 안 보니까 속상하진 않아요. 근데 학원에 가면 또 만나니까… 어쩔 수 없죠 뭐."라며 쓸쓸한 표정이 되었다.

하윤이는 고민하던 상황에 직접 부딪치지 않으며 속상함을 달래고 있었고 함께하고 싶은 친구와는 여전히 어색하고 신경이 쓰이는 상황이었다. 친구와 같이 다니지 않는 것도 어머니가 시킨 것이지 하윤이가 결정하고 선택한 행동은 아니었다. 하윤이의 마지막 말, "어쩔 수 없죠."라는 통제하지 못하는 상황을 "어떻게 해 볼까?"로 안내하는 것이 이절에서 만나는【공감대화카드를 활용하여 문제해결하기】부분이다.

한눈에 보는 상담과정(공감대화카드+문제해결)

<공감대화카드로 문제해결하기>는 1~5단계에 6단계 가장 바라는 것 구체적으로 말하기, 7단계 새로운 행동 계획하기가 더 추가된다. 변화를 위해 상담목표를 더 명확히 하고, 목표를 실천하기 위한 행동계획 세우기까지 나아가는 부분이다. 공감대화카드 활용에 이어 문제해결에 중점을 두는 현실치료와 해결중심적 질문을 자연스럽게 적용하였다.

'공감대화카드를 활용한 문제해결 상담'의 과정을 사례와 함께 살펴보기

태권도 학원에 가기 싫은 민수

민수는 2학기 들어 언어나 행동이 과격해지고 과장된 언어를 자주 사용하는 등 정서적으로 불안정한 상태를 보였다. 어머니와 상의하여 상담을 주 1회 하고 있으나 속마음을 숨기는 등 어려움이 있었다. 오늘은 민수와 태권도 학원에 대한 고민으로 상담이 진행되었다.

> 1단계 감정카드로 상담 시작하기

"지금 네 감정이 어떤지 감정카드에서 찾아볼래?"

교사 민수야, 오늘 선생님이랑 상담하기로 한 날이야.

민수 상담하기 싫어요. 갈래요.

교사 상담하기 싫은가 보구나. 선생님이랑 상담하는 게 불편하니?

민수 그게 아니라 오늘 현진이랑 만나서 태권도 같이 가기로 했거든요.

교사 그렇구나. 선생님은 민수가 요즘 고민이 많아 보여서 이야기를 나누고 싶어서 그래.
10분이라도 괜찮은데….

민수 네. 여기 앉을까요?

교사 민수가 많이 바쁘구나. 민수야, 요즘에는 고민 같은 거 없어?

민수 태권도요. 근데 금요일에 못 끊어요. 금요일에 심사인데 품띠도 받아야 되고.

교사 그럼 민수는 태권도를 끊고 싶은데 품띠도 받고 싶은 거야?

민수 네. 근데 다음 주에 하고 싶을 때는 또 하는데 흰띠부터 시작해야 해서.

교사 민수가 처음부터 시작하는 것이 걱정되나 보네.
그런데 태권도를 안 하고 싶다고 방금 했는데 아니니?

민수 그건 아니에요.

교사 그럼 지금은 힘들어서 다니기 싫지만 또 언젠가는 다니고 싶은가 보네.
민수가 고민이 깊구나! 민수가 지금은 태권도 가기 싫은 거야?

민수 네, 힘들어요.

교사 그럼 민수가 생각하는 태권도 학원에 대한 마음이 어떤 것 같아?
이 감정카드에서 찾아볼래?

민수 네. (카드를 고른다.)

> 2단계 감정카드를 선택한 이유 말하기

"그 카드를 선택한 이유를 말해 줄래?"

교사 **왜 이 카드를 골랐는지 이야기해 줄 수 있겠어?**

민수 학원이랑 방과후 수업도 다니고 해서 힘들어요.

교사 지난번에 민수랑 이야기해 보니 민수가 정말 학원을 많이 다니더구나.

민수 네.

교사 그럼 '귀찮다'를 고른 이유는 뭘까?

민수 태권도 수업 많이 하고 어~ 그리고 계속 다리 아프게 열 번 달리기를 해서요.

교사 10번이나? 많이 힘들겠네. 민수는 막 많이 뛰고 그런 거 별로 안 좋아하지? 그래서 귀찮은 것도 있겠구나. 그럴 수 있을 것 같아.

민수 네.

교사 태권도는 매일 가니?

민수 네.

> 3단계 바람카드에서 바람 찾기

"지금 네 바람이 어떤지 바람카드에서 찾아볼래?"

교사 헉, 매일 가는구나. 그럼 민수가 바라는 게 뭘까?
바라는 것을 여기 바람카드에서 한번 골라 볼래?(바람카드를 내놓는다.)

민수 네. (카드를 고른다.)

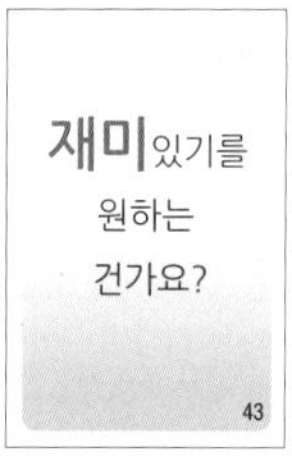

> 4단계 바람카드를 선택한 이유 말하기

"그 카드를 선택한 이유를 말해 줄래?"

교사 **이 카드를 뽑은 이유를 이야기해 줄 수 있겠니?**

민수 태권도가 재미있었으면 좋겠어요.

교사 그렇구나. 그리고 민수는 좀 쉬고 싶기도 하고, 몸과 마음이 안 편안하니까 이것도 민수의 바람이 아닐까?

민수 네, 맞아요. 아! 즐거웠으면 좋겠어요. (카드를 더 고른다.)

> 5단계 가장 바라는 바람 찾기

"이 바람카드 중에서 네가 가장 바라는 것은 무엇인지 한 장만 골라 볼래?"

교사 그럼 이 중에서 민수가 **가장 바라는 것은 뭐니?**

민수 이거요. (카드를 고른다.)

> 6단계 가장 바라는 것 구체적으로 말하기

"☆☆한다는 것은 네가 구체적으로 어떻게 하는 것을 말하는 거니?"

교사 그럼 민수야, **태권도를 하며 즐겁다는 건 어떤 모습인 것 같아?** 민수가 원하는 모습은 무엇인 것 같아?

민수 태권도를 한 세 번 아니 일주일에 세 번은 쉬었으면 좋겠어요.

교사 그러니까 민수는 민수가 가고 싶지 않을 때 안 가고 싶은 거지?

민수 네.

교사 민수가 바라는 것은 태권도를 가고 싶지 않을 때 쉴 수 있는 것인데,
민수는 지금 매일 가야 해서 힘들고 지겹고 귀찮은 거구나.

민수 네.

> 7단계 새로운 행동 계획하기

"네가 원하는 것을 얻기 위해 어떤 행동을 해 볼 수 있을까?"

교사 그럼 민수야. 태권도 가기 싫을 때 그냥 가는 행동을 하는 건
네가 원하는 것과 달라서 민수가 계속 힘들어할 것 같아.

민수 맞아요.

교사 민수가 원하는 것을 얻기 위해서 새로운 행동을 해 보면 좋겠어.
어떤 행동을 해 볼 수 있을까?

민수 (한참을 생각하다) 잘 모르겠어요.

교사 혹시 태권도에 매일 가지 않는 친구도 있니?

민수 자주 안 오는 친구가 있기는 해요.

교사 엄마에게 태권도 학원에 매일 가고 싶지 않다고 이야기해 봤어?

민수 아니요, 그러면 혼날 것 같아요.

교사 엄마가 태권도에 대해 민수가 힘들다고 하면 꾸중을 하셔?

민수 아니요, 그렇진 않은데 표정이 안 좋아지고 화난 목소리로 "야!"라고 하세요.

교사 음, 그러면 민수는 무섭고 걱정이 돼서 더 말하기 어려웠겠구나.

민수 맞아요.

교사 그럼, 선생님한테 했던 것처럼 엄마께 태권도 다니며 힘든 민수의 감정이랑
민수가 원하는 모습을 글로 이야기해 드리는 거야. 할 수 있을 것 같니?

민수 자신이 없어요.

교사 그럼 민수야, 선생님이랑 이렇게 해 보자.
그런데 민수가 내키지 않으면 안 해도 된단다.
선생님이 너랑 상담한 종이를 정리할게.
민수하고 선생님이랑 같이 편지 적어서 오늘 상담한 종이랑 같이 보내는 건 어때?

민수 (고개를 끄덕이면서) 네, 해 볼게요. (교사와 함께 편지를 쓴다.)

(처음에 편지를 썼다가 교사가 쓴 편지를 보고) 다시 쓸래요. (다시 적는다.)

교사 민수야, 오늘 선생님이랑 정한 대로 엄마께 편지를 써서 전해 드리면
결과가 어떨 것 같아? 편지를 드리면 엄마가 태권도를 쉬게 해 주실 것 같니?

민수 잘 모르겠어요.

교사 엄마한테 언제 이 편지를 드릴 수 있을 것 같아? 잠자기 전에?

민수 잘 모르겠어요.

교사 그럼 오늘 민수가 용기가 생길 때 드려.
그리고 어떻게 되었는지 내일 아침에 선생님에게 꼭 말해 줘.
이건 상담 종이인데 엄마가 이걸 보시면 더 잘 이해하실 것 같아.
갑자기 편지를 받으시면 "이게 뭐야?" 하실 수도 있잖아.
그래서 상담 종이도 같이 봉투에 넣자.

민수 네, 테이프도 붙여야겠어요. 안 열리게.

교사 민수야, 한 달에 한 번만이라도 안 가도 좋겠니?

민수 네.

교사 민수가 그 정도로 태권도를 가기 싫구나.

민수 가기 싫은 게 아니라 많이 힘들어요.

교사 그렇구나. 오늘 꼭 해 보자. (손가락을 걸며) 약속!
혹시 엄마가 안 된다고 할 수도 있어. 그래도 너무 실망하지는 말고. 그럼 선생님이랑 다음 주에 다른 방법을 찾아보자. 자, 이제 **연습해 볼까?** 선생님이 엄마라고 생각하고 "민수야, 학교에서 별일 없었니? 재밌었니?" 하면은?

민수 (바닥을 보며) 부끄러워요.

교사 그럼 선생님이 시범을 보여 줄 테니까 민수가 집에서 할 때 참고해 봐.
"엄마, 오늘 수요일이라 선생님이랑 상담하잖아요. 선생님이랑 상담하면서
적은 건데 이거 읽어 보세요."
할 수 있겠니?

민수 (고개를 끄덕이며) 네.

> 마무리 강점 전달하기

"솔직하게 이야기하고 스스로 방법을 찾아내는 네가 놀랍구나."

교사 오늘 민수가 솔직하게 이야기하고 고민을 해결하려고
편지를 쓰고 다시 또 쓰는 모습을 보니 대견해.
오늘 용기 내서 실천할 수 있을 것 같구나. 내일 선생님께 꼭 알려 줘.
민수 네.

민수가 상담하기 싫다고 한 말이 마음에 걸려 상담하는 것이 부담스럽고 힘드냐고 물어보았다. 민수는 "아니요. 좋았어요. 1학기 때는 제가 말을 많이 안 했거든요. 근데 이제는 제가 말을 많이 해요."라고 했다. 그 말을 듣고 보니 그전까지의 상담은 내가 일방적으로 아이에게 쏟아붓는 말이 많았다면 공감대화카드로는 아이가 스스로 문제에 대해 계속 이야기할 수 있도록 끌어 주었다는 생각을 했다. 또 이전에는 갈등 상황이 명확하지 않아서 이렇게 상담목표를 정하는 것이 맞는지 궁금했었는데, 구체적인 상황과 바람을 찾아서 하다 보니 좀 더 쉽게 상담이 이루어진 것 같다.

민수의 경우 감정과 바람카드로 태권도를 안 다니는 것이 아니라 한 달에 두세 번 쉬는 것이라는 명확한 목표를 정하였다. 그리고 엄마에게 말하기가 두려워 참던 행동을 '편지 쓰기로 마음 전하기'라는 새로운 행동으로 바꾸어 실천하게 되었다. 교사의 편지를 보고 다시 쓴 민수의 편지에는 민수의 고민과 감정, 바람이 적혀 있었다. 민수의 편지를 받은 어머니는 교사에게 장문의 문자를 보냈다. 그동안 아이가 얼마나 힘들었는지 보지 못했다고 했다. 이혼 후 홀로 키우는 아이를 남들 못지않게 키우려는 마음에 예의와 학업에서 강압적인 태도를 보였음을 알게 되었고, 민수가 엄마에게 많이 섭섭해하고 속상해하고 있음을 알게 되었다고 했다. 이후에 민수는 못 만나던 아빠도 만나게 되었고, 엄마가 태권도를 그만둬도 된다고 했는데 민수가 다니겠다고 해서 계속하고 있다.

'공감대화카드로 문제해결(행동변화)까지' 사용방법 돋보기

동생이 걱정되는 정민이

정민이는 아버지와 학교에서 인기가 많은 남동생 상민이, 이렇게 셋이서 생활하고 있다. 정민이는 학습 부진 학생이며 아버지의 마트 일을 돕고 있다. 오늘 아침에 등교하자마자 계속 엎드려 있는 모습을 보고 방과 후에 상담을 하였다.

> 1단계 감정카드로 상담 시작하기

"지금 네 감정이 어떤지 감정카드에서 찾아볼래?"

교사 정민아, 학교에 와서 **계속 엎드려 있는 모습을 보니 걱정이 되어서** 상담하자고 했어. **무슨 고민이 있니?**

정민 어젯밤에 아버지와 남동생이 대판 싸웠어요.
동생이 자꾸 엇나가고, 아버지도 이제 동생 포기할 거라고 하시고.
선생님, 제 동생 상민이 좀 도와주세요.

교사 정민이가 어젯밤부터 계속 걱정이 되었겠구나. 그래서 오늘 아침에 학교 오자마자 엎드려 있었던 거구나.

정민 네.

교사 지금 마음이 어떤지 감정카드에서 골라 볼래?

정민 네. (카드를 고른다.)

Tip 아이의 요청으로 시작하는 자발적 상담은 "어떤 이야기가 나누고 싶어서 왔어?", "어쩌다가 그런 일이 생기게 되었니?"와 같이 부드럽게 말문을 여는 것이 좋다. 교사의 요청으로 시작하는 비자발적 상담의 경우에는 "오기 싫었을 텐데 이렇게 와줘서 고마워. 선생님이 요즘 네가 힘들어 보여서 이야기 나누고 싶어서 불렀어."와 같이 상담의 자리에 와 준 것에 대해 감사를 표현하고 공감해 주는 것이 중요하다.

> 2단계 감정카드를 선택한 이유 말하기

"그 카드를 선택한 이유를 말해 줄래?"

교사 '힘들다', '걱정하다', '막막하다'를 골랐네.
이 카드를 고른 이유를 설명해 줄 수 있을까?

정민 네. 힘들다는 아버지랑 동생이 맨날 싸워서 힘들어요.
걱정하다는 동생이 맨날 먹고 자고 게임밖에 안 해서 걱정이고요.
막막하다는 동생을 어떻게 해야 할지 너무 막막해서요.

교사 동생이 아버지랑 싸우는 것이 힘들고, 게임만 하고 게으른 생활을 하는 동생 모습이 걱정되고, 정민이가 동생을 어떻게 해야 할지 몰라서 막막하구나.

정민 네.

Tip 10장이 넘게 아주 많은 카드를 고르면 그만큼 마음이 힘들고 복잡한 상태라고 볼 수 있다. 이럴 때는 "이렇게 많은 감정을 가지고 있었다니 네가 많이 힘들었구나."라고 아이의 감정을 수용해 주고 충분히 공감한다. 그러고 나서 시간적 여유가 없을 경우에는 "이 중에서 네 마음에 가장 와닿은 카드를 세 장 정도 골라 볼래?"라고 말할 수 있다.

> 3단계 바람카드에서 바람 찾기

"지금 네 바람이 어떤지 바람카드에서 찾아볼래?"

교사 정민아, 정민이가 이런 감정이 드는 것은 정민이의 마음속에 네가 원하는 바람이 있기 때문이야. **정민이가 바라는 것이 무엇인지 바람 카드에서 골라 볼 수 있을까?**

정민 네. (카드를 고른다.)

> 4단계 바람카드를 선택한 이유 말하기

"그 카드를 선택한 이유를 말해 줄래?"

교사 '좋은 관계를 원하나요?', '이해받고 싶나요?', '더 나은 모습으로 되고 싶나요?'를 골랐네. **이 바람 카드를 고른 이유를 설명해 줄 수 있을까?**

정민 네, 아버지와 동생이 좋은 관계였으면 좋겠고, 지금 내가 얼마나 힘든지 이해받고 싶고, 동생이 좀 달라져서 지금보다 나은 모습이 되면 좋겠어요.

> 5단계 가장 바라는 바람 찾기

"이 바람카드 중에서 네가 가장 바라는 것은 무엇인지 한 장만 골라 볼래?"

교사 그렇구나. 동생이 아버지랑 잘 지냈으면 좋겠고, 정민이의 힘든 점도 이해받고 싶고, 동생이 좀 더 나은 모습으로 달라졌으면 좋겠구나.
그럼 정민아 이 중에서 정민이가 **가장 바라는 것을 한 장 고를 수 있을까?**

정민 네. (카드를 고른다.)

> 6단계 가장 바라는 것 구체적으로 말하기

"☆☆한다는 것은 네가 구체적으로 어떻게 하는 것을 말하는 거니?"

교사 더 나은 모습으로 되고 싶다는 것이 구체적으로 어떤 모습이야?

정민 동생이 성실했으면 좋겠어요.

교사 동생이 성실하다는 것은 어떤 모습일까?

정민 동생이 게임을 안 하는 거요. 매일 게임하는 모습만 보니까 너무 답답해요.

교사 동생이 게임을 안 하고 무엇을 했으면 좋겠니?

정민 학교 숙제도 좀 하고 공부도 했으면 좋겠어요.

교사 그랬구나. 정민이는 동생이 학교 숙제도 하고 공부도 좀 했으면 좋겠는데 매일 게임만 하는 모습을 보니 많이 힘들고, 걱정되고, 막막했겠구나.

정민 네.

Tip 아이가 가장 원하는 바람카드 한 장을 찾게 되면 자기의 진정한 바람이 무엇이었는지를 명확하게 알게 되어 상담의 목표와 방향을 잡기가 쉬워진다. 가장 바라는 바람카드를 찾고 나면 구체적으로 어떤 모습인지 질문한다. 같은 바람이라도 구체적인 장면이 사람마다 다를 수 있기 때문이다. 이 질문을 통해 아이의 바람이 명료해지고 교사도 이를 더 잘 이해할 수 있으며 구체적인 상담의 목표를 정할 수 있다.

"네가 정말 바라는 것은 ☆☆하는 것인데 지금 △△한 상황이라서 걱정되고 힘들고 막막한가 보구나."와 같이 아이의 구체적인 바람과 현재의 모습을 대조하여 아이의 감정을 그대로 반영해 주면 적극적인 공감의 표현이 되는 동시에 아이가 새로운 행동을 생각해 보고 계획하기 위한 발판이 된다.

> 7단계 새로운 행동 계획하기

"네가 원하는 것을 얻기 위해 어떤 행동을 해 볼 수 있을까?"

교사 그러면 정민아, 동생이 게임만 하는 것이 아니라 학교 숙제도 하고 공부도 할 수 있게 정민이가 어떻게 도와주면 좋을까?

정민 몰라요. 제 동생은 절대 안 할걸요. 제가 뭐라고 해서 했으면 지금까지 이러겠어요?

교사 정민이가 도움을 줄 수 없을 것이라고 생각하는구나. 그래서 더 답답했겠어.

정민 맞아요.

교사 그럼 **지금까지 집에서 동생이 숙제를 하거나 공부를 한 적이 한 번도 없었어?**

정민 음…. 있었어요. 동생이 2학년 때 담임선생님이 좀 무서워서 숙제를 안 하면 아빠한테 바로 전화하니까 그때는 좀 하기는 했던 것 같아요.

교사 선생님이 아버지께 말씀드리면 동생이 숙제를 했다는 말이지?

정민 네.

교사 정민이가 상민이 담임선생님께 부탁드려 보는 것은 어떨까?

정민 음, 동생 데리러 가면서 몇 번 뵌 적이 있어서 해 볼 수 있을 것 같아요.

Tip 아이가 잘 생각나지 않는다고 하면 "혹시 이전에 이와 비슷한 상황이지만 문제가 잘 해결된 적은 없었니? 그때는 지금과 어떻게 다르게 했어?"와 같이 이전에 비슷한 상황에서 그 바람을 이루었던 성공적인 경험이나 같은 상황일지라도 문제가 일어나지 않았던 예외상황을 물어도 좋다.

교사 정민이가 상민이 담임선생님께 말씀을 드리면 동생이 집에서 게임만 하지 않고 숙제나 공부를 하고 노는 것에 도움이 될 것 같니?

정민 네. 그냥 가만히 있는 것보단 나을 것 같아요.

교사 좋아, 정민아. 그럼 언제 말씀드리러 갈 수 있을까?

정민 지금 집에 가는 길에 상민이 반에 가서 말씀드리고 갈 수 있어요.

교사 정말?

정민 네.

Tip "네가 원하는 것을 얻는 데 도움이 되겠니?"라고 물을 때, 앞서 아이가 가장 바라는 것이 구체적으로 무엇이었는지 떠올려서 비교할 수 있게 질문하면 더 쉽게 자기가 선택한 행동을 평가할 수 있다. 즉, "네가 동생 담임선생님께 말씀을 드리면 동생이 집에서 게임만 하지 않고 숙제나 공부를 하고 노는 것에 도움이 될 것 같니?"라고 가장 원하는 것과 비교해서 자기평가 질문을 한다.

교사 와, 대단한걸! 그럼 정민아, 선생님이 상민이 담임선생님이라고 생각하고 한번 연습해 볼까? 바로 가면 긴장되어서 말을 제대로 못할 수도 있으니.

정민 네.

교사 선생님이 듣고 있을게. 얘기해 보자.

정민 선생님, 안녕하세요. 저는 상민이 형 정민이라고 합니다. 상민이가 집에서 학교 숙제를 하지 않고 게임만 해서 선생님께 부탁드리려고 왔습니다.
상민이가 숙제를 해 오지 않을 때 아버지께 전화 드려야겠다고 얘기해 주실 수 있나요? 상민이가 선생님께서 아버지한테 전화한다는 말을 들으면 그나마 숙제를 할 것 같아서요.

Tip 상황에 따라 계획 세운 것을 역할극처럼 연습해 보면, 할 수 있겠다는 용기도 생기고 실제 생활에서 실천할 가능성도 높아진다.

> 마무리 강점 전달하기

"솔직하게 이야기하고 스스로 방법을 찾아내는 네가 놀랍구나."

교사 와, 정민아. **정말 대단하다! 이렇게 바로 얘기를 할 수 있다니.** 선생님한테 **바로 연습해 보는 것도 대단했고** 동생과 아빠를 걱정하는 마음도 너무 기특하고 오늘 **솔직하게 이야기해 줘서** 너무 고맙구나.

정민 저도 선생님께 말씀드리고 나니 마음이 한결 가벼워졌어요.
상민이 담임선생님께도 잘 말할 수 있을 것 같아요.

교사 정민이의 마음이 가벼워졌다고 하니 정민이를 걱정하던 선생님 마음도 쑥 내려간 것 같아. 지금 가서 해 보고 선생님한테도 어떻게 되었는지 얘기해 줄 수 있겠니?

정민 네, 지금 바로 다녀올게요.

Tip 상담의 마무리에서 아이가 잘했던 것과 아이의 강점을 찾아 말해 준다. 이 과정을 통해 아이의 자존감도 높아지고 교사와 더욱 긍정적인 관계로 나아간다. 상담 후 마음의 변화에 대해 감정카드를 찾아보며 이야기 나누어 볼 수도 있다.

감정카드로 따뜻한 공감을,

바람카드로 깊은 이해를,

진짜 원하는 바람으로 상담의 목표를 명확히,

바람, 감정, 상황 요약으로 현재 상황과 바람과의 차이를,

새로운 행동 계획하기로 내 안의 긍정성과 실천력을,

강점 전달하기로 스스로 성장할 수 있음을!

'공감대화카드로 문제해결까지'의 각 단계별 핵심질문을 익혀서

교실에서 아이들에게 바로 활용하여

돕고 성장하는 선생님들이 많아지기를!

공감대화카드를 활용한 중재하기

교실에서 아이들의 다툼 없이 편안히 지나가는 날이 얼마나 될까? 교사들에게 질문했을 때 그런 날은 손가락으로 꼽을 정도라고 대답할 만큼 교실에서는 크고 작은 갈등이 끊임없이 일어나고 있다. 다양한 욕구와 각자 다른 바람을 가진 아이들이 함께 생활하는 공간에서 갈등이 있는 것은 자연스러운 현상이다. 그럴 때마다 교사는 아이들의 다툼에 중재를 맡게 되지만, 중재를 하고 나서도 그 친구들이 다음에 아무 일 없다는 듯 평화가 찾아오는 건 아니다. 싸우고 중재하고 다투고 중재하고…. 이런 일상에 교사도 피곤하고 지친다.

"○○이가 먼저 욕해요.", "나는 아무 짓도 안 했어요."

"○○이가 때렸어요.", "○○이가 먼저 시비 걸었단 말예요."

각자의 주장으로 교사를 난감하게 만든다. 아이들의 이런 표현에는 결국 내가 아닌 상대방에게 잘못의 책임을 전가하는 판단과 책임 회피, 비난이 담겨 있다. 둘 다 억울하다고 외치는 상황이기 때문에 교사가 공정한 중재를 통해 화해시키기가 참 어렵다.

상황과 이유를 들어 보고 "네가 먼저 잘못했네."라며 판결을 내리기도 하고 "어쨌든

싸움은 나쁜 거야. 각자 잘못한 거 말하고 사과해."라고 결론을 주기도 한다. 또한 "만약 너라면 어떨 것 같니?"라고 물으면서 역지사지의 마음을 가르치고 중재를 시도하기도 한다.

아이들은 자기 감정에 집중되어 있어 상대를 수용하기가 어렵고 교사는 아이들의 잘못을 이성적으로 판단하느라 각자의 입장에 공감하지 못해 서로 만족스러운 중재가 되지 않는다. 갈등이 있는 아이들의 마음을 알고 소통을 도와 효과적으로 중재를 할 수 있도록 공감대화카드를 활용해 보자.

한눈에 보는 중재 과정

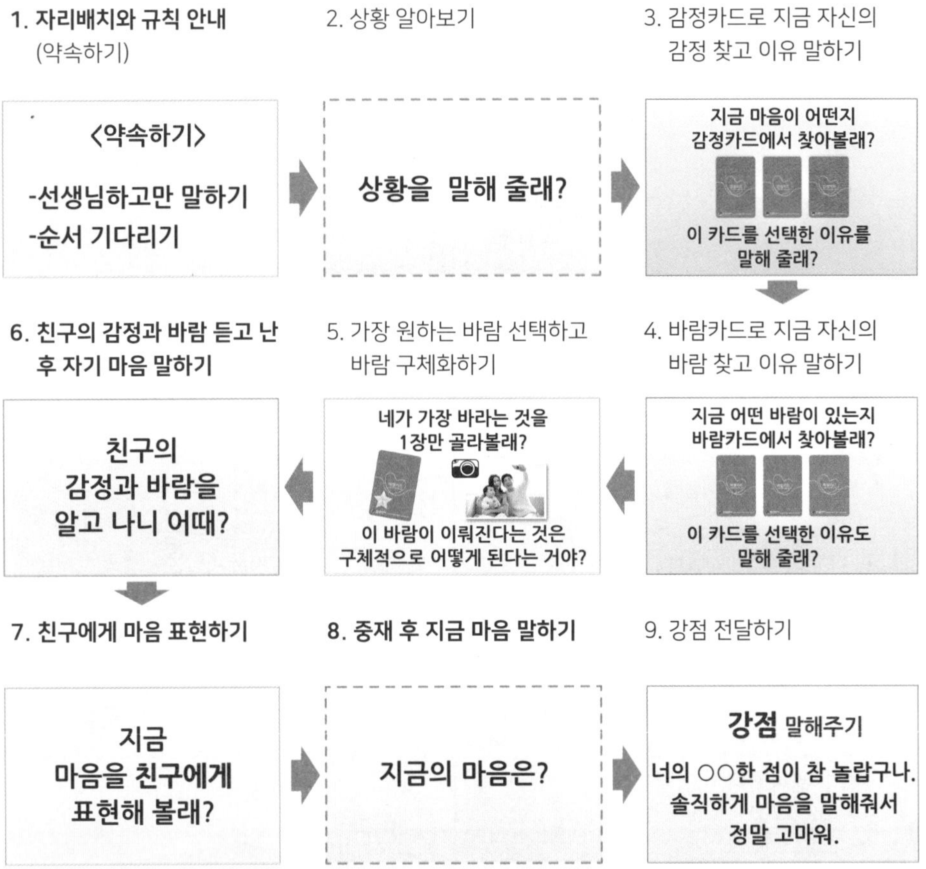

공감대화카드를
활용한
중재
1. 자리배치와 규칙 안내하기(약속하기)
선생님하고만 한 사람씩 이야기해 줄 수 있겠니?
2. 상황 알아보기
제가 먼저 말할게요.
상황을 말해줄래?
3-1. 감정카드로 자신의 지금 감정 찾기
지금 마음을 감정카드에서 찾아볼래?
3-2. 감정 고른 이유 한 사람씩 말하기(1)
민호부터 감정을 고른 이유를 말해 볼래?
3-3. 감정 고른 이유 한 사람씩 말하기(2)
이번에는 은영이가 말해볼래?
4-1. 바람카드에서 자기의 바람 찾기
지금 바람을 바람카드에서 골라 볼래?
4-2. 바람 고른 이유 한 사람씩 말하기
민호부터 고른 이유를 말해 줄래?
이번에는 은영이가 말해 줄래?
5. 가장 원하는 바람 고르고 이유 말하기
바람들 중에 가장 원하는 것을 고르고 그 이유를 말해 줄래?
제가 고른 바람은...
제가 고른 바람은...

사례로 중재 과정 배우기

이 절의 중재 과정은 둘 이상의 아이가 갈등이 있을 때 공감대화카드를 활용해서 소통을 돕고 문제를 해결할 수 있도록 하는 방법이다. 개인상담의 과정처럼 각자의 감정과 바람을 찾고 표현하지만 처음 시작에 순서를 지키는 '약속하기'가 필요하고 각자의 카드가 준비되어야 한다.

영어 시간에 싸우고 온 민호와 은영이

영어 전담 수업에서 민호와 은영이가 싸우고 왔다. 민호가 은영이를 벽으로 세게 밀치는 바람에 은영이가 아파서 울었다고 했다. 전담 선생님이 민호를 불러 이야기를 해도 민호는 자기가 잘못한 것을 인정하지 않았다. 은영이는 어깨를 잡고 아직도 아프다고 말하며 화가 난 얼굴로 민호를 노려보았다. 민호와 은영이에게 방과 후에 만나자고 이야기하고 아이들이 다 돌아간 후 담임과 두 아이가 상담 테이블에 앉았다.

1. 약속하기

교사 오늘 서로 이야기하기 전에 한 가지 약속을 하면 좋겠어.

먼저, 선생님이 두 사람 이야기를 순서대로 다 들어 줄 테니까 화나고 속상해도 선생님하고만 이야기하고 상대방이 이야기할 때는 끼어들지 않기를 부탁해. 지켜 줄 수 있겠니?

민호, 은영 네.

교사 누가 먼저 말할까? 먼저 말하고 싶은 사람 있니?

민호 제가 먼저 말할게요.

교사 그럼 민호가 먼저 말해 보자.

Tip 중재에서는 아이들이 서로 대화하도록 하지 않고 교사와 아이 1, 교사와 아이 2 이렇게 따로따로 대화하는 것이 중요하다. 서로 대화를 나누도록 하면 감정이 격해진 상태이기 때문에 서로를 비난하고 탓하다가 다시 싸움이 나기 쉽기 때문이다. 교사가 두 사람의 이야기를 모두 들어 줄 거라는 것을 알게 되면 끼어들지 않고 차례를 기다리게 되고 친구의 이야기에도 귀를 기울이게 된다.

2. 갈등 상황 알아보기

교사 어쩌다가 그런 일이 생겼니?

민호 쉬는 시간에 놀러 나가려고 했는데 은영이가 내 팔을 잡고 안 놔 주잖아요.

교사 놀러 가고 싶었는데 은영이가 붙잡아서 화가 났겠구나.

민호 네. 몇 번이나 붙잡고 당겼어요.

교사 그랬구나. 이번에는 은영이가 말해 볼래?

은영 제가 수업시간에 문제 푼 거 민호가 틀렸다고 했거든요.
근데 다른 아이들이랑 맞춰보니 제 것이 맞았어요. 그래서 내가 정답인 거 알려 주려고 와 보라고 했는데 민호가 저를 벽으로 밀쳤어요.

교사 넌 쉬는 시간을 이용해서 민호에게 정확하게 알려 주고 싶었는데 민호가 밀쳐서 정말 어이없고 억울했겠구나.

은영 네.

교사 많이 아팠겠다. 지금은 좀 어떠니?

은영 아직 좀 아파요. 그래도 아까보다는 괜찮아요.

교사 다행이다.

Tip 아이들마다 갈등 상황을 기억하는 장면이 다르다. 그래서 각자가 기억하는 상황을 말하도록 해 주는 것이 필요하다. 그리고 아이가 상황을 말하면 교사가 그 감정을 읽어 줘서 올라간 감정이 내려가도록, 속상한 감정이 빠져나가도록 도와준다.

3. 감정 찾고 이유 말하기

교사 그럼 지금 너희 마음이 어떤지 각자 감정카드에서 찾고 카드를 고른 이유를 말해 볼래?

민호	은영
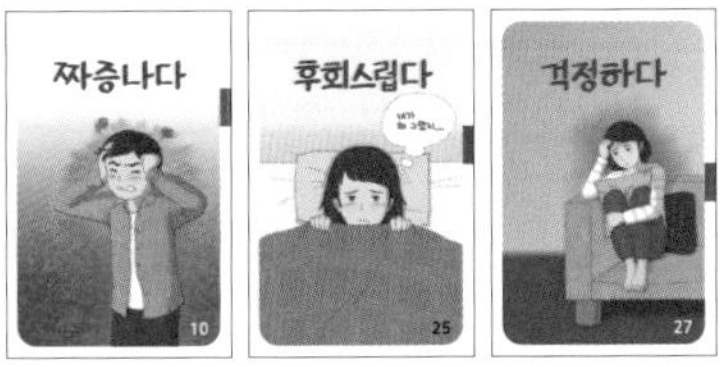	

교사 그럼 민호부터 감정카드를 고른 이유를 말해 볼래?

민호 은영이가 자꾸 잡아 끌어서 쉬는 시간이 줄어들어 짜증났어요.
참지 못하고 밀친 것이 후회스러워요. 그러나 이 일로 문제가 커질까 봐 걱정돼요.

교사 민호는 은영이가 잡아 끌어서 쉬는 시간이 줄어들어 짜증이 났구나.
그러나 참지 못하고 밀쳐서 다치게 한 것에 후회하는 마음도 있고 문제가 커질까 봐 걱정도 되는구나. 이번에는 은영이가 고른 감정카드를 말해 볼래?

은영 맞을 만큼 잘못하지 않았는데 맞아서 황당해요. 다른 친구 답과 비교해 보니 제 답이 맞아서 확인하러 가 보자고 했을 뿐인데 저를 밀쳐서 분하고 화가 나요.

교사 은영이는 민호에게 맞을 만큼 잘못하지 않았는데 맞아서 황당하구나.
네 답이 맞다는 것을 확인하려고 한 것뿐인데
민호가 밀쳐서 분하고 화가 났다는 말이구나.

Tip 감정카드를 고르고 나면 누가 먼저 설명하고 싶은지도 물어보고 선택하게 할 수 있다. 그리고 감정카드를 아이가 다 설명하면 교사는 아이가 한 말과 감정을 공감하며 다시 말해 준다. 교사의 공감을 받으면 감정은 내려가고 안정이 된다. 또 상대방도 그 이야기를 들으면서 싸운 친구의 상황과 감정을 이해하게 된다.

4. 바람 찾고 이유 말하기

교사 감정이 생기는 이유는 마음속에 어떤 바람이 있어서 그런 거란다. 지금 네가 바라는 것은 무엇인지 바람카드에서 찾아보고 카드를 고른 이유를 설명해 줄래?

민호	은영

교사 민호부터 바람카드를 고른 이유를 말해 줄래?

민호 놀고 싶어서 가기 싫었던 제 마음을 있는 그대로 알아줬으면 좋겠어요.
또 서로 이해해서 상황이 잘 풀리길 기대해요.
그리고 화해해서 다시 좋은 관계가 되었으면 좋겠어요.

교사 민호는 나가 놀고 싶어서 그랬다는 네 마음을 알아주길 바라고,
상황이 잘 풀리기도 바라고, 은영이와 화해하고 싶은 마음이 있구나.

민호 네.

은영 저는 제가 지금 얼마나 속상하고 억울한지 이해받고 싶어요.
그리고 아무리 화가 나도 말로 이야기해 줬으면 좋겠어요.
저도 존중과 배려를 받고 싶어요.

교사 은영이는 네가 얼마나 억울하고 속상한지 알아줬으면 좋겠다는 거지?
그리고 아무리 화가 나더라도 존중과 배려를 받고 싶다는 말이구나.

은영 네.

Tip 아이들의 갈등은 상대방의 행동이 자기를 괴롭히기 위해 한 거라고 오해를 하면서 시작된다. 그러나 바람카드 찾기를 통해 나처럼 상대방도 자기의 어떤 바람을 이루기 위해 한 일이라는 것을 알게 된다. 이 과정을 통해 자신의 행동을 이해하게 되고 상대에 대한 오해도 풀 수 있다.

5. 가장 원하는 바람 선택하고 바람 구체화하기

교사 찾은 바람 중에서 가장 원하는 바람 한 장을 한번 골라 볼래?

민호	은영

교사 민호가 말하는 좋은 관계는 은영이랑 어떻게 지내는 걸 말하는 거니?

민호 잘못을 사과하고 용서받고 다음 시간에도 모둠활동을 같이 잘하는 거예요.

교사 민호는 은영이에게 사과하고 다시 모둠활동을 같이하며 잘 지내고 싶은 거구나.
은영이는 어떻게 해 주면 존중받는다고 생각이 들 것 같은지 구체적으로 말해 줄래?

은영 아무리 화가 나고 속상해도 밀치지 않고 말로 하는 거예요.

교사 그렇구나. 은영이는 민호가 아무리 화가 나도 말로 해 줬으면 하는구나.

6. 달라진 마음 말하기

교사 지금까지 서로 친구의 감정과 바람을 들었는데 듣고 나니 마음이 어때?

민호 미안해요. 은영이도 자기가 정답인 걸 인정받고 싶어서 그랬던 건데
놀고 싶은 제 입장만 생각했어요.

은영 저도 미안해요. 민호가 놀러 나가고 싶다는 생각보다
제 답이 정답이라는 것을 확인하는 게 더 중요하다고 생각했어요.

Tip 여기까지는 계속 교사와 아이 한 명씩 대화를 나눈다. 그러나 상대 아이도 그 자리에서 내용을 듣고 있기 때문에 친구가 어떤 감정과 바람으로 그렇게 행동했는지 다 알 수 있다. '미안하다'는 친구의 마음을 전해 듣는 순간 상대방의 마음도 풀어지게 된다.

7. 친구에게 마음 표현하기

교사 그럼 지금 서로가 느끼는 그 마음을 친구에게 말로 표현해 볼래?

민호 은영아. 미안해. 널 밀치고 다치게 해서…. 내가 심했어.

은영 나도 미안해. 놀러 나가고 싶은 네 마음은 생각 못하고 내 생각만 했어.

Tip 아이들이 상대에게 미안한 감정이 생기게 되면 교사를 통해서가 아니라 서로에게 직접 마음을 표현하는 시간을 주는 것이 좋다. 상황에 따라 "만약 다시 그 상황이 된다면 어떻게 하고 싶어?"라고 물어볼 수도 있다. 이 질문은 갈등을 해결하는 것에서 더 나아가 새로운 행동을 배우는 기회가 될 수 있도록 해 준다.

8. 중재 후 지금 마음 말하기

교사 지금까지 서로의 감정과 바람도 알아보고 표현도 해 봤는데 지금 마음은 어떠니?

민호 은영이가 사과를 받아 주니 고맙고 이런 자리를 마련해 주신 선생님께도 감사해요.

은영 저는 속상한 것도 다 말하고 사과도 받고 사과도 하고 나니 마음이 편안해요.

Tip 이때 감정카드를 사용하여 "지금 마음은 어때?"라고 상담을 하면서 마음이 어떻게 변화되었는지를 말하게 할 수도 있다. 또 척도질문을 사용해서 마음의 변화를 알아보게 할 수도 있다. 즉, "마음이 가장 불편한 상태를 1점, 가장 편안하고 행복한 상태를 10점으로 했을 때 처음 여기 왔을 때 몇 점이었니? 지금은 몇 점이지? 그렇게 점수가 올라간 이유를 말해 줄래?"라고 질문하면 두 아이의 심리 변화를 알 수 있다.

9. 강점 전달하기

교사 자신의 행동을 돌아보고 스스로 반성한다는 것은 정말 어려운 건데
너희들이 그걸 해내는 모습을 보니 놀랍고 대견하구나.
은영이는 몸이 아파서 속상할 텐데 민호의 바람도 알아주고
자신의 잘못도 솔직하게 인정하고 미안하다고 말하는구나.
은영이의 용기가 놀라워. 사과할 줄 아는 민호도 참 보기 좋구나.
오늘 솔직하게 마음을 이야기해 줘서 고마워.

Tip 갈등 상황에서 솔직하게 자신의 마음을 표현하는 것은 쉽지 않다. 화가 나서 말하기 싫을 수도 있고 상대방과 대화 자체가 싫을 수도 있기 때문이다. 그럼에도 솔직하게 자기 마음을 표현했기 때문에 소통이 가능했던 것이다. 자신의 잘못을 인정하고 사과하는 데 얼마나 큰 용기가 필요할까? 그래서 사과할 수 있는 용기를 내어 준 아이들을 진심으로 지지하고 인정해 주는 것이 정말 중요하다. 갈등 해결을 넘어서서 소통의 태도와 사과하는 용기도 배우는 시간이 될 수 있다.

중재 사례 익히기

쏟은 우유 때문에 싸운 우진이와 태수

쉬는 시간 우진이가 지나가다가 책상 위에 덜 마시고 놓아 둔 태수의 우유를 우연히 치게 되었고, 넘어진 우유가 태수의 책상과 가방에 쏟아졌다. 화가 난 태수는 그 자리에서 바로 우진이를 때렸고 갑작스럽게 맞은 우진이는 욕을 하며 싸움이 시작되었다. 그래서 이 문제를 해결하기 위해 방과 후에 상담을 하게 되었다.

1. 약속하기

교사 오늘 이야기하기 전에 한 가지 약속을 하면 좋겠어. 선생님은 두 사람 이야기를 다 들어 줄 거야. 그러니까 선생님하고만 이야기하고 서로 말하기 없어. 그리고 아무리 화가 나고 억울해도 상대방이 이야기할 때는 끼어들지 않기야. 지켜 줄 수 있겠니?

우진, 태수 네.

2. 갈등 상황 알아보기

교사 다투게 된 이유를 누가 먼저 말해 볼래?

태수 저요! 우진이가 제 책상에 우유를 쏟아 놓고는 다짜고짜 욕하잖아요.

교사 우진이가 네 책상에 우유를 쏟아 놓고 욕을 해서 속상했구나.

태수 네.

교사 이번에는 우진이도 말해 볼래?

우진 제가 우유를 쏟은 건 맞지만 그렇다고 저를 주먹으로 막 때렸어요.

교사 네가 우유를 쏟았지만, 그렇다고 태수가 때려서 놀랐겠구나.

우진 네.

3. 감정 찾고 이유 말하기

교사 그럼 지금 너희 마음이 어떤지 각자 감정카드에서 찾아볼래?

태수	우진

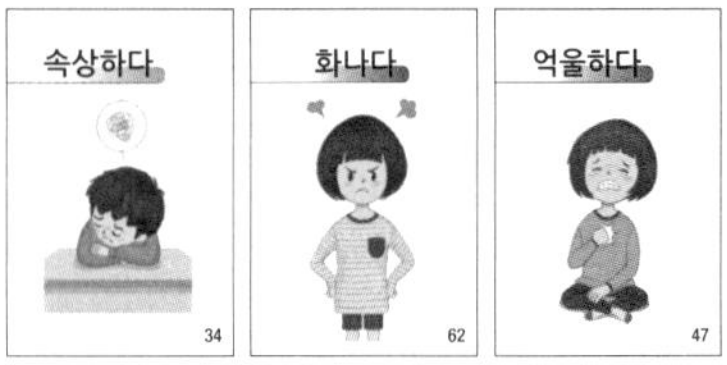

교사 그럼 감정카드를 고른 이유를 말해 볼래?

태수 우유를 제 책상과 가방에 쏟아서 화나고 그래 놓고 사과는커녕 덜 마신 우유를 왜 올려놓느냐고 따지니까 짜증 났어요. 저도 모르게 화가 나서 때린 건 미안해요.

교사 그랬구나. 우진이가 책상과 가방에 우유를 쏟아서 화나고,
사과하기보다 왜 올려놓느냐고 따지니까 짜증 났구나.
그래도 너도 모르게 갑자기 때린 건 미안했구나.

태수 네….

교사 이번에는 우진이가 감정카드를 고른 이유를 말해 볼래?

우진 지나가다가 저도 모르고 쏟은 건데 화부터 내니까 속상해요. 그렇다고 때려서 화나고 우유를 다 먹지 않고 책상에 올려놓은 태수도 잘못이 있으니까 억울해요.

교사 그랬구나. 일부러 쏟은 게 아닌데 태수가 화부터 내서 속상하고, 거기다 때려서 화도 나고 덜 마신 우유를 올려놓은 태수의 잘못도 있으니 억울하기도 했구나.

우진 네.

4. 바람 찾고 이유 말하기

교사 이런 감정들이 생기는 이유는 우리들의 마음속에 바람이 있기 때문이야.
그럼 지금 너희들이 원하는 바람을 바람카드에서 찾아볼래?

태수			우진		
마음을 이해받고 싶나요? 3	존중받고 싶나요? 47	상황이 잘 풀리기를 기대하나요? 7	지금 상황을 이해받고 싶은가요? 37	좋은 관계를 원하나요? 48	몸, 마음이 안전하기를 바라나요? 29

교사 바람카드를 고른 이유를 말해 줄래?

태수 제 가방에 우유가 묻어서 얼마나 속상한지 이해받고 싶어요.
우유를 쏟아 놓고는 오히려 욕하는 우진이한테 존중받고 싶고,
때린 부분에 대해서는 상황이 잘 풀리길 기대해요.

교사 그래. 너의 속상한 마음을 이해받고 싶고, 욕을 한 우진이한테 존중받고 싶구나.
그리고 친구를 때린 상황은 잘 풀리길 기대하는구나.

태수 네.

우진 제가 일부러 쏟은 게 아니라는 것을 이해받고 싶고,
그래도 태수와 다시 좋은 관계로 지내고 싶어요.
그리고 저도 욕한 것은 잘못이지만
아무리 그래도 때리지 말고 말로 하는 안전을 원해요.

교사 그래. 네가 모르고 쏟았다는 것을 이해받고 싶고,
그래도 태수와 다시 좋은 관계로 지내고 싶구나.
그리고 아무리 그래도 때리지 말고 안전하게 말로 하길 원하는구나.

5. 가장 원하는 바람 선택하고 바람 구체화하기

교사 그럼 너희가 찾은 바람 중에서 가장 원하는 바람 한 장을 한번 골라 볼래?

<table>
<tr><th>태수</th><th>우진</th></tr>
<tr><td>
</td><td>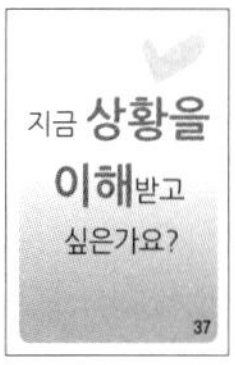
</td></tr>
</table>

교사 태수야, 네가 존중받는다는 것은 구체적으로 어떤 것을 말하는 거니?

태수 저는 우유를 쏟은 우진이가 사과를 먼저 하는 게 존중이라 생각해요.

교사 너는 우진이가 사과를 먼저 해 줬으면 하는구나.

태수 네.

교사 우진이가 말하는 상황을 이해받고 싶다는 것은 구체적으로 어떤 것을 말하는 거니?

우진 제가 일부러 우유를 쏟은 게 아니라는 것을 믿어 줬으면 좋겠어요.

교사 네가 일부러 그런 게 아니라는 것을 태수가 믿어 줬으면 하는구나.

우진 네.

6. 달라진 마음 말하기

교사 지금까지 서로 친구의 감정과 바람을 들었는데 듣고 나니 마음이 어때?

태수 우진이 이야기를 들어 보기도 전에 때린 게 후회돼요.

우진 저도 태수에게 바로 사과하지 못해서 미안해요.

7. 친구에게 마음 표현하기

교사 그럼 지금 서로가 느끼는 그 마음을 친구에게 말로 표현해 볼래?

태수 우진아…. 네가 사과하기도 전에 때려서 미안해.

우진 괜찮아. 나도 빨리 너한테 사과하지 못해서 미안해.

8. 중재 후 지금 마음 말하기

교사 만약에 다시 그런 상황이 된다면 어떻게 하고 싶어?

태수 때리지 않고 친구한테 이유를 물어볼래요.

우진 저도 일단 사과부터 할래요.

9. 강점 전달하기

교사 누구나 실수는 할 수 있지. 하지만 자신의 실수를 인정한다는 것은
정말 어려운 일인데 너희가 해 줘서 고마워.
태수는 태수대로, 우진이는 우진이대로 모두 속상한 마음이 있었지만
용기 있게 사과하고 서로를 이해하는 모습이 정말 멋지구나.

가족을 놀려 싸우게 된 현정이와 성민이

점심을 먹고 교실로 가니 현정이가 울고 있었다. 이유를 물어보니 현정이가 지나가다 모르고 성민이를 쳤는데 성민이가 짜증을 냈다고 한다. 그래서 현정이가 멱살을 잡았다 놓았는데 성민이가 "너는 진지충이가? 네 에미는~" 하며 놀렸고 현정이는 속상해서 울고 있었던

것이라고 한다. 그래서 방과 후 두 아이와 상담을 시작했다.

1. 약속하기

교사 오늘 서로 이야기하기 전에 한 가지 약속을 하면 좋겠어요.
먼저, 선생님이 두 사람과 순서대로 이야기를 나눌 건데, 화나고 속상해도
선생님을 통해 이야기하고 상대방이 이야기할 때 끼어들지 않기를 부탁해요.
지켜 줄 수 있겠어요?

성민 네.

현정 네.

교사 누가 먼저 말해 볼까요? 먼저 말하고 싶은 사람 있나요?

성민 제가 먼저 말할게요.

교사 그럼 성민이가 먼저 말해 봅시다.

2. 갈등 상황 알아보기

교사 어쩌다가 그런 일이 생겼나요?

성민 점심시간에 현정이가 저를 쳤어요. 제 멱살까지 잡았어요!
그래서 어쩔 수 없이 현정이를 놀린 거예요.

교사 성민이는 점심시간에 현정이가 치고 지나가고 멱살을 잡아서 속상했겠네요.

성민 네.

교사 이번에는 현정이가 말해 볼래요?

현정 제가 성민이를 지나가다 진~짜 모르고 쳤거든요.
그런데 성민이가 짜증을 '확!' 내는 거예요. 그리고 장난으로 멱살을 잡았다가
금방 풀어 줬는데 성민이는 저에게 "너는 진지충이가?" 하면서 막 놀렸어요.

교사 현정이는 모르고 쳤는데 성민이가 짜증을 내고 놀려서 화가 났겠네요.

현정 네.

3. 감정 찾고 이유 말하기

교사 그럼 지금 여러분 마음이 어떤지 각자 감정카드에서 찾아볼래요?

성민	현정
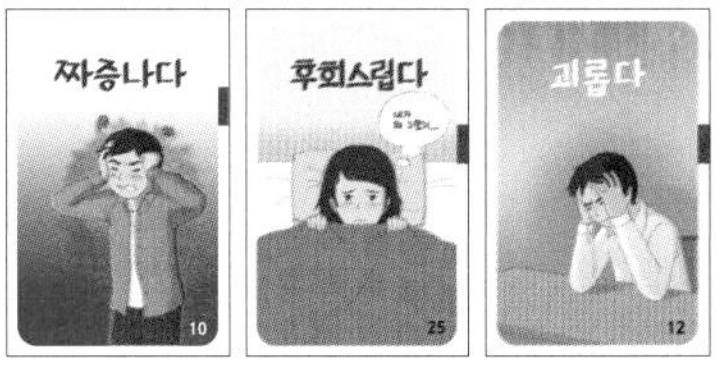	

교사 그럼 성민이부터 감정카드를 고른 이유를 말해 볼까요?

성민 친구들하고 놀고 있는데 현정이가 지나가다 세게 쳐서 아팠고 그래서 짜증났어요. 참지 못하고 심한 말을 한 것은 후회스러워요. 그리고 지금 상황이 괴로워요.

교사 성민이는 현정이가 친 곳이 아파서 짜증이 났었군요. 심한 말을 한 것은 후회스럽고 지금 상황은 괴롭군요. 이번에는 현정이가 말해 볼까요?

현정 제가 일부로 한 것이 아니고 실수로 한 것인데 성민이가 짜증을 내서 당황했어요. 성민이의 멱살을 잡은 것은 미안해요. 그리고 성민이의 말을 듣고 많이 속상했어요.

교사 현정이는 성민이가 짜증을 내서 당황했군요.
먹살을 잡은 것에 대해서는 미안한 마음이고 성민이 말을 듣고는 속상했군요.

4. 바람 찾고 이유 말하기

교사 우리에게 이런 감정이 느껴지는 이유는 내 마음 속에 있는 바람들이 잘 충족되기 않았기 때문이랍니다. 지금 자신이 원하는 것을 바람카드에서 찾아볼까요?

성민	현정

교사 성민이부터 바람카드를 고른 이유를 말해 줄래요?

성민 저도 짜증나고 화났었기 때문에 지금 상황을 이해받고 싶어요. 앞으로 이런 일이 일어나지 않도록 어떤 일이 일어날지 미리 알고 싶어요. 그리고 현정이와 화해해서 다시 좋은 관계가 되었으면 좋겠어요.

교사 성민이는 힘들었던 상황을 이해받고 싶고 앞으로 어떤 일이 일어날지 미리 알고 싶군요. 현정이와 화해하고 싶은 마음도 있네요.

성민 네.

교사 이번에는 현정이가 말해 볼까요?

현정 앞으로 성민이와 서로 고운 말을 주고받으며 소통하고 싶어요. 평소에 친한데 화해해서 다시 친하고 가깝게 지내는 사이가 되기를 원해요.

교사 현정이는 성민이와 서로 고운 말로 소통하고 싶고, 화해해서 다시 친하고 가깝게 지내는 사이가 되고 싶네요.

현정 네.

5. 가장 원하는 바람 선택하고 바람 구체화하기

교사 찾은 바람 중에서 가장 원하는 바람 한 장을 한번 골라 볼래요?

성민	현정

교사 성민이가 말하는 좋은 관계는 현정이와 어떻게 지내는 걸 말하는 건가요?

성민 서로 잘못하거나 실수한 일이 있어도 용서해 주고 사이좋게 지내는 것이에요.

교사 성민이는 실수해도 용서해 주며 좋은 관계로 지내고 싶군요. 현정이가 말하는 친하고 가깝게 지낸다는 것은 성민이와 어떻게 지내는 것을 말하나요?

현정 서로 고운 말을 주고받으며 기분 좋게 잘 지내는 것을 말해요.

교사 그렇군요. 현정이는 서로 기분 좋게 대화하며 지내고 싶군요.

6. 달라진 마음 말하기

교사 지금까지 서로 친구의 감정과 바람을 들었는데 듣고 난 후의 마음이 어떤가요?

성민 미안해요. 현정이에게 심한 말을 하고 나서 미안한 마음이 들었는데 이야기를 나누고 나니 더 미안한 마음이 들어요.

현정 저도 미안해요. 저는 제가 받은 상처만 생각했는데
성민이도 기분이 상했을 것 같아요. 그래서 미안한 마음이 들어요.

7. 친구에게 마음 표현하기

교사 그럼 지금 서로가 느끼는 그 마음을 친구를 바라보며 말로 표현해 볼까요?

성민 현정아. 미안해. 내가 말이 심했어.

현정 성민아, 나도 미안해. 그리고 사과해 줘서 고마워.

교사 만약에 다시 그런 상황이 된다면 어떻게 하고 싶나요?

성민 친구가 실수로 친 것이니까 좀 아파도 말을 심하게 하지는 않을 거예요.

현정 저도 실수하면 바로 사과하고 과격한 행동은 하지 않도록 노력해야겠어요.

8. 중재 후 지금 마음 말하기

교사 지금까지 서로의 감정과 바람도 알아보고 표현도 해 봤는데 지금 마음은 어떤가요?
감정카드에서 찾아서 말해 볼까요?

성민	현정

성민 마음이 불편하고 괴로웠는데 화해를 하고 나니 마음이 편안해요.

현정 속상한 것도 다 말하고 진심이 담긴 사과를 받고 나니 기뻐요.

9. 강점 전달하기

교사 오늘 현정이와 성민이가 솔직하게 자신의 마음을 이야기해 줘서 고마웠어요.
그리고 서로의 마음을 이해하고 진심이 담긴 사과를 주고받는 모습이
참 보기 좋았답니다. 자신의 행동을 돌아보고 스스로 반성한다는 것은
정말 어려운 건데 현정이와 성민이가 그 어려운 것을 해내는 모습을 보니
놀랍고 대견했어요. 앞으로 서로의 바람대로 사이좋게 잘 지내길 바랍니다.

성민, 현정 네, 선생님. 감사합니다.

중재는 화해보다 소통이다

처음 중재를 배우고 아이들에게 적용했을 때 '중재의 목적은 아름다운 화해다.'라고 생각했었다. 교사의 "서로 사과해라."라는 말에 의해서가 아니라 아이들 입에서 "미안하다."라는 사과가 자연스럽게 나오고 "우리 앞으로는 사이좋게 지내자."는 말이 나오면 성공이라고 생각했다. 그런데 전혀 다른 중재의 마무리를 하게 된 사례가 있었다.

세호와 재석이는 평소에 같이 잘 놀지만 또 그만큼 자주 싸웠다. 세호는 자꾸 놀리고 재석이는 참지 못하고 그런 세호를 때렸다. 중재도 여러 번 했고 그때마다 사과하고 화해했었다. 그런데도 또 싸우고 와서 이번에는 갈등사건보다 두 아이가 서로를 어떻게 생각하는지에 대해 이야기를 나누는 게 필요하겠다는 생각이 들어 상담을 진행했다. 다음은 세호와 재석이가 나눈 중재 내용을 간추린 것이다.

1. 감정 찾고 이유 말하기

세호	재석

세호 재석이가 자꾸 저를 발로 차고 욕해서 속상해요. 하지만 재석이랑 같이 노는 것은 신나요. 그리고 나랑 놀아 주는 재석이가 고맙기도 해요.

재석 저는 세호가 자꾸 놀리고 소문을 내서 짜증 나요. 이제는 정말 귀찮아요. 그리고 또 어떤 일로 놀릴지 몰라서 불안해요.

2. 바람 찾고 이유 말하기

세호	재석

세호 저는 재석이에게 맞지 않고 제 몸이 안전하기를 바라요.
그래도 재석이와 친하고 가깝게 지내면서 재미있게 지내고 싶어요.

재석 저는 세호와 소통해서 짜증나는 제 마음을 이해받고 싶어요.
그리고 이제 세호랑 같이 놀고 싶지 않아요. 세호가 자기하고만 놀자고 자꾸 매달려서 이제 제가 원하는 것을 선택하고 싶어요. 저랑 마음 맞는 친구랑 놀고 싶어요.

3. 가장 원하는 바람 선택하기

세호	재석

교사 세호가 말하는 친하고 가깝게 지낸다는 것은 재석이랑 어떻게 지내는 걸 말하는 거니?

세호 이전처럼 게임하고 축구도 하면서 같이 노는 거예요.

교사 재석이가 말하는 원하는 것을 선택하고 싶다는 것은
구체적으로 어떤 모습을 말하는 거니?

재석 세호가 아니라 나랑 마음 맞는 친구랑 어울려서 노는 거예요.

4. 달라진 마음 말하기

세호 재석이가 나랑 놀고 싶지 않을 만큼 나한테 짜증이 많이 나 있다는 걸 몰랐어요.
너무 미안해요.

재석 저도 이런 말을 해서 미안해요. 세호가 사과하는데 놀고 싶지 않다고 말해서요. 그러나 저도 이제 힘들어요.

5. 친구에게 마음 표현하기

세호 재석아, 미안해. 너를 놀리고 소문으로도 힘들게 해서… . 앞으로는 안 그런다고 약속할게. 진심이야.

재석 사과해 줘서 고마워. 나도 이제야 말해서 미안해.

6. 중재 후 지금 마음 말하기

세호 재석이가 나랑 안 놀고 싶다고 하니 많이 쓸쓸해요.

재석 저는 이제 놀림 안 받을 거 생각하니 안심이 돼요.

재석이의 이야기를 듣고 당황하고 쓸쓸해하던 세호의 표정과 이제 더 이상 세호에게 시달리지 않아도 된다고 생각해서 안심하던 재석이의 표정이 대비되어 기억에 남았다. 이전에 중재를 했을 때라면 "그래도 세호가 사과하는데 친구니까 용서해 주고 사이좋게 지내는 게 어때?"라고 말했을 것이다. 그렇지만 그날은 재석이의 마음을 존중해 주고 싶은 마음이 생겼다. 그래서 "알았어. 이제 서로의 마음 잘 알게 되었지? 솔직하게 말해 줘서 고마워."라며 그냥 그대로 보냈다.

그런데 변화는 그다음에 일어났다. 세호가 재석이의 신발장에 진심으로 사과하는 마음을 담아 편지를 써서 넣었던 것이다. 학기 초에 두 어머니와 상담했을 때 세호 어머니는 세호가 친구들에게 당하고 지낸다고 생각해서 억울해하셨고 재석이 어머니는 재석이가 평소에 무슨 이유에서인지 자기 마음을 솔직하게 표현하지 못한다고 걱정하셨다.

세호 어머니는 세호가 놀리고 다녔다는 것을 아시고 나서 친구 문제로 더 이상 항의하지 않으셨다. 솔직하게 말 못하고 마음을 숨긴다고 걱정하셨던 재석이 어머니도 재석이가 이렇게 솔직하게 자신을 표현하게 되었다는 소식에 깜짝 놀라셨다.

그렇게 얼마를 지났을까… 어느 날 보니 세호와 재석이가 같이 놀고 있었다.

"엥? 어떻게 된 일이야?" 하고 물었더니 "이제 세호가 안 놀려서 같이 놀아도 편해요."라고 말하는 것이었다. 그때 알게 되었다.

'중재는 소통이구나! 중재는 서로가 어떤 마음인지 솔직하게 표현하게 해서 소통시키는 과정이지 화해를 시키는 것이 목적이 아니구나. 진심으로 소통되면 화해는 덤으로 따라오는구나.'라는 것을…

사실 재석이는 처음에 가장 바라는 바람카드로 '친하고 가깝게'를 뽑았었다. 그런데 그걸 뽑고 나서 표정이 너무 어두워서 솔직하게 말해도 된다고 이야기해 줬더니 '원하는 것을 선택하고 싶다'로 바꾸었다. 그때 재석이가 솔직하게 자기표현을 하도록 돕지 않았다면 세호는 재석이가 놀림받는 것을 얼마나 싫어하는지 모르고 계속 놀렸을 것이다.

이런 모습을 보고 난 이후, 아이들 간의 갈등을 대할 때 교사로서의 내 마음과 입장이 한결 편해졌다. 이전에는 사이좋은 화해로 결론을 맺기 위해 마음이 쓰였다면, 지금은 서로의 감정과 바람을 표현할 수 있는 자리를 마련해 주는 거라고 생각하며 가벼운 마음으로 시작한다. 아이들 사이에 갈등이 있을 때 이렇게 소통에 중심을 두고 중재를 했더니 어느 날부터는 아이들 간의 갈등이 줄고 싸움도 자연스럽게 줄어들었다. 그리고 학기말이 되어 갈수록 학급에 평화가 찾아오는 것을 확인할 수 있었다.

10분 간단 중재

학급에서 갈등이 일어났을 때 아이들을 매번 남겨서 카드로 중재한다는 것은 벅찬 일이다. 그래서 더 쉽고 간단하게 할 수 있는 중재 방법도 필요하다. 교사가 공감대화카드를 활용해서 여러 번 중재를 하다 보면 나중에는 중재 과정에 자연스럽게 익숙해진다. 교사 자신도 모르게 핵심질문을 중심으로 카드 없이 간단하게 중재할 수 있는 능력이 생기는 것이다. 카드 없이 감정-바람-계획으로 이어지는 10분 간단 중재를 소개한다.

놀이에 끼워 주지 않아서 싸운 호석이와 수용이

쉬는 시간에 수용이가 와서 "호석이가 내가 친구들이랑 놀고 있는데 욕하고 놀려요."라고 말했다. 그래서 호석이를 불러 물어보니 "다른 친구들은 내가 같이 놀자 하니까 된다고 하는데 수용이는 안 끼워 준다고 저리 가라고 했어요."라고 말하며 화를 냈다.

교사 **지금 마음이 어때?(감정)**

수용 안 좋아요.

호석 짜증 나요.

교사 수용이는 호석이가 **어떻게 해 주면 좋을 것 같아?(바람)**

수용 놀이 끝날 때까지 기다려 주면 좋겠어요.
놀이하고 있는데 끼워 달라고 하면 안 되는 거잖아요.

교사 호석이는?

호석 저는 놀이에 끼워 주면 좋겠어요. 놀이에 안 끼워 주니까 짜증 나서 욕한 거예요.

교사 그럼 수용아, **만약에 호석이가 기다리면 어떻게 해 줄 거야?(계획)**

수용 놀이에 끼워 줄 수 있어요.

교사 호석아, 만약 수용이가 놀이에 끼워 준다고 하면 넌 어떻게 해 줄 거야?

호석 저도 욕 안 하고 기다릴 수 있어요.

교사 수용아, 호석이가 놀이에 끼워 준다고 하면 기다릴 수 있대. 그렇게 해 줄 수 있겠어?

수용 네.

교사 호석아, 네가 욕을 안 하면 놀이에 끼워 준대. 그렇게 해 줄 수 있겠어?

호석 네. 당연하지요.

교사 이야기를 다 나누었는데 **지금 마음은 어때?(달라진 마음)**

수용 놀이에 안 끼워 준다고 말한 게 미안해요.

호석 저도 놀이 안 끼워 준다고 욕한 거 미안해요.

교사 그럼 **그 마음을 지금 서로에게 표현해 볼까?(마음 표현)**

수용 미안해. 놀이 안 끼워 준다고 말한 거.

호석 나도 미안해. 놀이 안 끼워 준다고 욕해서.

학급의 아이들은 중요한 바람이 다 다르고 충족하기 위해 선택하는 행동도 다르다. 일어날 수밖에 없는 갈등을 잘 해결해 가는 과정을 통해 아이들이 성장한다면 교실은 어떤 모습이 될까?

갈등이 성장의 기회가 되는 경험!

중재 과정 속에 소통이 이루어져 아이들은 서로 다른 존재를 인정하는 성장으로 나아갈 수 있을 것이다. 그리고 아이들이 성장하는 모습을 지켜보는 교사 역시 기쁨과 대견함을, 성장을 도운 교사로서의 뿌듯함을 함께 느낄 수 있을 것이다.

갈등을 성장의 기회로~

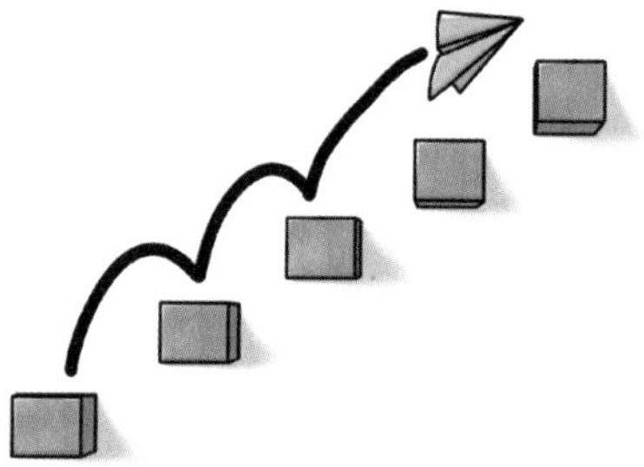

이렇게도 중재할 수 있어요

공감대화카드 리플릿으로 간편하게 중재하기

공감대화카드를 활용하면 서로의 감정과 바람을 눈으로 확인하며 중재를 자연스럽게 할 수 있다. 그러나 좀 더 급박한 시간이나 상황이라면 공감대화카드를 한눈에 볼 수 있는 리플릿을 활용해서 중재를 할 수도 있다. 리플릿을 활용한 중재는 앞에서 안내한 중재의 과정과 동일하다. 카드를 한 장씩 찾는 과정 대신 리플릿 위의 감정과 바람카드 그림 위에 작은 접착 메모지를 붙여서 자신의 마음을 표시하도록 한다.

공감대화카드를 한 장씩 찾는 것이 자신의 마음을 탐색해 가는 좋은 방법이지만 리플릿을 활용하면 카드를 찾는 시간을 줄여 중재 시간을 단축할 수 있다는 장점이 있다.

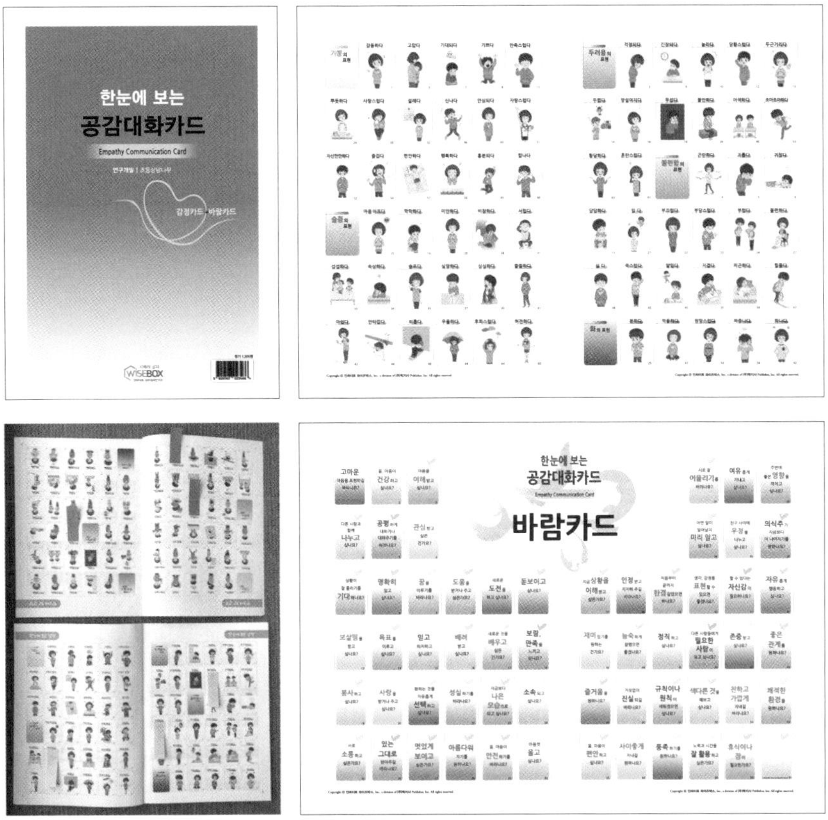

(※한눈에 보는 공감대화카드는 인터넷에서 구입 가능)

공감대화보드로 한눈에 보이는 중재하기

교실에서는 여러 명의 아이 간에 갈등이 일어나기도 한다. 한꺼번에 대여섯 명이 몰려와 자신의 문제를 해결해 달라고 하는 경우도 있다. 6학년 담임일 때의 일이다. 여학생 여러 명이 무리에서 편 가르기를 하다가 서로가 섭섭해지는 문제가 생겼고 자기들끼리 열심히 이야기를 해 봤지만 의견이 좁혀지지 않고 감정의 골만 깊어지고 있다며 도움을 청하였다. 이미 몇 명의 얼굴색은 울긋불긋해졌고 눈가는 촉촉해져 있었다.

여러 명의 아이를 중재하기 위해서는 인원 수만큼의 공감대화카드가 필요하다. 교사가 필요한 수만큼 카드를 준비하는 것도 어렵지만 여러 인원이 많은 수의 카드를 펼치고 이야기하기에는 집중도가 떨어지는 문제도 발생한다. 이런 경우처럼 여러 명의 아이가 함께 자신의 마음을 표현하고 다른 사람의 마음도 한눈에 알아볼 수 있도록 개발된 자료가 '공감대화보드'이다. 같은 주제나 상황에서 서로의 다른 마음을 보고 이야기를 나누기 위해 만든 자료지만 이처럼 한꺼번에 많은 아이의 중재에도 훌륭히 그 진가를 발휘한다.

공감대화보드는 50cm 크기의 큰 보드에 감정과 바람이 그림으로 쫙 펼쳐져 있어 참여한 아이들이(최대 6명까지 가능) 모두 함께 서로의 감정과 바람을 볼 수 있다. 색칩을 이용하여 각자 감정과 바람을 표시하고 대화를 나누면서 중재나 상담을 진행할 수 있다.

① 보드에서 각자의 감정을 세 가지씩 찾고, 찾은 감정 위에 자신의 색칩(공감대화보드 세트에 포함)을 올려놓는다.
② 감정을 고른 이유를 돌아가며 이야기한다.
③ 각자 원하는 바람 위에 색칩을 올려놓는다.
④ 각자가 바람을 고른 이유를 돌아가며 이야기한다.

(※ 공감대화보드는 서점 및 인터넷에서 구입 가능)

공감대화보드를 직접 아이들과 활용해 보니 아이들은 주로 서운하다, 속상하다, 슬프다와 같은 감정에 색칩을 올려놓았는데 서로 겹치는 감정도 몇 개 있었다. 감정을 고른 이유를 한 명씩 돌아가면서 말하고 난 뒤 이번에는 각자 원하는 바람 위에 색칩을 올려 보라고 했다. 감정을 공유한 뒤라 그런지 처음보다 아이들의 표정이 한결 가벼워진 것이 느껴졌다.

아이들이 올려놓은 바람은 주로 사이좋게 지내길 원하고, 이해받고 싶고, 인정과 지지를 받고 싶다는 것이었다. 돌아가면서 각자가 바람을 고른 이유를 이야기하다 보니 서로 좋아하는 마음은 여전했고 자기도 모르게 했던 행동으로 다른 친구가 서운할 수 있으며 마음도 아프다는 사실을 알게 되었다.

보드를 놓고 각자의 감정과 바람을 찾아 이야기하도록 했을 뿐인데 아이들은 저절로 고개를 끄덕이고 있었고, 이야기를 마친 후 갈등이 있었던 상황이 이제 이해가 된다며 달라진 마음을 말하는 것이었다. 교사를 찾아오기 전 자기들끼리 많은 이야기를 나눴을 때 풀리지 않던 갈등이 바람을 이야기하면서 너무 쉽게 해결되었다고 소감을 밝혔다.

너무 짧은 시간 안에 중재가 끝나 버려서 교사인 나도 순간 어리둥절해서 "너희는 이전에는 무슨 이야기를 한 거니?" 하고 물었고, 아이들은 멋쩍은 듯 웃으며 "선생님, 이거 무슨 마법의 도구예요?"라고 하였다. 아이들은 공감대화보드를 통해 친구들의 마음, 즉 감정과 바람을 한눈에 보고 확인할 수 있어 좋다고 했다. 자기들끼리 이야기할 때는 내 생각만 말했었는데 공감대화보드에 친구들이 올려놓은 색칩을 보면서 친구들의 마음을 쉽게 알 수 있게 되었다고 했다.

공감대화보드로 중재를 하면 나의 마음을 명확하게 알고 표현하며 상대의 마음도 눈으로 보고 이야기 듣기 때문에 서로의 마음을 한눈에 알 수 있다. 여러 명의 아이를 중재하는 데 매우 효과적이다.

공감대화카드로 학부모 상담하기

아이들 상담보다 더 어려운 학부모 상담

교사가 상담해야 할 대상은 아이만이 아니다. 학부모도 교사가 소통해야 할 중요한 대상이며 학교현장에서는 다양한 상황으로 학부모와 상담이 이루어지고 있다. 그래서 교사라면 피할 수 없는 상담이 바로 학부모 상담이다. 학부모도 자녀의 학교생활이나 친구 문제, 가정에서의 가족 간 갈등 문제 등에 대해 교사의 의견을 듣고 의논하고 자녀가 잘 성장하기를 바란다. 특히 요즘처럼 학교폭력 문제나 학교생활 부적응 등의 문제가 점점 늘어나고 있는 학교현장에서 선생님과 함께 자녀에 대한 고민을 이야기하고 싶을 것이다. 하지만 쉽게 그런 마음을 꺼내기가 어렵고 교사도 학부모의 마음을 제대로 알기가 쉽지 않다.

자녀를 위해 어려운 발걸음을 내디딘 학부모와 학급의 아이를 위해 학부모 상담시간을 좀 더 의미 있게 보내고 싶은데 어떻게 하면 학부모와 교사 모두가 만족하고 아이의 바람직한 성장을 돕는 학부모 상담이 될 수 있을까?

이 절에서는 학교현장에서 일어나는 다양한 상황의 학부모 상담에 공감대화카드를 활용하는 방법을 소개하고자 한다.

상담주간에 하는 학부모 상담	일반적인 학부모 상담 - 감정카드로 좋은 관계 맺기
	자녀 문제에 더 적극적인 도움이 필요한 학부모 상담
문제가 생겼을 때 하는 학부모 상담	학부모가 교사에게 상담을 요청한 학부모 상담
	교사가 학부모에게 상담을 요청한 학부모 상담

교육현장에서 이루어지는 학부모 상담은 학기마다 상담주간에 하는 학부모 상담과 아이에게 문제가 생겼을 때 하는 학부모 상담으로 나눌 수 있다. 상담주간에 하는 학부모 상담은 일반적인 학부모 상담과 자녀 문제에 더 적극적인 도움이 필요한 학부모 상담으로 나누어서 소개하고자 한다. 문제가 생겼을 때 하는 학부모 상담은 학부모가 먼저 교사에게 상담을 요청하는 경우와 교사가 학부모에게 상담을 요청하는 경우로 구분하였다.

상담주간에 하는 학부모 상담

학부모 상담주간에 가벼운 마음으로 "선생님 어떤 분인지 보러 왔어요.", "문제는 없지만 그냥 신청했어요."라며 상담하러 오시는 학부모도 있다. 한편, 자녀에 대해 적극적인 도움이 필요한 학부모도 있다. 따라서 학년 초에 공감대화카드를 활용하여 짧은 시간 동안 아이에 대한 정보나 고민을 함께 나누면서 교사와 학부모가 서로 소통할 수 있는 학부모 상담을 소개하고자 한다.

일반적인 학부모 상담-감정카드로 좋은 관계 맺기

학부모 상담주간은 학부모도 교사도 모두 첫 만남이다. 학부모가 처음보는 담임선생님에게 자녀에 대해 걱정되는 마음이나 고민하는 문제를 쉽게 꺼내거나 솔직하게 말하는 것은 어렵다. 그래서 학부모 상담을 할 때 감정카드를 활용하면 학부모가 짧은 시간에 쉽게 마음을 표현할 수 있도록 도울 수 있다. 학부모는 자신의 감정을 카드에서 찾아 말하면서 솔직하게 자기의 마음을 표현하게 되고, 학부모가 찾은 감정을 그대로 공감하면서 첫 만남에서 서로 좋은 관계를 맺게 된다.

감정카드를 활용한 학부모 상담과정

사례로 살펴보는 학부모 상담

3월 학부모 상담 신청서에 "아이가 학교생활이 힘들까봐 걱정됩니다."라고 쓰신 지석이 어머니와 감정카드로 상담을 하였다.

> **학부모 상담신청서**
> 0학년0반 000
>
> **상담할 내용 :**
>
> 아이가 학교생활이
> 힘들까 봐 걱정됩니다.

1. 인사 나누기-조용한 상담환경 분위기 만들기

교사 어머니, 어서 오세요. 반갑습니다.
오늘 상담이 어머니께 도움이 되는 시간이 되었으면 합니다.

어머니 네, 선생님. 안녕하세요?

교사 몇 주 안 되었지만 지석이가 차분하고 조용한 아이라고 생각했는데
반장 선거에 나와 자신 있게 큰 소리로 자신의 의견을 발표하는 걸 보았습니다.
자기가 원하는 일은 친구들 앞에서 자신 있게 잘 표현하는 아이인 것 같았습니다.

어머니 저도 반장 선거에 나갔다는 말을 듣고 놀랐습니다.
지석이에게 그런 점이 있다는 걸 몰랐어요.

Tip 첫 만남이라 어색한 경우 교사가 아이의 강점이나 아이와 관련된 교실에서 있었던 일을 말하면, 학부모도 긴장을 풀고 편안한 분위기로 상담을 시작하는 데 도움이 된다.

2. 상담하고 싶은 내용 알아보기

교사 그러셨군요. 오늘 지석이의 어떤 부분에 대하여 상담을 하고 싶으신지요?

어머니 네, 그렇게 큰 문제는 없는데 그냥 학교생활에 힘든 건 없는지 조금 걱정이네요.

교사 학기 초라 긴 시간 지켜본 것은 아니지만 수업시간에 집중해서 잘 듣고,
쉬는 시간에는 친구들과 잘 어울리는 것 같은데
집에서 혹시 힘들다는 말을 하나요?

어머니 그런 말을 한 적은 없는데 지석이가 집에서 말을 잘 안 해서요.
가끔 표정이 어두울 때 학교에서 무슨 일이 있었냐고 물으면 아니라고만 하네요.

교사 지석이 표정이나 행동을 보면서 학교에서 힘든 일이 있었나 하고 걱정되셨군요.

어머니 네.

3. 감정카드에서 학부모의 감정 찾고 고른 이유 나누기

교사 지석이에 대해 걱정된다고 하셨는데, 이 도구는 감정카드라고 합니다.
부모님의 감정을 찾으시는 데 도움이 되길 바라는 마음에서 준비했습니다.
지석이를 키우면서 드는 감정을 이 감정카드에서 한번 찾아보실래요?

어머니 네.

Tip 교사가 감정카드로 상담을 할 때는 학부모에게 카드에 대해 간단하게 설명을 하면 좋다. "이것은 감정카드라고 합니다. 부모님의 감정을 찾으시는 데 도움이 되길 바라는 마음에서 준비했습니다. 천천히 보시면서 자녀를 키우면서 드는 감정이나 자녀를 생각하면 부모님 마음에 와닿는 감정을 한번 찾아보시겠어요?"라고 말한다.
감정카드를 선택하고 나서 그 카드를 선택한 이유를 물어본다. 그 이야기를 통해 부모님의 현재 상황도 알 수 있다.

교사 답답하다, 걱정되다, 놀라다를 찾으셨네요.
이 카드를 선택하신 이유를 말씀해 주시겠습니까?

어머니 고민이 있냐고 물어봐도 없다고 해서 답답하고, 지석이가 친구들이나 선생님한테 하고 싶은 말이 있어도 말을 못하고 혼자 끙끙거리지 않을까 걱정되네요.
그리고 이번에 스스로 반장 선거에 나가서 반장이 된 것을 보고 좀 놀랐습니다.

교사 지석이 표정을 보면 걱정거리가 있는 것 같은데 그걸 말하지 않아서 답답하시고, 힘들어도 말을 안 할까 봐 걱정되시는군요.
또 반장 선거에 나가서 당선되는 걸 보고 어머니도 지석이의 행동에 놀라셨네요.

어머니 네, 싫은 건 싫다고 말도 하면 좋겠는데
지석이가 자기 마음을 잘 표현하지 않는 성격이거든요.

교사 어머니는 지석이 마음이 어떤지 소통도 하고 싶은데
지석이가 자기 마음을 잘 표현하지 않으니까 답답하셨겠어요.
혹시 지석이가 힘든 일이 있다면 어떤 일이 힘들 것 같으세요?

어머니 3학년 때 청소 시간에 지석이는 청소를 다하고 친구와 이야기를 했는데 그날 반장이 청소 안 하고 떠들었다고 선생님께 말을 했다고 합니다. 그날 지석이가 밥도 안 먹고 표정도 안 좋아서 계속 물었습니다. 그랬더니 한참 뒤에 학교에서 있었던 일을 말하는데 지석이가 친구나 선생님에게 억울한 일이 있어도 말을 못 한다는 걸 알았습니다. 4학년 때도 그렇게 할까 좀 걱정이 되네요.

교사 그러셨군요. 그때 지석이가 많이 속상했겠네요.

어머니 네. 그 뒤로 제가 자꾸 지석이한테 힘든 일 없는지 물어보고
친구들한테도 하고 싶은 말은 하라고 수시로 말하는 것 같아요.
그런데 지석이가 그런 말을 들을 때마다 짜증을 내는 것 같고 듣기 싫어하네요.

교사 지석이는 나름대로 잘하고 있어서 어머니의 걱정이 좀 부담이 되었을까요?

어머니 선생님 말씀 들어 보니 그런 것 같네요.
지난번에 자기는 아무 일 없고 잘하고 있는데 엄마가 자꾸 물어보니까
제가 자기 말을 안 믿어 주는 것 같다고 화를 내더군요.

교사 지석이는 잘하고 있는 자기를 어머니께서 믿어 주기를 바라는 것 같네요.

어머니 네, 선생님 말씀 들으니까 제가 지석이를 자꾸 걱정만 했지 안 믿어 준 것 같습니다.
앞으로는 아이를 믿고 기다려야겠다는 생각이 드네요.
사실 제가 학교 다닐 때 참는 성격이라 저를 닮았다고 생각했거든요.

교사 그러셨군요. 저도 제 아이가 저의 단점은 닮지 않았으면 좋겠다는 생각을 한답니다.
혹시나 닮았으면 어쩌나 걱정도 하고요.

어머니 선생님도 그러셨다니까 안심이 되네요.
지석이한테 특별한 문제가 지금 있는 건 아니라서 오늘 선생님께 무슨 이야기를 할까 고민했는데 감정카드를 보니 제 마음이 툭하고 나왔네요.
선생님께 이야기를 하고 나니 마음이 편해져서 잘했다는 생각이 듭니다.

4. 학교나 담임에게 부탁하고 싶은 것 물어보기

교사 오늘 어머니와 이야기 나누면서 오히려 제가 지석이에 대해 많이 알게 되었습니다.
혹시 학교나 저에게 도움을 받고 싶은 게 있으시면 말씀해 주시겠습니까?

어머니 특별히 선생님께 더 부탁드릴 건 없는데 지석이가 부족한 점이나 친구 문제로 힘들어하는 게 보이시면 언제든지 저에게 알려 주세요.
저도 집에서 잘 지도하겠습니다.

5. 상담 소감 나누기

교사 어머니, 오늘 학부모 상담은 어떠셨습니까?

어머니 오늘 선생님과 이야기를 하고 나니 속이 편안해졌습니다.
그렇게 큰 문제가 없는데 제가 지석이를 믿지 않고 계속 잘 못하고 있나
걱정을 했네요. 또 앞으로 문제가 생기면 그때 선생님께 의논 드리면 되는데
너무 앞서서 걱정을 하고 있었다는 생각이 듭니다.
처음 뵙지만 좋은 시간이었습니다. 1년 동안 선생님 믿고 잘 부탁드리겠습니다.

6. 학부모의 강점 전달하기

교사 어머니께서 오늘 감정카드를 처음 접하셨을 텐데
흔쾌히 어머니 마음을 솔직하게 표현해 주셔서 저도 감사드립니다.

학부모 상담을 마치고 지석이 어머니로부터 문자가 왔다. "선생님, 저의 이야기에 진심으로 공감해 주셔서 감사합니다. 처음에는 그냥 막연히 평소에 제가 지석이에게 가지는 걱정을 말씀드렸는데 감정카드를 통해 제가 어떤 감정을 가지고 있는지 자세히 알게 되었습니다. 선생님께서 잘 들어 주시고 공감해 주셔서 편안한 마음으로 집에 돌아왔습니다. 오늘 지석이를 보니 제 마음이 한결 편해졌습니다. 그리고 지석이가 올 한 해 선생님과 함께 행복한 시간을 보낼 것 같아 엄마로서 참 기쁜 하루였습니다. 편안한 저녁 되세요."

다른 학부모님과도 감정카드를 활용하여 상담해 보니 아이들의 성장 과정이나 건강, 양육환경, 가정환경 등을 알게 되었다. 평소 쉽게 꺼내지 못하셨던 이야기를 듣고 공감하면서 짧은 시간이지만 부모님들과 깊은 이야기를 나눌 수 있었다. 그리고 첫 만남에서 학부모와 좋은 관계가 형성되어 1년 동안 담임교사의 학급 경영과 지도도 신뢰하셨다. 학부모 상담을 하고 나서 학부모와 자녀의 관계에도 조금씩 긍정적 변화가 일어나 학급을 운영하는 데 있어서도 큰 도움이 되었다.

자녀 문제에 더 적극적인 도움이 필요한 학부모 상담

상담주간에 하는 학부모 상담의 대부분은 감정카드만으로도 만족스럽게 상담을 마친다. 하지만 학부모가 자녀에 대한 고민을 말하면서 좀 더 적극적인 도움을 교사에게 요청할 때도 있다. 이런 경우는 앞에서 다룬 아이들 상담하는 과정과 같은 방법으로 감정카드와 바람카드를 학부모 상담에 활용하면 된다. 감정카드에 이어 바람카드를 활용하여 학부모의 바람을 찾고 그 이유를 말하면서 학부모가 자연스럽게 스스로 문제해결까지 나아가는 것을 볼 수 있다.

감정과 바람카드를 활용한 학부모 상담과정

감정카드를 활용한 학부모 상담과정에 4번과 5번의 과정을 추가하면 된다.

사례로 살펴보는 학부모 상담

학부모 상담주간에 연주 어머니가 학부모 상담을 신청하셨다. 연주는 6학년인데 키가 작은 편이라 연주의 키 문제로 가족 간의 갈등이 있다고 하셨다.

1. 인사 나누기-조용한 상담환경 분위기 만들기

교사 연주 어머니, 어서 오세요.

어머니 네, 선생님. 처음 뵙겠습니다. 저는 연주 엄마입니다.

교사 직장 다니시느라 저녁 시간에 바쁘고 힘드실 텐데 이렇게 상담을 신청하셨네요.

어머니 네. 연주가 6학년이 되다 보니 걱정도 되고 학기 초라 선생님을 한번 뵙고 싶었어요.

2. 상담하고 싶은 내용 알아보기

교사 그러셨군요. 오늘 연주에 대해 어떤 부분을 상담하고 싶으신가요?

어머니 솔직히 직장 생활을 하다 보니 아이들에게 무관심할 때도 있는데 이제 연주가 6학년이 되니까 이것저것 염려되는 것이 많네요. 친구나 성적, 뭐 이런저런 학교생활 문제를 이야기하고 싶어요.

교사 네. 아무래도 6학년은 사춘기에 접어드는 아이들이 많으니까 어머니들이 그런 부분에 대하여 염려하시고 대응하는 방법에 대하여 알고 싶어 하시더라고요.

어머니 다른 어머니들도 그렇나요? 저는 직장 생활해서 저만 좀 유별스럽나 했어요.

3. 감정카드에서 학부모의 감정 찾고 고른 이유 나누기

교사 연주를 생각하면 떠오르는 어머니의 감정을 감정카드에서 한번 찾아보실래요?

어머니 네.

교사 어머니께서 연주에 대해 많은 감정을 느끼고 계시네요. 이 카드를 선택한 이유를 말씀해 주시겠습니까?

어머니 네. 6학년이 되면 친구 문제가 더 많아진다던데 연주가 제일 친한 지연이, 해진이랑 같은 반이 되어서 안심되고, 그런데 여자아이들이다 보니 세 명이 지내다가 다툴까 봐 조마조마하네요.

교사 연주가 지연이, 해진이랑 같은 반이라 안심되지만 또 친구 관계가 예민한 시기라 다툼이 생길까 봐 불안한 마음도 드시는군요.

어머니 네, 선생님.

교사 다른 카드도 이유를 말씀해 주시겠어요?

어머니 네. 연주가 1학년 때부터 키가 작고 말라서 체력도 약합니다. 키가 작아서 남자아이들이 놀리지는 않을까 걱정이 좀 되네요.

교사 혹시 6학년 올라와서 남자아이들이 연주를 놀리거나 한 일이 있었나요?

어머니 아뇨. 저학년 때 그런 일이 한두 번 있었어요.

교사 6학년 때도 그런 일이 있을까 봐 걱정되시는군요.

어머니 네, 그리고 연주가 키 때문에 좀 스트레스를 받는 것 같아 저도 속상해요. 연주 아빠가 저보다 연주 키에 대해서 더 예민하거든요. 제가 연주 아빠보고 연주한테 스트레스 주지 말고 좀 모른 척 하라고 해도 자꾸 연주한테 우유 먹어라, 밥 많이 먹어라, 줄넘기 해라, 스트레칭 해라 하면서 잔소리를 많이 합니다.

교사 네, 그런 이야기를 들으면 어머니도 연주가 상처받을까 봐 속상하시겠어요.

어머니 맞습니다. 제가 직장 생활을 하다 보니 남편 잔소리가 자꾸 저한테 하는 것 같아 진짜 속상할 때가 있습니다. 또 연주가 아빠 눈치 보면서 억지로 밥을 많이 먹는 걸 보면 제가 참다가 그만하라고 말하면서 서로 큰 소리로 부부싸움을 하게 되네요. 연주한테 그런 모습을 보이는 게 부끄럽고 연주가 자기 때문이라고 생각할까 봐 미안한 마음도 드네요.

교사 어머니도 많이 힘드셨겠어요.

어머니 휴… . 선생님 앞에서 이런 말도 하게 되네요. 저도 나름대로 신경을 쓰는데 잘 안되네요. 연주가 저 닮아서 작은 것 같아 그것도 항상 미안하고요.(울먹거린다.)

교사 어머니도 연주의 키 때문에 걱정하고 신경 쓰고 계신데 어머니를 탓하는 것 같아 참 서운하시고 섭섭하셨겠어요.
연주한테는 계속 미안한 마음도 가지고 계시니 얼마나 힘드셨겠어요.

어머니 네, 너무 서운하고 섭섭했어요.

4. 바람카드에서 학부모의 바람 찾고 선택한 이유 나누기

교사 이번에는 어머니의 바람을 이 바람카드에서 한번 찾아보실래요?

어머니 네.

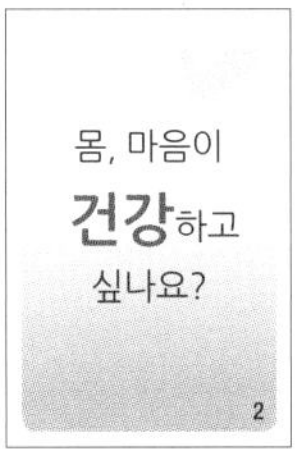

Tip 바람카드도 부모님이 이해하실 수 있도록 카드에 대해 설명하고 활동을 제안하는 것이 좋다. "부모님 마음속에 어떤 바람이 있어서 그런 감정들이 생기는지 부모님의 바람을 찾으실 수 있도록 해 주는 바람카드입니다. 천천히 보시면서 부모님 마음에 와닿는 바람을 한번 찾아보시겠어요?"라고 말한다.

교사 이 바람카드를 뽑은 이유를 말씀해 주실래요?

어머니 연주 아빠도 사실은 걱정이 돼서 저녁 식사 때마다 그런 이야기를 하는 것 같아요. 그래서 남편과 싸우지 않고 도움을 주고받고 싶어요. 그리고 저도 연주를 위해 아침마다 우유도 챙겨서 먹이고, 주말에는 피곤해도 운동을 같이하는데 제가 신경을 쓰지 않는다고 생각하는 것 같아 제 마음을 이해받고 싶습니다. 마지막으로 연주가 키가 작아도 잘 안 아프고 하니까 몸과 마음이 건강하게 잘 자랐으면 좋겠어요.

교사 네, 어머니 이야기를 들으니 부모님께서 정말 연주를 사랑하고 계신 것 같고 연주를 위해 많이 애쓰고 계시다는 것을 알았습니다.

어머니 선생님께서 그렇게 말씀해 주시니 정말 감사하네요.

5. 가장 원하는 바람 한 가지를 선택하기

교사 어머니가 뽑은 바람카드 중에서 가장 바라는 것 한 장만 골라 보실래요?

어머니 음…. 아무래도 지금은 연주를 위해 남편과 도움을 주고받고 싶어요.

교사 도움을 받거나 주고 싶은 것은 구체적으로 어떤 것을 말씀하시는 건가요?

어머니 우리 부부가 연주의 성장을 위해 싸우지 않고 꾸준히 도와주는 것이요.

교사 어머니께서는 연주 키가 잘 클 수 있도록 도움을 받거나 주고 싶은데 그게 안 되어 속상하고 또 그 문제로 다툼도 있어서 미안하셨네요.

어머니 네, 우리가 싸울 때 연주가 더 힘들었을 텐데 지금 생각하니 저희 부부는 서로 탓만 하고 있었던 것 같아요.

교사 어머니는 아버지께서 구체적으로 어떤 도움을 주시기를 바라세요?

어머니 남편이 일찍 퇴근하는 편이라 저녁 먹고 연주랑 같이 운동을 하면 좋겠어요. 연주도 아빠랑 함께하는 것을 좋아하거든요.

교사 좋은 방법인 것 같습니다.

어머니 선생님, 감사합니다.

6. 학교나 담임에게 부탁하고 싶은 것 물어보기

교사 혹시 학교나 저에게 도움을 받고 싶은 게 있으시면 말씀해 주시겠습니까?

어머니 연주가 학교에서도 우유를 잘 챙겨 먹을 수 있도록 말씀 좀 부탁드립니다. 그리고 아이들이 키로 연주를 놀리는 일이 없었으면 좋겠는데 아이들이라 그럴 수 있겠다 생각하면서도 연주가 상처 받을까 봐 걱정이 되네요.

교사 네, 저도 우유 급식 지도에 신경 쓰겠습니다. 그리고 아이들이 친구를 놀리는 일이 없도록 잘 지도하겠습니다.

어머니 선생님, 신경 써 주셔서 정말 감사합니다.

7. 상담 소감 나누기

교사 어머니, 오늘 학부모 상담은 어떠셨습니까?

어머니 선생님, 오늘 상담할 때 연주 얘기하려고 했는데 저희 부부싸움 이야기까지 하게 될 줄은 몰랐습니다. 선생님들하고 상담하면서 눈물을 흘린 것도 처음이고요. 좀 부끄러웠지만 선생님하고 자꾸 이야기를 더 나누고 싶다는 생각이 드네요. 오늘 상담이 진짜 도움이 많이 되었습니다.

8. 학부모의 강점 전달하기

교사 연주 어머니께서 연주를 위해 도울 수 있는 일을 스스로 찾으시는 모습을 뵈니 연주에 대한 사랑이 참 깊다는 것을 느꼈습니다.

오늘 상담이 어머니에게 도움이 되었다니 저도 기쁩니다.

어머니 선생님께 제가 더 감사합니다.

교사 언제든지 상담하시고 싶으시면 전화상담도 가능하니까 주저하지 마시고 전화 주세요.

학부모 상담을 하다 보면 자녀 양육 과정에서 충분한 보살핌을 주지 못한 부분에 대해 죄책감을 가지는 학부모가 있다. 오히려 그런 마음이 가족 관계에서 갈등이 되고 아이들에게 좋지 않은 영향을 미친다. 그런데 연주 어머니는 감정과 바람을 찾아가면서 마음을 조금씩 회복하고 바람을 이루기 위해 스스로 할 수 있는 일을 찾아 실천하려는 모습을 엿볼 수 있다. 학부모 상담으로 가정에서 일어나는 자녀, 또는 부부의 갈등을 해결하는 데 도움이 되고, 이후 가족 간의 갈등이 조금씩 해결되면서 아이도 학교생활이 훨씬 더 편안해지는 것을 볼 수 있다. 교사는 학부모 상담을 통해 아이의 힘든 점을 알게 되고 아이의 상황을 깊이 이해할 수 있다.

흔히 교사라면 아이들의 문제에 대해 언제든지 학부모에게 해결책이나 조언을 할 수 있어야 능숙한 교사라고 생각하기도 한다. 하지만 공감대화카드를 활용한 학부모 상담을 하면서 문제해결의 답은 결국 학부모가 스스로 찾는다는 것을 깨닫는다. 교사는 상담과정에서 학부모의 이야기에 경청하고 순간순간 올라오는 판단이나 평가는 내려놓으며 학부모가 해 온 노력을 비난하지 않고 그대로 수용해야 한다. 학부모 상담에서는 문제해결보다 학부모를 공감하고 지지하는 태도가 중요하다.

문제가 생겼을 때 하는 학부모 상담

학부모 상담주간이 아니지만 아이에게 문제가 생겨서 학부모 상담을 하는 경우가 있다. 학부모가 교사에게 먼저 상담을 요청하기도 하고, 교사가 학부모에게 상담을 요청할 때도 있다. 특히 자녀에게 문제가 발생하여 교사가 요청하는 상담의 경우, 학교로 오는 학부모의 마음은 어떨까? 감정적으로 매우 불안하거나 화가 난 상태로 오는 경우가 대부분일 것이다. 이런 상태의 학부모 상담에서는 무엇보다 학부모의 마음에 공감하려는 자세가 필요하다. 문제가 생겼을 때 하는 학부모 상담에서 공감대화카드는 학부모의 마음을 공감하기 위한 도구로 유용하게 활용된다.

학부모가 교사에게 상담을 요청한 학부모 상담

"선생님, 시간 있으세요?"

학부모 상담주간이 아니지만 학부모가 자발적으로 교사에게 상담을 요청하는 경우는 자녀의 교육문제나 학교생활과 관련하여 어려운 문제가 생겨 선생님의 도움을 구하려고 할 때다. 교사가 보기에는 별문제 없어 보이는 아이인데 학부모가 갑자기 교사에게 상담을 요청하면 당황스럽기도 하다.

그렇지만 교사를 찾아오는 학부모는 화나고 불안하고 혼란스럽고 긴장되는 등 여러 가지 마음으로 학교를 방문한다. 그래서 문제의 해결보다 먼저 교사가 해야 할 일은 학부모의 여러 가지 마음을 공감하고 수용하는 것이다. 자녀에 대한 문제로 걱정하고 힘들어하는 학부모의 마음을 충분히 공감한 후, 교사도 문제해결을 위해 다양한 노력을 하고 있으며, 아이를 위해 함께하는 공동의 입장이라는 마음을 전달하는 것이 좋다. 문제해결을 위한 방법을 찾는 것도 중요하지만 무엇보다 공감하고 소통하는 교사의 태도가 중요하다.

학부모가 교사에게 상담을 요청한 학부모 상담과정

감정카드와 바람카드를 활용한 학부모 상담과정에 6번의 과정을 추가하면 된다.

학부모 상담
#3
1. 인사 나누기
전화를 받고 무슨 일인지 궁금했습니다.
2. 상담하게 된 이유 나누기
자녀에 대해 어떤 부분을 상담하고 싶으신가요?
3-1. 감정카드에서 학부모의 감정 찾기
지금 감정을 골라 보시겠어요?
3-2. 카드를 고른 이유 이야기 나누기
카드를 고른 이유를 말씀해 주시겠어요?
4-1. 바람카드에서 학부모의 바람 찾기
지금 원하는 것을 카드에서 찾아보시겠어요?
4-2. 카드를 고른 이유 이야기 나누기
카드를 고른 이유를 말씀해 주시겠어요?
5. 가장 원하는 바람 한 장 선택하기
가장 원하는 한 장을 골라서 이유도 말씀해 주세요.
6. 감정과 바람 요약하기
네...
정말 원하는 것은 OO인데 지금 ☆☆한 상황이라 속상하시군요.
7. 부탁하고 싶은 것 물어보기
부탁하고 싶은 것이 있으시면 말씀해 주세요.

사례로 살펴보는 학부모 상담

이혼 후 아이 둘을 혼자 키우고 계신 용범이 아버지께서 교실로 전화를 하셔서는 학교에서 용범이가 지영이에게 뺨을 맞았다며 엄청 화를 내셨다. 그리고 전화 한 통 없는 지영이 부모님에 대해 원망을 하셨다. 다음날 오후에 용범이 아버지와 교실에서 학부모 상담을 하였다.

1. 인사 나누기-조용한 상담환경 분위기 만들기

교사 아버지, 어서 오세요. 전화를 받고 저도 너무 놀라고 걱정되어서 잠을 못 잤는데, 아버지 마음은 얼마나 힘드시겠어요?

아버지 정말 한숨도 못 잤습니다. 참다가 도저히 못 참아서 선생님께 전화를 했습니다. 이제는 제가 할 수 있는 방법을 다 동원하려고요. 돈이 들더라도 소송까지 갈 겁니다. 지영이 부모 하는 것 좀 보세요. 전화 한 통 없잖아요. 전화하는지 두고 볼 겁니다. 내가 작년에 얼마나 모욕을 당했는데….

2. 상담하게 된 이유 나누기

교사 어떻게 위로를 드려야 할지 모르겠습니다. 말씀을 들으니 정말 많이 화나시고 속상하신 것이 느껴져서 참 무거운 마음입니다. 지금 아버지 마음은 용범이의 마음보다 훨씬 더 힘드신 듯합니다. 오늘 용범이는 지영이와 언제 그랬냐는 듯 학교에서 서로 어울리며 놀고 있는 걸 보고 안심이 되었습니다.

아버지 용범이는 다행히 괜찮아 보여요. 하지만 지영이 부모의 행동은 참을 수가 없습니다.

교사 부모로서 용범이 아버지의 마음이 이해됩니다. 저는 아버지께서 대응하시려는 것은 조금 미루어 두시길 부탁드리고 아버지의 마음을 좀 더 듣고 싶은데 괜찮으시겠어요?

아버지 음… .

교사 아버지께서 힘들고 불편한 마음을 오래 가지고 계시면 용범이에게도 영향이 있지 않을까요?

아버지 네, 알겠습니다.

Tip 학부모가 먼저 상담을 요청하는 경우 대부분 자녀의 학교생활이나 친구 관계, 학교폭력 등 학부모가 불편하고 힘든 마음을 가진 경우가 많다. 이런 경우 상담은 학부모의 불편한 마음을 공감해 주는 것으로 시작해야 한다.

3. 감정카드에서 학부모의 감정 찾고 고른 이유 나누기

교사 지금 마음이 어떠신지 이 카드에서 한번 골라보시겠어요?

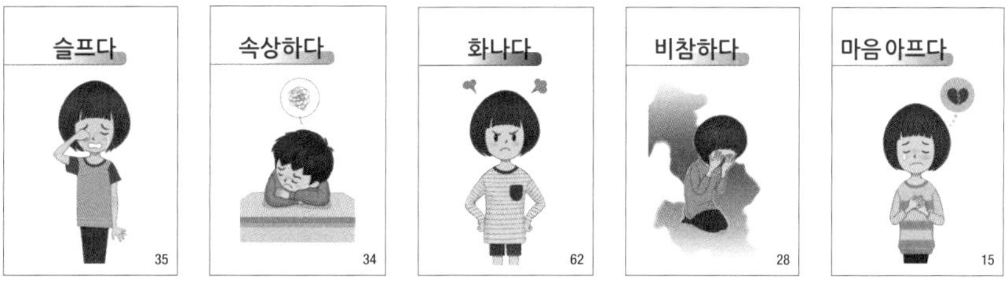

교사 이 카드를 선택한 이유를 말씀해 주시겠습니까?

아버지 작년 2학년 때 용범이와 지영이 사이에 다툼이 있었습니다. 용범이가 지영이에게 모래를 뿌렸는데, 그건 우리 용범이가 잘못한 게 맞아요. 그런데 지영이 부모가 학교로 찾아와 우리 용범이를 다른 아이들 보는 앞에서 야단치고 혼내고… . 정말 눈물 날 만큼 속상하고 슬프고 화나더라고요. 그래도 제가 사과했어요. 그리고 '지영이가 우리 용범이한테 잘못하기만 해 봐라.' 하고 벼르고 있었죠. 그런 상황에서 이번 사건이 생긴 거예요. 이번에는 지영이가 우리 용범이 뺨을 때렸잖아요. 실수로 부딪혔다는 건 말도 안 됩니다. 아이 뺨에 빨갛게 손자국이 났는데 그게 실수로 그렇게 될 리는 없어요. 실수로 그랬다 해도 미안하다고 사과해야 하는데 지영이 부모가 지금까지 사과 전화도 없다는 건 얼마나 우리를 무시하나 싶어서 비참합니다. 그리고 제가 아무리 노력해도 엄마의 빈 자리가 큰데 용범이 생각하면 마음이 너무 아픕니다.

교사 2학년 때 그런 일이 있었군요. 아이들 다툼인데 지영이 부모님께서 용범이를 심하게 혼내신 상황에 많이 속상하셨겠어요.

아버지 아이가 잘못했으니 내가 사과하고 다시는 그러지 못하게 단단히 이야기할 텐데 아이를 직접 야단쳤다고 하니 너무 화났어요.

교사 아버지께서 사과도 하시고, 다시 그런 일이 생기지 않도록 용범이도 단단히 주의시킬 생각을 하고 계셨는데⋯.

아버지 그래도 우리 아이가 잘못했으니 나는 사과했는데, 지영이 부모는 전화 한 통 없잖아요. 어떻게 이럴 수 있습니까?

교사 전화 한 통 하지 않는 지영이 부모님을 보면서 용범이네를 무시한다는 생각이 들어 비참한 마음도 드는 거네요.

아버지 무시하지 않으면 어떻게 이럴 수 있어요?
지영이는 1학년 때부터 반에서 제일 공부도 잘하고 늘 반장하고 못하는 게 없잖아요.
우리 용범이는 공부도 못하고⋯.

4. 바람카드에서 학부모의 바람 찾고 고른 이유 나누기

교사 말씀을 들으니, 속상하고 화난 마음이 너무 이해가 됩니다.
그럼 아버지께서 바라시는 게 뭔지 바람카드에서 한번 골라 보시겠어요?

아버지 네.

교사 이 카드를 고르신 이유를 말씀해 주시겠어요?

아버지 우리 용범이가 좀 말썽꾸러기입니다. 엄마가 없어서 부족한 부분도 있고요.
그래도 색안경을 끼고 보지 말고 있는 그대로 받아 주고 존중도 받고 싶습니다.
아이를 함부로 야단치는 일은 일어나지 않았으면 좋겠습니다. 그리고 상황이 잘 풀렸으면 좋겠습니다. 사과할 건 하고, 다시 이런 일이 일어나지 않도록 만들어서 용범이가 마음 편하게 학교생활을 할 수 있었으면 좋겠습니다.

교사 아버지의 바람은 다른 사람들이 용범이를 있는 그대로 받아 주고,
아이를 함부로 야단치지 않고 존중해 주며, 이 불편한 상황이 잘 풀려서
용범이가 마음 편하고 행복하게 학교생활을 하는 것이네요.

아버지 네.

5. 가장 원하는 바람 한 가지를 선택하기

교사 그럼 이 중에서 가장 바라시는 것 한 가지는 뭘까요?

아버지 이겁니다.

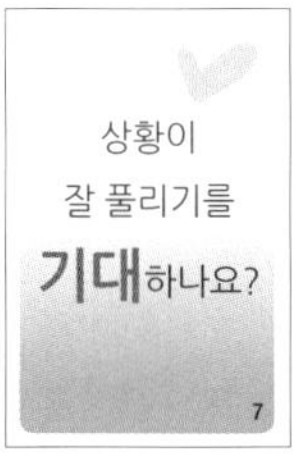

교사 아버지께서 가장 바라시는 것은 지금 이 상황이 잘 해결되는 것이네요.
이유를 말씀해 주시겠습니까?

아버지 네, 사과 전화 한 통만 하면 저도 참고 넘어가려고 하는데.

6. 감정과 바람 요약하기

교사 지금 정말 원하시는 것은 사과 전화를 받고 이 상황이 잘 풀리기를 바라시는데
그렇지 못해 속상하고 화가 나셨군요.

아버지 네!

Tip 학부모의 감정과 바람을 한 번 더 요약해서 교사가 말해 주면 학부모는 자신의 마음을 교사가 공감해 주고 있다고 생각하며 자신의 생각을 정리하는 데도 도움이 된다.

7. 학교나 담임에게 부탁하고 싶은 것 물어보기

교사 학교나 제가 도와드릴 부분이 있다면 도와드리고 싶은데 말씀해 주시겠습니까?

아버지 특별히 선생님께 도움받고 싶은 건 없는데 지영이가 앞으로 학교에서 용범이를
때리지 않도록 지도만 부탁드립니다. 그리고 용범이가 친구들하고 잘 지내도록
선생님께서 칭찬도 많이 해 주시면 좋겠습니다.

교사 앞으로 학교에서 아이들 간에 다툼이 일어나지 않도록 세심하게 지도하겠습니다.
용범이가 평소 준비물도 친구들한테 잘 빌려줘서 칭찬하고 있는데
더 많이 칭찬하도록 신경쓰겠습니다.

8. 상담 소감 나누기

교사 오늘 이야기 나누면서 용범이의 자존감과 안전을 지켜 주고 싶으신 마음이 너무 이해 되었습니다. 아마 모든 부모님의 간절한 바람이실 것 같습니다. 아버지께서는 오늘 상담하시니 마음이 어떠신지요?

아버지 학교 올 때는 진짜 화가 많이 나서 오늘 당장 선생님께 학교폭력 신고를 하려고 했었습니다. 그런데 선생님하고 이야기하면서 조금만 더 기다려 봐야겠다는 생각이 드네요.

9. 학부모의 강점 전달하기

교사 이렇게 마음이 힘든데도 조금 더 기다려 보시겠다는 말씀에 아버지께서 얼마나 참고 애쓰고 계신지 느껴지고 담임으로서 감사한 마음도 듭니다. 오늘 진솔하게 이야기 나누어 주셔서 감사합니다.

Tip 상담의 마무리 시간에 교사가 부모님의 강점을 찾아 표현하면 부모님의 화가 난 마음을 회복하는 데 도움이 되며 교사와 긍정적인 관계도 형성된다.

격앙된 목소리로 걸려오는 학부모의 전화는 당시 발생한 아이의 문제뿐만 아니라 교사의 평소 지도 방법에 대한 오해와 불만이 포함되어 교사에게 많은 요구를 하기도 한다. 그럴 때 교사도 함께 감정적으로 대하면 학부모의 마음을 공감하는 것이 어려워진다. 화가 난 학부모에게 가장 필요한 것은 문제해결의 답보다는 마음을 이해받는 것이다. 속상하고 마음이 아프고 비참한 마음을 공감하고 수용하는 것이 중요하다.

용범이 아버지의 바람은 지영이의 처벌이 아니라, 지영이 부모님의 진정한 사과였다. 그런데 지영이 부모님은 용범이 아버지께 어떻게 말을 전해야 할지 난감해하고 있다는 것을 알게 되었다. 그래서 상담 후에 두 분의 만남의 자리를 만들었다. 두 분 사이의 어색함과 긴장감에 처음에는 숨이 막힐 듯했다. 공감대화카드로 서로의 마음을 표현해 달라고 요청하고, 여기는 아이들의 배움의 공간인 교실이니 서로 예의를 지켜 주실 것을 부탁드렸다. 그렇게 어색하게 공감대화카드로 대화를 시작했다. 감정카드를 하는 동안에도 침묵과 날이 선 시선이 교차하는가 싶었는데 바람카드를 하면서 두 분의 굳은 얼굴 표정이 풀리는 것, 상대의 눈을 바라보는 것, 그리고 희미하게 반응하는 것이 보였다. 그리고 어느새 본인들끼리 대화를 나누고 계셨다. 교사가 끼어들 틈도 주지 않고. 마지막에 용범이 아버지가 지영이 어머니께 말씀하셨다.

"우리 앞으로 4년을 계속 봐야 될 사이 아닙니까? (우리 학교는 한 학년에 한 학급인 소규모 학교이다.) 아이들이 중학교 같이 올라가면 더 봐야 될지도 모르고…. 아이들도 그렇지만 부모들끼리도 잘 지내 봅시다."

"네, 그렇게 해요."

공감대화카드라는 도구를 통해 진심으로 서로의 마음을 표현하고 들어 주고 바라는 것을 말하면서 그렇게 심각했던 일이 눈 녹듯 사라지는 것을 보았다. 진심으로 감정과 바람을 찾아 표현해 주신 두 부모님께 감사했다. 용범이 아버지 말씀처럼 부모 간의 관계가 좋아지면서 그 이후로도 아이들의 갈등을 교실에서 쉽게 해결할 수 있었다.

교사가 학부모에게 상담을 요청한 학부모 상담

"부모님, 시간 있으세요?"

학교에서 교사가 먼저 학부모에게 전화를 해서 상담을 요청할 때가 있다. 대부분의 학부모는 교사의 전화를 받으면 자녀의 행동에 대해 죄송한 마음이 들면서도 한편으로는 '또 뭘 잘못했지?', '우리 아이만 잘못한 것은 아닐 텐데 선생님이 우리 아이만 미워하시나?'처럼 불편한 마음도 생긴다. 이렇게 다양한 마음이 생기기 때문에 교사는 문제해결 이전에 학부모의 마음을 그대로 이해하고 공감하는 것이 무엇보다 필요하다. 그래서 교사가 부모님께 먼저 상담을 요청한 학부모 상담은 공감과 신뢰를 바탕으로 아이의 문제 상황에 대해 소통하고, 학부모와 교사는 아이의 성장을 위해 서로 협력관계라는 것을 공유하는 것이 중요하다.

교사가 학부모에게 상담을 요청한 학부모 상담과정

다음은 교사가 학부모에게 상담을 요청한 학부모 상담의 과정이다.

학부모 상담
#4
1. 인사 나누기
제 전화 받고 많이 놀라셨죠?
2. 상담하게 된 이유 말하기
학교에서 이런 일이 있었습니다.
3-1. 감정카드에서 학부모의 감정 찾기
이야기를 듣고 어떤 감정이 드시나요?
3-2. 카드를 고른 이유 이야기 나누기
카드를 고른 이유를 말씀해 주시겠어요?
4-1. 바람카드에서 학부모의 바람 찾기
지금 원하는 것을 찾아보시겠어요?
4-2. 카드를 고른 이유 이야기 나누기
카드를 고른 이유를 말씀해 주시겠어요?
5. 가장 원하는 바람 한 장 선택하기
가장 원하는 한 장을 찾아서 이유도 말씀해 주세요.
6. 감정과 바람 요약하기
원하는 것은 OO인데 지금 ☆☆한 상황이라 속상하시군요.
네.
7. 부탁하고 싶은 것 물어보기
부탁하고 싶은 것이 있으시면 말씀해 주세요.

사례로 살펴보는 학부모 상담

6학년 정호는 어릴 때부터 친구들 사이에서 일명 '짱'으로 통하는 아이이다. 고학년이 되면서 다른 아이들을 괴롭히기도 하고 다른 반 선생님이 교실 안에 계셔도 교실 문을 발로 차고 지나가기도 한다. 아이들은 정호를 무서워하며 정호에 대한 불만을 말하는 것을 힘들어했다. 그러던 중 정호가 담배를 피우고 친구들에게도 피워 보라고 말한 적이 있다는 이야기를 들었다. 어머니와의 상담이 중요하다고 느끼고 최대한 빨리 상담을 진행하였다.

1. 인사 나누기-조용한 상담환경 분위기 만들기

교사 어머니, 어서 오세요. 제 전화를 받고 많이 놀라셨지요?

어머니 네, 선생님. 정말 죄송합니다.

교사 좋은 일로 만나 뵈어야 하는데….
오시는 동안 마음이 많이 무거우셨을 것 같아요.

어머니 아닙니다. 선생님께 제가 너무 죄송합니다.

2. 상담하게 된 이유 나누기

교사 오늘 어머니께 오시라고 한 이유는 정호가 담배를 피우고 친구들에게도 한번 피워 보라고 시켰다고 합니다.

어머니 정말 너무 죄송합니다. 제가 엄마 자격이 없습니다.

교사 어머니께서 저에게 자꾸 죄송하다고 하시는데 정호에게 벌을 주거나 어머니께 따지려고 오시라고 한 게 아닙니다. 전화로도 말씀을 드린 것처럼 졸업하기 전에 제가 정호를 진짜 도와주고 싶습니다. 그래서 어머니와 힘 모아서 정호가 왜 그러는지 알아내고 필요하면 어머니께도 힘이 되고 도와드리려고 마련한 자리입니다.

어머니 감사합니다, 선생님.

교사 6년 동안 정호의 학교생활은 어머니가 보시기에 어땠나요?

어머니 휴, 학교 입학하고 나서 공부도 열심히 잘하고 잘 지냈는데….
5학년 때 친구들하고 문제가 자주 일어나서 학교도 자주 왔고요. 6학년 올라와서도 줄어들지도 않고…. 왜 그런지 모르겠습니다.

교사 어머니, 그동안 정말 많이 힘드셨겠어요.

어머니 네. 학교에서 전화만 와도 이제는 심장이 막 뛰고 너무 무섭습니다.
(눈물을 보이신다.)

교사 네, 정말 그러셨겠네요. 이번 일에 대해 정호와 상담을 했는데 공감대화카드라는 걸 이용했거든요. 제가 정호가 고른 카드를 사진을 찍어 놨어요. 한번 보시겠어요?

어머니 네. (한참 동안 사진을 보신다.)

Tip 학부모 상담 전에 교사는 아이와 먼저 상담을 진행하는 것이 좋다. 아이가 고른 감정카드나 바람카드 등을 사진으로 찍어 아이가 어떤 마음을 가지고 있는지 학부모님께 보여 주면 자녀의 마음을 이해하는 데 도움이 된다.

3. 감정카드에서 학부모의 감정 찾고 선택한 이유 나누기

교사 어머니와 상담하겠다고 정호와 약속했는데 이 카드로 어머니 감정도 살피면서 지금 복잡한 마음 정리도 하시고 어머니께서 진짜 원하는 것이 무엇인지 살펴보는 것도 의미가 있을 것 같습니다. 한번 해 보시겠어요?

어머니 네, 선생님. 해 보겠습니다.

교사 어머니가 정호 키우시면서 느꼈던 감정을 카드에서 마음껏 골라 보세요.

어머니 네. (20여 장 정도 고른다.)

Tip 감정카드를 찾을 때 너무 많은 카드를 찾으면 그만큼 힘든 상태라는 것을 충분히 공감해 주고, 감정카드를 고른 이유를 하나하나 들어 본다. 그리고 마음에 와닿는 카드 몇 장을 다시 선택하게 해 주면 대표적인 감정을 찾는 데 도움이 된다. 이야기를 들을 때 눈 맞추기, 표정, 대답 등에 집중하며 적극적인 공감의 메시지를 전달한다.

교사 어머니께서 카드 고르신 것만 봐도 힘드셨음을 알겠습니다. 도대체 어떻게 견뎌 내셨습니까? 카드 모두 하나하나 고르신 이유를 듣고 싶어요. 얼마나 힘드셨는지 진심으로 알아드리고 싶습니다. 시간 많으니까 말씀 충분히 길게 하셔도 됩니다.

어머니 (카드를 고른 이유를 하나하나 말한다.)

교사 긴 시간 동안 카드를 선택한 이유를 말씀하셨는데 지금 마음은 좀 어떠세요?

어머니 훨씬 좋아요. 쓸데없이 너무 길어져서 죄송하네요.
너무 잘 들어 주셔서 감사합니다.

교사 그러면 정호가 고른 카드들을 보면서 함께 이야기 나눠 볼게요.
정호가 고른 감정은 '미안하다, 걱정되다'입니다.
이번 일로 친구들, 부모님, 선생님에게 미안하다고 하더군요.
그리고 이번 일이 앞으로 어떻게 될지 걱정되나 봅니다.

어머니 어제 저한테도 걱정된다고 하더군요.

교사 정호와 상담을 하면서 선생님이나 친구들 사이에서 힘들거나 상처받은 것은 찾아내기가 힘들었어요. 그래서 정호가 어머니에 대해 어떤 감정이 있고 무얼 바라는지 물어봤어요. 어머니에게 느끼는 감정으로 '고맙다, 신나다, 피곤하다'를 골랐습니다.

어머니 좀 다행스럽네요. 저에 대한 미움이나 원망 등이 엄청 많을 줄 알았거든요.

교사 저도 어머니처럼 조금 놀랐어요. 정말 고맙다를 고른 건 다행이라고 생각되고 지금 상황에서 충분히 희망적이라는 생각이 듭니다.

어머니 네, 저도 그렇게 생각합니다.

교사 정호는 어머니가 가족과 자기에게 해 주는 여러 가지 일과 돌봄에 대해 고마운 마음이 크게 자리를 잡고 있는 것 같더라고요.

어머니 다행이네요. 엄마가 제대로 못 해주는 게 많을 건데.

교사 '신나다'는 스케이트보드를 탈 수 있게 어머니가 허락해 주는 순간이 정말 행복하다고 하네요. 이제 정호가 고른 '피곤하다'라는 감정에 대해 말씀드리겠습니다.

어머니 이건 좀 걱정이 되는 감정이네요.

교사 정호가 어머니와 관련해서 가장 힘든 것이 학원이랑 공부라고 합니다.
혹시 짐작되는 것이 있으세요?

어머니 네, 힘들 거라고 생각은 좀 하고 있었지만 학원은 남들도 다 다니는 거라 투정이나 엄살로 생각했지 얼마나 힘든지는 잘 생각을 안 한 것 같아요.
지금 공부 안 하면 나중에 중학교 가서 따라가지도 못할 거고요.

교사 정호는 학원 숙제도 많은데 어머니가 추가 숙제를 내 줘서 그 양이 하루에 다하기 너무 벅차다고 하더라고요.

어머니 많을 수도 있는데 제가 생각할 때 정호가 그 정도는 충분히 할 수 있을 거라고 생각하고 있었는데 힘들다고 하니 다시 생각해 봐야겠네요.

교사 그러면 정호에게 드는 어머니 감정을 세 장만 골라 보실래요?

어머니 네, 두 장만 골라도 될까요?

교사 네, 괜찮습니다. 어머니 마음 가는 대로 하시면 됩니다.

어머니 저는 미안하다, 안심되다를 골랐습니다.

교사 이 감정카드를 고르신 이유를 말씀해 주실래요?

어머니 '미안하다'는 것은 사실 정호가 왜 그러는지 도저히 모르겠더라고요. 그래서 솔직히 얘가 도대체 왜 이러나 생각이 들면서 화도 자주 나고 원망도 되었어요. 그런데 선생님과 상담하고 나니 엄마가 아들 마음을 너무 몰랐다는 생각이 들어서 참 미안하네요.

교사 네, 그래서 미안한 마음이 드셨네요.

어머니 '안심되다'는 정호가 엄마를 엄청 미워할지도 모른다는 막연한 불안이 사실 있었거든요. 하지만 그래도 엄마를 믿어 주고 있는 것 같아서 뭔가 희망 같은 것이 느껴져서 골랐습니다.

Tip 자녀에 대한 감정카드를 세 장 고르지 못하는 경우도 있는데, 이런 경우 꼭 세 개를 고를 필요는 없다고 말해 준다.

4. 바람카드에서 학부모의 바람 찾고 선택한 이유 나누기

교사 어머니께서 바라시는 게 뭔지 바람카드에서 한번 골라 보시겠어요?

어머니 네.

교사 왜 이 카드를 고르셨는지 말씀해 주시겠어요?

어머니 정호가 엄마를 미워하지 않고 이해해 주는 것 같아 고맙다는 생각이 들어서 그런 제 마음을 좀 표현하고 싶네요. 그리고 제가 정호 마음을 너무 몰라서 앞으로 정호와 이야기도 나누면서 좋은 관계를 가지면 좋겠습니다. 그리고 지금 정호한테 생긴 이 상황이 잘 해결되었으면 좋겠습니다.

5. 가장 원하는 바람 한 가지 선택하기

교사 그럼 이 중에서 가장 바라는 것 한 가지를 골라 보시겠어요?

어머니 네!

교사 어머니께서 가장 바라시는 것은 좋은 관계네요.

어머니 네, 빨리 정호한테 가서 이야기하고 싶어요.

교사 정호와 서로 마음을 나누고 싶은 마음이 느껴지고 어머니랑 정호랑 이야기 나누는 것은 상상만 해도 감동적입니다.

어머니 네, 저도 좀 기대가 됩니다.

6. 감정과 바람 요약하기

교사 어머니께서 정말 원하는 것은 정호와의 좋은 관계인데, 지금은 정호의 마음을 몰라준 것 같아 미안한 마음도 있고 정호가 어머니를 미워하지 않는 것 같아 한편으로는 안심되는 마음도 있으신 것 같습니다.

어머니 네, 선생님.

7. 학교나 담임선생님께 부탁하고 싶은 것 물어보기

교사 혹시 학교나 저에게 부탁하고 싶은 것이 있으면 말씀해 주시겠습니까?

어머니 선생님이 잘 지도해 주셔서 바라는 것은 없습니다. 오늘 선생님하고 카드를 가지고 이야기 나누다 보니 정호가 아빠하고도 별로 사이가 좋지 않아 정호 아빠도 이걸로 선생님과 상담하면 좋겠다는 생각이 드네요.

교사 안 그래도 정호 교육과 관련해서 좀 조심스럽지만 정호 아버지를 모시고 이야기를 나눠 보고 싶었습니다. 가능할까요?

어머니 네! 정호 아빠 꼭 보내고 싶어요. 당연히 와야죠. 내일 바로 오라고 하겠습니다.

8. 상담 소감 나누기

교사 오늘 상담하니 마음이 어떠신지요?

어머니 선생님 전화 받고 또 정호가 문제를 일으켰구나 생각하며 죄송하고 한편으로는 답답했답니다. 그런데 제가 살면서 남에게 이렇게 깊이 이해받아 본 것은 오늘이 처음이에요. 정말 감사합니다.

9. 학부모의 강점 전달하기

교사 사실 아버지와 상담도 조심스럽게 이야기 꺼낸 건데 어머니께서 적극적으로 받아 주셔서 저는 정말 좋았습니다. 그리고 긴 시간 동안 어머니께서 정호의 이야기도 잘 들어 주시고 어머니의 감정과 바람을 찾아서 솔직하게 나누어 주셔서 진심으로 감사드립니다. 꺼내기 쉽지 않으셨을 텐데 용기 내어 주시는 모습에서 정호에 대한 사랑을 느꼈습니다. 어머니의 편안한 모습을 보니 저도 너무 보람됩니다.

Tip 교사는 긴 시간 자녀에 대해 솔직하게 표현하는 어머니를 격려해 드렸다. 그리고 이 사례처럼 가족상담이 필요한 경우 아버지와의 상담을 요청해도 좋다.

학부모 상담은 아이의 성장을 돕는 데 그 목적이 있다. 아이가 보다 행복하고 건강하게 자랄 수 있도록 부모와 교사가 함께 돕기 위해 만나는 것이 학부모 상담이다. 앞서 제시한 사례의 학부모는 그동안 자녀로 인해 학교에서 걸려오는 전화도 많이 받고 자녀와의 갈등에서 많은 감정을 가슴 한쪽에 꾹꾹 눌러 왔을 것이다. 그래서 다른 학부모 상담보다 감정카드로 감정을 찾아서 이야기 나누는 데 많은 시간이 걸렸다. 20개 정도의 감정을 말하고 나서 학부모는 평생 처음으로 이해받아 봤다고 소감을 말했다. 이를 통해 듣고 학부모 상담은 학부모가 내담자이며 학생 상담처럼 학부모의 마음을 공감하는 것이 얼마나 중요한지를 깨달았다. 학부모의 마음과 바람을 찾아 함께 나누는 과정의 결과는 결국 아이의 성장으로 이어진다.

교사, 학부모 그리고 아이가 함께하는 학부모 상담을 통해

서로 처해 있는 상황을 이야기하면서

상대의 감정을 공감할 수 있다.

그리고 서로의 바람을 이야기하면서 상대를 이해하고

그 바람을 이루기 위한 방법을 함께 찾아 가는 시간이 되었다.

학부모 상담이 더 이상 부담스러운 시간이 아닌

마음이 따뜻해지는 특별한 시간이 되길 원하신다면

공감대화카드로 학부모 상담을

해 보는 건 어떤지 권해 본다.

· Chapter 5 ·

생활에 어려움을 겪는 아이들에게 바로 쓰는

RT상담카드

RT상담카드는 선택이론을 바탕으로 현장에서 개발된 시각화된 상담도구다. 8장의 그림으로 시각화한 상담카드를 보면서 상담을 진행하므로 교사가 상담 순서나 과정을 따로 기억할 필요가 없다. 카드 순서대로만 진행하면 쉽게 전문적인 상담이 가능하다.

학교현장을 통해 만들어진 RT상담카드

RT상담카드는 선택이론을 바탕으로 현장에서 개발된 시각화된 상담도구다. RT상담카드의 개발 과정을 소개한다.

제 생활 문제는….
저도 했어요!
저도요!
이렇게 하라는 뜻이었어요?
아~ 이렇게 하는 거구나!
이렇게 하면 되나요?
CT차트를 쉽게 설명하는 그림을 만들어야겠다!
유레카!
그림 몇 장 그려 줄 수 있겠니?
우리 반에서 그림 제일 잘 그리던 학생
어떻게 그리면 되나요?

3학년 학생들
습작으로 만든 최초의 CT카드(초등학생)
그림카드로
설명한 후
3학년 학생들의 결과물
그래! 결심했어!
이 자료를 발전시켜서
상담에 적용해 보는 거야!
아~ 쉽네.
!
상담이 정말
쉬워졌어!
상담을 진행해 보니 어려운 부분도 생겼다.
BUT!
어떤 고민이 있니?
...
첫째! 아이들이 쉽게 마음을 열지 않아
상담을 시작하기가 어려웠다.
나는 다시 고민에 빠졌다.
첫 번째 고민.
어떻게 하면 쉽게
아이의 마음을 열 수 있을까?
!
공감대화카드를
적용=> 해결!

앞으로 새로운 행동을 해 본다면 어떻게 할 수 있을까?
잘 모르겠어요.
둘째! 상담 마무리 부분에 행동계획을 세워야 하는데 아이들이 모르겠다고 할 때 난감했다.
어떤 새로운 행동을 해 볼 수 있을까?
잘 모르겠어요.
친구와 싸우지 않고 잘 지냈을 때는 없었니?
있었어요.
!!
해결중심질문기법으로 해결!
선택이론
현실치료
RWDEP
RT상담카드
관계 맺기와 Want 탐색을 쉽게
공감대화카드
상담현장 적용
계획 세우기를 효율적으로
해결중심 질문기법
공감대화카드 + RT상담카드 + 해결중심질문기법 삼총사로 상담이 정말 쉬워졌다.
난 결심했다.
한국심리상담연구소
이 좋은 상담법을 다른 선생님들에게 알리고 나누기로!

RT상담카드는~
2007년,
전국학교상담지원센터의 학교폭력예방
교육연수에서 처음으로 소개가 되었다.
전국에서 날아온
피드백
그 연수에 참여했던 100여 명의 교사가
직접 학교현장에서 활용 후 보내 준
피드백을 받았다.
그리고 우리나라에 현실치료를
처음으로 소개하고 교육하는
한국심리상담연구소
김인자 교수님의 지도와
학교현장에서 현실치료를 잘 적용하고
사용하시는 김서규 선생님의 자문을 받아서
수정, 보완하여
상담현장과 교육현장에 맞게
최적화하는 과정을 거쳤다.
박사학위논문
『시각화자료를 활용한
현실치료 셀프카운셀링
프로그램 개발과 효과 검증』
또한 김명신 선생님은 개발된 RT상담카드를
초등학생들에게 적용하여 2012년
『시각화 자료를 활용한 현실치료 셀프카운슬링
프로그램의 개발과 효과검증』이라는 제목으로
박사학위논문을 발표했다.
그해 대인긍정심리교육재단
최우수논문으로 선정되었고,
최우수논문
KCA
최우수 논문
2013년 한국상담학회 학술지에
게재하여 학술적으로도 검증을 받았다.

초등학급상담연수
교사들을 대상으로도 2012년부터 초등학급상담연수를 통해
RT상담카드 활용 연수가 시작되었고 현재까지 매년 진행되고 있으며

상담법 연수
10시간 만에
학교에서 바로
적용 가능
- 연수 중 -
- 학생 상담 -
10시간의 상담법 연수를 통해서 RT상담카드를
활용한 상담을 쉽게 배우고, 연수 후 상담에
적용 가능하다는 것이 확인되었다.

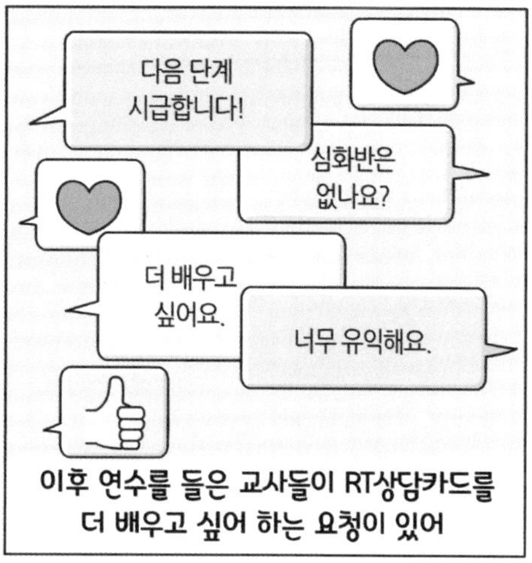
다음 단계
시급합니다!
심화반은
없나요?
더 배우고
싶어요.
너무 유익해요.
이후 연수를 들은 교사들이 RT상담카드를
더 배우고 싶어 하는 요청이 있어

RT상담카드적용과정
2016년부터 RT상담카드 적용과정까지 개설되어
교육현장과 상담현장에 잘 적용할 수 있도록 돕고 있다.

RT상담카드 상담과정 소개

RT상담카드로 진행하는 상담은 아이들의 발달적, 예방적 접근에 맞추어 긍정적인 부분에 초점을 두고, 단기적인 상담이 가능하도록 상담과정을 재구성하여 만든 학교 현장에 적합한 학교상담방법이다.

RT상담카드는 개인상담에 초점을 맞추어 현실치료의 W(바람탐색)-D(행동탐색)-E(자기평가)-P(계획 세우기) system의 상담과정을 축으로 진행된다. 상담에서 좋은 관계(Relationship) 맺기의 중요성을 강조한 김인자 교수는 좋은 관계를 WDEP system에 추가하여 RWDEP system이라고 하는 것이 더 정확하다고 했다. 학교현장에서도 좋은 관계 맺기는 매우 중요하므로 RT상담카드에서도 전 과정에 내담자를 지지하고 힘을 북돋아 주면서 상담을 진행한다. 또한 단기상담이 가능하도록 해결중심 질문법과 공감대화카드를 적용하였다.

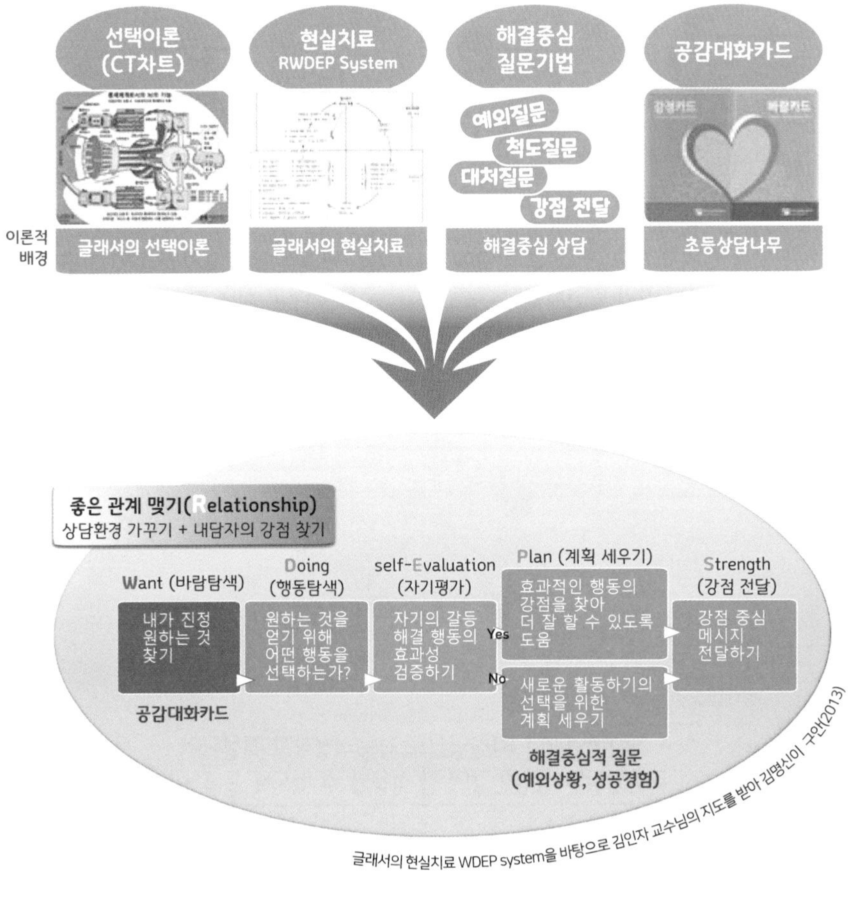

RT상담카드에서는 상담의 마무리 부분에 강점메시지를 전달하는 과정을 추가하였다. 아이들의 긍정적인 모습에 초점을 맞추어 강점 메시지를 전달하면 아이들은 자긍심을 가지고 상담을 통해 계획한 행동을 실천에 옮길 수 있다. 종합해 보면 RT상담카드를 활용한 학생단기상담의 과정은 R(좋은 관계 맺기)-W(바람탐색)-D(행동탐색)-E(자기평가)-P(계획 세우기)-S(강점 전달) system으로 이루어져 있다.

RWDEPS system으로 전개되는 RT상담카드 상담진행과정은 다음과 같다.

RT상담카드 학습판은 2013.2.11.(1차), 2013.4.20.(2차), 2013.12.25.(3차), 2015.5.24.(4차), 2020. 6. 21.(5차)로 쉽게 RT상담카드를 익히기 위해 김명신 선생님이 제작함.

RT상담카드 RWDEPS 상담과정(2013년 김명신 박사학위논문 수록)

RT학습판

RT상담카드 상담진행 매뉴얼

RT상담카드의 단계별 진행 과정과 핵심적으로 해야 하는 질문, 그리고 멘트를 그림으로 정리해 보았다.

0 (표지) 나의 선택! 행복한 삶으로의 출발-상담환경 가꾸기

좋은 관계 맺기(상담환경 가꾸기)

- 상담자와 좋은 관계를 맺어 마음을 열고 상담을 시작할 수 있게 해 주는 단계
- 아이의 말문을 열게 하는 간단한 방법들 : 소극적 경청(들어 주기), 인정해 주기, 말문 열기, 적극적 경청(듣고 말로 공감하기) 등

권장 사항		금지 사항
■ 주의 기울이기	■ 개성 있게 하기	■ 비판, 논쟁하기
■ 판단 보류하기	■ 자기 개방하기	■ 강압하기
■ 유머 사용하기	■ 주제에 귀 기울이기	■ 쉽게 포기하기
■ 역설적 기법 사용하기		■ 변명을 받아들이기
■ 은유적 표현에 귀 기울이기		■ 공포 분위기 만들기
■ 요약하고 초점 맞추기		■ 무시하기

1 상담의 시작-감정카드로 마음 열기

지금의 감정 찾기

- 갈등 상황이 발생했을 때의 감정이 아니라 지금의 감정을 찾도록 한다. 감정은 달라질 수 있고 현실치료에서는 지금-현재를 중요하게 다루고 있기 때문이다.

이유를 꼭 물어보기

- 아이가 자신의 이야기를 충분히 말할 수 있는 기회를 주며 상황을 어떻게 지각하고 있는지 살피기 위해서다. 아이들이 자신의 입장에서 이야기하는 것이 당연하므로 잘못된 점을 찾거나 따지지 않고 그대로 수용해 주는 것이 중요하다.

2 바람탐색(Want)-지금의 바람과 현재 상황을 비교하기

지금의 바람 찾기

- 과거나 미래의 바람이 아니라, 현재 지금 바라는 것이 무엇인지에 초점을 둔다.

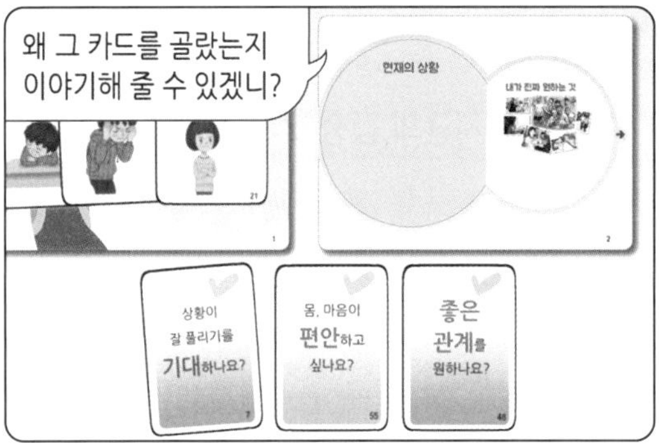

이유를 묻고 공감해 주기

- 카드를 선택한 이유를 묻고 충분히 들어 주며 공감해 준다.

가장 원하는 바람 한 개 찾기

- Real Want는 상담목표가 되기 때문에 상담에서 가장 중요하다.

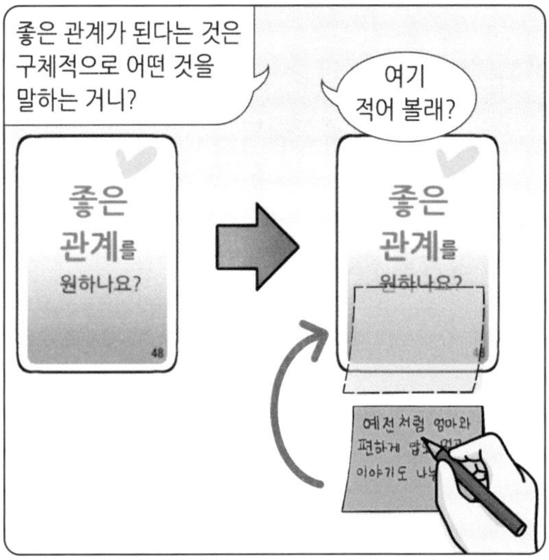

구체화하기

- 바람카드는 대부분 추상적인 문장으로 되어 있어서 이것을 구체화해서 명확하게 해 주어야 한다.
- 포스트잇에 자신의 바람을 간단히 글(또는 그림)로 써서 바람카드에 붙인다.

현재 상황 요약하기

- 아이의 바람과 현재 상황, 감정을 그대로 연결해서 읽어 주면 아이에게 깊은 공감도 되고 지금까지 아이가 말한 내용에 대한 요약도 된다.

3 척도질문-마음의 상태를 확인하고 긍정요소 찾기

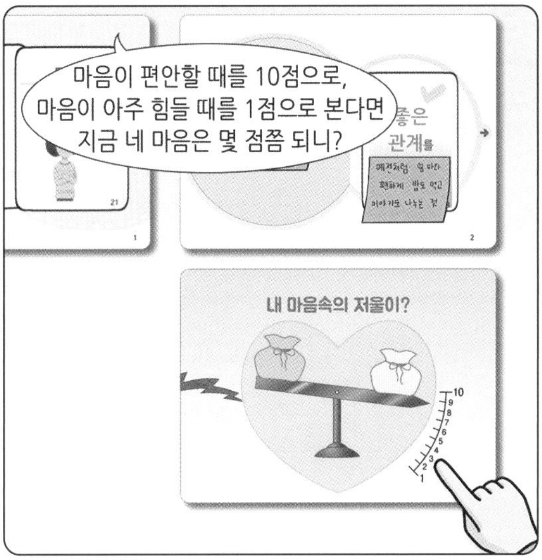

바라는 것과 현재 상황을 비교하기

- 마음의 상태를 척도로 나타내어 아이의 마음이 힘든 정도를 살핀다.

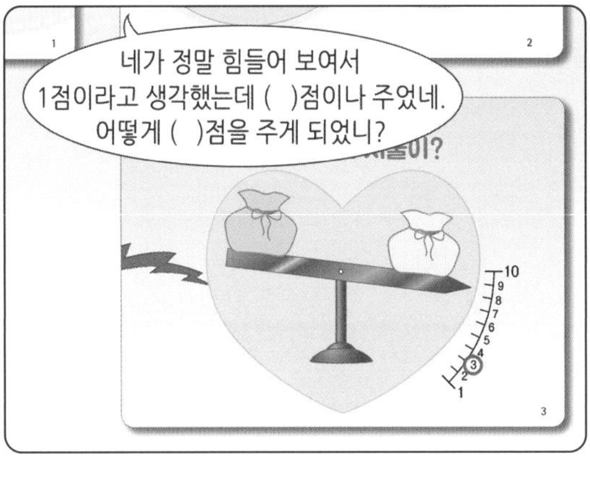

1점이 아닌 점수를 주었을 때

- 2점 이상일 경우 그래도 뭔가 지금 상황에서 긍정적인 것이 있다는 것을 의미한다. 1점이 아닌 2점 이상을 줄 수 있었던 이유를 통해 아이 자신이나 주변의 긍정적인 자원을 찾을 수 있다. 아이에게서 긍정적인 말이 나오면 그 부분에 대해 중점적으로 질문하는 것이 좋다. 그 과정을 통해 아이는 얼굴 표정이 바뀌고 에너지가 긍정적으로 변하기 시작한다.

1점을 주었을 때

- 마음의 상태가 1점이라는 것은 정말 힘든 상태라는 신호다. 이때는 그냥 깊이 공감해 준다.

4 행동탐색(Doing)-갈등 상황에서 하는 여러 가지 행동 찾기

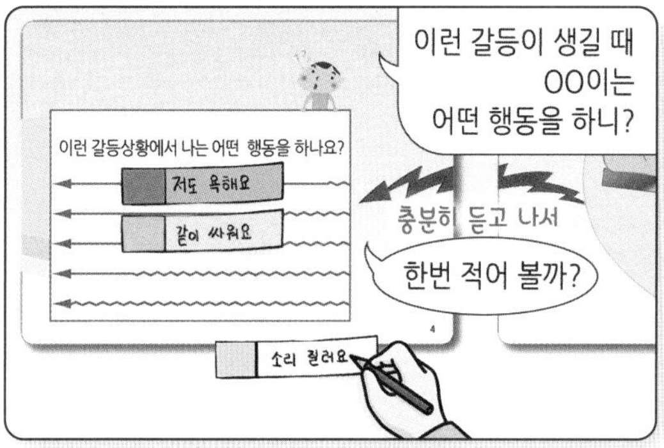

이야기를 충분히 듣고 포스트잇 한 장에 행동 하나씩 적어서 붙이기

- 갈등이 생길 때 다른 사람이 아닌, 자신이 한 행동에 초점을 맞추도록 한다.

5 전행동자동차(Total Behavior)-선택한 행동을 네 가지 요소로 찾아보기

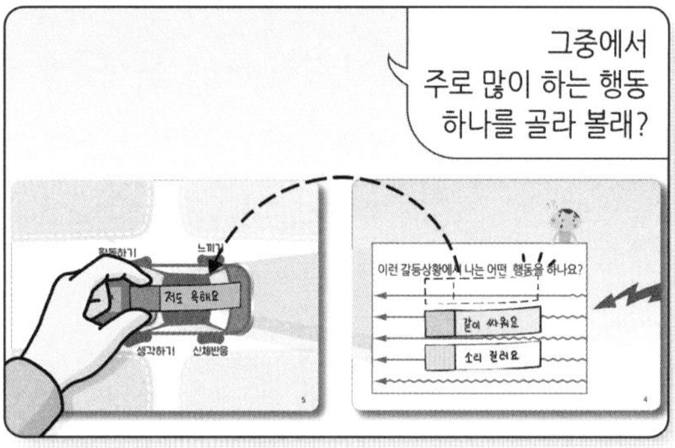

주로 많이 하는 행동 고르기

- 여러 가지 행동 중에서 주로 많이 하는 행동 하나를 선택해서 전행동자동차로 가져간다.

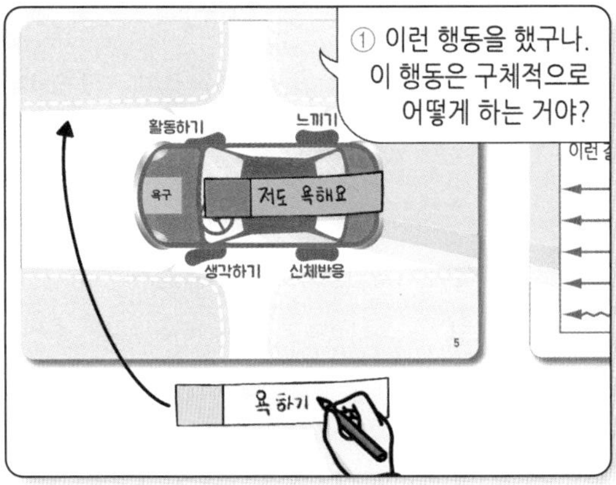

활동하기(Acting)

- 전행동에서 '활동하기'는 구체적인 말이나 동작을 말한다.
- 예를 들어, 아이가 주로 선택하는 행동이 '친구에게 집적거린다.'라고 한다면 다음과 같이 '활동하기'를 정리해 준다.

교사 친구에게 집적거린다는 건 구체적으로 어떻게 하는 거니?

아이 옷을 잡아당겨요.

교사 그러면 활동하기에 '옷을 잡아당기기' 라고 적어 보자.

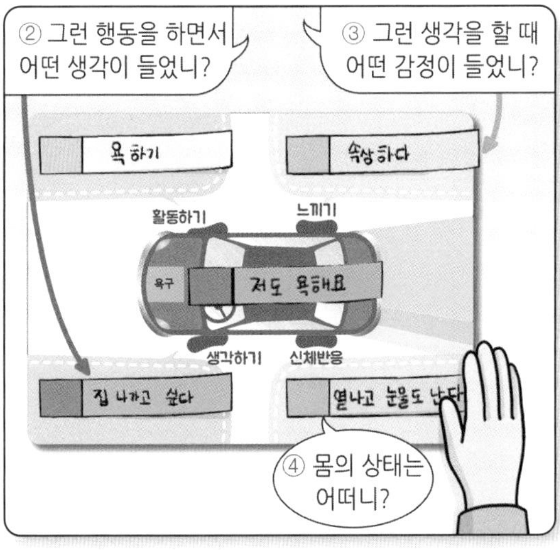

생각하기(Thinking)

- "그 행동을 선택했을 때 어떤 생각을 했니?"라고 질문을 하면 아이들이 그때 생각을 하면서 울기도 하고 화를 내기도 한다. 충분히 아이의 마음을 있는 그대로 받아 주면서 수용하는 것이 중요하다.

느끼기(Feeling)

- '느끼기'를 찾을 때는 그 활동을 하고 난 후에 생긴 감정을 찾는 것이 아니다. 전행동의 네 가지 요소는 동시에 일어난다. 즉, 그 활동을 할 때 어떤 감정이 들었는지 찾아야 한다.

신체반응(Physiology) - 상황에 따라 다르게 표현하거나 생략해도 된다

- "몸의 상태는 어떠니?"라는 신체반응 질문은 아이들에게 어려울 수 있다. 그럴 때는 "몸에서 열도 나고, 얼굴도 빨개지고, 눈물도 막 나니?"처럼 예를 들어 물어보면 된다. 사람들이 주로 감정에 몰입하다 보면 그 상황에서 자신이 어떤 활동을 했는지, 어떤 신체반응이 일어났는지 스스로 잘 인지하지 못한다. 그러한 신체반응들을 인지함으로써 내가 얼마나 심각하게 받아들이고 있는지 더 정확하게 이해할 수 있다.

⑥ 자기평가(self-Evaluation)-행동의 결과와 바람 비교하기

선택의 결과 적기

- 아이에게 그 행동을 선택했더니 결과가 어떻게 되었는지 질문을 하고 적게 한다.

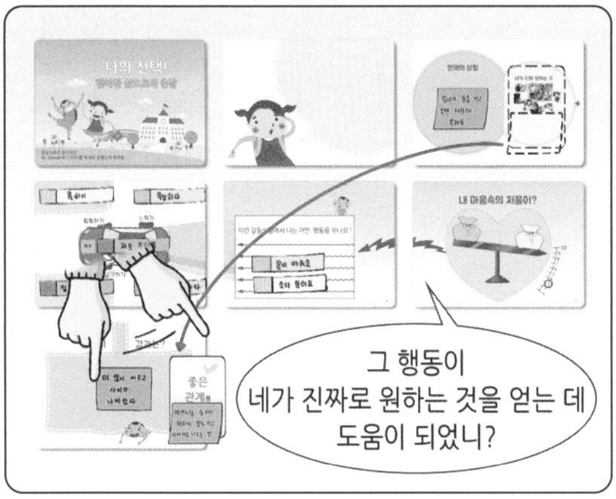

선택의 결과와 바람 비교하기

- 진짜 원하는 것을 적은 바람카드를 가져와서 선택의 결과를 적은 카드 옆에 놓고 비교하게 한다.
- 자기가 진짜 원했던 것을 얻는 데 도움이 되었는지 비교하여 물어봄으로써, 그 행동이 오히려 상황을 더 좋지 않게 만들고 있다는 것을 인지하게 되면 변화가 생긴다.

7 계획 세우기(Plan)-예외상황, 성공경험 질문하기

새로운 행동 계획하기

- 그동안 했던 행동이 자기가 원하는 것을 얻는 데 도움이 되지 않음을 알게 되면 내가 원하는 것을 얻을 수 있는 새로운 행동 계획을 세울 수 있게 된다.

새로운 행동이 떠오르지 않을 때

- 보통의 아이들은 "기억이 안 나요.", "잘 모르겠어요."라고 대답한다. 사실 어른들에게도 당장 새로운 행동을 생각하라고 하면 잘 생각나지 않는다. 이럴 때 예외상황질문이나 성공경험을 물어보는 질문은 아주 유용하다.
- 선생님이 제안할 경우 "선생님은 이런 방법이 생각나는데 한번 들어 볼래?", "□□가 할 수 있을 것 같으면 하겠다고 하고, 할 수 없을 것 같으면 하기 어렵다고 이야기해도 된단다."라고 해서 아이가 선택할 수 있도록 한다.

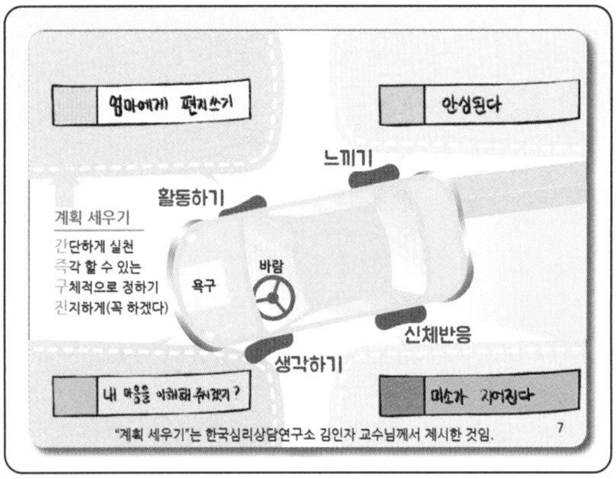

간즉구진 행동계획 세우기

- 간단하고
- 즉각적으로 할 수 있고
- 구체적으로 정해서
- 진지하게 실행할 수 있도록 계획을 세운다.

전행동자동차에 넣어 보기

- 새로운 행동을 선택했을 때의 활동하기, 생각하기, 느끼기, 신체반응을 예상해 본다. 상황에 따라 생각하기, 느끼기, 신체반응을 생략할 수 있다.

8 계획 자기평가(self-Evaluation)-계획의 결과와 바람 비교, 강점 전달(Strength)

계획을 자기평가하기

- 2번 카드에 두었던 진짜 원하는 것을 적은 바람카드를 가져와서 8번 카드 옆에 놓고 비교하게 한다.

강점 전달하기

- 상담에서 보여 준 아이의 모습이나 상담에 임했던 태도, 그러한 태도에서 보이는 강점을 구체적으로 이야기해 주는 것이 좋다.
- 척도질문을 사용해서 아이의 마음을 살필 수도 있고 향상된 점수를 통해 뭐가 달라졌는지 확인할 수도 있다. "처음 네 마음은 몇 점이었고 지금 네 마음은 몇 점이니?", "그렇게 점수가 달라진 이유는 뭐니?"라고 질문해 본다.

약속 정하기

- "선생님도 어떻게 되었는지 궁금한데 언제 한번 다시 이야기해 볼까?"라고 자연스럽게 다음 약속 시간을 정한다.

RT상담카드의 강점

■ 공감대화카드를 사용하여 상담의 시작과 바람탐색의 과정을 쉽고 빠르게 할 수 있다

처음 아이들과 관계를 맺고 상담목표를 정하는 과정까지는 상담전문가도 어려워하고 시간도 많이 걸린다. 이러한 과정을 초등상담나무가 개발한 공감대화카드를 사용하면 쉽게 해결 할 수 있다. 감정카드로 아이의 마음을 살피고, 바람카드로 상담목표를 쉽게 찾을 수 있게 되니 단기상담이 가능하게 되었다. 또한 RT상담카드에 감정카드와 바람카드를 아이가 놓은 대로 그대로 읽어 주면 따로 공감을 하려고 하지 않아도 공감이 되고 아이들의 상황도 요약이 된다.

"엄마하고 싸우지 않고 편하게 밥도 같이 먹고 이야기하고 싶은데, 엄마가 술을 먹고 욕을 해서 괴롭고 속상하고 미운 거구나."

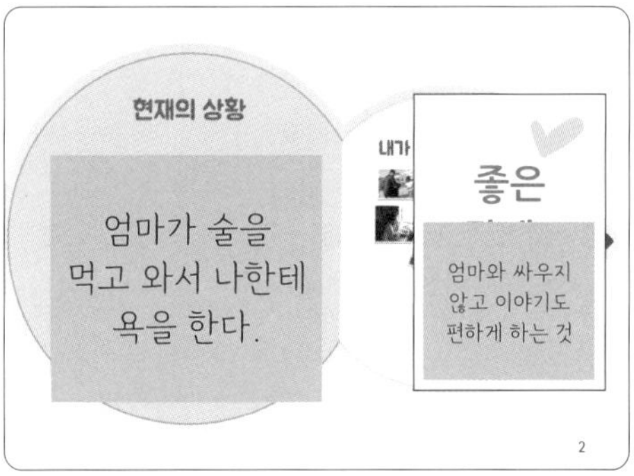

■ 긍정적이고 성공적으로 자신이 잘하고 있는 자원들을 찾아내어 해결하도록 한다

2점 이상일 때 1점이 아닌 2점이 될 수 있었던 이유를 물어보면 어려운 상황이지만 자신에게 힘이 되고 있는 긍정적인 자원을 찾을 수 있다. 또한 상담을 마무리하면서 시작할 때와 마칠 때 마음의 점수를 비교하여 물어봄으로써 상담을 통한 아이의 긍정적인 변화를 찾아낼 수 있다.

아이가 해 보지 않은 낯선 계획이나 선생님이 요구하는 것은 실천할 확률이 떨어질 수 있다. 자신이 성공했던 경험이나 그 문제가 잘 해결되었던 때를 생각해 보게 한 후

계획 세우기로 활용하면 더 잘할 수 있게 된다.

상담을 마무리하면서 아이가 상담 중에 보인 구체적인 강점을 찾아 주고 교사의 긍정적인 시선과 기대를 전하는 시간을 갖는다. 그렇게 하면 아이는 교사에게 지지받고 있다는 것을 느끼고, 할 수 있다는 자신감을 갖게 된다. 또한 아이와 좋은 관계를 유지하게 되어 다음 상담으로 이어 갈 수도 있다.

⚃ 상담과정을 카드로 시각화시켜 상담카드를 보면서 상담한다

교사와 아이는 8장의 그림으로 시각화한 상담카드를 보면서 상담을 진행하므로 교사가 상담 순서나 과정을 따로 기억할 필요가 없다. 카드 순서대로만 진행하면 쉽게 전문적인 상담이 가능하다.

아이 입장에서도 상담과정을 한눈에 볼 수 있어서 상담 중에 자신에 대한 통찰이 생기게 된다. 이런 시각화가 머릿속에 남아서 자신의 문제를 일기장에 도형으로 그려 해결하는 아이도 있었다. 이것에 아이디어를 얻어 셀프카운슬링 자료를 개발하였다. 셀프카운슬링 자료는 아이들이 자신의 문제를 해결할 수 있도록 만들어져 교육적 효과도 크다.

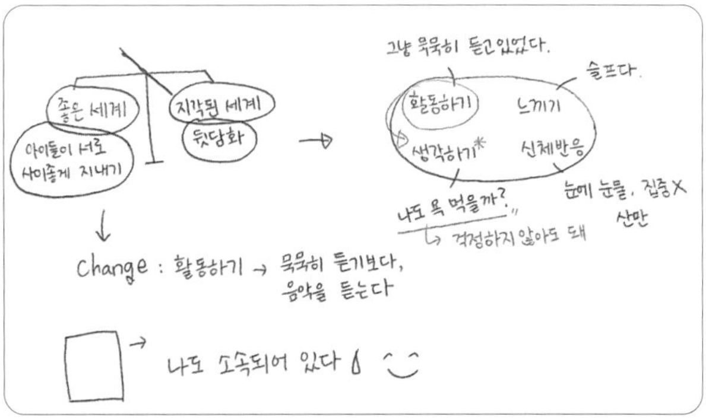

⚄ 아이가 활동(카드를 고르고 쓰고 붙이기)을 하면서 상담을 진행한다

일반적으로 상담할 때 아이들이 수동적이기 쉽다. 그러나 RT상담카드는 자신이 원하는 것을 공감대화카드에서 직접 고르고, 선택한 행동과 그 결과를 스스로 쓰기 때문에 상담에 적극적으로 참여하게 된다.

그러나 아이에게 억지로 쓰게 할 필요는 없다. "함께 쓰면서 해 볼까?"라고 물어보고 만약 아이가 쓰기 싫다고 하면 카드만 펼치면서 가장 중요한 부분(상담의 목표-2번 카드, 행동계획-7번 카드)에 선생님이 간단히 적어 주는 정도만 하면 된다.

사례로 RT상담카드 상담과정 익히기

엄마가 미운 혜민

혜민(초4, 여)

혜민이는 평소 밝고 명랑하며 수업에도 적극적인 아이였다.
그런데 요즈음 얼굴도 어둡고 수업 때 발표도 잘 하지 않는다. 친구와의 다툼도 심해지고 늘 피곤하고 지쳐 보였다. 오늘도 친구들과 다툰 문제로 선생님과 이야기하다가 울었다. 다른 친구들은 보내고 혜민이와 상담을 하게 되었다.

0 상담환경 가꾸기

혜민아,
요즈음 무슨 일 있니?

아니요.

그런데 늘 밝던 혜민이가
잘 웃지도 않고 친구들과도 다투고
피곤해 보여서 걱정이 된단다.
선생님이 혜민이와 이야기해 보고 싶은데
괜찮아?

(힘없이)
네….

선생님은 너와 이야기하면서 여기에
중요한 것들을 적어 함께 보며
이야기하고 싶어.
이 카드가 너의 마음을 찾는 데
도움이 될 것 같아. 그래도 되겠니?

네….

1 상담의 시작-감정카드로 마음 열기

혜민이의 지금 감정이 어떤지
감정카드에서 한번 골라 볼래?

네.

(0번, 1번 카드를 책상 위에 둔다.)

여기요.

지금 혜민이가 많이 괴롭고 속상하고,
누군가가 미운가 보네.
왜 이 카드를 뽑았는지 이유를 말해 줄래?

전 지금 너무 괴롭고 속상해요.
엄마가 술만 먹고 들어오면
저한테 욕을 해서 너무 괴롭고요.
자꾸 싸우게 되니 속상해요.
엄마가 진짜 너무 미워요.

(감정카드를 RT상담카드 1번 카드에 한 장씩 놓으면서)

그래서 혜민이 지금 마음은
속상하고 괴롭고 미운 마음이구나.

네.

2 바람탐색(Want)-지금의 바람과 현재 상황을 비교하기

(조금 시간을 두고)

혜민이가 바라는 것을
바람(want)카드에서 골라 볼래?

네.

(2번 카드를 놓는다.)

여기요.

혜민이가 이런 바람을 갖고 있구나.
이 카드들을 뽑은 이유를 말해 줄래?

(카드를 한 장씩 제시하며)

엄마랑 욕하고 싸우고 나면
너무 피곤하고 지쳐요.
그래서 지금 상황이 달라졌으면 좋겠어요.
몸과 마음도 편해졌으면 좋겠고요.
옛날처럼 엄마하고 안 싸우고
좋은 관계가 되었으면 좋겠어요.

혜민이는 상황이 잘 풀리기를
기대하고 몸과 마음이 편안해지면 좋겠고,
좋은 관계가 되길 바라는구나.

혜민이가 뽑은 바람카드 중에서
제일 바라는 것은 어떤 거니?

(고민하다가)

이거요.

혜민이는 엄마와 좋은 관계가
되고 싶은가 보구나.

네.

엄마와 좋은 관계로 지낸다는 것은 구체적으로
엄마랑 어떻게 지내는 것을 말하는 거니?

예전에는 엄마하고 관계가 좋았거든요.
술도 안 드셨고
제가 학교 갔다 오면 맛있는 것도 해 주시고
영화도 같이 보고요.
그런데 요즈음은 매일 술을 드시니까
말도 잘 안 하게 되고 불편해요.

그럼 혜민이가 바라는 것은 엄마와 싸우지 않고
사이좋게 밥도 같이 먹고,
편하게 이야기도 하는 거니?

네.

그렇구나.
혜민이가 바라는 것을
포스트잇에 적어서 카드에
붙여 보렴.

네.

(바람카드를 2번 카드에 놓으며)

그런데 지금 상황은 어떠니?

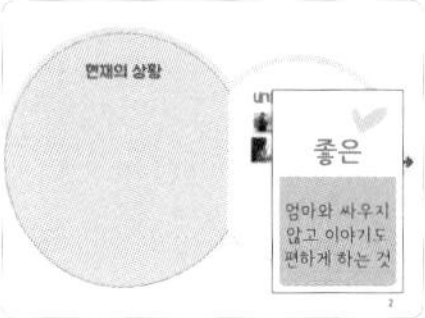

엄마가 술을 먹고 와서
나한테 욕을 해요.

그렇구나.
그 이야기를 여기에 적어 보렴.

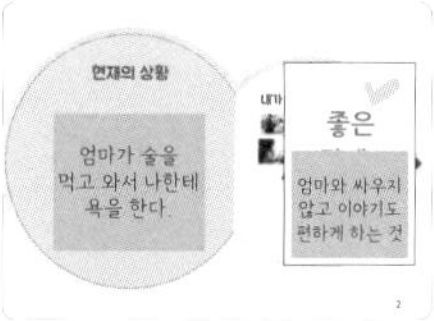

(1번, 2번, 3번 순서대로 읽어 주기)

혜민이가 바라는 것은
엄마와 싸우지 않고 마음 편하게
밥 먹고 이야기하는 것인데,
현재의 상황은 엄마와 싸워서
혜민이 마음이 괴롭고 속상하고
미운 거구나.

네.

3 척도질문-마음의 상태를 확인하고 긍정요소 찾기

(3번 카드를 놓으며)

그럼, 혜민이가 겪고 있는 마음의 상태를 한번 나타내 보자.
엄마와 관계가 좋아서
균형이 잘 이루어졌을 때를 10점으로 보고
마음의 상태가 아주 좋지 않을 때를 1점으로 본다면
지금 네 마음은 어디에 있는지 표시해 볼래?

(동그라미로 표시하면서)

3점요.

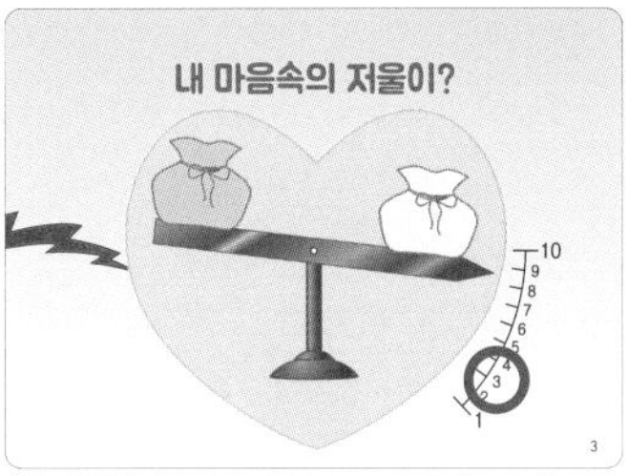

혜민이가 힘들어 보여서 1점일 줄 알았는데 3점이네.
3점이나 줄 수 있었던 이유라도 있니?

그래도 엄마가 술을 안 먹을 때는 괜찮아요.
예전처럼은 아니지만
다투거나 먼저 시비를 걸거나 하지는 않아요.

그렇구나.
예전에는 어머니가 잘해 주셨니?

네.
제가 학교에서 오면
간식도 해 주시고 잘 웃어 주셨어요.
주말에는 엄마가 영화도
보러 가자고 해서 놀러도 가고….

어머니가 혜민이에게
참 잘해 주셨구나.

④ 행동탐색(Doing)-갈등 상황에서 하는 여러 가지 행동 찾기

(4번 카드 가져오기)

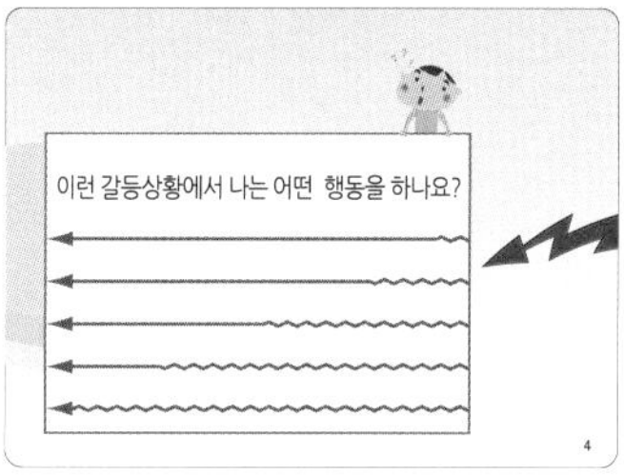

엄마가 술 먹고 오셔서
욕을 할 때
혜민이는 어떤 행동을 하니?

소리 지르며 같이 싸워요.

(감정이 올라가서)

너무 화가 날 때는
저도 같이 욕하기도 해요….

소리 지르고 욕도 하는구나.
여기에 적어 볼래?

(포스트잇에 하나씩 적기)

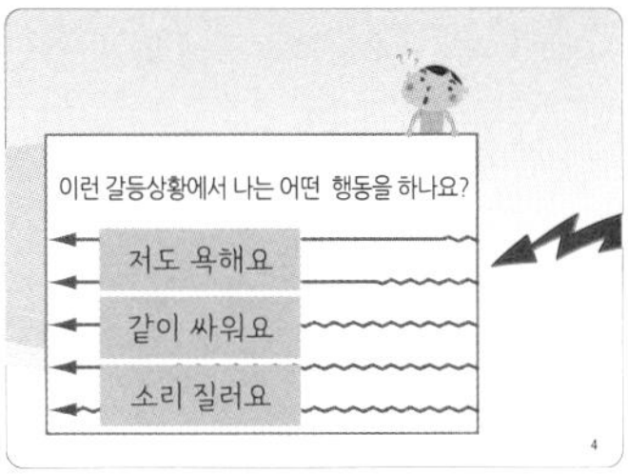

5 전행동자동차(Total Behavior)

그중에서도 주로 하는 행동은 무엇이니?

(5번 카드 가져오기)

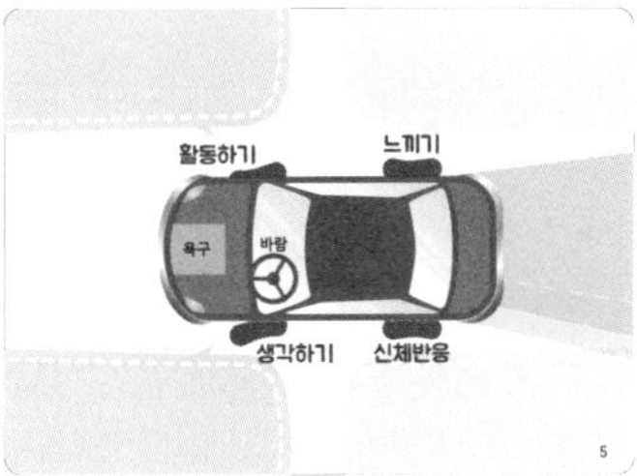

욕하기요.

(욕하기 포스트잇을 떼어서 5번 카드에 붙이면서)

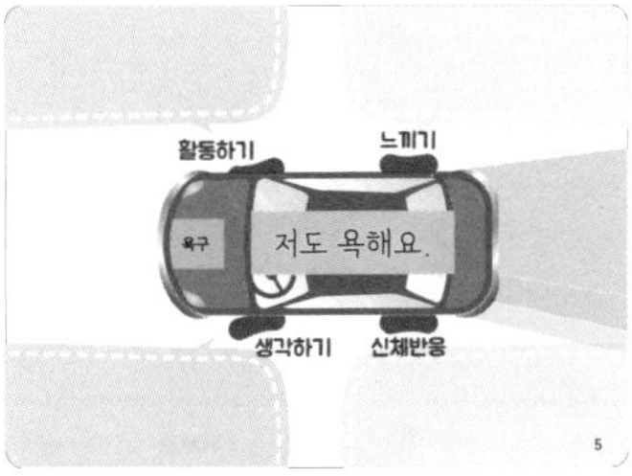

그런 행동을 할 때 어떤 생각이 드니?

집을 나가고 싶다는
생각이 들어요.

얼마나 힘들면
그런 생각이 들겠니?

(잠시 시간을 주고)

감정은 어떠니?

엄마가 도대체 왜 이러나 싶어
속상하고 엄마가 미워요.
눈물도 나요.

방금 말한 것을
여기 한번 적어 볼까?

네.

(포스트잇에 하나씩 적는다.)

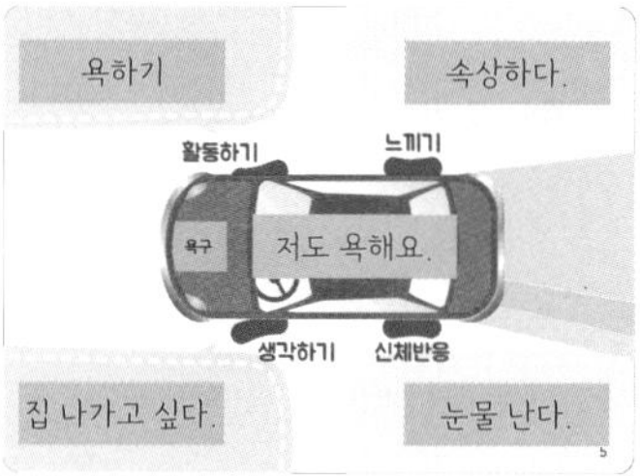

⑥ 자기평가(self-Evaluation)-행동의 결과와 바람 비교하기

힘들었겠다.

(여유를 두고, 6번 카드를 가져오며)

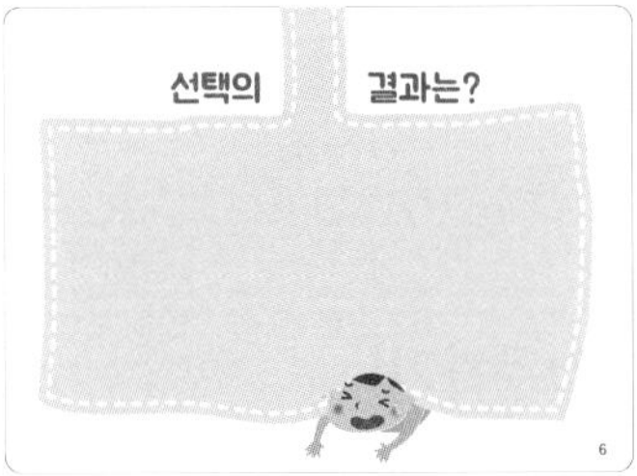

엄마가 술을 먹고 오셔서 욕할 때
너도 같이 욕하니까 어떻게 되었니?

엄마랑
더 많이 싸워요.

(2번 카드에 있던 바람카드를 가져와서 비교하며)

혜민이가 원하는 바람인
좋은 관계가 되는 데 도움이 되었니?

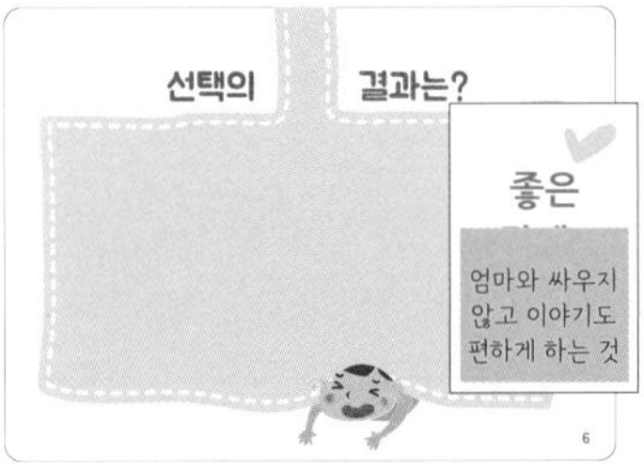

아니요.
관계도 나빠졌어요.

여기에 적어 보렴.

(카드에 적기)

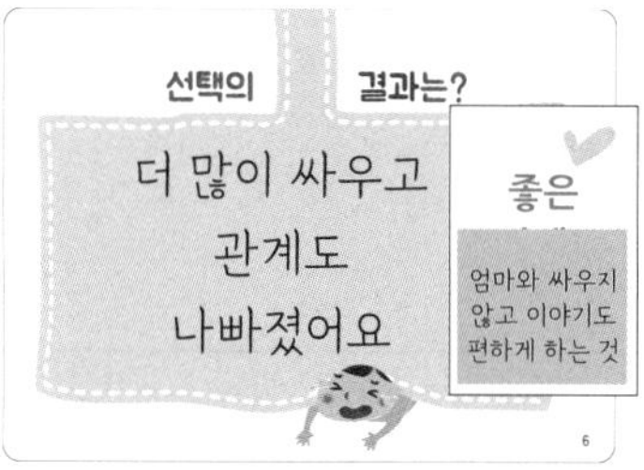

7 계획 세우기(Plan)-예외상황, 성공경험 질문하기

(7번 카드 가져오기)

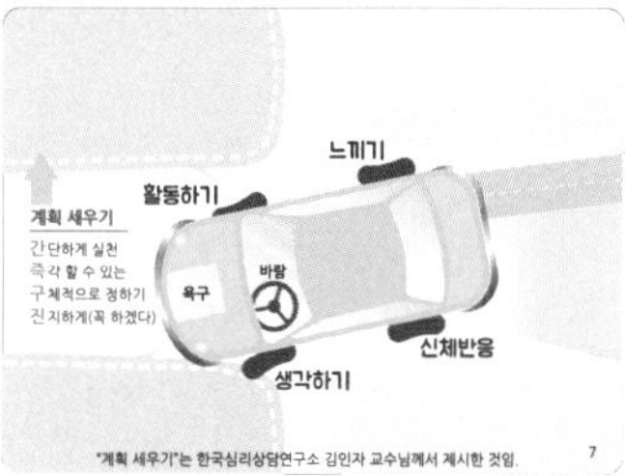

네가 바라는 좋은 관계를 위해
다르게 해 본다면
어떤 행동을 선택해 볼 수 있을까?

(주저하면서)

잘 모르겠어요.

혹시
예전에 엄마가 술 먹고 오셨을 때 싸우지
않고 넘어간 적은 없었니?

전에 자고 있을 때
엄마가 방문을 열었는데
제가 자니까 그냥 갔어요.
그럼 자는 척해 볼까요?

좋은 생각이야.
여기에 한번 적어 볼래?

네.

(포스트잇에 적는다.)

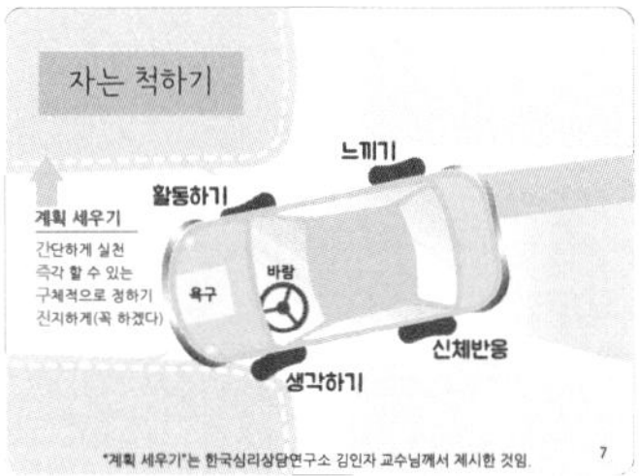

8 계획 자기평가(self-Evaluation)-계획의 결과와 바람 비교, 강점 전달(Strength)

(8번 카드와 바람카드를 가져오며)

자는 척하면 네가 원하는
엄마와의 좋은 관계에
도움이 되겠니?

일단 싸우지는 않으니까
엄마랑 사이도 안 나빠지고
마음도 편할 것 같아요.

그래, 좋은 계획인 것 같다.
여기에 적어 볼래?

(카드에 적기)

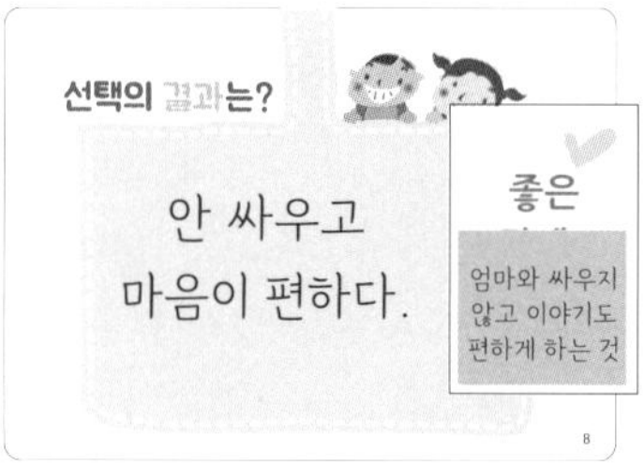

오늘 계획한 것을
어떻게 실천했는지 궁금한데
언제 이야기해 줄 수 있겠니?

만약 오늘이나 내일
엄마가 술 먹고 오면
한번 해 보고
바로 말씀드릴게요.

오늘 말하기 힘들었을 텐데 솔직하게 이야기하고
엄마가 원망스러울 것 같은데도 좋은 관계를
만들기 위해 애쓰려는 혜민이가 대견하다.
지금 마음은 어떠니?

처음 선생님이 남으라고 했을 때는
혹시 혼나는 게 아닌지 걱정이 많이 되었는데
선생님과 이야기하고 나니 마음이 편해졌어요.

혜민이가 그렇게 이야기하니 선생님도
도움이 된 것 같아 기쁘다.

RT상담카드를 활용하여 상담하고 나면 아이들이 한눈에 자신이 상담한 내용들을 그대로 볼 수 있고 정리할 수 있다.

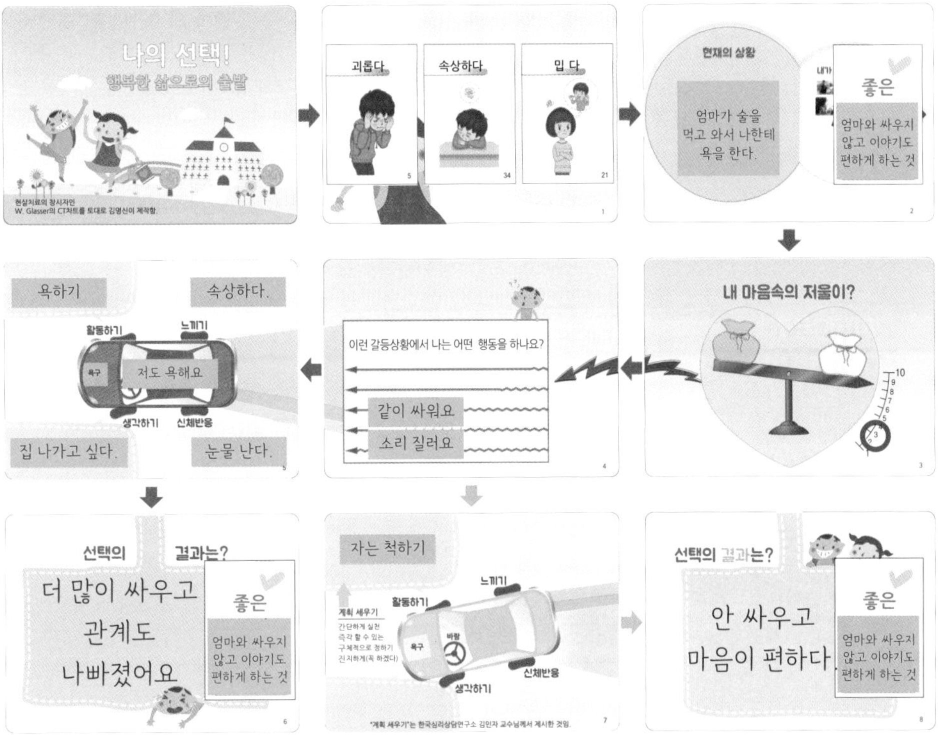

RT상담카드의 상담과정 정리

감정카드로 자신의 감정을 고르며 상담을 시작하는 Relationship(좋은 관계 맺기)-바람카드를 활용하여 아이의 바람을 알아보고 진짜 원하는 것을 찾는 Want(바람탐색)-갈등이 생겼을 때 어떤 행동을 하는지 살피는 Doing(행동탐색)-선택한 행동이 자신의 바람을 이루는 데 도움이 되는지 스스로 평가하는 self-Evaluation(자기평가)-도움이 안 되었다면 자신의 바람을 이룰 수 있는 새로운 행동을 선택하는 Plan(계획 세우기) 그리고 마지막에 아이의 Strength(강점 전달)의 과정으로 상담을 진행한다.

상담단계 (카드번호)	상담과정
Relationship 관계 형성(1)	▷ 엄마가 술을 먹고 오면 저한테 욕을 해서 속상하고 괴로워요. 그래서 엄마가 미워요.
Want 바람탐색(2, 3)	▷ 엄마와 싸우지 않고 마음 편하게 이야기하는 좋은 관계가 되었으면 좋겠어요. (real want) 그런데 지금은 저한테 욕을 하시니까 자꾸 싸우게 되어서 힘들어요. ▷ 3점이요. 그래도 엄마가 술을 안 먹을 때는 괜찮아요.
Doing 행동탐색(4, 5)	▶ 엄마가 술 먹고 오셔서 혜민이한테 욕을 할 때 너는 어떤 행동을 하니? ▷ 소리 지르며 같이 싸워요. 그리고 저도 같이 욕해요. ▷ 욕을 해요. **(주로 하는 행동)**
self-Evaluation 자기평가(6)	▶ 너도 같이 욕하니까 어떻게 되었니? ▷ 엄마랑 더 많이 싸우고 관계도 나빠졌어요.
Plan 계획 세우기(7)	▶ 혹시 예전에 엄마가 술 먹고 오셨을 때 싸우지 않고 넘어간 적은 없었니? **(예외상황 찾기)** ▷ 자고 있을 때는 그냥 가셨어요. 자는 척해 볼게요.
자기평가(8)	▷ 엄마와 싸우지 않으니 사이도 안 나빠지고 마음이 편할 것 같아요.
Strength (강점 전달)(8)	▶ 힘든 이야기를 솔직하게 말해 주고 엄마가 원망스러울 것 같은데도 좋은 관계를 만들기 위해 애쓰려는 혜민이가 대견하다.

그 이후 이야기

혜민이는 자는 척하기를 실천했고 엄마와의 갈등이 완화되었다. 그리고 두 번째 상담을 했다. 두 번째 상담은 처음 단계부터 진행할 필요는 없다.

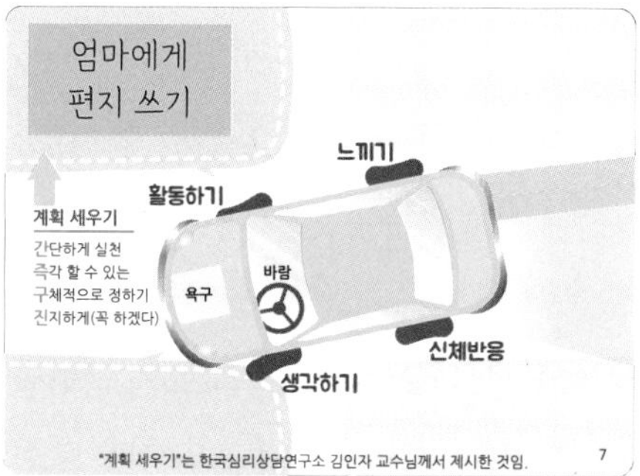

혜민이가 실천한 행동에 대해 지지해 주고 지금의 마음 상태를 묻고 계획 세우기만 했다. 엄마와의 좋은 관계를 위해 할 수 있는 행동을 더 찾아보았는데 혜민이는 새로운 행동으로 '엄마에게 편지 쓰기'를 선택했다.

그런데 이틀 후에 어머니가 전화를 하셨다. 이혼해서 혼자 애를 키우는데 자기가 너무 힘들다 보니 술을 자꾸 마시게 되었고 혜민이 생각은 못했다고 하셨다. 아침에 편지를 보고 이렇게 전화하게 되었다고 하시면서 많이 우셨다. 그 뒤로 어머니와 학부모 상담을 했고 덕분에 혜민이의 학교생활은 많이 좋아졌다. 2년 후 혜민이의 졸업식날 어머니와 혜민이가 따로 찾아왔다. 그리고 가장 어려운 시기에 혜민이가 잘 이겨 나갈 수 있도록 도와주셔서 감사하다고 말씀을 하시는데 마음이 뭉클했다.

사례 코칭을 통해 배우는 RT상담카드 상담

친구를 때리는 정환이

정환(초5, 남)

정환이는 친구들이 잘 놀아 주지 않는다. 작은 일에도 욱해서 고함을 지르고 친구를 발로 차거나 때리기 때문이다. 결국 친구를 때리는 문제로 인해 상담을 오게 되었다.

0 상담환경 가꾸기

(밝게 웃으며)

정환아. 어서 와.

(시무룩하게)

네….

요즘 친구들과
지내는 것은 어떠니?

(고개를 흔들며)

잘 못 지내요.
친구들이 날 왕따시켜요.

(놀라며)

그래?
친구들이 왕따시킨다는 생각이 들어서
많이 속상하겠구나.

네, 학교 오기 싫어요.
친구들도 밉고요.

저런~
학교 오기 싫을 정도로 힘드니?

(고개를 숙이며)

네….

관계의 어려움으로 풀 죽어 온 아이를 교사가 참 편안하고 밝게 맞이합니다. 염려스러운 근황을 조심스럽게 묻고 탄식하고 놀라기도 하며 비언어적인 태도와 함께 아이의 마음을 잘 공감해 주시네요. 고함치고 분노를 표현하는 아이와 관계 맺기의 첫걸음을 어쩜 이렇게 따스하게 하시는지…. 아이에게 사르르 온기가 전해지겠어요.

1 상담의 시작-감정카드로 마음 열기

그럼 여기 있는 감정카드에서
요즘 네 마음이 어떤지 찾아볼래?

네.

(0번, 1번 카드를 책상 위에 둔다.)

(카드를 책상 위에 내려놓으며)

'밉다, 억울하다, 화나다'예요.

지금 정환이 감정이 밉고 억울하고 화나는구나.
이 카드들을 뽑은 이유를 설명해 줄래?

(목소리가 높아지며)

친구들이 나랑 안 놀아 줘서 밉고
그런 친구들한테 화가 나요.
맨날 나보고만 고함지르고 때린다고 말해서 억울해요.
자기들도 잘못해 놓고 선생님께
내가 때렸다고 고자질하면서 나한테만 뭐라 해요.

(감정카드를 RT상담카드 1번 카드에 한 장씩 놓으면서)

친구들이 안 놀아 줘서 밉고
그런 친구들한테 화가 나는구나.
친구들이 너만 잘못했다고 말해서 억울하기도 하네.

네.

아이가 감정을 고르고 쌓인 화와 억울한 감정을 쏟아내네요. 선생님이 알아줄 것 같은 안전감이 들었나 봅니다. 교사에게 자신의 마음을 속 시원하게 드러내는 것 같죠? 당황하지 않고 토닥토닥 요약하며 마음을 이해해 주시네요.

혹 아이 중에 정말 많은 카드를 고르는 경우도 있는데 그럴 때에도 "이렇게 많은 감정이 들 정도로 무척 힘들구나."라고 그대로 수용해 주고 그중 가장 마음에 크게 와닿는 감정 몇 장으로 다시 선택해 보라고 하면 좋습니다.

2 바람탐색(Want)-지금의 바람과 현재 상황을 비교하기

그러면 지금 네 마음을
이 바람카드에서 찾아볼래?

네.

(2번 카드를 놓으며)

지금 네가 바라는 것은 무엇이니?

친하고 가깝게 지내고 싶고
재미있게 지내고 싶어요.
그리고 내 마음을 이해받고 싶어요.

그렇구나.
그 카드를 뽑은 이유도
설명해 줄 수 있겠니?

(차분한 목소리로)

음….
친구들하고 같이 놀면서 재미있게 지내고 싶어요.
그렇게 친하게 지내고 싶은 내 마음을
친구들이 알아주면 좋겠어요.

정환이는
친구들과 재미있게 지내고 싶은 바람을 가지고 있구나.
그리고 친하게 지내고 싶은 네 마음을
친구들에게 이해받고 싶은 마음도 있구나.
그러면 이 세 장의 카드 중에 가장 원하는 것은 뭐니?
한 장을 뽑아 볼래?

(카드를 손가락으로 가리키며)

친하고 가깝게 지내고 싶다가
제일 원하는 거예요.

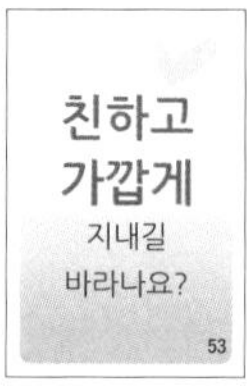

친하고 가깝게 지낸다는 것은
어떻게 지내는 것을 말하니?

음…. 점심시간에 친구랑 축구도 하고
방과 후에는 같이 게임도 하고
그렇게 지내는 거예요.

그렇구나. 정환이가 바라는 것과
현재의 상황을 여기에 적어 보렴.

네.

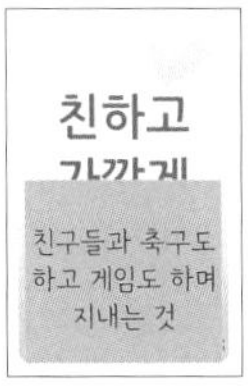

(바람카드를 2번 카드에 놓으며)

그런데 지금 상황은 어떠니?

친구들이 놀기 싫다고 말하고
내가 때린다고 선생님한테 말해요.

그렇구나. 그 이야기를
여기에 적어 보렴.

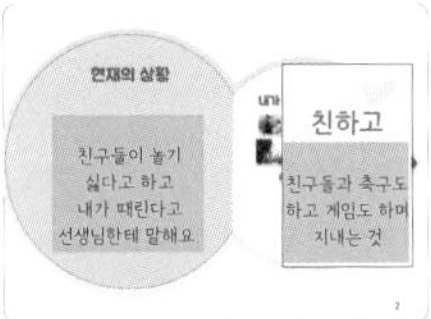

(1번, 2번, 3번 순서대로 읽어 주기)

정환이가 바라는 것은
친구들과 축구도 하고 게임도 하며 지내는 것인데,
현재 상황은 친구들이 놀기 싫다고 하고 때린다고 선생님한테
말하니까 정환이 마음이 밉고 억울하고 화나는구나.

네.

3 척도질문-마음의 상태를 확인하고 긍정요소 찾기

(3번 카드를 놓으며)

그럼 지금 그런 상황을 점수로 나타낸다면 몇 점쯤 될까?
가장 마음이 힘들 때를 1점,
마음이 편안하고 행복한 때를 10점으로 했을 때
지금 정환이 마음은 몇 점쯤 되니?

(동그라미로 표시하면서)

음…. 4점쯤 돼요.

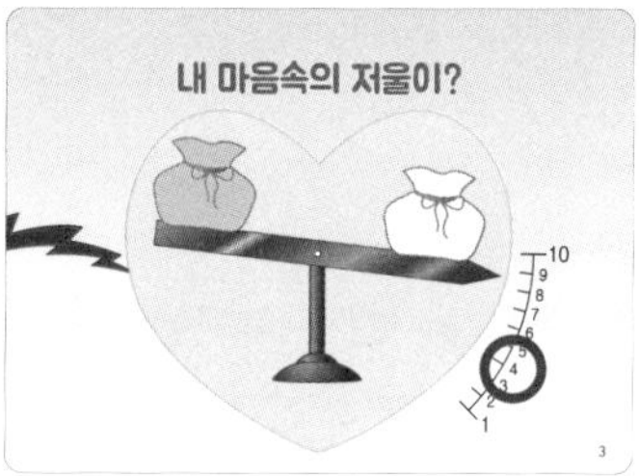

(놀란 표정으로)

나는 네가 너무 힘들어 보여서
1점일 줄 알았는데 4점이라니 놀랍구나.
어떻게 그런 점수를 줄 수 있었니?

(웃으며)

그래도 영철이는 나랑 놀아 줘요.
같이 놀자고 먼저 말도 해 주고
내가 장난쳐도 잘 웃어 넘기고요.

영철이랑은 잘 지내고 있다니
반갑구나.

4점을 예상 외로 놀라운 점수라고 말하는 교사의 진심이 잘 전달되었나 봅니다. 점수를 준 까닭을 물으니 아이가 웃음까지 지으며 자신의 긍정적 상황을 찾아 자세히 이야기해 주네요.

교사의 말과 일치된 비언어적 반응이 바로 아이의 태도에도 좋은 영향을 미치는 것 같아요. 아이는 자신이 잘 통제하고 있는 긍정적 부분을 지각하며 마음이 안정되고 문제해결에 대한 힘도 얻겠어요. 주변의 인정이 많이 필요한 친구인 것 같은데 말이죠.

4 행동탐색(Doing)-갈등 상황에서 하는 여러 가지 행동 찾기

(4번 카드를 가져오며)

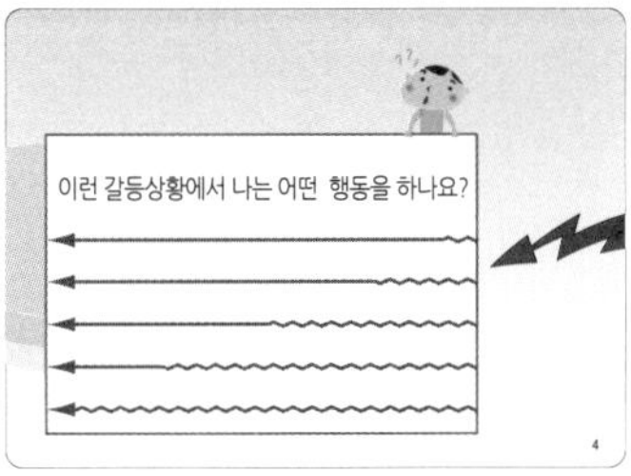

너는 친구랑 축구도 하고 게임도 하며
친하게 놀고 싶은데 친구들은 너랑 놀고 싶어 하지 않고
선생님께 때린다고 말하는 이런 힘든 상황에서 정환이는
어떤 행동을 하지?

이 질문, 너무 좋은 핵심질문이죠!

아이가 원하는 바람 장면(친구랑 놀고 싶은)과 현재 지각된 세계(친구들이 놀아 주지 않고 선생님께 말하는)를 비교 요약해 주시니 자신의 갈등 상황이 한마디로 잘 정리됩니다. 그러면서 아이가 어떤 행동을 하는지 부끄럽게 만들거나 탓하지 않고 자연스럽게 자신의 행동을 찾도록 하셨어요.

이때 아이는 교사에 대한 신뢰감이 높아진답니다. Best of Best!

때려요.

때리는 것 말고 또 뭐가 있지?

욕해요.

때리고 욕하고
또 하는 거 있어?

놀리기도 해요. 싫어하는 별명도
만들어서 부르고요.

그러면 정환이는 그런 상황에서
때리기, 욕하기, 놀리기, 별명 부르기 이런
행동을 하는구나.
방금 말한 내용을 포스트잇에 적어 볼래?

(포스트잇에 하나씩 적기)

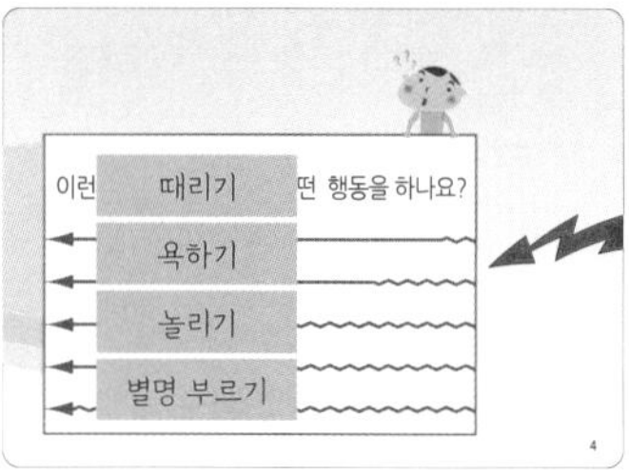

때리고 욕하고 놀리는 등 말하기 주저될 것 같은 행동들을 스스럼없이 술술 털어놓네요. 그만큼 아이가 교사를 믿고 다 얘기할 만큼 안전하고 편안한 상담환경이 형성되었다는 걸 알 수 있네요.

보통의 초보 상담일 때 교사 입장이 되어서 "그래도 욕하면 안 되지!"(훈계), "그렇게 힘드니까 욕할 만해."(허용, 편 들어 주기)라는 식으로 반응하기 쉬운데 담담히 "그렇게 하는구나."라는 수용의 태도로 받아 주시는 점이 상담전문가처럼 느껴집니다.

5 전행동자동차(Total Behavior)

(5번 카드를 가져오며)

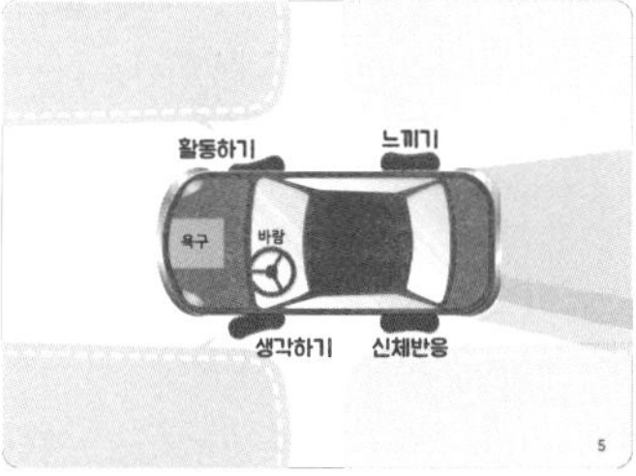

그 행동들 중에
네가 주로 하는 행동은 뭐니?

음…. 때리는 거예요.

(때리기 포스트잇을 떼어서 5번 카드에 붙이면서)

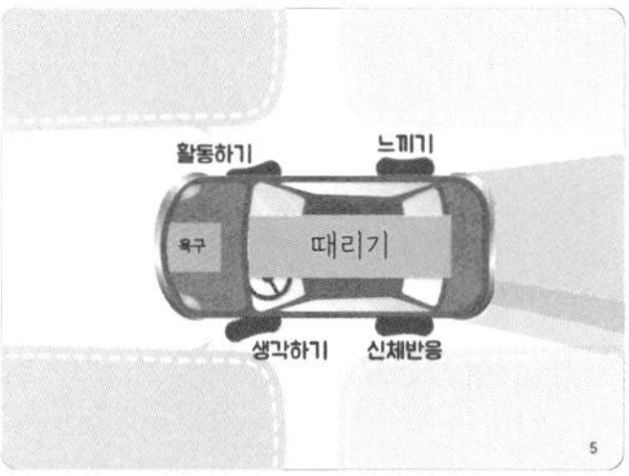

네가 때린다는 것은 어떻게 한다는 거야?
그때 넌 어떤 동작을 하고 있지?

친구를 발로 차요.

발로 차는구나.
그렇게 발로 차면서 무슨 생각을 해?

(얼굴을 찌푸리며)

이씨~ 나랑 놀아 주지도 않고!
가만두나 봐라. 그런 생각을 해요.

그럴 때
너의 감정은 어떠니?

미워요.
그리고 화가 나요.

그럴 때 네 몸은 어떤 거 같아?
심장이 뛴다든가 얼굴이
빨개진다든가… .

얼굴이 빨개지고
씩씩 소리가 나요.

그러니까 정환이는 그런 상황에서 친구에게
발차기를 주로 하는구나.
그럴 때 "이씨~ 나랑 놀아 주지도 않고!
가만두나 봐라." 그런 생각을 하고
밉고 화나는 감정을 느끼네.
그러다 보니 얼굴도 빨개지고
코에서 씩씩 소리도 나고 그러니?

네, 맞아요. 선생님.

방금 말한 것을
여기 한번 적어 볼까?

네.

(포스트잇에 하나씩 적는다.)

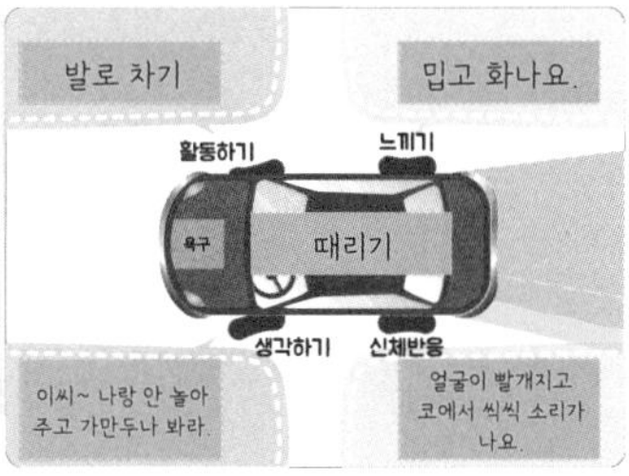

아이가 정말 솔직하게 표현하죠?

주로 하는 행동 하나를 전행동으로 표현할 기회를 주고 교사가 아이의 말을 그대로 다시 말해 주면 아이의 마음은 어떨까요? 부끄럽고 시원하고 아프기도 하고 그러면서 자신의 행동을 거울 보듯 객관화시켜 바라보게 될 것 같아요. 전행동 중 신체반응을 찾기 어려워하는 경우가 많은데 "심장이 뛴다.", "얼굴이 빨개진다." 등과 같은 예시를 들려주어 더 자연스럽게 이해시키고 표현할 수 있도록 아이의 눈높이를 맞추는 배려가 대단해 보입니다.

⑥ 자기평가(self-Evaluation)-행동의 결과와 바람 비교하기

(여유를 두고, 6번 카드를 가져오며)

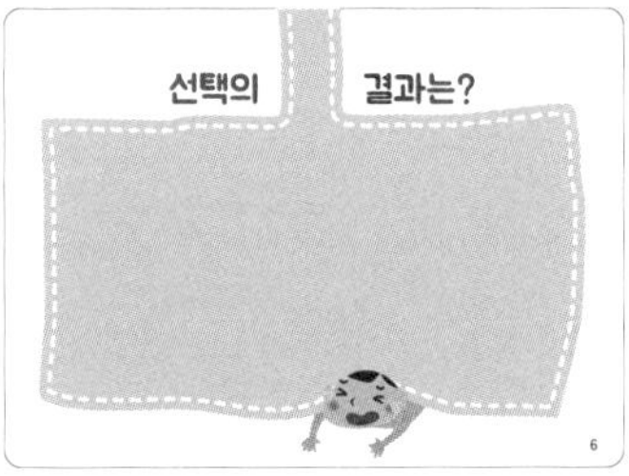

정환이가 그렇게 하니까
친구들과 사이는 어떻게 되었어?
네가 바라는 대로
같이 운동도 하고 게임도 할 수 있는
친한 사이가 되었니?

(고개를 좌우로 흔들며)

아니요…. 오히려 더 싫어하고
친구들은 내가 가면 피하고
놀자고 해도 안 끼워 주려고 해요.
선생님한테 더 많이 이르고요.

(2번 카드에 있던 바람카드를 가져와서 비교하며)

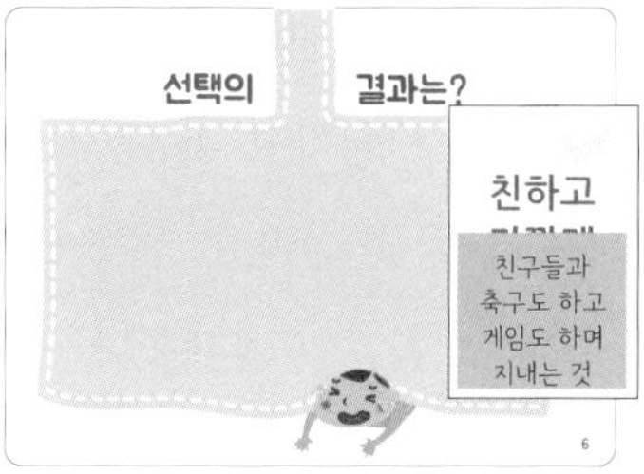

그렇구나.
지금 너의 행동이 네가 원하는 것을 이룰 수 있게 해 주진 못했구나.

(힘없이)

네.

여기에 적어 보렴.

(카드에 적는다.)

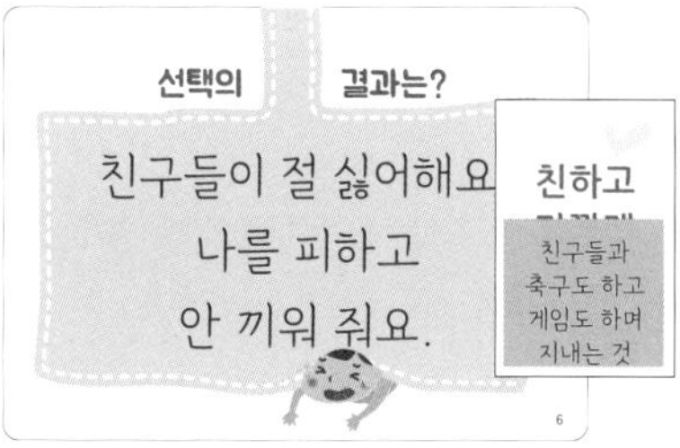

친구를 발로 차는 행동이 좋지 않은 행동이란 걸 아이가 모르진 않겠죠? 그것을 자신의 바람과 연결하여 평가하게 하니 아프지만 아이가 스르르 인정하게 되네요. 외면하고 싶은 자신의 비효과적 행동을 이렇게 자연스럽게 자기평가로 들여다보게끔 잘 이끌어 내시는 선생님의 역량이 정말 돋보입니다.

7 계획 세우기(Plan) - 예외상황, 성공경험 질문하기

(7번 카드를 가져오며)

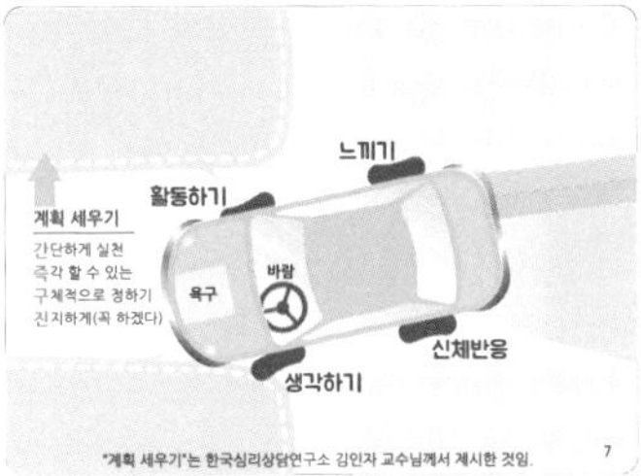

그렇다면 친구와 친하고 가깝게 지내려면
어떻게 해야 할까?
혹시 이전에 친구들과
친하고 가깝게 잘 지냈던 적 있어?

(잠시 생각하며)

음…. 작년 친구 중에 은기라고 있었는데
그 친구하고는 운동도 게임도 같이 잘했어요.

그랬구나.
그 친구와는 어떻게 잘 지낼 수 있었지?
지금 친구들한테 대하는 것과
어떻게 달랐는지 말해 볼래?

(잠시 생각하고 있다가)

은기한테는요….
제가 간식도 사 주고
은기도 저한테 고함지르거나
화내는 것을 안 했던 것 같아요.

(놀란 표정으로)

오~
어떻게 그럴 수 있었어?

은기는 저한테 잘해 줬어요.
그래서 은기한테 화가 나는 일이 있어도
고함을 지르거나 욕을 하지 않고
그냥 참았어요.

그랬구나.
은기한테는 화가 나도 참았네.
그래서 은기하고는 사이가 좋았구나.

네.

그러면 지금 친구들에게도
그렇게 해 볼 수 있겠니?

아, 또 긍정적인 경험! 아이의 바람을 성취했던 성공경험을 이끌어 내며 지금 친구들에게도 해 볼 수 있는지 대상을 더 확장시키는 멋진 제안을 하시네요. 좋은 시도입니다!

(힘없이)

그런데요, 선생님,
저는 화가 날 때 참아 본 적이 없어서
어떻게 해야 할지 잘 모르겠어요.
어떻게 하죠?

다시 주저앉는 아이…. 이럴 때 교사도 같이 힘이 빠지기 쉽죠. 대상이 다르니 같은 행동을 하기는 어렵다고 아이가 판단합니다. 그러나 포기가 아니고 적극적으로 교사에게 방법을 의논하는 아이의 태도가 이미 이전과는 다르다는 게 보이시지요?

(손가락을 하나씩 접으며)

화가 날 때는 고함을 지르거나 발로 차는 대신
손가락을 꼽으면서 마음속으로
하나에서 셋까지를 헤아려 보는 것은 어때?
반복해서 헤아려 보는 거지.

이야~ 참 멋진 행동 제안입니다.

참아 본 적이 없는 아이에게 단순히 참으라고 제안한다면 정말 실천하기 어려울 텐데…. 손가락을 직접 접으며 세는 활동으로 측량 가능하게 되고 적용할 가능성도 높아질 것 같죠? 이 사례처럼 아이 스스로 새로운 행동계획이 생각나지 않는다고 말할 때(실제 많은 아이가 그러죠.) 선생님께서 이처럼 살짝 방법을 제안하며 진행하는 것도 좋습니다.

그러나 이 제안은 아이가 받아들일 수 있는 것인지 꼭 물어서 아이의 동의로 선택하게 해야 합니다. 그걸 짧고 명확히 너무 잘 물어봐 주셨어요. 와, 엄지 척!

(눈을 크게 뜨며)

손가락을 접으면서 마음속으로
하나에서 셋까지 헤아리기요?

그래. 할 수 있겠니?

네.
그건 할 수 있을 거 같아요.

아이의 도움 요청에 교사가 제안하고, 가능하겠냐고 평가하니 아이도 수긍하고 좋아합니다. 아이가 실천 해결하려는 주체가 되어 갑니다.

숫자 헤아리기를 하게 되면
너는 어떤 생각을 할 것 같니?

참자, 참자,
참아야 한다.

어떤 감정을 느낄까?

참고 있으면 싸움이 안 날 테니
기대가 될 것 같아요.

그렇구나.
정환이가 하나에서 셋까지
마음속으로 헤아리기를 하면서
참자, 참자, 참아야 한다고 생각하면
힘들지만 기대가 될 것 같단 말이지?

방금 말한 것을
여기에 한번 적어 볼래?

(포스트잇에 적는다.)

네.

아직 해 보지 않았지만 시도해 볼 행동을 전행동으로 예상해 보네요. 그러면 새로운 행동이 이미 해 본 조직화된 행동이 된 것 같은 효과가 있습니다. 그래서 벌써 기대된다며 시도해 보고 싶은 마음이 표현되었네요.

8 계획 자기평가(self-Evaluation)-계획의 결과와 바람 비교, 강점 전달(Strength)

(8번 카드와 바람카드를 가져오며)

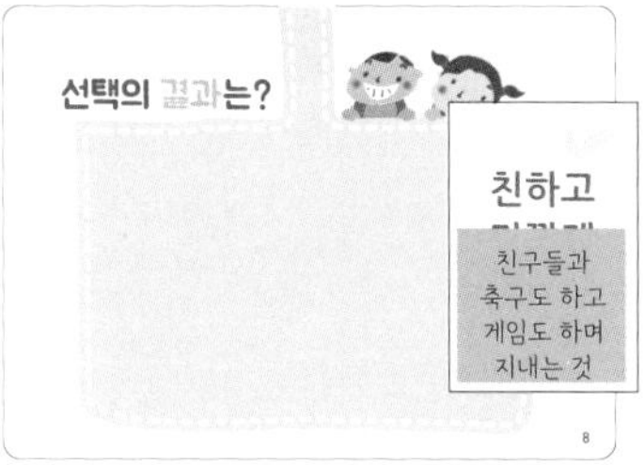

하나에서 셋까지 헤아리면서 화를 참으면
친구들과의 관계는 어떻게 될 것 같니?
친구들과 친해져서 같이 운동도 게임도 할 수 있는
좋은 관계가 되는 데 도움이 될 것 같니?

네, 그럴 것 같아요.
제가 때리거나 화내지 않으면
친구들도 저를 싫어하는 마음이 적어져서
사이가 좋아질 것 같아요.
그러면 친해질 수도 있을 거 같고요.

그럼 한번 적어 볼까?

(카드에 적는다.)

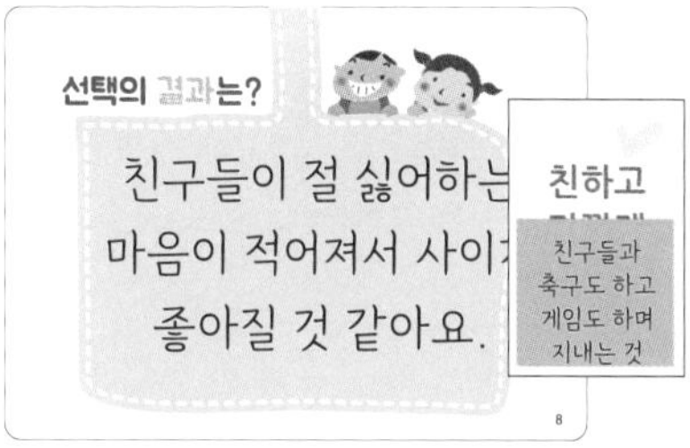

그렇구나.
그럼 언제부터 실천해 볼래?

(힘 있는 목소리로)

당장 내일부터 해 볼게요.

오, 교사의 평가 질문에 아이의 힘이 불끈불끈, 더 의욕이 충만해지고 있습니다. 북돋우기가 되네요! 자신을 지지하고 돕는 굳건한 대상인 선생님의 제안과 함께한 평가이기에 자신감을 얻고 당장의 실천 의지로 불 붙은것 같습니다.

누구한테
해 볼거니?

영환이가 저한테 짜증을 제일 잘 내니까
영환이한테 해 볼게요.

그럼 선생님하고 연습해 볼래?
내가 영환이가 되어 너한테 짜증을 내 볼게.

야, 김정환!!
너 왜 또 네 마음대로 하는데!
이씨~

(손가락을 헤아리며)

하나 둘 셋.
하나 둘 셋.

해 보니 어떠니?
할 수 있겠어?

네.
할 수 있겠어요.

하하! 연습을 하며 TV의 주인공이 된 듯합니다. 생각과 마음만으로는 바로 나오기 어려운 창조 행동을 교사가 상대 연기자가 되어 행동을 실천할 수 있도록 몸소 도와주시니 이 연습이 또 신의 한 수입니다. 계획을 실천으로 더욱 굳건히 해 주시는 장면, 멋짐! 멋짐!

네가 결심하고 계획한 대로 잘되었는지
선생님은 궁금할 것 같아.
언제 다시 만나서 이야기할 수 있을까?

음…. 다음 주 수요일
수업 마치고 올게요.

그래 줄래? 그러자.
이제 상담이 다 끝났는데 처음 선생님과 상담
시작했을 때 마음과 비교해 보면 지금은 어때?

음…. 이제 제가 어떻게 해야 할지 알겠어요.
지금까지 친구들한테 화만 냈었는데
이렇게 하면 친구 사이가 좋아질 거 같아서
기대가 되고 용기도 생겼어요.

아이의 밝은 표정과 말에서 그동안 효과적인 갈등 대처 방법을 몰랐던 아이의 어려움과 답답했을 이전 상황이 전해지네요. 폭력적 아이가 아니라 어떻게 감정을 처리하고 대처하는지를 잘 배우지 못한 아이였음을… 선생님의 관심과 차분하지만 뜨거운 열정이 아이로 하여금 큰 배움을 갖도록 도우셨습니다.

선생님도 네 말을 들으니 정말 반갑고 기쁘네.

선생님은 무엇보다 정환이가 친구한테 많이 속상하고 섭섭했을 텐테도
스스로 바뀌려고 노력하는 모습을 보여서 정말 대견하단다.

그리고 이렇게 진지하게 방법을 찾아내고 적극적으로 해 보겠다는
용기를 내 줘서 정말 대단하고 놀랍다는 생각이 들어.
오늘 수고 많이 했어. 정환이 파이팅!

네, 선생님.
도와주셔서 감사합니다.

RT상담카드를 활용하여 상담하고 나면 아이들이 한눈에 자신이 상담한 내용들을 그대로 볼 수 있고 정리할 수 있다.

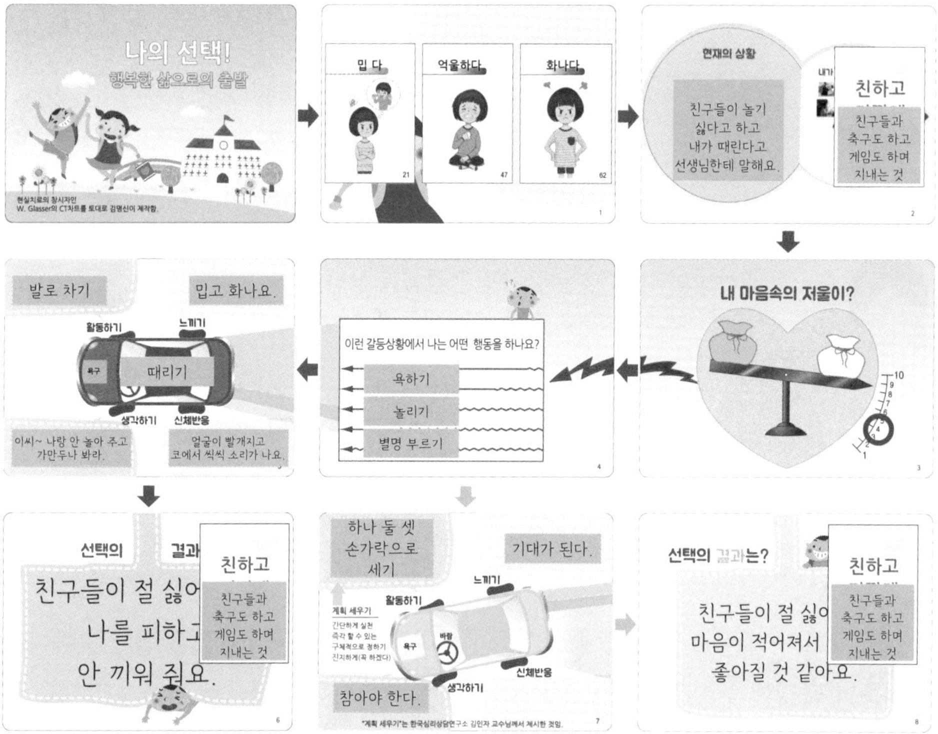

RT상담카드의 상담과정 정리

상담단계 (카드번호)	상담과정
Relationship **관계 형성(1)**	▷ 친구들이 나랑 안 놀아 줘서 밉고 그런 친구들한테 화가 나요. 나한테만 고함지르고 때린다고 말해서 억울해요.
Want **바람탐색(2, 3)**	▷ 친하고 가깝게 지내고 싶어요. (real want) 그런데 친구들은 나랑 놀기 싫다고 말하고 선생님한테 내가 때린다고 말해요. ▷ 4점이요. 그래도 영철이는 놀아 줘요. 같이 놀자고 먼저 말도 해 주고 내가 장난쳐도 잘 웃어 넘겨요.
Doing **행동탐색(4, 5)**	▶ 친구들이 너랑 놀기 싫어할 때 어떤 행동을 하니? ▷ 때리기, 욕하기, 놀리기, 별명 부르기를 해요. ▷ 친구를 때려요. 발로 차요. **(주로 하는 행동)**

self-Evaluation 자기평가(6)	▶ 결과는 어땠어? ▷ 친구들이 나를 더 싫어하고 놀자고 해도 안 끼워 줘요. 선생님한테 더 많이 이르고요.
Plan 계획 세우기(7)	▶ 화가 날 때는 손가락을 꼽으면서 마음속으로 하나에서 셋까지를 헤아려 보는 것은 어때? **(제안)** ▷ 할 수 있을 것 같아요.
자기평가(8)	▷ 때리거나 화내지 않으면 친구들과 사이가 좋아져 친해질 수 있을 것 같아요.
Strength (강점 전달)(8)	▶ 스스로 바뀌려고 노력하고 방법을 찾아서 적극적으로 해 보겠다는 용기를 내 주어 정말 대단하고 놀라워.

그 이후 이야기

정환이는 학기 초, 첫 만남부터 분노조절이 어려워 식판을 뒤집고 의자를 던지며 화를 표현하던 아이였다. 늘 같은 옷을 입고 다니며 친구와의 갈등을 일으켜서 눈에 띄었던 정환이… 첫 만남에는 이런저런 이야기를 나누며 라포를 형성하고 두 번째 만남에 정식으로 상담을 했었다. 잘 실천했을까 궁금한 마음을 누르고 기다렸는데 세 번째 만남에서 정환이가 상기된 얼굴로 이렇게 말했다.

"해 보니까 진짜 효과가 있었어요. 선생님과 약속한 대로 열심히 했더니 친구랑 싸우지 않았어요. 진짜 도움이 됐어요."

그러고 나서 정환이가 친구들과 놀면서 참는 모습을 보게 되었다.

물론 그 상담 때문만은 아니었을 것이다. 남달라 보였던 정환이가 걱정이 되어서 학부모 상담을 시작했는데 어머님의 관심과 교사의 열정이 정환이의 꽁꽁 언 마음을 부드럽게 풀어 준 것이라고 생각한다. 화난 감정을 어떻게 표현해야 할지 몰라 폭력적 대응으로 반복하고 있었을 때 같이 방법을 찾고 그 마음을 알아줬기 때문에 가능한 변화가 아니었을까? 덕분에 1년이 지나가도록 큰 갈등이나 사고 없이 학년을 마무리할 수 있었다. 지금도 그날 정환이의 얼굴과 표정이 생각난다.

사례 코칭을 마치면서

분노를 잘 다루지 못하는 아이. 상담과정 내내 교사는 아이의 감정을 수용해 주고 격한 감정을 완충해 주고, 솔직히 잘 표현하도록 기회를 주었습니다. 교사의 그 태도부터 모델링되어 아이의 행동에 변화를 일으켰고요. 이 사례를 통해 분노하는 아이들은 '화'라는 감정이 일어났을 때 어떻게 표현하는지를 제대로 배우지 못했다는 것을 우리도 알게 됩니다.

화를 내면 안 된다가 아니라 선생님이 상담과정을 통해 꾸준히 감정을 수용해 주시니 불편한 감정이 안정되고 바뀔 수 있었습니다. 보지 못한 걸 배우기는 어렵습니다. 카드를 활용하여 표현하는 방식도 알게 모르게 아이에게 자신의 감정을 인식할 수 있는 큰 배움이 되었을 거예요.

편견 없이 아이의 감정을 잘 수용하시며 평화로운 갈등 해결을 향해 나아가시는 선생님의 공감과 도움, 해결의 과정에 정말 큰 박수를 보냅니다.

학교에 오기 싫다는 동훈이

동훈(초4, 남)

마음이 여리지만 장난기가 많아 가끔 친구들과 다툰다. 그러나 쉽게 잘못을 인정하고 친구들을 배려하려고 노력하는 모습도 가지고 있다. 최근 지각이 잦아지고, 수업시간에 집중하지 못하고 엎드리는 등 평소와 다른 행동이 자주 관찰되었다. 해당 날에는 등교 시간이 8시 40분까지임에도 불구하고 등교를 하지 않아 9시에 동훈이에게 전화를 걸자 그제야 준비를 다 마쳤다고 했다. 그러고 난 뒤에도 30분 뒤에 등교를 했다. 동훈이에게 오늘 선생님과 남아서 이야기를 좀 할 수 있는지 물었고, 동훈이가 그러겠다고 이야기하여 상담을 진행하게 되었다.

0 상담환경 가꾸기

동훈아, 오늘 학원을 가야 한다고 했지?
선생님이 부모님께 연락을 드리면
학원을 가지 않고 선생님과 이야기할 수 있겠니?

(굳은 표정으로)

선생님, 그런데….
어머니한테 저 혼나는 거 아니라고
말씀드리면 안 될까요?

(고민하며)

음….
동훈이가 오늘 선생님에게
그동안 어떤 일이 있었는지
솔직하게 이야기해 주면 선생님도
부모님이 이해하실 수 있도록 잘
말씀드릴 거야.

(동훈이의 눈을 쳐다보며)

동훈아,
힘들겠지만
선생님에게 솔직하게 이야기해 줄 수 있을까?

(고개를 천천히 끄덕인다.)

(동훈이의 손을 잡으며)

동훈아, 용기 내 줘서 고마워.
선생님이 부모님께 먼저 전화 좀 드려 볼게.
기다려 봐.

네.

아이의 달라진 모습(떨어지는 집중력과 무기력, 지각 등)을 감지하고 교사의 주도로 상담을 시작한 경우네요. 역시 아이의 두려움과 소극적 태도가 엿보입니다. 교사를 믿고 따르도록 솔직하게 이야기하고 아이의 동의를 얻습니다. 이런 비자발적 아이의 경우 더욱 학부모님께도 상담 동의를 얻고 시작하는 것이 좋습니다.

- 부모님께 동훈이와 이야기를 하고 학원을 보내도 될지 여쭤본 후 상담 시작 -

동훈아,
요즘 수업시간에 집중도 잘 못하고, 자주 늦어서
혹시 무슨 일이 있는지 걱정 되어서 불렀어.
오늘은 등교 시간보다 30분이나 늦어서 너무 걱정이 됐어.
혹시 동훈이 요새 어떤 고민이 있는지
선생님에게 이야기해 줄 수 있어?

아이가 보이는 부적응적 행동을 관찰된 행동으로 언급하시고 너무 걱정된다는 교사의 진심 어린 마음 전달로 시작합니다. 그리고 고민을 이야기해 줄 수 있는지 자연스럽게 부탁으로 요청합니다. 잔뜩 긴장하고 주눅 들었을 아이가 마음을 살짝 놓을 수 있도록 아주 부드럽고 적절하게 다가가시네요.

(주저하며)

어…. 그런데 선생님,
솔직하게 말하면
선생님한테 혼날 것 같아서
말을 못하겠어요.

(깜짝 놀라서)

어?
왜 그렇게 생각해?
괜찮아, 선생님한테는 다
이야기해도 돼.

그게 아니라….
사실은 요새 학교에
오고 싶은 생각이 안 들어요.

아~
선생님이 속상할까 봐 걱정했구나.
선생님은 괜찮아.
그것보다는 동훈이가 예전에는
학교에 일찍 오고 행복해 보였는데
지금은 왜 학교에 오기 싫은지
궁금하고 걱정도 되네.

대부분의 아이에게 자신의 이야기를 교사에게 꺼내는 것은 쉽지 않고 용기가 필요한 일입니다. 그래서 상담을 하려면 충분히 안전하고 편한 분위기가 만들어지는 게 중요하지요. 그런 마음을 잘 보듬어 교사가 충분히 괜찮다고 설명하시고 다시 교사의 마음 표현으로 아이가 이야기할 수 있도록 촉진하였습니다.

(작은 목소리로)

친구들하고 사이가….

친구들과 무슨 문제가 있는 것 같구나.
어떤 일이 있었을까?

친구들이 저만….
다른 친구들이 잘못한 건 넘어가는데
저한테만 잘못한 걸로 뭐라고 하고
사과 안 하면
선생님한테 이른다고 해요.

친구들이?
다른 친구들이 잘못한 건 말 안 하면서
동훈이가 잘못한 것만 지적을 하는 거야?

네.
그리고 원래 엄청 친했던 애들인데
갑자기 화도 내고 제가 안 보이는 척하고,
그래서 말 걸면 "응, 아니야."라고 하고.
그리고 제 말만 안 들리는 척하고 무시까지 해요.
자기들끼리 웃으면서 얘기하다가 제가 다가가면
갑자기 얼굴 구기고 제 말을 못 들은 척하고요,

(눈물을 흘리며)

다른 애들은 잘 안 그러는데 두 명이 그렇게 하니까
다른 애들도 앞으로 그럴 것 같아서 무서워요.

(티슈를 뽑아서 건네주며)

아이고, 동훈아.
혼자 많이 외롭고 무서웠겠다.
동훈이가 이렇게 눈물을 흘릴 정도로 힘든데
선생님이 이제야 알아채서 미안하네.
저번에도 영진이가 피구 안 끼워 주려고 하다가 선생님한테
말한다고 하면 시켜 준다고 얘기했었지, 그렇지?

네, 송영진도 그러고요,
김찬호는요, 다른 애들이 자기한테 장난치면
다 웃으면서 받아 주는데
제가 그러면 엄청 짜증 내고 얼굴 찌푸려요.

아이고, 눈물을….

짤막하게 겨우 시작하는 아이의 말을 교사가 적극적으로 반영해 주니 아이의 방어가 눈물과 함께 바로 해제되었습니다. 자신의 상황을 토로하는 아이의 긴 이야기…. 적극적으로 아이의 편이 되어 주시는 선생님께 시원히 털어놓을 수밖에요.

1 상담의 시작-감정카드로 마음 열기

찬호가? 요즘 들어 찬호랑 영진이가 동훈이를
무시하고 안 끼워 주려고 하는구나.
우리 밝은 동훈이가 얼마나 힘들었으면 학교에까지
안 오고 싶었을까 생각하니 선생님 마음도 많이
아프네.
동훈아, 동훈이가 요새 영진이랑 찬호랑 있을 때
느낀 감정을 여기 감정카드에서 세 가지 골라 볼 수
있을까?

찬호랑 영진이랑
같이 있을 때요?

응, 찬호랑 영진이를 떠올리면
생각나는 감정을 골라도 좋아.
한번 찾아보자.

(0번, 1번 카드를 책상 위에 둔다.)

선생님,
다 골랐어요.

(카드를 하나씩 짚으며)

동훈이가 많이 섭섭하고,
찬호랑 영진이를 생각하면 슬프기도 하고,
서럽기도 한 것 같은데
왜 이 세 카드를 골랐는지
하나씩 이야기해 줄 수 있어?

범수나 지환이를 대하는 것과 저를 대하는 게
확실히 다르고요. 저한테만 차갑게 대해서 섭섭해요.
그리고 슬픈 이유는 다른 친구들이
저를 뒷담화 하는 거 같아서 슬프고
이런 거 생각하면 가끔씩 눈물이 나고 서러워요.

(감정카드를 RT상담카드 1번 카드에 한 장씩 놓으면서)

아이고, 그렇구나.
영진이랑 찬호가 다른 친구들을 대할 때랑
동훈이를 대할 때 태도가 너무 다르고 차가워서
동훈이가 많이 섭섭하구나.
그리고 친구들이 동훈이의 안 좋은 이야기를
뒤에서 할까 봐 슬프고 서러웠구나.

(급히 끼어들며)

영진이가 저한테 몇 번 말했었어요.
자기는 안 하는데
다른 친구들이 저 뒷담화 한 적
있다고.

그런 일이 있었구나.
속상했겠는데.

네, 그때까지는
최대한 참았는데….

아이고, 그렇구나.
짐작만 했었는데 다른 친구들이 너에 대해
안 좋은 이야기를 하는 걸 영진이가 알려 줘서
사실이라는 것을 알고 나니 충격이 컸겠다.
그런 이야기를 하는 것도 문제지만
그런 이야기를 한 걸 당사자에게 전하는 것도
깊이 생각해 본 후에 해야 하는 일인데, 그렇지?

(고개를 끄덕인다.)

영진이가 언제 그렇게 이야기 했었어?

영진이요?
저번 달쯤에요.

10월쯤에?
그러면 시간이 좀 지난 일이네? 그랬구나.
우리 동훈이 속이 그동안 말이 아니었겠네.
많이 슬프고 서럽고 섭섭했겠네.
내가 진작에 못 알아줘서 미안하다.

….

친구들에게 받았던 서러움을 충분히 알아주시는 선생님의 이해. 그동안 미처 몰랐던 선생님의 진솔한 마음도 들려주시네요. 세상 혼자인 것 같던 쓸쓸함에서 따스한 햇살을 한 몸에 가득, 아이에게 회복과 치유의 순간이 되겠어요.

아, 따뜻하다. 아, 든든하다.

2 바람탐색(Want)-지금의 바람과 현재 상황을 비교하기

동훈아, 여기 바람카드가 있어.
이 바람카드에서 찬호랑 친구들과 있었던 일에 대해 동훈이가 지금 바라는 게 있다면 세 가지만 골라 볼까?

(2번 카드를 놓는다.)

(천천히 카드를 넘기며 세 장의 카드를 고른다.)

다 골랐어? 뒤에 카드까지 천천히 다
보고 골라도 되는데.

더 안 봐도
괜찮을 것 같아요.

아이가 마음에 드는 바람을 선뜻 골랐어요. 처음 시작할 때의 주저함이랑 조금 전 울음을 터뜨리던 것과는 많이 달라진 태도이지요? 선생님의 지지로 용기와 힘을 많이 얻은 것 같아요.

아까 감정카드 세 가지 골랐을 때 이야기했었던 것처럼
이번에도 이 바람카드 세 가지를 왜 골랐는지 하나씩
이야기해 보자.

똑같이 받거나 못 받거나는 괜찮은데,
이런 것은 이해할 수 있는데,
저를 봤으면서도 무시하고 없는 사람
취급하는 것은… . 공평하게 대해 줬으면.

음… .
선생님이 이해한 게 맞는지 들어 줄래?
그러니까 마음으로, 친구로서 대할 때
공평하게 대해 주길 바라는 거야?

(고개를 크게 끄덕이며)

네, 맞아요.

응.
그리고 또?

친구가….

(말을 잇지 못하며)

음, 천천히 말해도 돼, 동훈아.
선생님하고 있을 때는 비난받거나
선생님이 "동훈이가 생각한 건 틀렸어."라고 하진 않아.
천천히 침착하게 생각한 것을 이야기해 봐.

친구들한테….

(눈물을 터트리며)

제가 좋은 사람이고
착한 사람이라고
인정을 받고 싶어요.

(휴지를 뽑아 건네 주며)

그렇구나.

저번에 제가 나눔 장터에 기부할 물건을
많이 들고 왔을 때,
선생님이 착하다고 칭찬했는데
영진이가 자꾸 친구들 앞에서
제가 버릴 물건 들고 왔다고 그래서
진짜 짜증 났어요.

그런 일이 있었구나.
그래서 동훈이가 친구들한테
인정받고 싶다고 이야기를 한 거구나.

(울먹거리며 작은 목소리로)

네, 그리고 친구들이랑
다시 잘 지내고 싶어요.
처음처럼 친하게 지냈으면 좋겠어요.

그랬구나….

(동훈이의 등을 쓸어 주며)

마음이 지금 많이 아프구나.
지금 바로 이어서 이야기할 수 있겠어?
조금 진정할 시간을 줄까?

(고개를 저으며)

괜찮아요.

그래? 다행이다.

(조금 기다렸다가)

진정되었으면
다시 선생님이랑 이야기해 볼까?

(동훈이가 뽑은 바람카드를 하나씩 손으로 짚으며)

일단은 친구들이 동훈이를 볼 때
모른 척하거나 다른 사람과 다르게 대하지 않고
공평하게 대해 줬으면 좋겠고,
동훈이가 얼마나 좋은 사람이고 마음이 따뜻한 사람인지
친구들이 인정해 주고 응원해 줬으면 하는 마음도 있고,
얼마 남지 않은 4학년 생활 동안
친구들과 예전처럼 잘 지내고 싶구나.

네, 맞아요.

할 말이 많지만 쏟아내려니 내용 정리가 안 되고, 감정이 울컥하여 말을 제대로 잇지도 못하고…. 긴 시간 동안 슬픔과 분노로 힘들었던 아이의 상태였지만 바람카드를 고르고 교사가 다독이며 함께 상황을 요약해 주니 자신의 바람을 잘 표현하게 되었습니다.

대부분의 내담자가 자신의 바람을 찾고 나면 감정에 매몰되어 있지 않고 그 바람을 이루고자 에너지를 얻고 동기화됩니다. 크게 고개를 끄덕이고 "맞아요."를 외치는 모습에서 바람탐색의 중요성을 다시 확인하게 됩니다.

지금 동훈이가 이뤄지길 바라는 이 세 가지 바람 중에서
제일 바라는 건 뭘까?
한번 골라 볼래?
이 중에서 제일 이뤄졌으면 하는 것.

(고민하다가)

아~
동훈이는 친구들과 잘 지내길 바라는구나.
네가 친구들을 얼마나 좋아하고 아끼는지 그 마음이 느껴진다.
그럼 동훈이가 생각하기에 친구들과 잘 지내는 건 어떤 모습이야?

(고개를 갸우뚱하며 입을 꾹 다문다.)

동훈이는 친구들과 사이좋게 지내는 것을
생각하면 어떤 장면이 떠올라?

친구들이 공평하게
저를 무시하지 않고….
제 말을 들어 주는 모습이요.

그런 모습이야?
조금 더 구체적으로.

만약에 동훈이가 친구들과 사이좋게 지내는
모습을 사진으로 찍는다면 그 사진에는 찬호랑
영진이랑 동훈이가 어떻게 하고 있을까?

좋은 관계를 원한다는 보편적인 바람은 있지만 구체적인 장면을 물으니 멈칫하며 어려워하죠? 자신이 원하는 좋은 관계의 장면이 어떤 모습인지 물을 때 이처럼 갸우뚱하는 경우가 많답니다. 사람마다 원하는 장면은 다 다르니까 좀 더 구체적인 장면으로 질문하여 명확하게 하는 점, 좋습니다.

음.
차별하지 않는 거?

조금 더 자세하게
말해 볼까?

저번에 다른 반 애가 저한테 욕했는데
영진이가 저한테 "네가 먼저 욕했거나
밀쳤겠지."라고 말했거든요.
제 얘긴 무시하고요.
정확히 피해자가 누군지도 모르면서
제가 잘못했다고 몰아갔어요.

그래, 여기에 적어 볼까?

네.

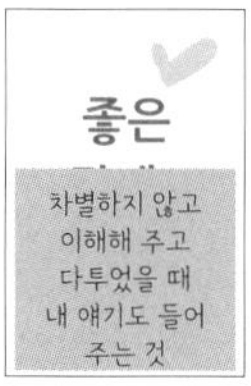

(바람카드를 2번 카드에 놓으며)

그런데 지금
상황은 어떠니?

나한테만 차갑게 대하고
친구들이 뒷담화를 해요.

그렇구나. 그 이야기를
여기에 적어 보렴.

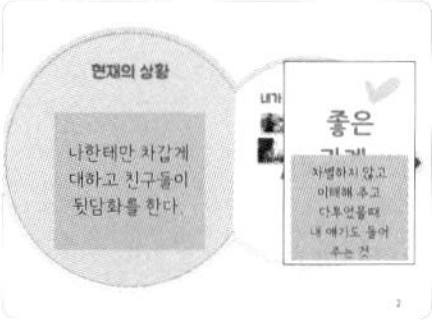

(1번, 2번, 3번 순서대로 읽어 주기)

동훈이가 바라는 것은
친구들이 동훈이를 차별하지 않고 이해해 주고
이야기를 들어 주는 것인데,
현재 상황은 너한테만 차갑게 대하고
친구들이 뒷담화를 해서
동훈이 마음이 섭섭하고 슬프고 서럽구나.

네.

아이가 생각하는 좋은 관계는 자신의 이야기를 친구들이 들어 주는 모습, 동등하게 서로 인정하고 소통하는 모습임이 구체화되었습니다. 바람탐색을 하다 보니 그동안 많이 눌려 있던 아이의 처지를 교사도 더 잘 짐작하고 이해하게 되었죠.

Oh, yes! 아이가 원하는 바람의 모습을 현재 교사와 잘 충족하고 있으니 이미 반 이상 화가 풀렸을 것 같아요!

3 척도질문-마음의 상태를 확인하고 긍정요소 찾기

(3번 카드를 놓으며)

그러면 동훈이가 겪고 있는 마음의 상태를 이 저울로 나타내 볼 거야. 동훈이가 진짜 마음이 힘들고 아플 때가 1점, 마음이 평화롭고 좋을 때는 반대로 10점이야. 그럼 1점부터 10점까지 동훈이가 겪고 있는 마음의 상태를 눈금으로 나타내 볼래?

(눈금을 3점에 표시한다.)

3점요.

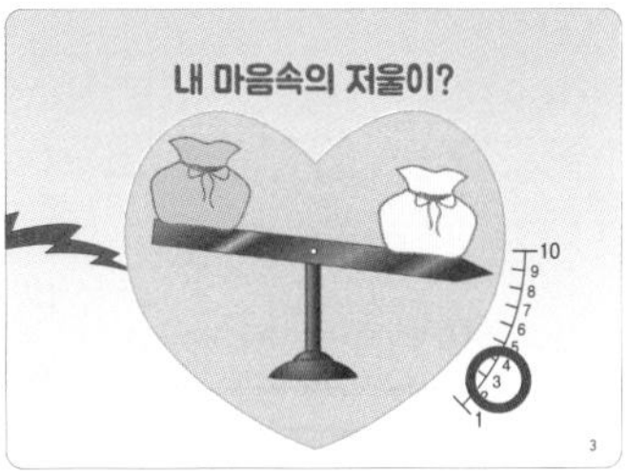

3점? 와, 선생님은 아까 동훈이가 많이 울고 마음 아파해서 혹시나 1점은 아닐까 걱정했는데 그래도 동훈이는 이렇게 안 좋은 상황 속에서도 3점이나 줬네. 어떻게 이런 점수를 주게 되었어?

음…. 지금 일단 자주 늦고 지각도 하고
수학 노트도 안 쓰고 그래서
선생님이 저를 미워할 줄 알았는데. 선생님한테
털어놓으니까 조금 답답한 게 풀리는 것 같고요.
또 가끔은 그 친구들 때문에
기분이 안 좋아서 엎드려 있거나 그러면
무슨 일이냐고 먼저 와서 물어봐 줄 때도 있어요.

(밝은 목소리로)

와, 그럼 친구들도
동훈이를 걱정하는 마음이 있는 거네?
그래서 3점을 주게 된 거구나.

그런데 제가 슬퍼하지 않을 땐
계속 무시하고 그래요.

외톨이로 혼자 좌절해 있었을 상황인데도 척도질문으로 긍정성을 찾아냅니다. 현재 자신을 알아주는 교사의 큰 지지도 느끼고, 힘들어할 때 관심을 가져 주는 친구들 모습도 상기해 냅니다. 아이가 바닥에서 조금씩 떠오르는 것 보이시나요? 두둥~

4 행동탐색(Doing)-갈등 상황에서 하는 여러 가지 행동 찾기

(4번 카드를 가져오며)

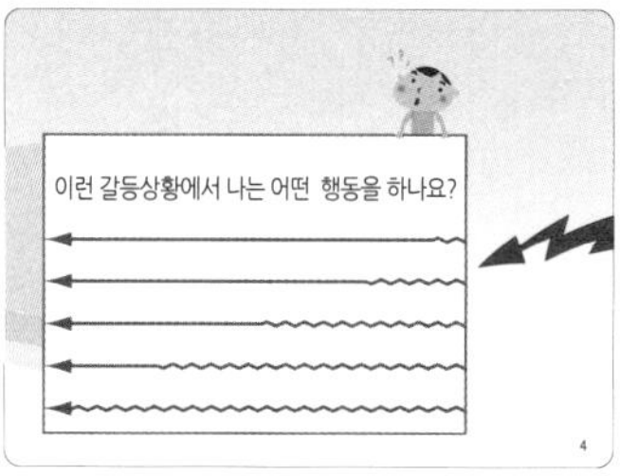

아이고, 그렇구나. 알겠어. 그럼 동훈이는
친구들이 이렇게 동훈이만 무시하고 공평하게
안 대해 줄 때, 주로 어떤 행동들을 해?

어떨 때는 왜 저한테만
그러냐고 짜증내요.

그렇구나.
또?

그런데 말로
안 끝날 것 같을 땐 제가 그냥
참고 넘어가는 것도 많아요.

음… . 참고 넘어갈 때도 있구나.
혹시 또 있어?

음… .
잘 모르겠어요.

저번에 영진이가 피구 안 끼워 준다고
이야기했던 것처럼 가끔은 선생님한테 와서
이야기한 적도 있었지. 그렇지?

네.

그럼 이 포스트잇에 동훈이가
하는 행동들을 하나씩 적어 볼까?

네.

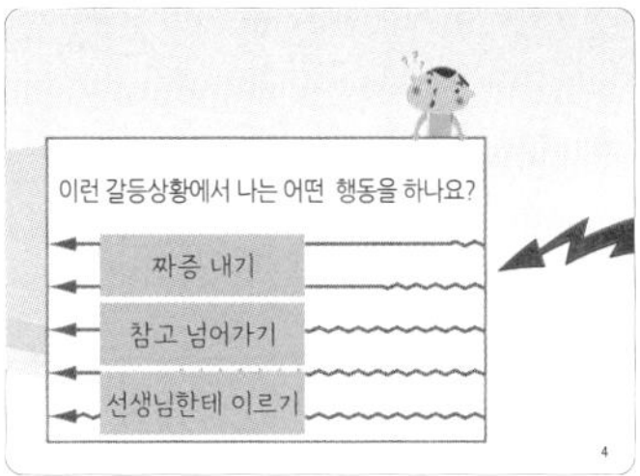

존중해 주지 않는 친구들을 원망하는 아이를 잘 다독이면서 아이의 행동체계를 질문하는 과정으로 자연스럽게 넘어오시네요. 외부의 상황에 어떻게 대응하는지 아프지 않게 자신을 잘 돌아보도록 도와주시는 진행, Good! Good!

5 전행동자동차(Total Behavior)

(5번 카드를 가져오며)

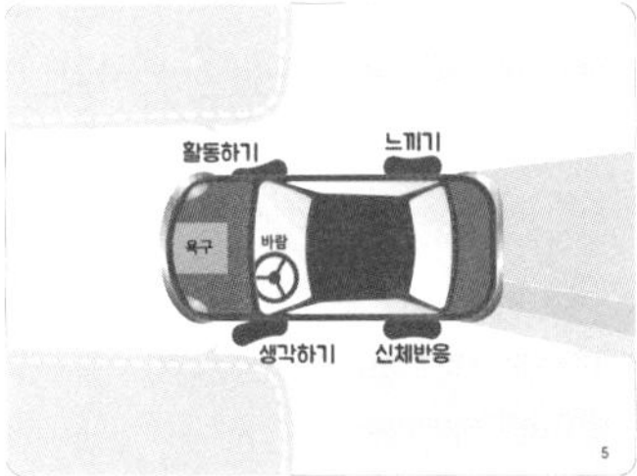

그러면 이 중에서 동훈이가 제일 많이 했던 행동은 뭐니?

참고 넘어가는 거요.

(참고 넘어가기 포스트잇을 떼어 5번 카드에 붙이면서)

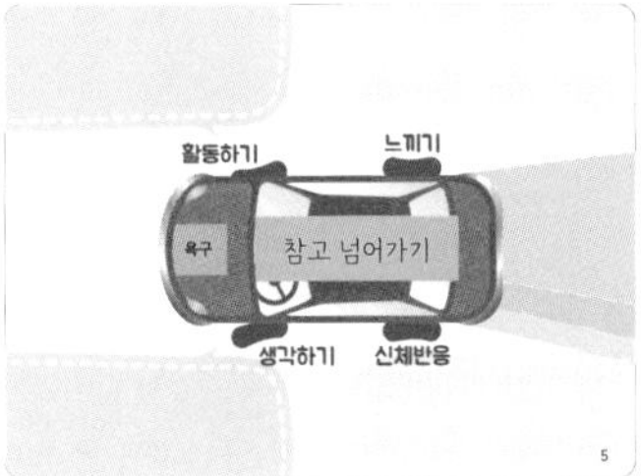

그렇구나. 그럼 참고 넘어갈 때
동훈이는 어떤 생각을 하니?

이번 한 번만
참으면 되겠지.

그것도 적어 보자.
'이번 한 번만 참자'라고.

(포스트잇에 적는다.)

이렇게 참고 넘어갈 때
어떤 감정이 들어?

좀 화가 나요.

응, 선생님도 화가 날 것 같아.
또 다른 감정은 안 떠올라?

네.

그럼 '화가 난다'고 한번 적어 볼까?

(포스트잇에 적는다.)

이럴 때 동훈아, 혹시
몸에서는 어떤 변화가 일어날까?

몸에서요?

(한참을 생각하다가)

잘 모르겠어요.

음, 억울해서 눈물이 날 것 같다든지, 아니면 머리가 아프다든지, 참으려고 하다 보니 얼굴이 붉어진다든지 아니면 땀이 날 수도 있을 거야.

머리가 아프고
눈물이 날 것 같았어요.

그랬구나.
그것도 적어 보자.

(포스트잇에 하나씩 적는다.)

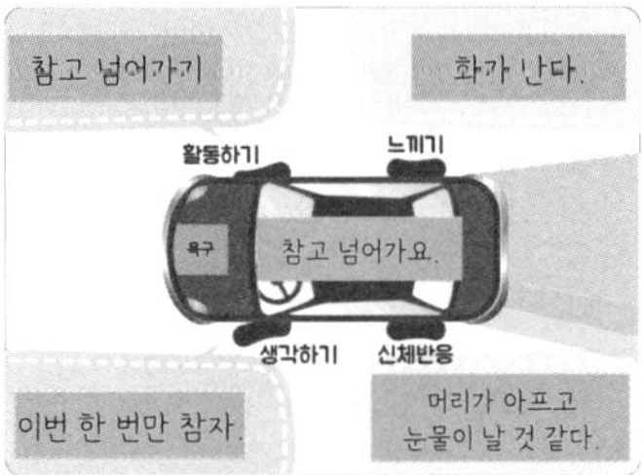

아이의 전행동을 하나하나마치 선생님이 겪는 것처럼 함께 표현해 주시네요. 특히 신체반응을 떠올리는 부분의 예시, 그것만으로도 아이가 교사로부터 아픔을 충분히 이해받고 있고 함께하고 있다는 메시지를 듬뿍 전달받겠어요. 선생님의 공감 능력 최고입니다!

6 자기평가(self-Evaluation)-행동의 결과와 바람 비교하기

(6번 카드를 가져오며)

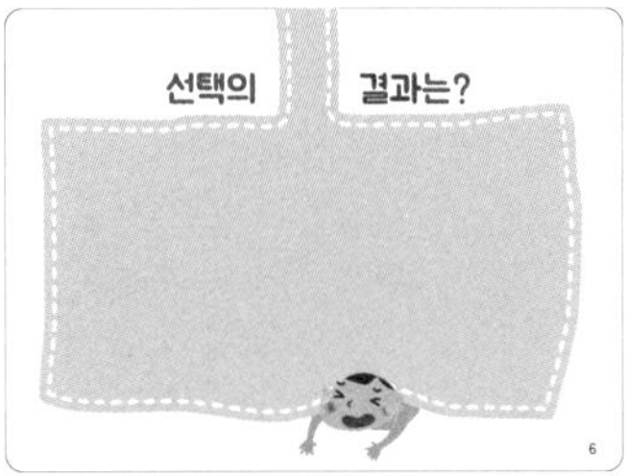

참고 넘어갔을 때, 결과는 어땠어?

(곰곰이 생각하다가)

바뀐 게 없었어요.
가끔 제가 속상해서 울 것 같거나
자리에 엎드리면 따라왔어요.
그러다 다시 놀기 시작하면
또 제 말 무시하고 짜증 내고 그랬어요.
말을 안 하니까 변화가 안 생겼어요.

그렇네. 동훈이 말이 맞다.
그것도 한번 적어 볼까?

('말을 하지 않아서 변화가 없다.'라고 적는다.)

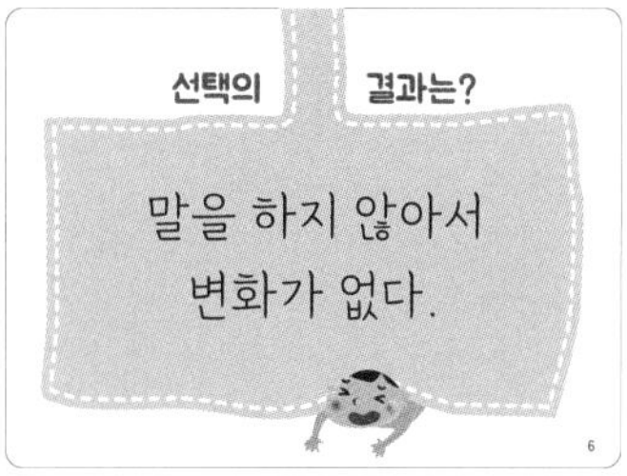

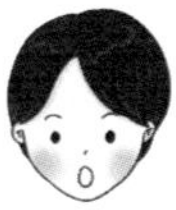

(2번 카드에 있던 바람카드를 가져와서 비교하며)

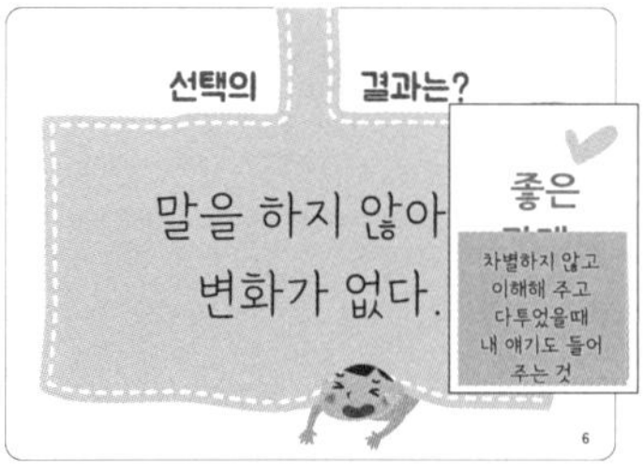

그러면 동훈아,
아까 동훈이가
정말 원하는 게 뭐였지?

무슨 일이 있을 때 제가 잘못한
거라고 단정 짓지 않고
제 말을 들어 주는 거요.

그렇지. 그런데 참고 넘어가는 걸 했더니 어땠어? 동훈이가 바라는 걸 이루는 데 도움이 됐어?

아니요….

아이의 바람을 한 번 더 물어보면서 자기 평가를 할 수 있도록 도와주셨네요. RT상담과정의 핵심인 자기평가를 "그렇구나.", "네 말이 맞다.", "그렇지?"라는 충분한 지지 표현과 함께하며 참으로 자연스럽고 따뜻하게 바라보게 하시네요.

7 계획 세우기(Plan)-예외상황, 성공경험 질문하기

(7번 카드를 가져오며)

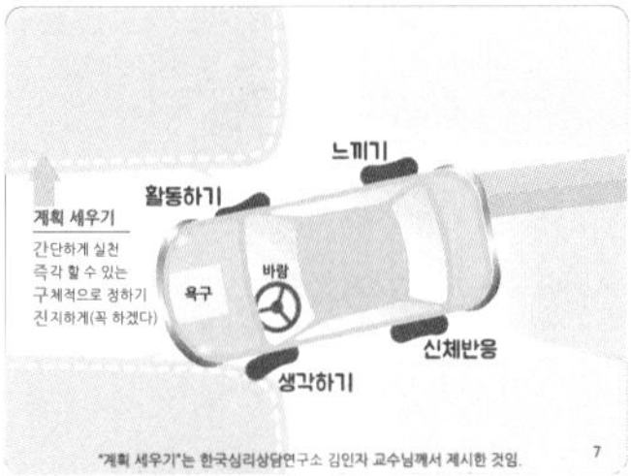

그러면, 우리 동훈이의 바람이 이루어질 수 있게 새로운 행동을 해 보자.
동훈이가 해 봤거나, 해 보지 않은 것 중에 혹시 친구와의 관계가 좋아지려면 어떤 행동을 해 보면 좋을까?

(입을 꾹 다물고 고민한다.)

음….

친구들이 동훈이 이야기를
들어 주도록 하려면 어떻게
행동하면 될까?

어….
잘 모르겠어요.

그럼 동훈아, 혹시 이런 적은 없었어?
친구들이 동훈이 이야기를 잘 들어 주고
무시하지 않았던 적 말이야.

역시! 아이가 적절한 행동 계획을 세우지 못할 때 '예외상황 탐색' 질문을 놓치지 않으셨네요.

있었어요. 너무 화가 나서 선생님한테 말한다고 하니까
영진이랑 찬호가 갑자기 미안하다고 사과했어요.
그리고 또 주말에 영진이랑 놀 때 영진이가
저를 투명인간 취급해서 저희 엄마가 영진이 엄마한테
전화했는데 그때는 이틀 정도 제 말을 잘 들어 줬어요.

그랬구나.
친구들이 동훈이랑 언제 놀지?

쉬는 시간하고 중간놀이시간하고, 점심시간하고….
또 영진이랑은 집이 가깝고 엄마끼리 친해서
토요일이나 일요일 중에 하루는 꼭 만나요.

그렇게 자주 만나고
학교에서 시간만 있으면 어울려 노는데, 영진이랑 찬호가
동훈이를 자꾸 무시하고 괴롭히는 건 변하질 않는구나.
어머니께서 말씀하셨을 때도 딱 이틀만 영진이가
바뀌었구나.

네. 맞아요.

그럼, 영진이 어머니께 말씀드리거나
선생님한테 매번 와서 이야기하는 건
영진이랑 찬호의 행동을 진정으로
바꾸는 거라 보긴 어려울 것 같아.
또 어떤 걸 해 볼 수 있을까?

와! 다른 사람을 통해 자신의 문제를 해결하려는 방법은 주체적이지 않고 현실적으로 어려움이 있음을 알려 주시네요. 다른 사람이 바뀌기를 바라거나 다른 사람을 움직여서 문제를 해결하는 것이 효과적이지 않을 수 있다는 선택이론의 원리를 잘 체득하고 아이가 통제할 수 있는 방법과 방향으로 이끌어 주셨습니다.

(작은 목소리로)

잘 모르겠어요.

동훈이가 아까 이야기했잖아.
말하지 않았더니 변화하지 않았다고.
동훈이가 진짜로 기분이 나쁘다고 하지 말라고
진지하게 이야기한 적은 있었어?

(곰곰이 생각하며)

없었던 것 같아요.
선생님한테 이른다고 이야기한 적은 있는데요.
하지 말라고 정확하게 이야기한 적은
없는 것 같아요.

그래? 그러면 친구들이 동훈이를
무시하고 동훈이 이야기를 듣지 않을 때
그러지 말라고 영진이랑 찬호한테
이야기해 볼 수 있겠어?

음, 찬호는 괜찮을 것 같은데
영진이는 화낼 것 같아서
좀 걱정되는데, 해 볼게요.

동훈아, 용기 있게 한번 해 보는 거야.
선생님이 응원할게. 여기에 한번 적어 볼까?

(포스트잇에 적어 카드에 붙인다.)

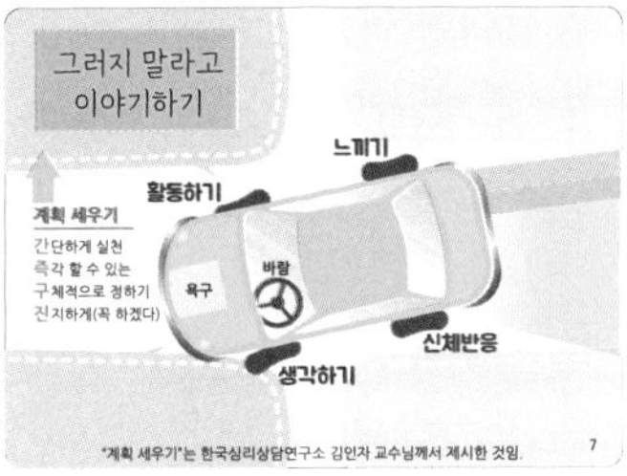

그럼 찬호랑 영진이한테
"내 이야기도 좀 들어 줘,
나 무시하지 마."라고 이야기할 때
동훈이는 어떤 생각이 들까?

주변에 알린다고 으름장 놓는 표현을 했지, 정확히 자신의 주장을 얘기한 적이 없다는 사실이 놀랍죠? 행동을 탐색하면서 당연할 것 같은 주장하기 행동을 해 본 적이 없다는 걸 깨닫게 됩니다. 이제 아이가 참는 대신 정면 승부, 즉 자신의 주장을 명확히 하는 걸로 새로운 행동 계획을 선택합니다. 이 사례처럼 친구들에게 존재감을 잘 인정받지 못하는 아이들 중에는 자기의 생각을 분명하게 표현해 본 경험이 없는 경우가 많답니다.

'진짜 내 이야기를
진지하게 들어 줄까?'라고
생각할 것 같아요.

좋아, 그럼 그때
어떤 감정이 들까?

음, 두근거릴 것 같아요.
좀 걱정도 되고요.

그럼 영진이랑 찬호에게
나 무시하지 말고
이야기 잘 들어 달라고 부탁할 때
동훈이 몸에서는 어떤 변화가 있을까?

(고민하다가)

음, 땀이 날 것 같아요.
긴장돼서.

그렇구나. 지금까지 말한
것을 적어 보자.

(포스트잇에 하나씩 쓴다.)

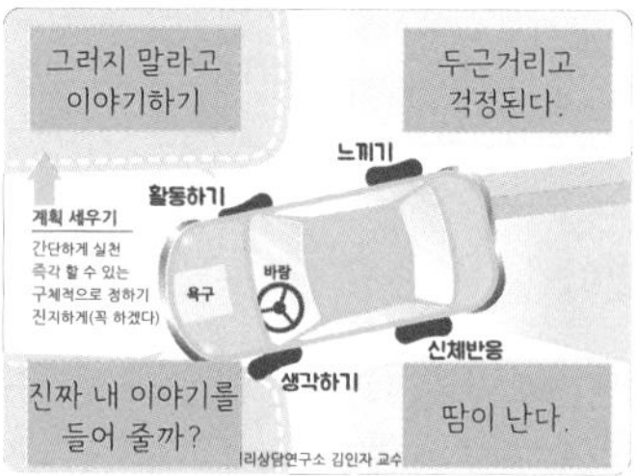

주장보다는 부탁에 가까운 표현으로 이야기하는 새로운 행동 계획인데도 긴장하는 아이가 보이시나요? 여린 마음을 가진 친구에게 중요한 첫 시도가 가능하도록 교사가 함께하며 도와주시니 너무 든든합니다.

8 계획 자기평가(self-Evaluation)-계획의 결과와 바람 비교, 강점 전달(Strength)

(8번 카드를 가져오며)

동훈아, 우리가 새로운 행동 계획을 세워 봤잖아. 네가 계획대로 한다면 결과는 어떻게 될 것 같니?

말을 안 하는 것보다는 조금이라도 나아질 것 같아요.

그러면 네가 원하는 걸 얻는 데 도움이 될까?

네.

방금 말한 내용을 카드에 적어 볼까?

(카드에 적는다.)

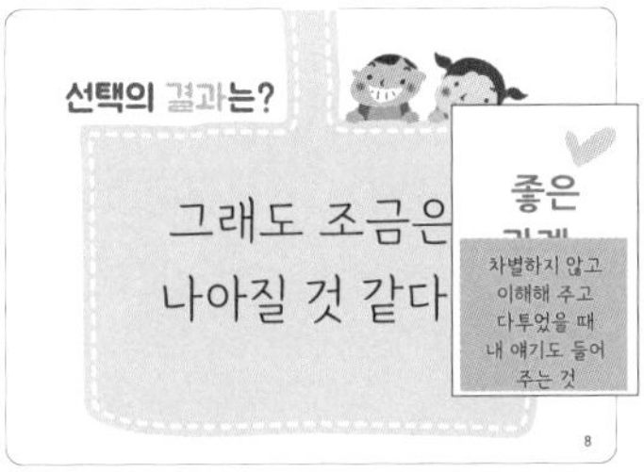

동훈아, 우리가 세운 계획을 언제 한번 해 볼래?

음…. 지금 마음으론 내일 해 보고 싶은데 실패할까 봐 걱정돼요.

그렇겠다, 동훈아.
그래도 어렵겠지만 용기 내어서 실천을 해 봐야 이 방법이 괜찮은지 알 수 있겠지?

네, 내일 중간놀이 시간에 친구들이 또 저를 없는 사람 취급하면 한번 이야기해 볼게요.

힘들 텐데 용기 내어 줘서 고마워.
동훈아, 혹시 더 이야기하고 싶은 건 없어?

새로운 행동을 시도해 보는 것은 모든 사람에게 힘든 일이지요. 아이가 새로운 시도에서 두려움과 걱정을 느끼는 것은 자연스러운 상황임을 인정하고 시도하도록 응원도 합니다. 이때 "선생님도 안 해 본 것을 할 때는 걱정된단다."라고 말해준다면 아이가 동질감으로 좀 더 편안해지고 시도하는 데 에너지가 오르지 않을까요? 교사와 실제 상황처럼 연습을 한번 해 보는 것도 도움이 될 것 같아요. 물론 교사의 격려와 지지, 그리고 열린 질문으로 아이에게 힘과 주도권을 주시는 점 충분히 멋집니다.

음…. 요새 계속 늦게 오고 숙제도 잘 안 해 와서 죄송해요.

괜찮아.
오히려 동훈이가 학교도 오기 싫을 만큼 힘들었는데 늦게 알아채서 선생님이 더 미안해.
앞으로 이런 힘든 일 있으면 선생님한테 꼭 이야기해 줘.

오늘 갑자기 남으라고 해서 당황했을 텐데 남아 주어서 고마워. 솔직하게 마음을 터놓고 진지하게 문제를 해결하려고 하는 모습에서 동훈이가 마음이 참 단단하고 힘도 있다고 느꼈단다.

그리고 친구에게 미운 마음도 들 텐데 친구들과 좋은 관계를 유지하기 위해 참았던 모습을 보니 많이 노력했다는 게 느껴졌어.

또 학교 오기 싫다고 하면 선생님이 속상해할까 봐 망설이는 모습에서 선생님을 배려하는 동훈이가 고마웠어.

네, 감사해요.
그리고 내일은 진짜 일찍 올게요.

아이의 이야기를 충분히 들으며 함께 의논해 주는 선생님 덕분에 아이의 생활이 더 긍정적으로 변화하게 되네요. 교사 역시 아이의 어려움을 도와주며 뿌듯해 하시고…. 훈훈한 상담 마무리 장면에 함께 미소가 지어집니다.

RT상담카드를 활용하여 상담하고 나면 아이들이 한눈에 자신이 상담한 내용들을 그대로 볼 수 있고 정리할 수 있다.

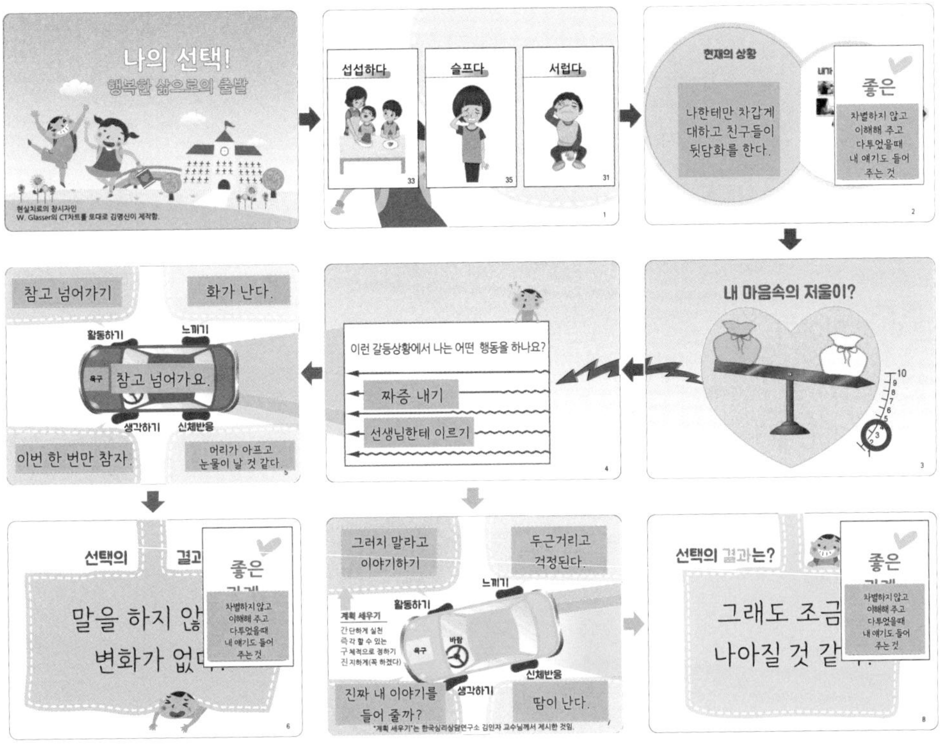

RT상담카드의 상담과정 정리

상담단계 (카드번호)	상담과정
Relationship 관계 형성(1)	▷ 친구들과 다툼이 있을 때 평소에 친했던 친구들이 나를 무시하거나 나보고만 잘못했다고 해서 서럽고 슬프고 섭섭해요.
Want 바람탐색(2, 3)	▷ 다툼이 있을 때 친구들이 내 말을 들어 줬으면 좋겠어요. (real want) 그런데 친구들은 내게 말할 기회도 안 주고 내가 잘못했다고 해요. ▷ 3점이요. 선생님께서 제 마음을 이해해 주시고 친구 중에는 나에게 관심을 가져 주는 친구도 있어서요.
Doing 행동탐색(4, 5)	▶ 친구들이 이렇게 동훈이만 무시하고 공평하게 안 대해 줄 때, 주로 어떤 행동들을 해? ▷ "왜 나한테만 그래?"라고 말하거나, 참고 넘어가거나, 선생님께 말을 해요. ▷ 주로 참고 넘어가요. **(주로 하는 행동)**
self-Evaluation 자기평가(6)	▶ 참고 넘어갔을 때, 결과는 어땠어? ▷ 참고 말을 안 하니까 변화가 안 생겼어요.
Plan 계획 세우기(7)	▶ 친구들이 이야기를 듣지 않을 때 그러지 말라고 이야기해 볼 수 있겠어? (제안) ▷ 좀 걱정되는데, 해 볼게요.
자기평가(8)	▷ 그래도 조금은 나아질 것 같아요.
Strength (강점 전달)(8)	▶ 솔직하게 마음을 터놓고 진지하게 문제를 해결하려고 하는 동훈이가 마음이 참 단단하고 힘도 있구나.

그 이후 이야기

평소에 동훈이가 장난기가 많고 차분하지 않아서 과연 상담을 진지하게 잘할 수 있을지 걱정이 되었다. 그런데 그런 걱정이 무색할 정도로 깊게 고민하는 동훈이를 보니 지금 동훈이가 얼마나 고통스러운지 짐작할 수 있었다. 또 교사로서 동훈이의 고민을 알아차리지 못하고 계속 지각하는 것을 야단치고 혼냈던 것이 부끄러웠다. 평소에 학급의 분위기가 화목하고 교우 관계가 좋은 편이라 생각을 해 오던 것이 나만의 착각이었다는 것이 느껴져 자꾸만 동훈이에게 그동안 알아주지 못해 미안하다는 말이 나왔다.

상담이 끝난 후 부모님께도 상황을 전달해 드렸는데 부모님께서는 오히려 먼저 동훈이의 마음을 알아주고 상담을 해 줘서 고맙다고 하셨다. 가정에서도 동훈이에게 관심을 가지고 살펴보겠다고 하셔서 마음이 놓였다. 학기 말에 한 상담이라 오랜 시간 살펴보지는 못했지만 동훈이는 그 후에 표정이 훨씬 밝아지고 친구들과 잘 어울렸으며, 지각도 하지 않고 수업시간에도 집중하는 모습을 보였다.

사례 코칭을 마치면서

친구 관계에서 의견을 존중받지 못해 한껏 위축되어 있고 우울했던 동훈이, 활발하고 사람을 좋아하지만 여려서 자기 생각과 감정을 직접 표현하지 못했었죠. 친구들에게 소외당하며 관계에서 상처를 입은 결과, 학교에 오기 힘들어하고 지각하는 등 학교 부적응 형태로 표현되고 있었던 사례입니다. 그런 상황에 교사마저 상황을 들여다보지 못한 채 지각에 대한 훈육만 거듭한다면 아이가 학교에서 마음 둘 곳은 어디일까요?

아이의 부적응적인 행동에 충족하지 못한 욕구가 있음을 잘 들어 주고 밝혀 주신 멋진 상담사례입니다. 학교는 공부만 하는 곳이 아니라 친구로 인해 마냥 즐겁기도 하고 힘들기도 할 수 있는 곳입니다. 아이들에게 소속감이 얼마나 중요한지를 생각해 보게 합니다. 잃어버린 한 마리의 어린 양을 찾아내어 다시 무리에서 살아가도록 품어 주는 목자처럼 교사의 숭고한 소명감과 사랑 담긴 사례에 깊은 경외감을 얻어 갑니다. 감사합니다.

학원에 많이 다녀서 힘든 준우

준우(초5, 남)

준우는 1학기에는 밝고 수업시간에 집중도 잘하고, 발표도 열심히 참여하는 친구였다. 그런데 2학기가 되면서 점점 수업시간에 집중을 하지 못하고, 비속어를 쓰면서 화를 내는 횟수가 많아지기 시작했다. 필기하는 것도 싫어하며 저항을 해서 방과 후에 남아 상담을 하게 되었다.

0 상담환경 가꾸기

(걱정스러운 목소리로)

준우야,
갑자기 선생님이 남으라고 해서 놀라진 않았니?
요즘 네가 스트레스가 있는 것 같아 보여서
이야기 좀 나누어 보려고⋯.

⋯.

어떤 고민이나 어려움이 있는지,
선생님이 도와주고 싶은데
이야기를 좀 나누어 볼 수 있겠어?

교사가 상담을 요청하는 경우에 처음 이야기를 꺼내기 어려워하는 아이들이 많습니다. 교사가 차분히 수용하고 돕고 싶은 마음(바람)을 전달하면서 아이가 차츰 이야기를 시작할 수 있게 하였어요.

네⋯.
사실 학원 가는 게 너무 힘들어요.
특히 영어랑 수학이요.

학원 가는 게 힘들구나.
특히 어떤 부분이 힘든지
더 이야기해 줄래?

계산도 어려워지고,
몇 시간 동안 계속 있는 거요.

그렇구나.
긴 시간 어려운 공부를 하려니
네가 요즘 많이 힘들었나 보네.

(망설임 없이)

네.

아이가 더 말할 수 있도록 구체적으로 묻고, 들은 걸 요약하면서 잘 공감했어요. 따라서 아이의 반응이 점차 빨라지고 있네요. 처음에 좋은 관계를 맺어야 아이가 적극적으로 상담에 참여하게 됩니다.

1 상담의 시작-감정카드로 마음 열기

그럼 여기 감정카드에서
네 마음을 표현하는 카드를
세 가지 정도만 골라볼래?

네.

(0번, 1번 카드를 책상 위에 둔다.)

(카드를 한참 들여다보며)

이거예요.

(감정카드를 RT상담카드 1번 카드에 한 장씩 놓으면서)

싫고, 지겹고, 혼란스럽기도 하네.
더 자세히 이야기해 줄 수 있을까?

네.

공부만 해야 하니 재미없고 싫어요.
학원에서는 계속 똑같은 것만 하니 지겹고
그렇다고 어쩌지를 못하니 혼란스러워요.

음….
계속 똑같은 공부만 하니까 싫고 지겹고 달리
방법이 없어 혼란스럽구나.

네.

2 바람탐색(Want)-지금의 바람과 현재 상황을 비교하기

그럼 준우가 무엇을 바라고 있는지
이 바람카드에서 한번 골라 볼래?

네.

(2번 카드를 놓는다.)

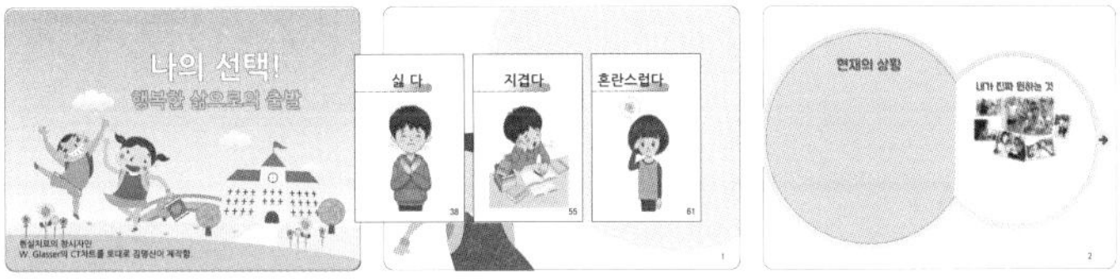

이거요.

준우야, 이것도 마찬가지로
고른 이유를 말해 볼래?

집에서 공부하면서
편안하고 새로운 것을 배우고 싶고,
그리고 제가 얼마나 힘든지를 이해받고 싶어요.
엄마가 제일 짜증 나요.

바람카드를 고르고 이야기하면서 준우가 마음속 바람을 비로소 찾고 인지합니다. 그냥 짜증만 내던 아이가 불평하기를 멈추고 자신의 바람에 집중하도록 하는 효과가 나타났어요.

엄마에게 이해받고 싶은데 안 되니
더 힘들고 짜증도 나는구나.
그러면 준우는 이 세 가지 바람 중에
가장 바라는 것은 뭘까?

편안한 거요.

아…. 몸과 마음이 편안하고 싶은 거?
이게 준우가 지금 제일 바라는 거야?

네.

준우야, 네가 바라는 편안하다는 것은
구체적으로 어떻게 되는 모습이야?
준우가 원하는 편안한 모습을
포스트잇에 적어 바람카드에 붙여 볼까?

(열심히 포스트잇에 적는다.)

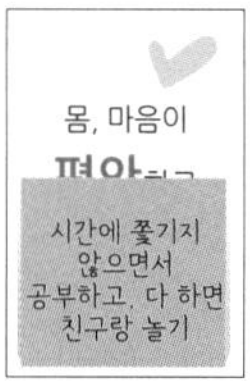

필기를 싫어한다던 아이가 마음이 풀렸는지 열심히 쓰기 시작하는군요. RT상담카드로 상담을 진행할 때 포스트잇에 쓰는 것을 권유하는데, 특히 구체적인 자신의 바람(real want)은 꼭 써 보는 것이 목표를 명확히 하는 데 좋답니다. 하지만 쓰는 행위를 싫어하거나 너무 부담스러워하는 아이의 경우에는 강요하지 말고 교사가 대신 정리해서 써 주는 것도 괜찮아요. 이건 Tip!

(바람카드를 2번 카드에 놓으며)

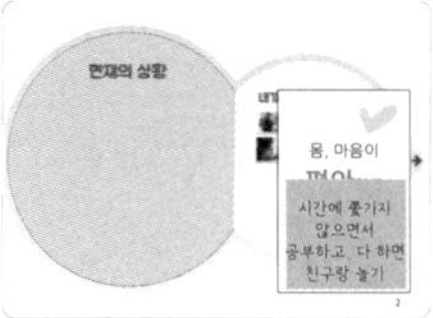

그런데 지금
상황은 어떠니?

학원 공부가 너무 지겹고 어려운데
그런 마음을 엄마에게 이해받지 못해
힘들고 짜증 나요.

그렇구나.
그 이야기를
여기에 적어 보렴.

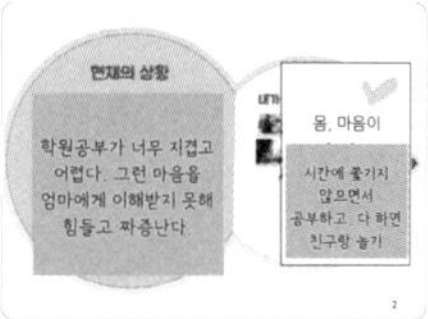

(1번, 2번, 3번 순서대로 읽어 주기)

준우가 바라는 것은 시간에 쫓기지 않으면서
공부하고, 다 하면 친구랑 놀고 싶은데
현재의 상황은 학원 공부가 너무 지겹고 어렵구나.
그런 마음을 엄마에게 이해받지 못해 싫고 지겹고
혼란스럽구나.

네.

가장 원하는 바람 한 가지를 고르게 하고 구체적으로 물어봅니다. 개인마다 다른 좋은 세계의 장면을 잘 탐색했네요. 마냥 편안히 노는 것이 아니라 시간에 쫓기지 않고 자유롭게 공부하는 걸 아이가 스스로 찾았습니다. 할 일을 다 한 후에 놀고 싶다는 것도. 교사가 공감해 주면서 더 명확해집니다.

③ 척도질문-마음의 상태를 확인하고 긍정요소 찾기

(3번 카드를 놓으며)

준우가 원하는 것은 집에서 편안하게 공부하고
공부 다 하고 나서는 친구랑 또 놀고 싶은 거네. 그렇지?
그러면 준우가 제일 힘든 게 1점이고 바라는 상황이
잘 이루어졌을 때가 10점이라면
지금은 몇 점 정도인 것 같아?

4점인가? 5점 정도?

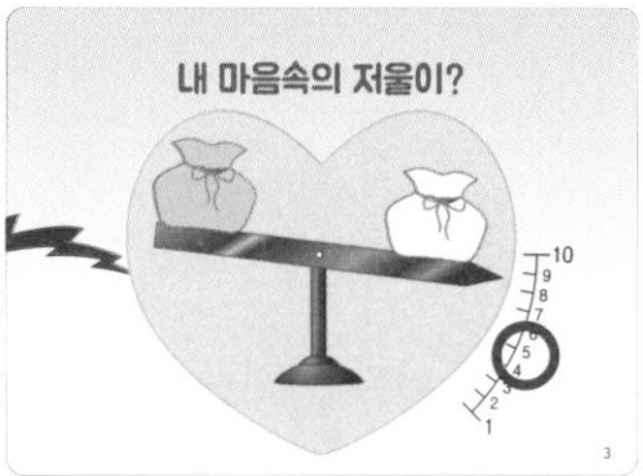

5점? 그래도 1점이 아니네.
준우 엄청 힘들어하던데….

그래도 주말에는 친구랑 노니까요.

음, 다행히 주말은 놀 수 있는데
평일의 학원 생활이
너무 힘들다는 말이구나.

네.

4 행동탐색(Doing)-갈등 상황에서 하는 여러 가지 행동 찾기

(4번 카드를 가져오며)

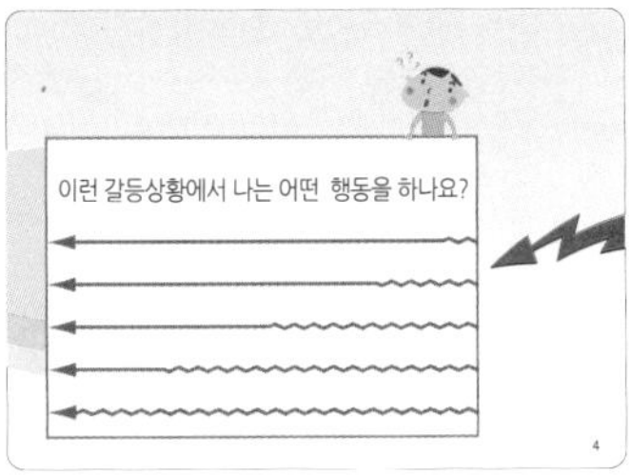

준우는 편하게 공부하고 싶은데
현실은 학원 생활로 힘들잖아.
그럴 때 준우는 어떤 행동을 하니?

음… . 화를 내기도 하고,
숙제를 안 하는 경우도 있고,
엄마에게 말해 보기도 해요.

엄마한테는 무슨 말을 제일 많이 하는 거야?

"오늘 학원 안 가면 안 돼요?"
하고 전화해서 물어봐요.

그럼 엄마는 주로 무슨 대답을
많이 하는 것 같아?

"안 돼!"

그러면 그냥 학원 가거나 아니면 친구를 불러서
학원 안 가기도 해요. 자전거 타고 놀아요.

방금 말한 내용을
포스트잇에 한번 적어 볼까?

(포스트잇에 하나씩 적는다.)

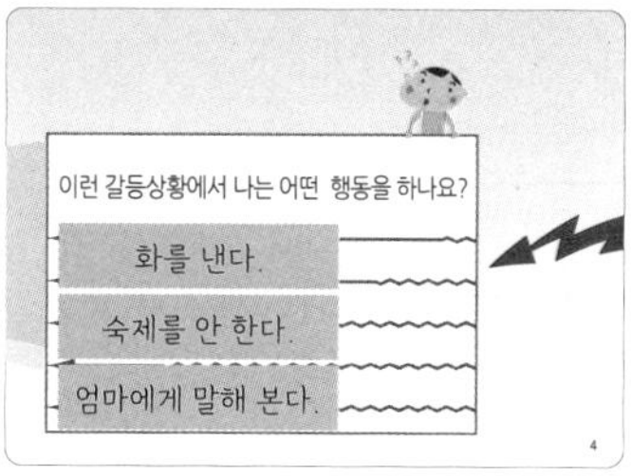

교사가 수용하며 잘 들어 주고 질문하니 아이도 자신의 행동을 돌아보게 되네요. 게다가 마지막 대답에는 아이 스스로 학원 안 가고 노는 것까지 술술~ 털어놓네요. 이쯤 되면 선생님이 내 편이라는 아이의 신뢰가 확실합니다!

5 전행동자동차(Total Behavior)

(5번 카드를 가져오며)

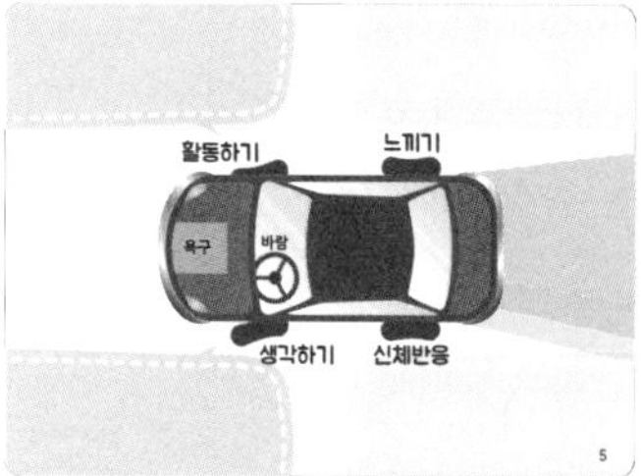

그랬구나. 학원을 안 가기도 했구나.
그럼 이 여러 행동 중에
준우가 제일 많이 하는 건 뭐야?

엄마한테 말하기요.

('엄마한테 말하기' 포스트잇을 떼어서 5번 카드에 붙이면서)

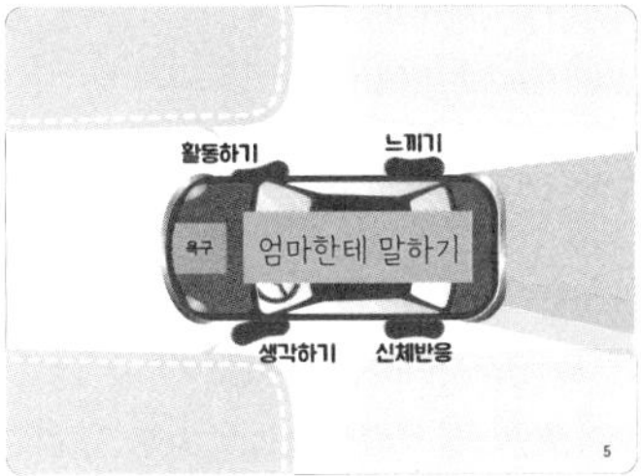

아~. 엄마한테 "학원 안 가면 안 돼요?"라고
물어보는 거 맞아? 그래도 착한 아들인데!
안 묻고 그냥 안 갈 수도 있는데
항상 물어는 보네?

교사의 계속되는 비언어적인 태도(끄덕끄덕, 아~ 하는 추임새)와 아이가 학원 안 가는 행동을 그대로 판단 없이 들어주는 모습은 진정 공감 교사이십니다. 게다가 허락을 맡는 착한 아들로 긍정적 해석까지 해 주시니 그동안 아이의 힘듦이 날아가고 선생님께 온통 다 기대고 싶겠어요.

(끄덕끄덕)

물어는 보는데
안 된다고 해요.

그럴 때마다 엄마는 안 된다고 하셨구나.
그렇게 엄마께 전화할 때
준우 마음은 어떤 것 같아?

두려워요.
안 된다고 하면
화가 나요. 항상!

아….
안 된다고 하니까?

(끄덕끄덕)

그렇구나. 그때 어떤 생각이 들어?
"엄마 나 오늘 학원 안 가면 안 돼요?" 할 때는
무슨 생각으로 전화하는 거야?

음….
그냥 학원 가야 되는지 알지만
혹시나….

아~, 가야 되는 줄은 알지만
혹시나 하는 마음에 희망을 갖고?

(크게 고개를 끄덕인 후)

거짓말할 때도 있는데,
아프다고 말하기도 하고….

음…. 그러면 그때, 전화하기 직전이나 아니면
엄마의 그 말을 듣고 나서 준우의 신체반응은
어때?
뭐 심장이 콩닥거린다든지 힘이 빠진다든지.

아, 화가 나서
열이 솟구쳐요.
또 속으로….

아…. 어떤 반응이 주로
몸에서 나타나는 것 같아?

화나서….
속으로는….

음, 속으로?
말해도 괜찮아.

(작은 목소리로)

엄마…,
X같다고 해요….

아, 엄마 X같다고 속으로 생각을 해?
아~ 그래도 밖으로 안 내뱉고
속으로만 했네.
지금 말한 것을 포스트잇에 적어 볼래?

네.

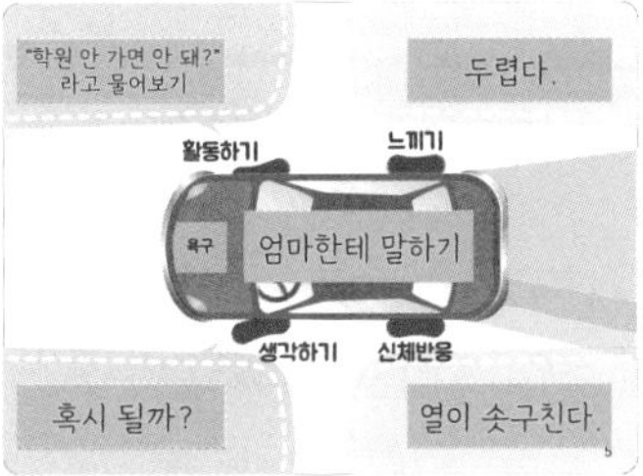

놀랍습니다! 교사가 아이의 말을 들어 주고 공감해 주니 여태껏 엄마에게 불편했던 마음까지도 몽땅 다 털어놓네요. 아이가 죄책감을 털어냈겠어요. 또 선생님은 행동화하지 않은 것에 대해 격려를 해 주시니 아이가 감정적 회복과 함께 앞으로의 상담에 더 적극성을 가질 것으로 예상됩니다.

6 자기평가(self-Evaluation)-행동의 결과와 바람 비교하기

그렇게 엄마한테 "학원 안 가도 돼?"라고
말하면서 두렵고, 그래도 기대되는 마음으로
혹~시나 했지만 역시나인 상황이었잖아, 그렇지?

네.

(6번 카드를 꺼내고, 바람카드를 가져와 비교하며)

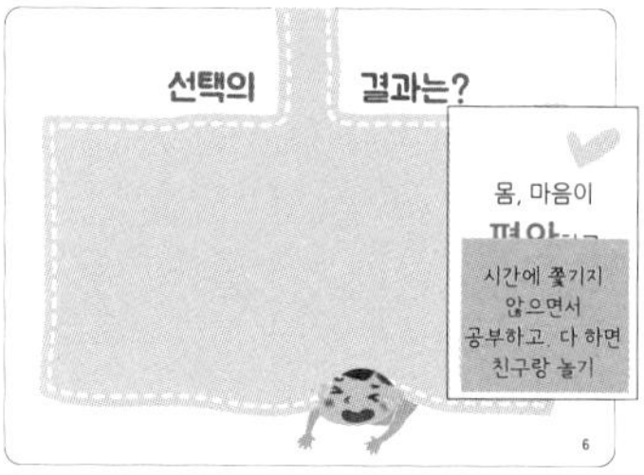

그럼 그렇게 물어보는 방법이 효과가 있었어?

(단호하고 큰 목소리로)

아니요.

효과가 없는데 준우는 이 방법을 제일 많이 쓰고 있다, 그렇지?

그래서 물어보고 안 된다고 하면 가끔씩 그냥 학원 안 가 버려요.

그러게…. 안 된다고 하니 너도 그냥 안 가 버리기도 하고?

네.

준우야, 너도 안 될 걸 알면서 혹시나 하잖아, 그렇지?
그리고 역시나 안 되고.
그 방법이 효과가 없었다는 말이네.
그 이야기를 카드에 적어 볼래?

(카드에 적는다.)

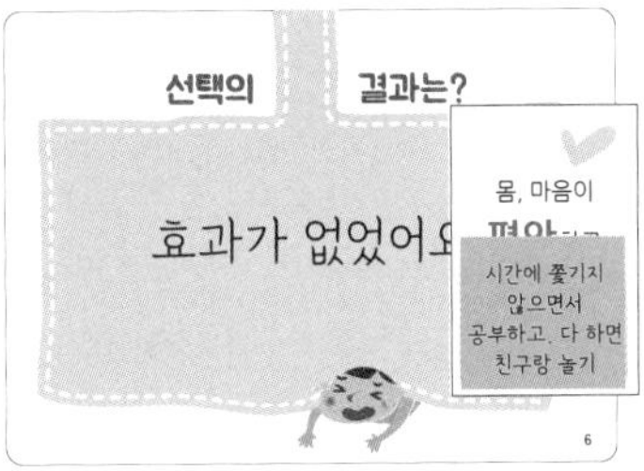

 좋은 관계로 공감만 하는 것이 아니라 이제 현실적으로 자신의 행동이 어떤 결과를 가져왔는지 냉철하게 평가하는 단계로 자연스럽게 넘어왔네요.

RT상담의 핵심과정인 자기평가를 어쩌면 이렇게 따스하고 자연스럽게 이끌어 내시는지…. 아이의 마음과 함께하지만 상담의 목표를 잘 유지하시는 모습, 엄지 척!

7 계획 세우기(Plan)-예외상황, 성공경험 질문하기

(7번 카드를 가져오며)

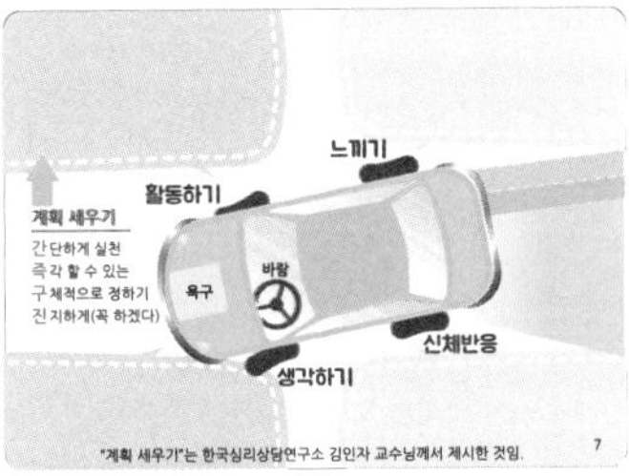

그럼 우리는 새 자동차로 바꿔야 하거든.
준우가 사실 제일 바라는 것은 집에서 시간에
쫓기지 않고 편안하게 공부하고 싶은 거야, 그렇지?
공부를 안 하겠다는 것도 아니고….

(끄덕끄덕)

늘 쫓기면서 엄마한테 요청하지만 안 되었어.
그러면 이제는 새로운 행동을 해 보는 것도
괜찮을 것 같은데,
준우가 어떤 행동을 해 볼 수 있을까?

아이의 바람을 한 번 더 언급하며 현실에서 자신의 방법이 효과적이지 않았음을 요약, 확인해 주셨어요. 아이가 상담으로 새로운 행동선택이 필요함을 깨닫고 동기화될 것 같습니다.

(눈을 마주치며)

엄마한테 일주일, 아니 한 달 쉬게 해 달라고 하고,
한 달 동안 공부해 가지고
엄마 앞에서 영어시험 쳐서
몇 점 맞으면 학원을 안 다니는 걸로!

오~ 영어시험에 통과할
자신 있어?

네, 영어는 쉬워요.

어~
좋은데!

그런데 엄마가 한 달은 안 빼 줘요.
그런데 30일 되면 교육비 나가서 안 돼요.
지금 5일밖에 안 남아서 안 될 것 같아요.

그래?

저번에 할아버지 집에서 공부한다고 했는데,
아빠는 된다고 하셨는데 엄마가 안 된다고….

그럼 준우는 한 달 동안 열심히 해서
엄마가 내는 문제를 통과할 자신이 있어?

네.

통과가 안 되면
그때는 정말 아무 말 안 하고
학원에 갈 수 있겠어?

아니요!

(아이의 눈을 쳐다보며)

그럼
이거는 모순인데, 그렇지?

아니 어차피 자신 있어서,
문법이랑 영어책 읽는 것인데,
엄마는 영어소설 읽는 것은
너무 어려워서 안 낼 것 같아요.

그럼 어쨌든 준우가
한 달 동안 영어공부를 할
자신이 있다는 이야기야?

(끄덕끄덕)

역시! 아이가 조직화된 자신의 행동(화내기, 불평하기, 엄마 원망하기) 대신 새로운 행동을 찾으려고 고민하기 시작합니다. 학원도 빼먹고 공부가 스트레스이던 친구가 이제 공부를 열심히 해 보겠다는군요. 자율성을 갖고 공부하고 싶었던 자신의 바람을 탐색하였기에 가능한 일이었겠죠. 여태껏 교사의 상담과정이 지지적이고 탄탄하였기에 적극적으로 동기화되었습니다.

좋아, 한 달 동안
그렇게 공부하게 되면
준우는 어떤 기분일까?

기대돼요.

그때는
무슨 생각을 할까?

학원에서 하던 공부 중에
어떤 것부터 할지 생각해요.

그때 준우의 신체반응은
어떨 것 같아?

(활짝 웃으며)

진짜 기뻐서 얼굴이
싱글벙글할 것 같아요.

진짜 기쁠 것 같아?
그런데 준우야,
이거는 일단 엄마가 학원을 끊어 주면
이렇게 되는 거잖아? 그렇지?

네.

아이가 계획한 행동을 수용하고 전행동으로 살펴보며 함께 축하했습니다. 그리고 이 계획은 결과가 나와야 하고 현실적으로 엄마가 동의해 주어야 가능하다는 것을 또 찾아 주시는군요. RT상담은 남이 해 주는 계획이 아닌 자신이 할 수 있는 현실적인 계획으로 나아가야 하는데 그것을 놓치지 않는 전문성! 놀랍습니다.

그런데 준우가 먼저
열심히 하는 모습을 보여 드리고,
그 뒤에 학원을 끊게 해 달라는 것은 어떨까?

음…. 열심히
계속했는데.

열심히 집에서도 계속했어?
그런데 엄마 입장에서는
준우가 숙제 안 한다고 한 번씩 전화도 오지,
준우가 맨날 "학원 안 가면 안 돼?"라고 하지,
그럴 때 엄마는 어떤 기분일까?
일하시면서 그런 전화 받으면?

귀찮을 것
같아요.

귀찮을 것 같아?
또 어떤 걸 느낄까?

걱정될 것 같아요.

엄마 감정도
이해가 되지?

(끄덕끄덕)

엄마는 무엇을 제일 바라고 계실까?

공부 잘하는 것?

왜 공부 잘하기를
바라실까?

잘 살라고?

그래, 잘 살 가능성이 더 높겠지?
엄마 마음이 좀 이해가 돼?

네.

아이의 행동 계획이 어머니의 바람도 충족해야 하기에 부모님의 바람도 질문으로 탐색하셨습니다. 이 교사의 강점은 공감하면서도 끊임없이 질문으로 아이를 이끌어 가는 탁월함이 있다는 것입니다. 대개는 "부모님 입장은 이러이러하단다."라고 설교하기 쉬운데 말이죠. 아이가 자연스럽게 현실적이고 적용 가능한 행동이 필요함을 답하게 되네요. 이상적인 상담 장면입니다.

그렇지만
너는 힘든 거야?

네.

음… . 엄마 마음도 너무나 잘 이해는 하는데,
어쨌든 학원을 끊고
이렇게 해 보겠다고 말하고 싶어?

네.

엄마가 들어 주실까?

아니요.

아닐 것 같은 게
준우 스스로도 이미
예상이 된다. 그렇지?

네.

이 방법도 안 먹혀.
엄마 부탁도 조금 들어 드리고,
준우도 지금보다 조금은 더 나아진 상황이
될 수 있는 방법은 뭘까?

더 다양한 행동 계획을 아이가 찾아내도록 추진, 추진! 교사가 제시한 방법을 아이가 선택하고 싶지 않은 마음을 공감해 주시는 점이 정말 놀랍습니다. 아이의 표정을 보고 교사가 제시한 방법을 아이가 원하지 않는다는 것을 아셨네요. 새로운 행동은 아이 스스로 선택하도록 하는 것이 중요하답니다.

(한참을 생각해 본 후에)

음….
엄마가 일을 안 하고
집에 있는 거?

엄마가 일을 안 하고
집에 있는 거….
그러면 뭐가 좋을까?

집에 있으면
엄마가 봐 줄 수 있으니까요.

음… . 엄마가 일을 안 하고
집에서 봐 주시는 걸 원하는구나.
그런데 엄마가 일을
안 하실 가능성이 있을까?

아니요.
절대 없어요.

절대 없어, 그렇지? 그러면
우리는 실천 가능한 방법을 찾아야 하잖아.
안 되는 걸로 떼를 쓸 수는 없잖아?

'엄마가 회사 안 가기' 등 엉뚱하다 싶은 계획도 일단 무조건 수용을 잘하셨네요. 그리고 계획이 실현 가능한지 자기평가 질문도 잘해 주셨습니다. 자신이 결정하고 선택할 수 있는 자율성이 제한된 아이에게 힘과 사랑의 욕구가 잘 충족된 상담 과정이 되고 있습니다.

음… .
공부계획표를 만든다?

아~ 공부계획표
한번 만들어 볼래?

네, 지금 만들면
안 돼요?

좋아.
준우가 공부계획표를 만들어서
"엄마, 이 계획표를 한 달 동안 잘 지키면
그다음 한 달 동안은 제 말도 들어 주시면
안 돼요?"라고 하는 건 어때?

좋은데요.

결국 아이가 지금 즉시 실천 가능한, 구체적인 행동을 찾아내었군요. 교사가 함께 동조하니 아이가 즉각 계획표 만들기로 실천 의지를 불태우네요.

대신 너도 영어 학원을 열심히 다니면서
스스로 이 습관이 붙어야 돼.

학원 다니면서요?

그렇지. 영어 선생님이 절대
전화 안 하게 해야 하고,
"엄마 학원 안 가면 안 돼?"라는 말도
안 해야 할 것 같은데 괜찮겠니?

저번 달에 학원
한 번도 안 빠졌는데.
그러면 지금
공부계획표 만들게요.

30일에
결제라며?

그래도 5일간이라도
할 수 있을 것 같아요.

그러면 엄마한테 오늘 공부계획표
만들어서 보내 드려야 하는데?

지금
만들 수 있어요.

그러면 공부계획표 지금 만들어서 엄마한테
"제가 이렇게 5일 동안 공부를 해 볼 테니까
제 부탁도 한번 생각해 봐 주세요."
하는 건 어떨까?

좋아요.

그렇지? 이렇게 공부계획표 만들어서
보여 드리고 말씀드리면
선생님 생각에도 더 나을 것 같아.

좋아요.
지금 만들래요.

그래, 한번 해 보자!
여기 '공부계획표 만들기'라고 적어 볼래?

공부로 스트레스받던 아이가 공부계획표를 당장 만들고 부모님께 설득하고 실천하는 새로운 행동을 창조했어요! 상담 전에는 상상하기 어려웠던 결과죠. 교사의 RT상담 조력이 공부가 싫은 아이를 즐겁게 학습하려는 의욕적인 아이로 전환시키는 결과로 멋진 열매를 맺습니다. 짝짝짝~!

(포스트잇에 적기)

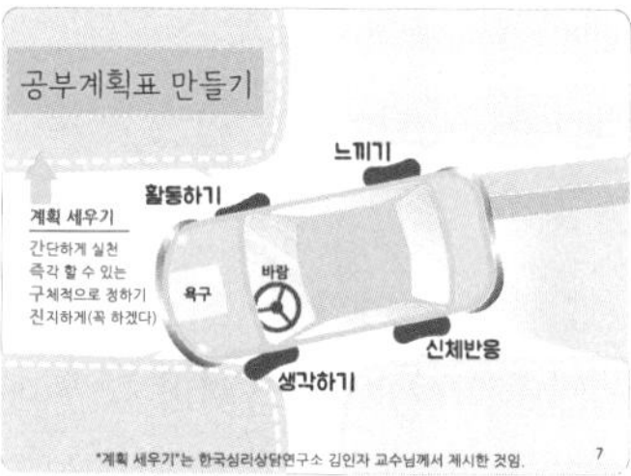

새로운 행동 계획을 한 후 활동하기-생각하기-느끼기-신체반응의 전행동 탐색으로 나아가면 그 과정을 통해 일어날 변화를 상상하고 평가하며 긍정적 에너지로 나아갈 수 있어요. 그러나 진행에 어색함을 주거나 불필요하다고 생각되면 생략할 수도 있습니다. 이 사례의 아이는 이미 계획의 실현 가능성 평가하기를 통해 '공부계획표 만들기'에 대한 열정이 상당히 높아져 있는 상태죠? 그래서 계획하기의 간.즉.구.진 중 '즉(즉각 할 수 있는 것)과 진(진지하게 꼭 하겠다)'이 강하게 드러나 전행동 탐색 과정을 다 하지 않아도 충분해 보입니다. 1회기 상담만으로 이렇게 마법처럼 행동과 태도가 변하는 사례가 가능함을 보여 주신 선생님의 역량에 놀라움을 전합니다.

8 계획 자기평가(self-Evaluation)-계획의 결과와 바람 비교, 강점 전달(Strength)

(8번 카드와 바람카드를 가져오며)

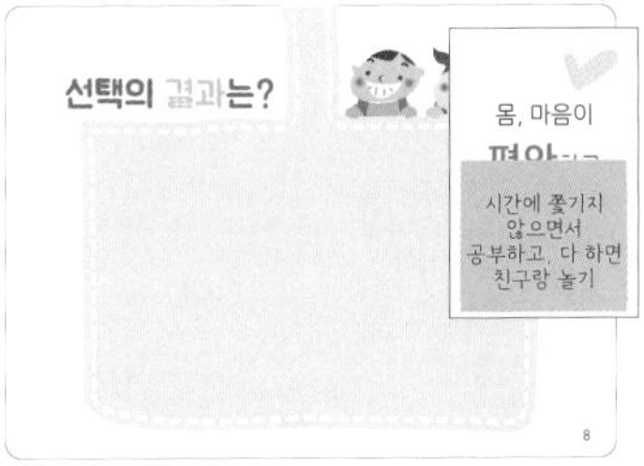

이렇게 공부계획표를 만들어서
부모님께 보여 드리면 어떨 것 같아?

부모님께서 저를 좀 믿어 주실 것 같아요.
그리고 학원도 끊어 주실지 확실하지는 않지만
생각은 해 주시지 않을까요?

오~ 부모님께서 준우를 한번
믿어 주실 것 같다는 생각이 드는구나.
준우가 바랐던 '편안하게 시간에 안 쫓기면서 공부하고,
또 다 하면 친구랑 놀기'도 될 수 있을 것 같아?

(웃으며)

네! 학원을 끊으면요!

그럼 방금 말한 내용을 카드에 적어 볼까?

(카드에 적는다.)

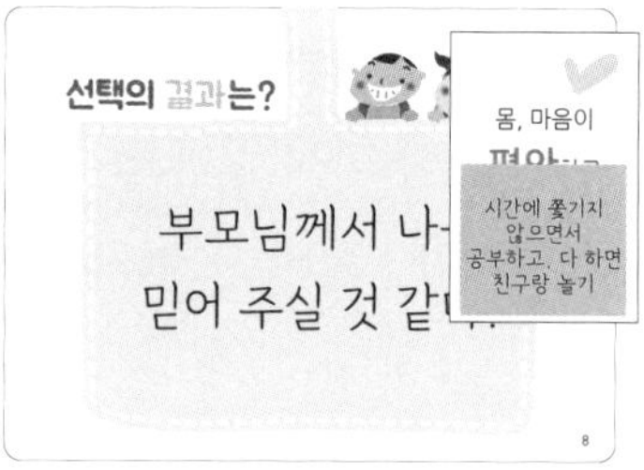

그렇구나. 준우가 바라는 대로 되면 참 기쁘겠네.
결과가 어떻게 되는지는 부모님께서
생각해 보시겠지만,
준우가 어려운 상황을 극복해 보려고
긍정적으로 노력하려는 모습이 참 대단해.

헤헤.

상담을 하며 느낀 아이의 노력에 대한 강점까지 전달해 주셨네요. 아이가 배시시 웃는 걸 보니 힘이 나나 봅니다.

짧지 않은 시간이었는데,
선생님에게 어떤 마음이 드는지,
어떻게 해 보고 싶은지
솔직하게 이야기해 주어서 고마워.
덕분에 준우를 더 잘 이해할 수 있었어.
새로운 계획이 잘 되든 안 되든,
선생님은 준우 옆에서 도와주고 싶어.
오늘 세운 공부계획을 실천해 보고,
어떻게 되었는지 이야기해 줄 수 있겠니?

네.

그래.
준우, 파이팅!

(웃으며)

네, 고맙습니다.

계획을 실천한 이후에 어떻게 되는지에 대해서도 관심을 갖고 지켜봐 주시네요. 실천 이후 어떻게 되었는지 추후 관리가 중요하지요. 아이의 어떤 말이든 수용해 주신 선생님과 솔직한 아이의 상담, 참 진솔하게 느껴집니다.

RT상담카드를 활용하여 상담하고 나면 아이들이 한눈에 자신이 상담한 내용들을 그대로 볼 수 있고 정리할 수 있다.

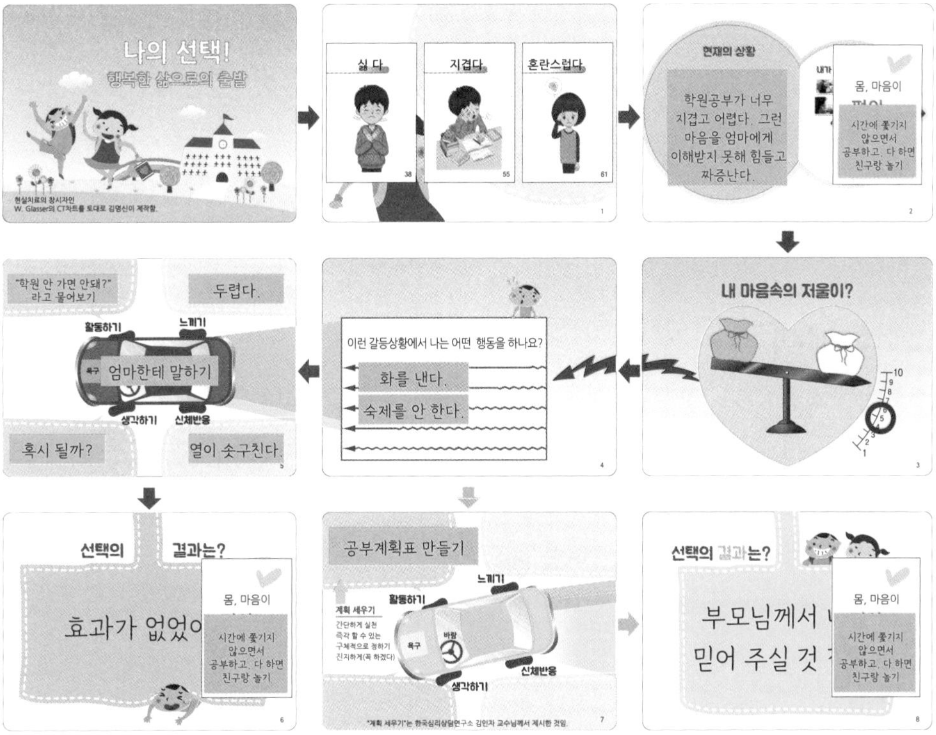

RT상담카드의 상담과정 정리

상담단계 (카드번호)	상담과정
Relationship 관계 형성(1)	▷ 공부만 해야 하니 재미없고 싫어요. 학원에서는 계속 똑같은 것만 하니 지겹고 어쩌지 못하니 혼란스러워요.
Want 바람탐색(2, 3)	▷ 편안하게 시간에 안 쫓기면서 공부하고, 다하면 친구랑 놀기도 하고 싶어요. (real want) 그런데 학원 공부가 너무 지겹고 어려워요. 이런 마음을 엄마가 몰라줘서 힘들고 짜증나요. ▷ 5점이요. 그래도 주말에는 친구랑 노니까요.
Doing 행동탐색(4, 5)	▶ 준우는 학원에 가기 싫을 때 주로 어떤 행동을 하니? ▷ 화내기, 숙제를 하지 않기, 엄마에게 말해 보기도 해요. ▷ 엄마에게 "오늘 학원 안 가면 안 돼요?" 하고 전화해서 물어봐요. **(주로 하는 행동)**
self-Evaluation 자기평가(6)	▶ 결과는 어땠어? 효과적이었어? ▷ 아니요. 엄마는 "안 돼."라고 해요. 그럼 학원을 갈 때도 있지만, 가지 않고 친구와 놀 때도 있어요.
Plan 계획 세우기(7)	▶ 지금보다 더 나아진 상황이 될 수 있는 방법은 뭘까? ▷ 공부계획표를 만들어 볼까요? ▶ 공부계획표를 만들어서 준우가 "한 달 동안 지키면 그다음 한 달 동안은 제 말도 들어 주시면 어때요?"라고 하는건 어때?
자기평가(8)	▷ 부모님께서 저를 믿어 주실 것 같아요.
Strength (강점 전달)(8)	▶ 어려운 상황을 극복해 보려고 여러 가지로 생각하고 실천해 보려는 준우가 참 멋지다.

그 이후 이야기

교사가 일방적으로 '어떻게 해 보자'라는 가르침의 조언보다 상담을 통해 아이 스스로 행동체계를 세워 봄으로써 아이는 '한번 실천해 봐야겠다.'는 의지가 강해 보였다. 스스로 세워 본 행동 계획이기에 아이는 '스스로 공부하기'를 열심히 했으며, 다행히 3일 만에 어머니는 영어 학원을 다음 해 3월까지 쉬게 해 주셨다.

며칠 후, 우리 반 한 친구가 "학원 때문에 너무 힘들다."고 말하자 준우는 웃으면서 이렇게 대답했다. "할 수 있는 계획을 세워 봐!" RT상담카드를 통한 상담은 단순히 아이의 힘듦을 위로하는 데 그치는 것이 아니라 아이가 바라는 좋은 세계를 이루기 위해 실천 가능한 행동 계획을 세워 준다. 그래서 불평하는 것에 멈추지 않고 새로운 행동을 경험하게 해 주는 것 같다.

사례 코칭을 마치면서

부모님의 맞벌이로 아이 혼자 시간관리를 해야 하는 상황, 또는 부모님의 기대 속에서 여기저기 선행학습과 보습학원 등으로 일상을 채우는 아이들의 고달픔을 잘 엿볼 수 있었던 사례입니다. 이처럼 초등부터 배움의 호기심이나 즐거움 대신 이미 학습에 지치고 과부담으로 인해 분노를 표출하는 아이들이 점차 많아지고 있습니다. 아이의 어려움이 보여도 교사 입장에서는 학부모가 움직이지 않으니 어찌할 수 없는 일이라고 체념하거나, 학부모를 상대로 직접 해결하려니 조심스럽고 엄두를 내기 어려운 상황입니다.

하지만 사례의 선생님께서는 자신의 의견이 차단되고 통제된 생활로 인해 실의에 빠진 아이를 직접 상담하면서 아이가 다시 스스로 의지를 불태우게 하는 놀라운 변화를 이뤄 내셨습니다. 현재 갈등의 불편함을 알아주는 것으로 시작하여 원하는 바람을 분명히 찾고 자신의 현재 행동을 스스로 평가하여 새로운 행동 선택으로 나아가게 하는 RT상담의 진수를 고스란히 보여 주셨지요. 참으로 경이로운 상담의 결과를 보았습니다. 어린아이지만 타인에 의해 억지로 끌려가는 삶이 아니라 자신이 선택하고 계획하는 자발성이 얼마나 중요한지 보여 준 사례입니다.

마법에 걸린 듯 생기 있게 주인공으로 되살아나는 아이의 변화가 한 편의 작품을 보는 듯합니다. 마음을 회복하고 치유하는, 새로운 연결과 기적을 보여 주신 선생님의 아름다운 지지와 상담과정을 오래 기억하게 될 것 같아요. 멋있어요. 감사합니다.

· Chapter 6 ·

교사 혼자서는 감당하기 어려운 아이들에게 바로 쓰는

학급상담망

빨리 가려면 혼자 가고, 멀리 가려면 함께 가라

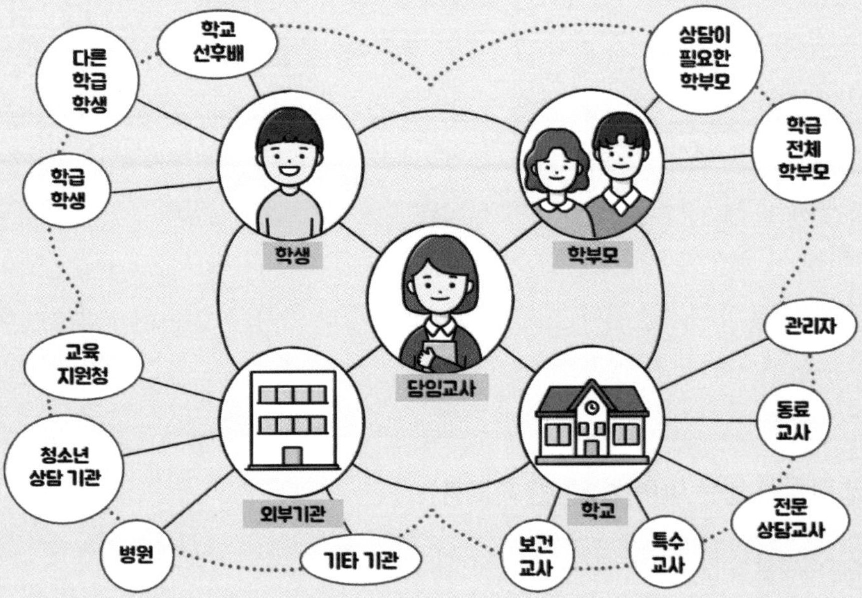

교사가 혼자 감당하기 어려운 아이들을 만났을 때, 교내외 자원을 활용하여 함께 연결하고 협조함으로써 힘든 아이를 더 효율적으로 성장시키고 도울 수 있다. 이것이 바로 '학급상담망'이다. 학급상담망은 단순히 아이를 외부기관이나 전문가에게 연결하는 것을 의미하지 않는다. 교사가 교내외 자원과 적극적으로 연대하는 것을 의미한다. 한 아이가 상담이나 치료를 받게 되더라도 그 아이는 교실에서 계속 다른 친구들과 함께 생활하게 된다. 그런 상황에서 교사는 아이가 교실에서도 잘 지내도록 학급 아이들과 함께 긍정적인 학급문화를 조성하고 소통할 수 있도록 상담기술을 적용해야 한다.

교사가 감당하기 어려운 아이들! 어떻게 할까

지금까지 공감대화카드와 RT상담카드를 활용하여 아이들과 소통하면서 긍정적으로 성장시키는 방법과 체계적으로 상담하는 방법을 배웠다. 학교생활에서 힘들어하는 아이들을 돕고 성장시킬 수 있겠다는 작은 희망이 생긴다. 하지만 교실에는 여전히 교사 혼자 힘으로 해결하기 어려운 아이가 있다. 교사로서 능력의 한계를 경험하고 좌절과 절망감을 느끼게 하는 아이! 경력의 많고 적음을 떠나 언제든 교직의 위기를 불러일으킬 수 있는 아이! 그들을 어떻게 돕고 성장시킬 수 있을까?

이 장에서는 이렇게 교사 혼자 감당하기 힘든 아이들을 돕고 성장시키는 방법에 대하여 알아보고자 한다. 지금부터 풀어 나갈 이야기를 통해 내 주위에는 나를 도와줄 수 있는 자원이 '생각보다 많이' 있다는 것, 내가 도움을 요청할 수 있고 도움받을 수 있는 곳이 많다는 것을 알게 될 것이다. 모든 것을 교사 혼자 감당해야 한다는 생각에서 벗어나는 순간, 주위에 있는 모든 것이 자원이 될 수 있다는 사실에 눈을 반짝이게 될 것이다. '빨리 가려면 혼자 가고, 멀리 가려면 함께 가라.'는 아프리카 속담이 더욱 은밀하게, 위대하게 다가오는 순간이다.

정말 다루기 힘든 아이, 우리 반 최고봉!

해마다 2월은 교사들의 고민과 긴장이 증폭하는 시기이다.

'올해는 어떤 학년을 맡게 될까?'

'어떤 아이들을 만날까?'

교사로서 부끄럽기도 하지만 제발 우리 반은 아니기를 바라게 되는 아이가 있다고 고백한다. 새 학년, 반 배정 봉투를 뽑으면서 그 아이가 우리 반 명단에 있는지 제일 먼저 확인하게 되는 것도 어쩔 수 없다. 안도와 한숨이 교차하는 순간이다.

담임이 혼자 감당하기 너무 힘든 아이, 일명 우리 반 최고봉은 어떤 아이일까?

화가 나면 폭발하는 아이

화가 나면 아이의 눈빛에 살기가 느껴진다. 욕을 하며 교실 문을 발로 차고, 책상을 넘어뜨리고 친구를 때린다. 쉬는 시간 잠깐 화장실 다녀온 사이 친구를 넘어뜨리며 발길질을 하고 있다. 더는 폭력을 쓰지 못하도록 뒤에서 팔을 잡고 있으니 교사에게 “놔라, 이 ○○아.” 하며 욕을 한다.

가만히 있지 못하는 아이

수업 중에 잠시도 자리에 앉아 있지 못하고 교실을 돌아다닌다. 그 아이가 온 교실을 돌아다니며 내는 소리 때문에 다른 아이들의 수업 태도도 엉망이 되어 수업을 진행하기 힘들다. ADHD라고 의심해 보지만 부모님은 검사받는 것을 거부하신다.

드러누워 괴성 지르는 아이

반에 자폐 아이가 있다. 걸핏하면 수업 중에 사라진다. 옆 반에 들리도록 비명도 지른다. 그러다 갑자기 바닥에 드러누워 엉엉 울며 괴성을 지르기가 다반사다. 국어, 수학 시간은 통합지원반 수업도 가고, 예체능 시간에는 특수실무사도 교실에 오지만 그것만으로는 역부족이다.

커터칼로 위협하는 아이

아이의 입에서 나오는 말은 거의 욕설이다. 커터칼을 가지고 다니며 친구를 위협한다. 한번은 그 칼로 자신의 손목을 그어 혼비백산하였다.

최고봉 아이를 만난 어떤 선생님은 "나는 그해에 계절이 어떻게 바뀌었는지도 몰랐다. 빼앗긴 봄이었다."라고 말씀하셨다. 학교가 가기 싫어서 늘 가던 길을 놔두고 일부러 천천히 돌고 돌아 출근했다고 말씀하시는 선생님도 계셨다. 방학이 오기만 기다리며 버텼고, 2학기 개학이 너무 두려웠다는 신규 선생님도 만났다. 결국 병휴직이나 명예퇴직을 선택하시는 선배 선생님도 계셨다.

이렇게 교실에는 감당하기 힘든 아이들, 감당하기 힘든 상황이 곳곳에 존재한다. 최고봉의 사례까지는 아니더라도 분노 조절이 어려운 아이, 교사에게 반항하는 아이, 친구를 괴롭히는 아이, 잘못해 놓고 남 탓만 하는 아이, 친구들과 어울리지 못하고 늘 외톨이인 아이, 무기력으로 아무것도 하지 않으려는 아이 등등. 어떻게든 아이들을 돕기 위해 이런저런 시도와 노력을 해 보지만 상황이 좋아지는가 싶다가도 다시 원상태로 돌아가기를 반복한다. 더는 어떻게 해 볼 도리가 없는 경계에서 교사는 무엇을 할 것인가?

어느 쪽이 더 유능한 교사인가

우리는 아이들에게 건강하고 행복한 공동체를 만들기 위해서 서로 도움을 주고받는 협력의 중요성에 관하여 이야기한다. 그런데 정작 교사는 감당하기 힘든 상황을 만났을 때 대부분 고군분투하는 경우가 많다. 교사 자신은 필요한 순간에 왜 도움을 요청하지 못할까? 왜 혼자서 감당하고 있을까? 어떤 생각들이 기저에 있을까? 교사들이 힘든 상황을 혼자 감당하면서 도움 요청하기를 주저하는 이유가 있을 것이다.

첫째, 우리 학급 일이니까 내가 책임져야 한다. 우리 교실의 문제니까 당연히 담임인 내가 해결해야 한다고 생각하고 우리 학급 일을 다른 누군가에게 도와달라고 하는 것은 민폐라고 생각한다. 그리고 우선 내가 할 수 있는 만큼 해 보는 것이 책무라고 생각한다.

둘째, 능력 부족으로 보일까 봐 주위의 시선이 걱정된다. 경력이 많으면 '그 경력에 이 정도도 해결을 못 하니?'라고 할 것 같아서, 경력이 적으면 '교대에서 그런 것도 안 배우고 뭘 배웠지?'라고 바라볼까 봐 주저된다. 교사로서 무능력해 보이는 것은 피하고 싶은 것이 솔직한 마음이다.

셋째, 자신이 겪고 있는 상황이 도움을 요청할 사안이 되는지 고민이다. 협조를 구해야 할 것도 같고, 아닌 것도 같다. 어떻게 보면 아주 심각해서 빨리 도움을 요청해야 할 것 같은데 또 어찌 보면 별것 아닌 것 같기도 하다. 아이가 늘 심각한 상황인 건 아니니까 내가 괜히 호들갑인가 싶기도 하다.

넷째, 도움을 요청해도 소용이 없다. 심각한 상황이라 생각하고 관리자에게 도움을 요청했으나 담임이 잘못하고 있다는 투의 말과 눈빛에 오히려 상처를 받은 기억이 있다. 그 냉랭했던 기억에 다시는 도움을 요청하지 않겠다고 생각한다.

다섯째, 어디에 도움을 요청해야 할지 모르겠다. 절실히 도움을 받고 싶은데 어디에 어떻게 도움을 요청해야 할지 모르겠다. 관리자들에게 협조를 구할 일도 아닌 것 같고, 다른 선생님들도 이런 정보는 잘 모를 것 같아서 막막하기만 하다.

이렇게 도움을 요청하지 못하는 교사는 나름의 이유가 있다. 하지만 아이의 성장을 돕는 관점에서 보았을 때 어떤 교사가 더 유능한 교사일까? 모든 일을 혼자 책임지고 해결하려는 교사일까? 아니면 자기 능력의 한계를 인정하고 필요한 도움을 연계해서 해결하려는 교사일까? 혼자 모든 것을 해결하려고 하다가 자칫 적절한 시기와 방법을 놓치게 되는 것은 아닐까?

그렇다. 더 유능한 교사는 필요한 도움을 연계하고 여러 자원을 활용하여 아이를 더 적극적으로 돕는 교사다. 필요한 자원을 잘 활용하는 교사는 아이의 성장과 발달을 돕는 전문성을 장착하고 있다고 할 수 있다. 담임교사가 학급의 모든 문제를 혼자서 해결하려는 생각에서 벗어나는 것, 그것이 바로 문제해결의 출발점이다.

혼자보다 '함께'할 때 아이를 더 잘 돕는다

'돕는다'라는 말은 힘을 보탠다는 말이고, 누군가의 손을 잡아 준다는 것이다. 교사 혼자 감당하기 힘든 상황에 직면해 있을 때 누군가의 도움은 절실하고 간절해진다. 학급에서 감당이 잘 안 되는 아이를 만났을 때 교사가 혼자 해결하기보다 주변의 자원들과 연대하여 함께 문제를 해결하면 아이들을 더 효율적으로 돕고 성장시킬 수 있다. 이렇게 담임교사를 중심으로 교내외 자원 간의 네트워크를 구축하는 것이 바로 학급상담망이다.

다음의 그림을 살펴보자.

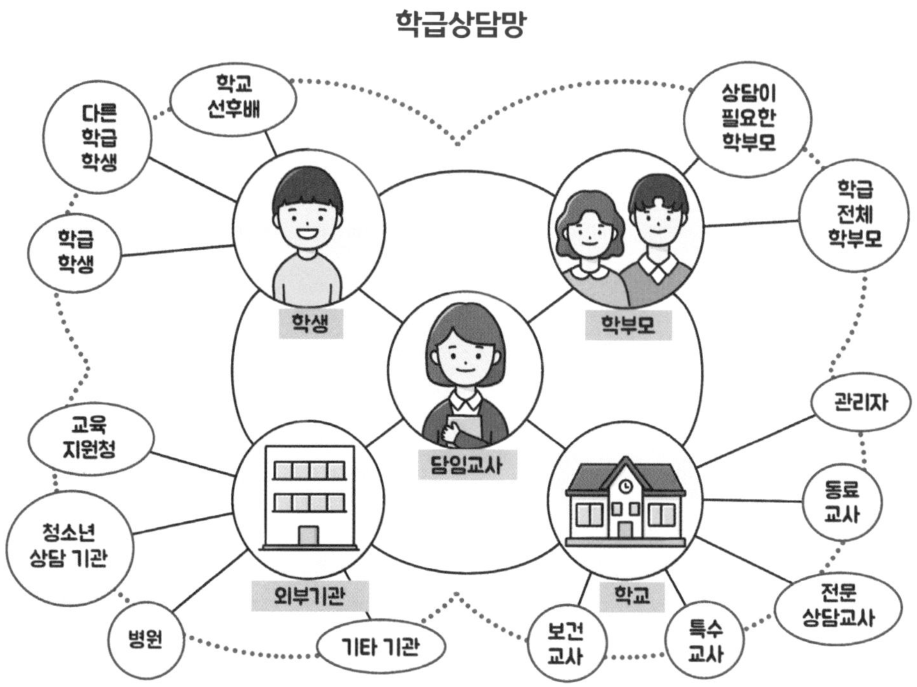

학급상담망은 담임교사를 중심축으로 학생, 학부모, 학교 및 외부 전문기관이라는 네 가지 중요 자원이 서로 연결된 망이다.

이 네 가지 자원을 연계하는 네트워크가 잘 구축되어 있으면 혹시라도 발생할 수 있는 일들을 조기에 발견하고, 문제가 발생하였을 때 협력과 연계를 통하여 더욱 효과적으로 대처할 수 있다. 학급상담망은 단순히 외부기관이나 전문가와 연결하는 것만을 의미하지 않는다. 왜냐하면 연결 자체가 끝이 아니기 때문이다. 교내외 좋은 자원들을 연계하여 아이의 상담이나 치료를 돕는다고 하더라도 그 아이는 여전히 교실에서 머물며 함께 생활하게 된다. 그런 상황에서 아이가 교실에

서 잘 지낼 수 있도록 교사도 상담기술을 활용해야 한다. 학급 아이들과 긍정적인 학급문화를 통해 함께 배려하고 소통할 수 있도록 하는 것은 교사의 몫이다.

이제 학급상담망의 네 가지 자원에 대하여 하나씩 자세하게 알아보자.

학생 자원

98%의 아이가 2%의 아이를 보듬는다

얼굴을 머리카락으로 온통 다 덮고 다니는 은정이는 온종일 그림만 그렸다. 또래보다 잘 그린 그림도 있지만 칼에 베이고 총에 맞아 피를 철철 흘리고 있는 캐릭터의 그림들은 보기에도 섬뜩함이 느껴졌다. 준비물도 챙겨 오지 않고, 수업 과제도 하지 않았다. 친구도 없었지만 혼자인 것이 괜찮다고 했다. 은정이는 교사가 일어나라는 한마디에 마지못해 몸을 일으켰다가 다시 몸을 축 늘어뜨린다. 하지만 모둠 친구가 부르는 말에는 더 빨리 반응하고 더 오래 몸을 일으키고 있다는 것을 관찰할 수 있었다. '혼자'가 괜찮다고 말하면서도 '친구'를 필요로 한다는 것을 느낄 수 있었다. 은정이에 대한 고민으로 밤잠을 설치는 날이 여러 날 되었고 교사로서의 무력감이 점점 커졌다. 그런 고민의 끝에서 한 가지 생각이 떠올랐다.

'은정이에게 우리 반 화가라는 역할을 주면 어떨까?'

그래서 학급 게시판에 일주일에 한 번씩 은정이가 그린 그림을 전시해 보자고 제안했다. 은정이는 처음에는 얼떨떨한 표정으로 듣고 있었지만 나중에는 흥분된 미소를 짓고 있었다. 학급 아이들에게도 누구나 은정이에게 원하는 그림을 부탁할 수 있도록

하였다. 아이들은 은정이에게 그림을 주문하려고 몰려들었고, 은정이가 그림 그리는 모습을 보느라 곁을 지키고 있었다. 그렇게 은정이와 아이들의 소통이 시작되었다. 그리고 단짝 친구들도 생겼다. 은정이는 졸업 전까지 누구보다 활발하게, 열심히 학교생활을 했다. 은정이에게 생기를 불어넣어 준 것은 바로 친구들이었다.

같은 반 친구들이 내미는 손과 어깨동무는 마음이 힘든 아이에게는 그 무엇보다 필요한 지원군이 된다. 그 속에서 아이는 사회적, 정서적 욕구를 충족한다. 반 아이들을 소통자, 공감자 그리고 조력자로 만드는 학급문화를 형성하면 건강한 아이들은 공감과 소통이라는 힘과 에너지를 가지게 된다. 이 에너지가 2%의 힘든 아이와 서로 연결되면 아이들이 점점 변화하고 성장하는 것을 볼 수 있다. 안정적인 학급 분위기가 형성되면 최고봉 아이가 발산하는 불협화음에도 흔들림이 없고, 오히려 최고봉 아이를 보듬고 품어 줄 수 있는 기운으로 작용한다.

이렇게 다수의 건강한 아이가 소수의 힘든 아이를 보듬고 보살펴 주는 학급문화 만들기! 이를 위해 평소에 학급회의, 다모임, 놀이 시간, 어울림 프로그램, 집단상담 등을 활용하여 함께 마음을 맞추고, 서로의 상처를 돌보고 어루만져 주는 시간을 가지면서 아이들의 마음을 건강하게 성장시키는 것이 무엇보다 중요하다.

공감과 소통이 흐르는 따뜻한 학급문화 형성을 통해 98%의 아이들을 교사의 든든하고 막강한 조력자로 만들어 보자. 이 건강한 어린 군단에게는 힘든 2% 아이들의 손을 잡아 주고, 일으켜 세우며, 어깨를 걸어 함께 나아갈 수 있는 밝고 힘찬 에너지가 있다. 98%의 건강한 공감이와 소통이들은 2% 아이들을 넉넉히 품고 힘껏 응원하며 함께 숲이 되어 줄 것이다.

학부모 자원

가장 부담되는 존재가 가장 강력한 조력자로!

아이의 성장을 위해 가장 긴밀한 연계와 협조가 필요한 대상은 바로 학부모다. 자녀에 대해 관심을 가지고 협조적인 학부모를 만나면 문제해결에 보다 쉽게 다가가지만, 반대로 회피와 방어기제가 심하거나 자녀에 대해 무관심한 학부모를 만나면 문제를 해결하기가 어려워진다. 특히 중대 사안으로 외부기관의 지원이 필요한 경우 학부모의 협조는 필수적이다. 이처럼 학부모의 협조가 매우 중요한 것은 알지만 교사에게 부담스러운 존재 또한 학부모다. 이런 불편한 상황에서 어떻게 학부모와 좋은 관계를 유지하며 소통할 수 있을까?

학부모와 좋은 관계를 저축하기 위한 제안 두 가지

학년 초 학부모 전화 상담

학년 초 학부모의 마음은 어떨까? 새로운 학급에서의 적응, 선생님에 대한 기대 및 우려, 자녀의 학업 성적, 반 친구들과의 관계 등으로 걱정과 불안한 마음이 클 것이다. 이런 불안한 마음 상태에서 새 학년 첫날, 새 담임선생님으로부터 전화를 받는다면 학부모의 마음은 어떨까?

다음은 3월 2일 아이들과 첫 만남의 날, 학급의 학부모들에게 전화 상담을 시도한 어느 선생님의 상담 내용이다.

교사 안녕하십니까? 기쁨이 어머니 되세요? 이번에 ○학년 ○반 담임이 된 ○○○이라고 합니다.

어머니 네? 선생님! 안녕하세요.

교사 반갑습니다. 인사차 전화를 드립니다. 학기 초에 아이들에 대해 알고 시작하면 지도에 도움이 되어서 아이들 이야기 좀 들으려고 전화했습니다. 기쁨이 특징이라든지 자랑해 주셔도 되고요. 제가 눈여겨 지도해야 할 부분이 있을지 간단히 이야기해 주시면 관찰하는 데 도움이 되거든요.

어머니 엄마라서 그런지 모르겠는데 대체로 잘 따라가는 것 같고요. 마음이 여려서 대인관계에서 조금 어려움을 겪는 것 같고, 그 외에는 부끄럼을 많이 타서 발표를 조금 안 하더라고요. 그런 거 말고는 딱히…. 제 딸이라서 그런지 더 모르겠네요.

교사 네. 2학년 때 이런 부분이 좀 발전했으면 좋겠다 하는 부분이 있을까요?

어머니 자신감이 너무 없는 것 같아서 늘 걱정이거든요. 자기가 말하고 싶은 게 있는데 참는 것 같더라고요. 부끄럼이 너무 많아서 그런지…. 자신감을 좀 키우면 좋겠어요.

교사 그럼 기쁨이 성향이 내성적인가요?

어머니 내성적인지는 모르겠는데 환경이 바뀌면 환경에 적응하는 시간이 걸리는 것 같더라고요. 다른 애들에 비해서….

교사 네. 그런데 아까 마음이 여려 대인관계가 어렵다고 말씀하셨는데 어떤 일을 보고 그렇게 생각하셨는지요?

어머니 1학년 때 같은 반 친구들과 사소한 걸로 마음에 상처를 받으면 조금 오래가는 듯했습니다. 그리고 제가 볼 때는 친구를 선뜻 사귀지 못하는 것 같고요. 1학년 때 담임선생님과 상담을 해 보면 그렇지 않다고 말씀하시는데 엄마가 볼 때는 좀 그런 면이 있는 것 같아요.

교사 네. 기쁨이가 친구 사귀기 어려워하는 것인지, 아니면 다른 문제가 있는 것인지 제가 잘 살펴보겠습니다. 3월 말에 학부모 상담 기간이 있으니 그때 말씀드릴게요.

어머니 네. 그런데 원래 이렇게 전화를 다 주시는 겁니까? 저는 깜짝 놀라서….

교사 네, 놀라셨지요? 저는 학기 초 학부모님들께 이렇게 인사 드린답니다. 앞으로도 좋은 일로 전화할 수 있도록 노력하겠습니다. 기쁨이랑 잘 지내 보겠습니다.

어머니 네, 선생님. 잘 부탁드리겠습니다.

교사 감사합니다.

교사와 학부모의 전화 통화가 맞는지 신기할 정도로 편안하고 즐거운 분위기로 대화한다. 과연 새 학년 첫날, 새 담임선생님의 전화가 어떤 효과를 낳을까?

첫째, 새 학년 적응에 대한 학부모의 불안과 걱정을 감소시킨다.

둘째, 먼저 좋은 관계를 맺기 위해 노력하고 아이의 장점과 성장을 중심으로 대화를 이끌어 가는 선생님에 대해 호감과 신뢰가 형성된다.

셋째, 아이들에 대한 선생님의 애정과 관심, 학부모와의 소통 방식을 보며 앞으로 있을 교육 활동에 대해 기대하게 한다.

넷째, 첫날부터 전화 상담을 통해 교사와 라포가 형성되었기 때문에 향후 교육에 대한 학부모의 지원 가능성이 커진다.

학년 초 상담 전화의 효과

이렇게 새 학년 첫날, 전화 한 통의 효과는 크다. 하지만 좋은 것을 안다 해도 따라 하기 쉽지 않다. 스무 명이 넘는 아이들, 정신없이 바쁜 3월 첫날! 모든 학부모와의 전화 통화는 정말 부담이다. 그럼 딱 한 통의 전화라면 어떤가?

2월 말, 반 아이들 명단을 받아 보니 올해 우리 반에 조금 특별한 아이가 있었다. 자폐가 있는 아이였는데, 2학년 담임선생님께 들으니 작년 3월 첫날, 교실에서 벽에 머리를 찧는 자해 행동을 했다는 것이다. 짐작해 보니 새로 바뀐 환경과 선생님, 친구들에 대한 불안 심리가 컸을 것 같았다. 그래서 아이에게 미리 내 목소리를 들려주면 불안감이 다소 줄어들지 않을까 생각했다. 또 누구보다 걱정하고 긴장하고 계실 아이 어머니의 마음도 다소 안심시켜 드릴 수 있겠다는 생각이 들었다.

그래서 아이들 만나기 하루 전날, 3월 1일에 전화를 드려서 3학년 담임이라고 소개하고, 아이 강점과 바라는 점 그리고 학교에서 특별히 신경 써 주시기를 바라는 점에 대해 여쭈어 보았다. 또 아이와 전화로 "안녕, 민준아. 나는 3학년 담임선생님이야. 민준이, 빨리 보고 싶다. 내일 반갑게 만나자." 하고 인사를 나누었다.

다음 날 교실에 왔을 때 다행히 자해 행동은 없었고 하루를 무탈하게 잘 보내고 집으로 갔다. 그 덕분인지 아이가 굉장한 감정의 동요를 보이며 힘든 시기를 겪을 때도 고비마다 어머니와 잘 소통하며 일 년 동안 좋은 관계로 지낼 수 있었다.

아이가 잘할 때 긍정적인 모습 전달하기

최대한 학부모와 만나지 않고도 아이의 문제를 지도하고 해결하고 싶은 것이 교사의 마음이다. 그러다 보니 학기별 1회씩 있는 학부모 상담주간이 아니면 학부모와의 연락은 큰 문제 상황이 발생한 경우에만 하게 된다. 그 경우 교사의 전화를 받게 되는 학부모의 목소리는 방어적이며 날이 서 있는 경우가 많다. 따라서 평소 학부모와의 관계를 잘 구축하는 것이 필요하다. 문제가 생겼을 때만 전화하는 것이 아니라 평소에 아이가 잘했을 때, 노력했을 때, 변화를 보였을 때 전화, 문자, SNS, 알림장에 간단한 메모 등을 통해 소통하는 것이 참 중요하다. 아이에 대한 교사의 관심과 애정이 잘 전달되고, 교사의 노력과 애씀을 보며 신뢰도 형성된다. 바로 관계를 꾸준히 저축하는 것이다. 그래서 문제 상황이 생기더라도 학부모와 소통이 잘 이루어지며 협조를 끌어낼 수 있는 것이다.

다양한 학부모와 협력하기

Garry Hornby(2007)는 『교사를 위한 학교 상담기법』에서 교사가 대하기 힘든 여덟 가지 학부모 유형을 제시하고 그런 학부모와 보다 잘 협력하는 방안을 제안하였다. 이 가운데 학교현장에 도움되는 내용을 발췌하여 소개하고 실제로 겪었던 사례들을 나눔으로써 실제적인 도움을 주고자 한다.

무관심·무반응 학부모

무관심·무반응 학부모의 경우 학교 행사, 교사의 학급 운영 등에 대해 무관심하거나 참여 활동이 없다. 또한 학급 커뮤니티 활동, 문자, 전화 등으로 소통하며 아이의 변화를 도모하고자 할 때도 응답이 없거나 가정에서 교사를 도울 의지가 없다. 심지어 꼭 제출해야 하거나 확인해야 하는 중요한 내용도 놓치는 경우가 대부분이다. 이런 학부모의 경우 적극적인 반응을 기대하기는 어렵다.

협력 방법

- 학부모에게 개인적으로 메시지를 보내거나 전화를 하는 것이 효과적이다.

- 학부모가 꼭 알아야 하는 상황이 생길 경우 개별 문자나 SNS 등으로 연락하는 소통의 형태가 도움이 된다.
- 혹시 무관심이나 무반응일 수밖에 없는 가정적 상황이 있는지, 교사로서 도울 일이 있는지 파악하는 것도 도움이 된다.
- 학부모가 교사의 메시지에 간단하게라도 응답하였을 때를 놓치지 않고 고마움과 안심되는 마음, 계속 소통을 이어 가고 싶은 마음, 그리고 학부모의 강점을 전하는 것도 학부모를 변화시키는 방법이 될 수 있다.

▣ 부모에게 관심을 받지 못하는 정혜

정혜는 지각도 잦고 준비물도 안 가지고 온다. 숙제는 당연히 안 되고 통신문조차 회수가 안 된다. 그런 정혜를 볼 때마다 관심 없는 부모 밑에서 방치되어 있다는 느낌을 받았다. 학기 초 정혜 어머니와 상담을 하게 되었는데 첫 만남이기에 정혜가 잘하는 것, 관심이 있는 것, 도움받고 싶은 부분에 관해서만 이야기를 나눴다. 그리고 정혜가 조금이라도 나아지고 있는 부분이 있으면 문자로 알려 드렸다. 가정에서 도움이 필요한 부분이 있을 때는 전화를 해서 상황을 물어보고 부탁을 드렸다.

전화하기 전까지는 부모가 무관심하다는 생각에 원망스러운 마음이 들 때도 있었지만 부모님과 자꾸 소통하면서 그래도 노력하고 있는 부분을 알게 되었다. 좋은 결과로 나타나지는 않았지만 애쓰고 계신다는 생각이 들어서 안심이 된다고 말씀드렸고, 그 수고에 감사를 표현했다. 또 꼭 사소한 것이라도 정혜가 평소에 잘하고 있는 행동을 매일 기록해 두었다가 한 바닥이 다 차면 프린트해서 가정으로 보내 드렸다.

그래서인지 어머니께 전화를 걸면 "제가 관심을 가져야 하는데 선생님이 너무 많이 관심 가져주셔서 정말 감사합니다."라는 이야기를 해 주신다. 그 후로도 여전히 정혜 부모님은 다른 부모님에 비해 무관심한 편이고 가정과의 연계가 힘들지만 어머니와는 좋은 관계가 유지되어서 꼭 필요할 때 전화를 드리면 챙겨 주시는 변화를 보여주셨다.

비판적·부정적 학부모

비판적·부정적인 학부모는 무관심한 정도를 지나서 교사의 교육 활동에 대하여 비판적이거나 때로 지나친 요구를 한다. 교사나 학교를 불신하며 부정적 태도를 보인다. 아이의 잘못된 행동에 대하여 상담하려고 하면 교사가 우리 아이를 나쁜 시선으로 바라본다든가, 작년에는 아이가 이렇지 않았다든가 또는 집에서는 그렇지 않은데 왜 학교에서만 그러느냐 등의 말로 교사의 문제로 돌리려고 하며 교사의 철학이나 지도 방안, 학교 정책 등에까지 문제를 제기한다.

협력 방법

- 학부모의 이야기는 적극적으로 경청하되 교사도 자기주장을 할 수 있는 주장 기술을 사용해야 한다. 학부모와 마찬가지로 교사도 존중받아야 하고, 원하는 것을 요구할 수 있어야 한다는 것을 기억해야 한다.
- 학부모의 비판에 대응하고 이를 유용한 피드백으로 전환시키는 Holland와 Word(1990)의 4단계를 Hornby는 다음과 같이 소개하고 있다.

1단계> 비판에 귀 기울이기

학부모의 이야기를 잘 들으면서 이야기를 명료화할 필요가 있다.

2단계> 진실을 판단하기

학부모의 주장이 전반적으로 진실인지, 부분적으로 진실인지 아니면 전혀 타당하지 않은지 판단해야 한다. 만약 정당한 주장이라면 인정하고 간단한 사과와 함께 사태를 시정하겠다는 약속이 최선이다. 만약 부분적으로 타당하다면 그 부분에만 동의하면 된다.

3단계> 적극적으로 반응하기

정당한 주장이 아닌 경우에는 단호하고 정중하게 거부할 수 있어야 한다.

4단계> 무시하기

동의할 수 없는 경우 개인적 의견으로 받아들이겠다고 한다. 이때 시선을 잘 유지하기, 바르고 자신감 있는 자세와 표정 그리고 단호하고 일관성 있는 목소리 톤을 유지하는 것도 중요하다.

- 그 외에 학부모가 교사나 학교에 대한 막연하고 터무니없는 불신을 가지고 있는 경우는 이전에 좋지 않았던 경험에서 나오는 본능적 방어기제가 작동하는 경우가 많다. 이럴 때는 학부모의 마음에 공감해 주면서 아이의 강점, 잘하는 점을 충분히 전달하고 교사로서 잘 조력하고 싶은 마음과 의지를 전하는 것이 신뢰를 얻는 데 도움이 된다.

적대적인 학부모, 불평이 많은 학부모, 위협적인 학부모

무조건 교사 탓으로 돌리며 교사의 노력과 수고를 부정하는 것도 모자라 적대적이고 위협적인 학부모를 만나게 되는 경우가 있다. 예를 들면, 교사에게 큰소리를 지르거나 폭언을 하고 협박을 하며 수시로 전화를 하고 폭력적인 행동을 하는 경우다. 이런 학부모와는 대화를 나누기가 불가능해 보인다. 이렇게 공격적인 학부모를 만났을 때는 어떤 방법이 도움이 될까?

협력 방법

- 어떤 경우든 학부모와 언쟁하지 않고 침착하게 그들이 말하는 것이 무엇인지 적극적으로 듣는 것이 중요하다.
- 적극적으로 경청하면서 학부모가 전달하고자 하는 감정과 핵심 메시지를 확인하고 이를 학부모에게 다시 말해 준다. 이것은 교사가 단지 듣기만 하는 것이 아니라 학부모의 문제와 감정을 이해하고 있다는 것을 명확히 하는 것이다. 학부모가 자신이 이해받고 있다고 확신하고 진정될 때까지 침착하게 계속 들어 주고, 때로 교사가 문제의 핵심을 이해하고 있음을 전달해 준다. 이 과정에서 학부모의 저항을 사전에 이해하고, 충분히 경청하고 반영해 주는 것이 필수적이다.

▣ 당신이 뭔데 내 아들을 무시해?

준하는 지적장애가 있는 아이다. 수학여행을 앞두고 방을 배정하는데 여러 가지 여건을 고려하다 보니 원하는 방에 배정받지 못했다. 그날 저녁 아버지가 술을 드시고 전화를 하셔서는 불같이 화를 내며 언성을 높이셨다.

아버지 당신이 뭔데 내 아들을 무시해? 내가 가만둘 줄 알아?

교사 많이 섭섭하셨나 봐요.

아버지 당연하지!!! 이제 어쩔 거야?

교사 걱정되셔서 그러신가요? 준하가 혹시 학급 친구들에게 무시당해서 이런 일이 생긴 거 아닌가 하는 걱정에 불안하신 거지요?

아버지 맞아. 그래서 그런 거지.

교사 그 마음 충분히 이해합니다. 그렇지만 준하를 무시해서 그렇게 방 배정이 된 것은 아니라는 점 알아주셨으면 좋겠어요. 혹시라도 친구 관계에서 걱정하시는 그런 일이 생기지 않도록 제가 잘 살펴보겠습니다.

아버지 담임선생님이 그렇게 말씀해 주시니 안심이 됩니다. 고맙습니다.

교사 혹시 아직도 방 배정을 바꾸고 싶은 마음이신가요?

아버지 아, 아닙니다. 담임선생님을 믿어야지요. 관심 가지고 잘 보살펴 주십시오.

교사 네.

감정을 주체하지 못할 만큼 화가 나서 교사를 위협했던 학부모는 교사가 감정을 읽어 주고 관심을 가지고 돌보겠다고 하자 안심했다. 아이의 안전에 누구보다 민감한 사람은 학부모다. 내 아이가 안전한 환경 속에 있지 않다고 생각될 때 지켜 줘야 한다는 학부모의 위기감이 극단적인 표현을 하게 만든다. 그 마음에 공감하고 적극적으로 돕겠다는 교사의 태도가 학부모의 저항을 낮추고 다시 협조적인 학부모로 돌아오게 한 것이다.

학대하는 학부모

학부모에 의한 학대는 방임, 신체적, 성적, 정서적 학대가 있다. 교사의 핵심 역할은 학대 가능성이 있는 사례 확인, 담당자에게 의뢰, 아이를 위한 보호적 환경 제공 등이다. 따라서 다양한 형태의 아동학대 징후를 인지하는 것이 중요하다.

방임된 아동은 종종 지치고 굶주리고, 옷을 제대로 입지 못하며, 방과 후에도 학교에 남아 있으려 하고, 의료적 치료가 필요해 보인다. 정서적 학대 아동의 경우 반사회적이거나 파괴적 행동을 보일 수 있다. 위축되거나 공격적이고 몸을 떠는 것과 같은 자기 자극적 행동을 보일 수도 있다. 신체적 학대의 경우 사고로 인한 부상과는 다른 타박상, 화상, 찰과상, 물린 자국, 자상, 골절상과 같은 흔적들이 있다. 성적 학대를 받은 아동은 앉을 때 불편해하고, 체육 수업을 위해 옷을 갈아입는 것을 싫어하며, 위축되거나 우울해 보이고, 조숙한 행동을 보이거나 자기 또래 이상의 성적 행동에 대한 경험을 드러낸다.

협력 방법

- 아동학대는 교사의 신고 의무 사항이므로 발견되는 즉시 학교 관리자에게 알리고 신고해야 한다.
- 아동학대의 여러 정황이 보이는 증거를 수집해 두는 것이 필요하다.
- 아이의 상태를 보다 정확하게 파악하기 위해 보건교사의 도움을 받도록 한다.

개인적인 문제 또는 부부 문제가 있는 학부모

자신의 문제에 휩싸여 있는 이 유형의 학부모는 아이의 기본적 필요를 충족하지 못하는 경우가 많다. 최근 증가하는 가족 위기로 학부모의 문제가 곧 아이에게 직접적인 영향을 끼치는 경우가 늘어나고 있다. 하지만 지극히 개인적인 문제이기 때문에 교사에게 밝히기를 꺼리는 경우가 많다. 일단 그 사실을 인정하면 교사의 개입과 지지가 쉬워진다.

협력 방법

- 학부모의 문제가 자녀의 행동에 영향을 미친다는 의심이 들면 교사는 적절하게 학부모에게 관심을 보일 필요가 있다. 이때 적극적 듣기 기술이 필요하다.
- 일단 학부모가 자신의 문제를 인정하면 필요한 개인상담, 부부상담, 가족상담 전문가를 제공해 주는 지역사회 내의 기관에 의뢰할 수 있다.

▣ 우울증을 앓고 있는 은정이 어머니

은정이는 계절에 맞지 않는 지저분하고 냄새나는 옷을 입고 오고, 준비물과 과제를 갖추지 않는 등 가정에서 돌봄을 받지 못하는 아이다. 거친 말과 잦은 짜증으로 아이들은 은정이를 슬슬 피하였다.

매일 지각을 하면서도 미안한 표정보다는 화가 난 얼굴로 보는 사람을 당황하게 만들고, 지각한 이유를 듣기 위한 실랑이는 아침 교실 분위기를 망치기 일쑤다.

하루는 은정이에게 "은정아, 늦게 오면 걱정이 돼. 늦었다고 너를 야단치지 않을 테니까, 무엇 때문에 늦었는지만 이야기해 줄래?" 하고 교사의 관심과 바라는 모습을 전달하였다.

작년 담임선생님의 정보를 들어 보니 은정이 어머니가 우울증을 앓고 있으며 약을 먹고 주무셔서 아침에 아이를 깨우는 게 어려워 자주 지각한다고 했다.

먼저, 은정이가 그동안 잘한 것과 몇 가지 칭찬할 점을 찾아 어머니에게 전화를 드렸다. 은정이에게 말한 것처럼 아침에 늦게 오면 굉장히 걱정되고, 혹시라도 혼자 오다 사고가 날 수도 있어 늦는 날은 출발하는 시간을 알려 달라고 말씀드렸다.

며칠 후 다시 지각하는 일이 일어나 어머니뿐만 아니라 아버지께도 전화를 드려 협조를 구했다. 전화 후 은정이 가정 사정과 아이에 대한 아버지의 사랑도 알 수 있었다.

그날 이후 부모님께 문자와 전화로 교실에서 생활하는 은정이 모습 중에서 잘하는 모습을 알려 드렸다. 그리고 가정에서의 생활 모습이 어떤지 정보도 듣고 도움이 필요한 부분을 서로 나누었다.

어머니의 우울증이나 흡연 등은 담임인 내가 해결할 수 없지만 은정이와 자주 상담을 하면서 우리가 할 수 있는 것을 찾았다. 그리고 은정이 자신이 장점을 많이 가진 아이라는 것을 느끼게 해 주었다. 깨끗한 옷을 입고 머리를 단정하게 빗고 온 날은 알아봐 주고 칭찬했으며, 학급 전체 흡연 교육을 하며 간접흡연의 나쁜 점에 대해 알아보고 집안에서 담배를 피우시는 부모님께 어떻게 말하면 좋을지에 대해서도 지도하였다.

어느 날부터 은정이는 "선생님, 이제 엄마가 컴퓨터 게임 안 하고 일찍 자요. 오늘 아침도 먹고 왔어요.", "그리고 저 가방 샀어요."라며 들뜬 목소리로 하나씩 이야기하였다. 2학기 마칠 무렵에는 은정이가 지각하는 일이 줄었고 아이가 점점 밝아졌다.

사실 처음에 은정이 부모님과 통화하고 연락하는 일은 정말 쉽지 않았다. 어머니의 퉁명스러운 반응과 교사가 매번 부탁해야 하는 상황에 그만하고 싶은 순간들도 많았다. 비록 시작은 힘들고 두려웠지만 그 어려움을 이겨 내고 진심을 전달하니 서로의 마음이 통했다는 생각이 든다.

5학년에 올라간 뒤 은정이 걱정이 많이 되었는데 가끔 우리 교실에 와서 예쁜 수첩을 보여 주면서 "선생님, 저 요즘 숙제도 잘하고 여기 알림장도 매일 적어요." 하며 자랑을 한다.

이제 은정이는 나이에 맞는 옷을 입고 새 신발에 양말도 신는다. 지금 다시 돌이켜 보면 은정이 부모님도 담임의 전화나 문자가 불편했을 텐데 끝까지 함께 노력해 주신 것이 참 고맙다. 은정이가 가족과 함께 앞으로 더 예쁘게 잘 자라 주기를 기원한다.

취약한 학부모

건강문제, 직장에서의 해고, 경제적 빈곤 등으로 고통받는 학부모는 아이의 정서적 욕구에 관심을 가질 만한 에너지가 없다.

협력 방법

- 학부모에게 필요한 좋은 정보를 제공해 주어야 한다.
- 아이들의 성장과 발달에 도움이 되면서 경제적 또는 건강 문제에 도움을 줄 수 있는 프로그램이나 외부기관과 연계해 주는 것이 필요하다.

▣ 아버지의 사업 실패로 힘들어하는 동민이 부모님

동민이는 일주일에 이틀 정도는 지각한다. 외할머니 댁에서 저녁 식사를 같이하고 늦게 귀가하는 날에는 대체로 지각을 했다. 2학기 학부모 상담을 하는데 동민이가 집에서 짜증을 많이 내어 학교에서도 똑같이 생활하는 것은 아닌지 걱정이 많이 된다고 하셨다.

"어머니가 힘드시겠어요."라고 공감해 드렸더니 눈물을 흘리시며 "사실은 동민이 아빠가 사업을 하다가 실패해서 친정에서 거의 보살펴 주고 있답니다. 그래서 제가 취업 교육을 받으러 가는데 이모가 학교에 와서 동민이를 외갓집에 데리고 갑니다. 제가 마치고 친정에 가서 동민이를 데리고 오면 시간도 자꾸 늦어지다 보니 동민이가 아침에 잘 못 일어나는 것 같아요. 방과후 수업이나 돌봄교실 같은 걸 하면 외갓집까지 안 가도 될 텐데 그것도 안 하려고 해요. 늦게 집에 와서 숙제를 시키면 막 짜증을 내고, 다음 날 아침에 하자고 하면 엄마 때문에 늦었다고 얼마나 화를 내는지 몰라요. 너무 힘이 드네요." 하며 집안 사정을 말씀하셨다.

"그런 일이 있으셨군요. 제가 도움을 드리고 싶은데 무얼 도와드리면 좋을까요?"라고 말씀드리자 "동민이가 방과후 수업이나 돌봄을 하면 굳이 외갓집까지 안 가도 될 것 같아요. 그리고 계속 친정 도움만 받고 있으니 미안하기도 하고 저희 문제는 저희가 해결하고 싶은데 지금은 참 어려워요."라고 말씀하셨다.

어머니의 말씀을 듣고 나서 동민이의 잦은 지각을 늦잠이나 부모님의 탓으로 돌렸던 내가 부끄러워졌다. 가정의 어려움을 용기 내어 이야기해 주시니 나도 동민이의 힘든 점을 알게 되어 어떤 도움을 줄 수 있는지 찾게 되었다.

다음 날 동민이와 조심스럽게 이야기를 나누었다. 지역아동센터에 다니는 아이들을 불러서 그곳에서 무엇을 하며 지내는지 이야기도 들었다. 아이들이 동민이도 함께 다니면 좋겠다고 말해 주니까 동민이도 주말에 엄마와 함께 가 보겠다고 했다. 지역아동센터에 전화해서 아이가 들어갈 수 있는지, 필요한 서류도 물어보고 다시 동민이 어머니께 안내해 드렸다. 그 뒤로 동민이는 친구들과 지역아동센터를 다니면서 방과 후 시간을 보내고 어머니와 함께 편안한 저녁을 보내게 되었고, 지각하는 일이 줄어들었다.

너무 많이 기대하거나 너무 적게 기대하는 학부모

어떤 학부모는 자녀에게 너무 완벽한 성취를 요구한다. 또 어떤 학부모는 자녀를 과잉보호하고 너무 적게 기대한다.

협력 방법

- 그런 학부모와 아동의 능력에 대한 논쟁에 빠지는 것은 생산적이지 못하다. 교사는 아동이 지금까지 성취한 것에 대한 객관적인 평가와 앞으로 매진해야 할 것에 관한 실제적인 제안에 초점을 맞추어야 한다.

▣ 학습을 양보할 수 없는 바름이 어머니

친구 관계도 원만하고 착실한 바름이는 부모님이 경제적으로나 정서적으로 많은 지지를 해 주신다. 6학년이다 보니 중학교를 대비하여 논술이나 수학학원에 다니고 있다. 그런데 교외대회 준비를 위해 6학년 학생들을 뽑아 매일 자습 시간 전까지 연습하고 있는 배구부

활동과 맞물려 갈등이 생겼다.

대회가 다가오자 아이들에게 주말 연습을 나오도록 했는데, 바름이는 학원에 빠지지 않기로 한 어머니와 약속을 지키느라 중요한 연습을 나가지 못했다. 그런데 체육 교사와 아이들의 단체 대화방에서 연습을 빠진 바름이를 탓하는 글들이 오고 갔다. 그것을 본 바름이가 매우 속상해하는 상황이 벌어졌다.

아이의 상황을 알게 된 어머니는 매우 화가 났지만 아이의 상황이 곤란해질 것 같아 우선 담임교사의 의견을 듣고 싶다고 오셨다. 어머니가 깊이 고민하신 점과 그 상황에 담임교사를 믿고 찾아오신 점에 공감과 감사를 표했다. 그리고 그간의 속이 많이 상했던 부분에 대한 여러 가지 이야기를 들었다. 연습 시간을 처음 약속과 달리 과도하게 실시하고 또 그 시간을 못 지키는 아이들에게 포지션을 줄 수 없다는 압박을 한 것에 대한 이야기를 하시며, 황당하고 속상했던 마음을 표현하셨다.

어머니의 곤란했던 마음과 깊은 고민이 느껴졌다. 그동안 얼마나 애쓰셨을지 충분히 짐작이 되었다. 한편, 바름이의 입장도 이해되었다.

"지금 가장 힘든 건 바름이일 것 같아요. 어머니와 약속도 지키고 싶고, 친구들, 체육 선생님과의 약속도 지키고 싶었던 바름이의 마음…. 두 달의 시간 동안 그 둘을 잘 지키기 위해 노력했던 바름이가 지금 얼마나 마음의 상심이 클까 싶어 안타깝습니다."라고 어머니께 말씀드렸다. 바름이 어머니는 이 말을 듣고는 "그렇겠네요." 하면서 잠시 생각을 하시고는 이야기 들어주셔서 감사하다며 가셨다.

아이에 대한 기대가 큰 부모는 아이에게 필요한 조건을 제때 맞춰 주려고 한다. 이 순간에 놓치기 쉬운 것이 아이의 속마음이다. 아이의 속마음을 몰랐다는 것을 깨닫는 순간, 부모는 주변의 상황이나 상대방이 아니라 자신의 행동을 보게 되는 것 같다. 그러고 나면 아이가 그동안 애써 왔던 것은 당연시하며 부족함만 더 메꾸도록 했던 자신과 그것에 맞추려고 노력해 온 아이가 비로소 또렷이 보이게 된다.

문화적 배경이 다른 학부모

문화적 배경이 다른 학부모는 교육 활동 참여 수준이 낮아 교사와 상호작용하는 데 어려움을 느끼는 경우가 많다. 언어 문제뿐만 아니라 다른 문화에서 오는 가치관에 차이가 있기 때문이다.

협력 방법

- 학부모가 한국어로 소통이 힘든 경우 교육지원청 또는 다문화가족지원센터 등을 통하여 이중언어 강사의 도움을 받을 수 있다.
- 다문화 가족을 위한 자녀 양육 및 학교생활 프로그램에 관한 정보를 제공하거나 지역 기관을 안내해 줄 수 있다.
- 교사는 다른 문화집단 학부모의 문화적 가치와 규범에 대해 배울 필요가 있다. 그리고 그들의 기대와 대화 방법에 대해 적응하도록 준비해야 한다.

▣ 한국어가 서툰 석훈이, 석경이 어머니

석훈이와 석경이는 쌍둥이 남매다. 석훈이는 우리 반이고 석경이는 바로 옆 반에 배정이 되었다. 3월 초에는 가정통신문이나 학습 준비물 등 가정의 도움이 많이 필요한 시기인데 석훈이는 가정통신문을 나누어 주면 빠뜨리는 일이 많았다. 그래서 어머니께 전화를 드렸더니 어머니께서는 우리말이 어눌하고 교사가 말하는 내용을 잘 알아듣지 못하셨다. 다문화 가정이라는 것을 알 수 있었다. 전화로 소통이 잘 안 되어 혹시 학교에 오실 수 있는지 여쭈어 보고 시간 약속을 한 다음, 옆 반 석경이 담임선생님께도 함께 만나자고 말씀을 드렸다.

어머니가 오셔서 석훈이와 석경이 담임이라고 인사를 드리고 가정통신문과 알림장 등을 안내해 드렸다. 그리고 소통 방법에서 어떤 것이 편한지를 물었더니 알림장 앱은 아직 서툴러서 설문 조사 등을 읽는 게 어렵다고 하시면서 전화로 설명을 해 주면 아이들의 고모가 있어서 도움을 주신다고 하셨다. 또 아이들이 아직 받아쓰기나 읽기가 잘 안 되어 도움이 필요하다고 하셔서 대학생 멘토링을 신청해서 집에서 할 수 있도록 도움을 드리기로 했다.

예전에는 이런 상황이었다면 '어떻게 하지?' 고민만 했을 텐데 지금은 직접 어머니와 만나 불편한 점, 그리고 가정에서 소통이 가능한 자원 등을 서로 이야기 나누면서 해결 방법을 찾아 가게 되었다. 그날 어머니께 앞으로 언제든지 두 담임이 번갈아 가며 전화로 도움을 드리겠다고 말씀을 드렸다. 어머니가 학교에 직접 오시는 등 적극적으로 문제를 해결하려는 점이 담임으로서 감사했다.

교사가 아무리 학생과 학부모를 위하여 노력하더라도 아이의 성장에 대한 협력 선택권은 부모에게 있다. 교사가 부모를 앞서서 변화를 의도하게 되면 부모는 저항하거나 무기력하게 끌려갈 수 있다. 교사의 판단과 끌어당김을 내려놓고 부모에게 선택권을 주는 것은 부모의 협조를 얻는 좋은 방법이다. 지금 당장은 부모가 아이를 위한 새로운 시도에 동의하지 않는다고 해도 마음이 바뀌면 언제든 돕겠다고 마음을 전하면, 부모는 그 가능성을 가슴에 담아 두었다가 필요하면 교사에게 협조를 청하게 된다.

학부모와 교사는 아이의 성장과 발달이라는 별을 향해 밤길을 걷고 있다. 가는 길은 달라도 같은 방향을 향해 걷고 있는 두 사람. 서로의 방향성과 바람이 연결되어 있다는 신뢰가 구축될 때 학부모는 두렵고 피하고 싶은 존재에서 가장 든든하고 강력한 조력자로 함께할 수 있다.

학교 자원

학교 안에는 다양한 인적 자원이 존재한다

학교에는 생각보다 다양한 인적 구성원이 존재한다. 각자의 전문성을 지닌 많은 자원이 있다는 뜻이다. 학교의 모든 행정적 책임을 지고 있는 관리자, 보건교사, 전문상담(교)사, 특수교사, 업무의 흐름을 총괄하는 부장 교사, 경력과 경험이 풍부한 동료 교사 등이 있다. 그들은 각자의 영역에서 심층적인 정보와 경험적 지식을 제공해 줄 수 있다.

전문상담(교)사

담임교사는 아이에게 반복되는 문제나 보다 심층적인 상담이 필요한 경우 상담교사에게 상담을 의뢰할 수 있다. 교내에 상주하는 상담교사가 없을 때는 순회 상담교사나 교육지원청의 상담교사에게 연락하여 상담을 신청할 수 있다.

보건교사

보건교사는 간호사 자격 면허를 가진, 학교 내의 유일한 준의료인이다. 아이가 아프거나 다쳤을 때, 또는 신체적 폭력 사건이 발생하였을 경우 담임교사는 일의 경위와 함께 보건교사의 처치, 현재 아이의 심리적·신체적 상태 및 보건교사의 소견을 학부모에게 알려 주어야 한다. 또한 성에 대한 호기심과 관심이 많은 아이는 보건교사에게 자문을 구하고, 성희롱 또는 성폭력 사건이 일어났을 때는 즉시 담당자에게 알리고, 보건교사에게 도움을 요청해야 한다.

관리자

학교폭력, 성폭력 같은 중대한 사안은 교사에게 신고의 의무가 있으므로 특히 관리자와 유기적 소통이 필요하다. 이 밖에 가정 형편이 매우 어렵거나 특이 행동으로 주의가 필요한 경우, 관리자에게 미리 알려 두면 문제 예방과 문제 상황을 처리하는 데 조언을 얻을 수 있다.

특수교사

학교 내에 특수반이 있으면 특수교사에게 특수교육 대상자 선정 기준 및 특수교육 과정에 대해 문의하고 도움을 구할 수 있다. 통합 학급의 경우 학급에서 특수교육 대상 학생에게 도움을 줄 수 있는 활동과 주의할 점 등에 대해 조언을 얻을 수 있다.

※ '특수반'은 지역에 따라 도움반, 통합지원반, 개별반 등으로 명칭을 달리 부르고 있다. 이 책에서는 특수반으로 통일해서 지칭한다.

부장 교사(업무 담당 교사)

특히 학교폭력, 성폭력, 아동학대 등 중대 사안에 관한 처리 절차는 해당 부장 교사

(업무 담당 교사)에게 알리고 사안을 처리하는 과정에 도움을 받아야 한다.

동료 교사

선배 교사나 동학년 교사 등 동료 교사에게 조언을 구함으로써, 자신이 생각하지 못했던 다양한 문제해결 방법이 있음을 알게 되기도 한다.

다음은 다양한 학교 자원을 활용하여 아이를 도운 사례이다.

▣ 엄마와 떨어지지 않으려는 아이

1학년 남학생인 지환이는 입학 후 3주가 지나도 매일 아침 엄마랑 떨어지지 않겠다고 울면서 고집을 부리는 아이이다. 엄마가 달래 가며 교실 앞까지 데려다주면 억울한 듯 눈물을 뚝뚝 흘리면서 억지로 교실에 들어가는 상황이었다. 시간이 지나면 점차 나아지겠지 생각했지만 좀처럼 상황은 달라지지 않았고 오히려 지환이는 아프다는 핑계로 결석까지 했다.

학교 자원 활용하여 아이 돕기

매일 아침 엄마와 실랑이 끝에 등교하기 때문에 지각도 잦아서 담임교사는 전문상담교사에게 도움을 청했다. 먼저, 전문상담교사는 학부모 상담을 진행하였다. 7세 때 어머니께서 크게 편찮으셔서 오랫동안 병원에 입원하신 적이 있고 그 후로 지환이는 엄마와 떨어져 있는 시간을 극도로 불안해한다는 사실을 알게 되었다. 어머니 또한 지환이에게 미안한 마음에 지환이의 투정에 곧잘 넘어가 주고 지환이가 원하는 대로 해 주고 있었다. 이에 부모가 명확한 규칙과 일관적인 태도로 양육하는 방법에 대해 알려 드렸다. 또한 지환이가 교실로 바로 들어가기 싫어할 때는 비교적 편하게 생각하는 상담실에 잠시 들러 상담교사와 대화 후 교실로 들어가도록 하였다.

전문상담교사는 담임교사와 학부모와 함께 수시로 지환이의 상태를 확인하고 필요할 때마다 부모에게 적절한 양육 방법을 안내했다. 이와 같은 방법을 실시한 지 얼마 지나지 않아 등교하자마자 상담실에 머물다가 교실로 돌아가는 시간이 처음 2시간에서 1시간으로, 그리고 10분으로 점차 줄어들었다. 그리고 2주가 지나기 전에 지환이는 곧바로 교실로 등교할 수 있게 되었다. 물론 긴 연휴 뒤에는 힘들어하며 상담실로 오는 경우가 있긴 했지만 10분도 채 지나지 않아 다시 교실로 돌아가는 힘이 생겼다.

▣ 시도 때도 없이 포효하는 아이

준호는 자폐증이 있는 아이다. 작년까지는 너무 얌전해서 교실 활동에 전혀 지장이 없었다고 담임선생님께서 말씀하셨다. 그런 아이가 4월부터 돌변하기 시작하였다. 수업 중에 돌아다니고, 교실을 나가고, 못 돌아다니게 하면 교사 가슴을 쾅쾅 치고, 책상을 밀어뜨리고, 바닥에 뒹굴며 엉엉 울고, 3층 창문에 올라가 넘어가려 하고…. 준호 때문에 한시도 조용한 날이 없었다.

학교 자원 활용하여 아이 돕기

먼저, 특수교사를 찾아가서 상담하였다. 상황의 심각함을 인지하시고는 준호의 도움반 시간표를 다시 짜고 특수교육 실무원 선생님을 전폭적으로 지원해 주시기로 하셨다. 특수교육 실무원 선생님께서 다른 교실의 수업 지원으로 안 계시는 경우는 특수교사가 직접 우리 반에 와서 준호를 옆에서 밀착 돌봄을 해 주셨다. 자폐 아이의 특성에 대해 알려 주시고, 준호가 이런 행동을 할 때 대처 방법도 알려 주셨다.

교장, 교감 선생님께 상황을 말씀드리니 준호의 안전을 위해 준호가 괜찮아질 때까지 교실과 복도 창문에 안전장치를 설치해 주셨다. 또 준호의 어머니를 학교로 오게 하여 약물치료에 관해 적극적으로 권유해 주셨다. 준호는 엄마와 함께 병원을 찾았고, 약물치료를 시작하였다. 준호의 상태에 대하여 특수교사, 학부모와 계속 이야기 나누면서 약의 투여량에 대해서도 의사선생님께 의견을 드리기로 하였다. 준호는 서서히 안정되어 갔다.

혼자였다면 포효하며 울부짖는 준호를 여러 가지 복잡한 마음으로 바라보며 끙끙 앓고만 있었을 것이다.

▣ 6학년이 된 VIP

1학년 때부터 VIP로 불리던 승수가 6학년이 되었다. 승수는 선생님에게 반항하고 친구들에게 대장 노릇을 하는 아이이다. 반성문 종이를 찢어서 쓰레기통에 버리고 쓰레기통을 발로 차는 행동, 수업시간을 방해하는 행동, 친구들을 툭툭 치는 등의 행동으로 담임선생님과의 갈등이 깊어지고 있었다. 결국 담임선생님은 병가를 내서 학교에 나오지 않게 되었고, 상담교사인 내가 관리자에게 도움을 요청하게 되었다. 학부모의 태도가 방어적이고 적대적이었다. 승수에게 괴롭힘을 당하던 친구들로 인해 학교폭력전담기구 회의가 열렸고 그 후에 상담이 진행되었다.

학교 자원 활용하여 아이 돕기

상담실에서 승수는 모든 질문에 "몰라요."로만 대답했다. 그렇게 대답하는 이유가 교감 선생님이 억지로 상담실에 가라고 했기 때문이라고 했다. 그래서 "네가 오고 싶지 않으면 안 와도 되지만 선생님은 네가 걱정되고 마음이 쓰인다."라고 진심을 전하였다.

그렇게 며칠이 지나고 승수의 얼굴에 멍이 보였다. 이를 먼저 발견하신 교감 선생님께서 승수와 이야기를 할 때 살짝 물어보자고 제안하셨고 상담실에 왔을 때 얼굴에 멍이 어떻게 생기게 된 것인지 물어보았다. 교감 선생님께 대답한 내용과 전문상담교사에게 대답한 내용이 달랐다. 교감 선생님과 전문상담교사는 이를 이상하게 여겨 아동학대 의심으로 경찰에 신고하였다.

알고 보니 아버지가 훈육을 명목으로 승수의 얼굴을 때리는 행동을 해 왔던 것이다. 어렸을 때부터 받았을 승수의 상처를 알게 되니 밉던 승수가 안쓰럽고 걱정되고, 승수를 생각할 때마다 마음이 아파 왔다. 다행히 아동학대의 심각성을 인지하신 부모님이 적극적으로 태도를 바꿨다. 상담을 받고 싶다고 하셔서 전문상담교사인 내가 전문병의원에 정밀검진을 의뢰하였다. 승수는 검진을 받은 후 약물치료와 꾸준한 상담을 받으며 무사히 학교생활을 마무리할 수 있었다.

▣ 엄마가 자살시도를 한 아이

여느 때처럼 등교하여 인사하던 현수가 담담하게 엄마의 자살 시도 소식을 알렸다. 아무런 감정의 동요 없이 이야기해서, 처음에는 내가 잘못 들은 줄 알았다. 다시 물었더니 엄마가 어제 저녁에 자살 시도를 했다고 말했다.

다른 아이들이 이미 등교해 있어서 현수를 급히 비어 있는 옆 교실로 데리고 가서 상황을 물어보았다. 어제 저녁 가족 외식을 하던 중 엄마, 아빠가 크게 싸웠고 집에 돌아온 후 엄마가 작은 방에서 자살을 시도했는데 형이 그 장면을 목격했다고 한다.

학교 자원 활용하여 아이 돕기

교장, 교감 선생님께 가서 상황을 말씀드리고 학교 차원에서 협조가 필요하다는 의견을 모았다. 현재 현수의 심리 상태를 파악하고 심신을 안정시키는 것이 무엇보다 중요하다고 생각되어 보건 선생님께 현수 몸에 자해 등의 이상 징후가 없는지 확인 해 봐 달라고 요청하였다. 방과 후 현수와 상담을 했지만 너무 담담했다. 평소 우울감이 굉장히 컸던 아이라서 이것으로 받을 심적 충격과 불안이 염려되었다. 오히려 너무 담담한 것이 걱정되었다. 교내 상담교사에게 부탁해 현수가 괜찮을 때까지 지속해서 상담하며 관찰해 달라고 요청하였다. 두 번째 상담에서 현수는 펑펑 울었다고 하였다. 동학년 선생님과 협의하여 학년 전체가 생명 존중 교육을 하기로 하였다. 보건 선생님께서 강사를 섭외해 주셨다.

현수의 어머니 또한 걱정되었다. 용기를 내어 전화를 드렸다. 현수가 현재 겪고 있을 극도의 불안과 두려움을 이야기하며, 어머니께서 현수를 위해 다시 그런 극단적 선택은 하지 않으시도록 간곡히 말씀드렸다. 어머니는 펑펑 우시면서 현수가 집에서도 별로 동요가 없어서 괜찮은 줄 알았다며 현수에게 너무 미안하다고 하셨다. 혹시 너무 힘드셔서 상담이 필요한 경우 도움을 받을 수 있는 기관이 있으니 도움을 요청하시라고 안내를 드렸다. 다행히 그 후로 현수도, 어머니도 안정적인 생활로 돌아왔다.

상담을 전공하신 선생님께 나중에 이 이야기를 들려드리니 그럴 때는 어머니께 상담을 받을 수 있는 전화번호를 직접 보내 드리는 것도 좋은 방법이라고 말씀해 주셨다. 또 하나 배웠다.

외부 전문 기관

잔불은 교사가, 큰불은 전문가에게

어느 대학원 심리학과 교수님의 ADHD 특강을 들은 적이 있었다. 교사가 ADHD 아이를 어떤 관점에서 바라보아야 하는지, 어떻게 도와야 잘 돕는 것인지에 관하여 자세하고 생생하게 안내해 주셔서 정말 도움이 되었다. 강의 마지막에 "큰불이 나면 어떻게 하는가? 119를 부르지 않는가? 모든 것을 교사가 해결하려고 해서는 안 된다. 잔불은 선생님들이 끄시고, 큰불은 나 같은 사람에게 맡겨라. 전문가에게 도움을 요청해야 한다."라는 조언을 주셨다.

학교에서 교사의 통제를 벗어난 아이들은 실제 전문가의 도움이 필요한 경우가 많다. 개인상담, 약물치료 등도 그렇고 때로는 가족 정신건강 지원, 생활 연계 지원 등의 도움도 필요로 한다. 하지만 어떤 기관이 있는지, 어디에 어떻게 도움을 요청해야 하는지에 관한 정보가 부족하다.

힘든 아이를 위해 도움을 요청할 수 있는 외부기관에는 어떤 것이 있을까? 외부 전문기관은 크게 무료로 운영되는 기관과 유료로 운영되는 기관이 있다. 무료로 운영되는 기관에는 Wee센터, 정신건강증진센터, 청소년종합지원센터, 건강가정지원센터 등이 있고, 유료로 운영되는 기관으로는 소아정신과, 개인상담소 등이 있다.

다음은 학교에서 연계할 수 있는 주요 외부기관들이다. 단, 국가 운영 전문기관들은 매년 법체계가 달라지면 생기기도 하고 없어지기도 한다. 다음 기관들은 현재 시점에서 도움을 받을 수 있는 곳이므로 학교 공문이나 여러 정보를 통해 도움을 받을 수 있는 곳에 대한 정보를 알아 두는 것도 필요하다. 학교에서 전문상담(교)사나 담당 부서 선생님께 알아보면 도움을 받을 수도 있음을 기억하자.

청소년상담복지센터

#개인상담 #집단상담
#심리검사 #지역 자원 연계

지역의 청소년상담복지센터는 9세에서 24세의 청소년이 상담을 받을 수 있다. 특히 청소년 동반자는 학생들과 일대일 관계를 형성하여 정서적 지지, 심리상담, 지역 자원과 연계까지 해 주는 전문 서비스다. 상담을 꺼리거나 거리상, 시간상으로 상담 서비스를 이용하기 어려운 환경의 아동, 청소년을 위해 생활환경으로 직접 찾아가는 장점이 있다.

정신건강복지센터

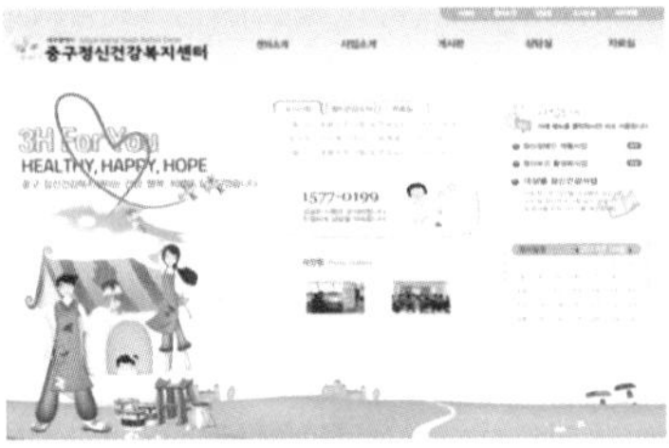

#심리상담 #병원 연계
#사후관리 #학부모 상담

정신건강복지센터는 지역 주민들의 정신건강 증진과 예방을 목적으로 상담 지원 및 병원 연계, 사례관리 서비스 등을 무료로 제공한다.

학생이 분노 조절에 어려움이 있거나 충동성이 큰 경우, 또는 우울 및 자살 징후가 보이는 경우 이곳을 이용하면 상담 지원이 종료된 후에도 꾸준한 관리 서비스를 받을 수 있는 것이 장점이다. 물론 학부모도 서비스를 받을 수 있다.

Wee센터

#개인상담 #심리검사
#부모교육 #병원 연계

지역의 Wee센터는 학교에서 가장 쉽게 활용할 수 있는 상담센터다. 교내 업무 담당 교사의 공문발송 후 아이와 보호자가 함께 상담서비스를 받을 수 있고, 필요한 경우 병원 연계뿐 아니라 심리검사까지 지원받을 수 있다.

건강가정지원센터

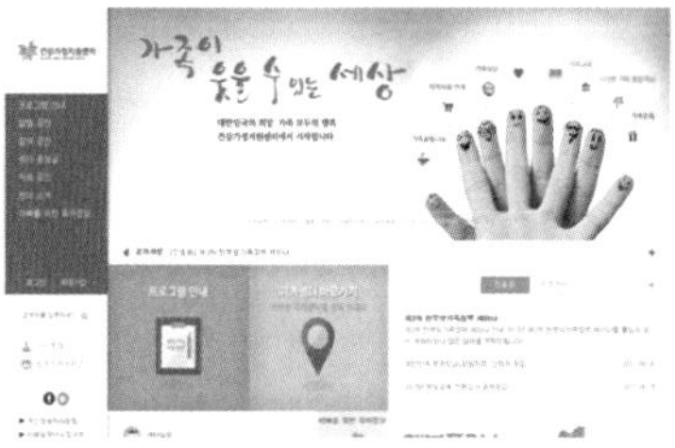

#집으로 찾아가는 상담

건강가정지원센터는 건강한 가정을 만들기 위해 다문화 가족지원, 부부상담, 가족상담, 성인 개인상담 서비스를 제공하고 있다.

상담은 무료로 이루어지고, 개인상담의 경우 6회기, 가족상담의 경우 8회기까지 전문적인 상담을 지원받을 수 있다. 부모님의 개인상담이 필요한 경우 소개해 드리면 좋다.

(※2022년 기준으로 작성됨 - 기관명은 변경될 수 있음)

하지만 막상 아이를 외부 전문기관에 연결하려고 할 때 학부모의 거부감이 만만치 않다. 외부기관에 상담을 의뢰할 때 어떤 말씀을 드려야 부모님의 협조를 잘 끌어낼 수 있을까? 교사에게 도움이 될 만한 몇 가지 예를 소개하고자 한다.

상담은 아이의 마음을
오롯이 들어 주는
기회와 장소입니다.
지금 아이에게는
그것이 가장 필요합니다.

가정에서는 학부모님이,
학교에서는 교사가 아이를 위해
많은 관심을 쏟고 있습니다.
아이에게 도움이 되었으면 해서
말씀드립니다.
어머니의 적극적인 관심과 협조가
아이를 긍정적인 방향으로
성장시킬 것입니다.

지금 어머니 마음이 얼마나
힘드시겠어요?
해야 할 일도 많아서
무엇부터 해야 할지 막막하실 것 같아요.
하지만 지금
도움을 받을 수 있는 곳을 찾아
자녀에게 도움을 주는 것만큼
중요한 일은 없을 것 같습니다.
저도 함께 힘이 되어 드리겠습니다.

지금 가장 힘든 것은
아이입니다.
우리가 생각하는 그 이상입니다.
전문가 선생님의 도움을 받아
더 행복해졌으면 좋겠습니다.

(검사를 받는 것에 부담을 느끼는 경우)

지금 도움을 받아 치료하는 것이 가장 빠른 시기입니다.
이 기회를 놓치게 되어 시간이 늦어질까 걱정됩니다.
검사를 받아서 결과에 따라 잘 대응하면 됩니다.

지금까지 교사의 통제를 벗어난 아이들을 돕는 네 가지 자원인 학생, 학부모, 학교 및 외부 자원에 대한 이야기를 나누었다. 이제 교사 혼자 모든 것을 해결해야 한다는 생각에서 벗어나 반짝이는 눈으로 주변에서 나를 도와줄 수 있는 자원을 찾아 나서고 당당히 도움을 요청하는 것이 필요하다. 주어진 자원을 잘 연계하여 네트워크를 구축할 수 있을 때 우리는 아이들을 더 잘 돕는 교사로 한걸음 더 도약할 것이다.

교사가 감당하기 어려운 아이들 돕고 성장시키기

교사의 통제를 벗어난 최고봉 아이를 만났을 때 교사 주위의 다양한 인적 자원을 활용하면 아이의 성장과 발달을 더 잘 도울 수 있다는 이야기를 앞서 나누었다. 교사 주위의 다양한 자원을 활용하여 아이를 더 잘 돕는 것 또한 교사의 능력이자 전문성이라는 것이다. 하지만 여러 자원을 활용하여 도우려는 마음을 장착하였다고 해도 막상 무엇을 어떻게 시작해야 할지 막막하다.

지금부터는 교사가 감당하기 어려운 아이를 학생, 학부모, 학교 자원 및 외부 자원을 활용하여 변화를 끌어낸 구체적인 상담사례를 알아보려고 한다. 이 절에 제시된 개별 상담사례를 통해서 교사의 든든한 조력 군단이 어떻게 상담에 활용되었는지 더욱 구체적으로 이해하게 될 것이다.

하지만 분명한 것은 이 사례는 하나의 예시일 뿐, 사례 해결에 정답은 없다. 오히려 여기에 소개된 구체적인 사례를 통해 아이를 성장과 발달로 나아가게 하는 방법은 잘 정립된 이론이나 기술이라기보다 교사의 진정 어린 관심과 도우려는 의지라는 것을 더욱 명확하게 느끼게 될 것이다.

지금부터 만나게 되는 사례는 현장에서 어려움을 겪고 계신 선생님들을 위해 제공되는 사례이며, 아이의 이름은 개인정보보호를 위해 모두 가명 처리되었음을 미리 밝혀 둔다.

사례 1. 80세 조모와 살고 있는 반항아, 6학년 민국이

아이의 성장을 보는 것은 기다림과 인내의 시간이며, 그것은 언제, 어떤 모습으로 나타날지 모른다는 깨달음을 가르쳐 준 사례다.

6학년 민국이는 갓난아기 때 부모님이 이혼하고 누나와 함께 할머니 손에서 자랐다. 할머니는 이제 80세 고령으로 각종 질병과 노환 때문에 걷는 것조차 힘든 상태다. 아빠는 한 달에 한 번 정도 잠깐 집에 들르신다. 1학년 때부터 유명한 싸움꾼이 된 민국이는 온갖 놀리는 말로 친구들을 도발하고 자주 싸운다. 민국이 주먹은 성한 구석이 없다.

민국이의 학력은 매우 떨어져서 구구단도 외우지 못한다. 발표는 침묵과 버티기로 일관하고 수업 과제는 아예 하지 않으려고 한다. 남아서 공부하는 것을 제일 싫어하는데 남아서 공부하고 가라는 말에 수업 도중 학교 밖으로 뛰쳐나가 찾으러 나선 적도 있다. 할머니께서는 경제적으로 많이 힘들고 어렵다며 한 달에 한 번 보내 주는 민국이 아빠의 생활비가 턱없이 부족하다고 하셨다. 반항아 민국이, 어떻게 도와주어야 할까?

① 할머니께 Wee센터 상담 신청 동의 구하기

할머니께 전화를 걸어 민국이의 학교생활(친구와의 잦은 다툼, 거친 언어, 학력 저하, 공부 회피, 심리적 불안정 등)을 말씀드렸다. 그리고 이런 학교생활의 원인에는 아이가 겪고 있는 마음의 문제가 크기 때문이라고 말씀드리며 그런 아이 마음을 오롯이 들어 줄 수 있는 상담을 권유하였다. 할머니께서는 아이가 좋아질 수 있다면 상담을 받게 하겠다고 동의하셨다. 그러나 민국이가 하려고 할지 모르겠다고 말씀하셨다.

② 민국이의 의견 묻기

아니나 다를까. 민국이는 방과 후에 남아서 상담하는 것을 완강하게 거부했다. 그럼 공부 시간에 상담하는 것은 괜찮은지 물었더니 뜸 들이다가 그것은 하겠다고 하였다. 아마 한 시간 공부하지 않아도 된다는 해방감이 마음을 돌리게 하였던 것 같다.

③ 관리자에게 도움 요청하기

민국이는 1학년 때부터 여러 문제 상황으로 전교에 소문이 나 있던 터라 교장, 교감 선생님께 상황을 말씀드리기가 수월하였다. 일주일에 한 번, 창체 시간에 외부 전문가와의 상담을 허락해 주셨다.

④ 외부 상담가와 5회기+5회기 상담 진행하기

다행히 민국이는 상담 선생님과 대화하는 시간을 참 좋아하였다. 처음에는 공부하기 싫은 의도로 시작했지만, 점점 상담 선생님의 따뜻함과 공감에 스며드는 것 같았다. 은근히 상담 시간을 기다리는 눈치였다. 5회기로 예정된 상담이 끝나 갈 무렵, 상담 선생님께서 민국이의 경우 중학교까지 이어지는 장기적인 상담이 필요하다고 이야기하면서 추가 5회기 상담을 먼저 제안해 주셨다. 그렇게 10회기 상담이 종료되었고, 이제 Wee센터에서 학교로 오는 상담은 규정상 힘들다고 했다. 다행히 Wee센터로 방문하는 것은 가능하다고 했다. 민국이도 상담 선생님을 좋아하게 되어 계속 만나러 가고 싶은 마음을 표현하였지만 80세, 거동도 불편한 조모께서 아이를 데리고 다닐 수는 없는 상황이었다.

⑤ 관리자에게 도움 요청하기

관리자에게 그동안 민국이의 상담과정과 상담으로 아이가 어떻게 변화되었는지 말씀드렸다. 상담을 지속해서 연계하는 것이 절실히 필요하여 매주 수요일에 담임선생님이 민국이를 Wee센터로 데려가는 것이 어떨지에 대해 여쭈었다. 이미 학교에서는 민국이의 긍정적 변화에 여러 선생님께서 먼저 관심을 가지고 칭찬해 주시는 상황이었기 때문에 관리자들께서도 애쓰는 마음을 알아주시고 안전에 대한 염려가 있음에도 흔쾌히 허락해 주셨다.

⑥ Wee센터에서 상담하기 Wee Center

민국이는 학교에서 10분 정도 떨어진 Wee센터에서 상담 선생님을 반갑게 다시 만났다. 이야기도 잘 나누고 즐겁게 돌아왔다. 하지만 계속 이어질 거라는 기대와는 달리 한 번 갔다 온 후에 민국이는 다시 가지 않겠다고 하였다. 이유는 차멀미라고 했지만 아마 수요일 오후 시간에 자유롭게 놀지 못하고 묶여 있는 시간을 못 견뎌 했던 것 같다. 상담은 1회기 만에 끝이 났다.

⑦ 경제적 지원을 할 수 있는 곳에 대한 정보 얻기

민국이네의 경제적 형편이 어려워 도움을 줄 수 있는 곳을 연결해 드리고 싶었다. 학교 관리자들과 논의하였으나 그 당시에는 방과후 수업 수강료, 우유 이외에는 지원할 방법이 없었다. 이런 쪽에 정보를 많이 알고 계실 것 같아 Wee센터의 상담 선생님께 여쭈어보니 시에서 운영하는 드림스타트를 소개해 주셨다. 드림스타트는 취약 계층에 놓여 있는 초등학생을 대상으로 학습, 취미생활, 목욕 등 개인에게 필요한 맞춤형 지원을 하는 종합적인 복지서비스라고 하였다.

민국이는 미술을 엄청나게 좋아하고 그림도 꽤 잘 그렸다. 그래서 민국이와 할머니의 동의하에 드림스타트 미술 수업을 신청하였다. 그런데 민국이는 방과 후에 남아서 하는 것은 싫다고 하고 할머니께서는 집에 찾아오는 것은 싫다고 하셨다. 그래서 학교 미술 시간에 드림스타트 미술 선생님께서 오시는 것을 관리자들께 다시 허락을 구했다. 미술 시간 2시간 중에 1시간은 미술 선생님과 따로 공부하고, 다른 1시간은 미술 선생님께서 우리 반에 오셔서 민국이 곁에서 같이 활동해 주셨다.

⑧ 민국이 아버지와 전화 상담하기

한 달에 한 번, 그리고 명절에만 집에 오시는 민국이 아버지는 할머니로부터 양육 과정에서 힘든 점을 들으시고, 주로 아이를 혼내는 역할을 하시는 것 같았다. 그래서 민국이 아버지와 상담이 필요하여 전화를 드렸다. 아이 양육에 관여하지 않고 관심이 없는 것 같은 남자 학부모와 대화하려니 심장이 떨렸다. 담임 전화인지 모르고 받았다가 좀 당황스럽고 무뚝뚝한 반응을 보이셨지만 아이가 학교에서 무척 잘하고 있고, 노력하고 있고, 변화하고 있으니 함께 아이에게 많은 칭찬, 격려와 지지를 해 주십사 거듭 말씀드렸다. 아이가 아주 어렸을 때 아빠랑 함께 갔던 바다에 대한 그리움이 있다는 이야기도 함께…. 비록 별 반응 없이 끝까지 듣기만 하다가 "네."라는 짧은 대답과 함께 통화는 끝났지만 그 후 민국이를 통해 아빠와 함께 쇼핑하러 가서 운동화를 샀다는 이야기를 들을 수 있었다. 기념일이나 명절도 아니었는데 새 운동화를 사 주셨다며 아이가 멋쩍게 웃었다.

⑨ 민국이 기초 학력 올리기

민국이는 남아서 공부하는 건 여전히 질색이었다. 대신 아침에 일찍 학교에 왔다. 그래서 그 시간을 적극적으로 활용해 보기로 전략을 바꾸었다. 아침 활동 시간 전 20분 동안 공부하기를 겨우 설득하였고, 구구단 외우기부터 시작하였다.

상담 뒷이야기

민국이는 많이 안정되었고, 학교 선생님들도 민국이 표정이 정말 밝아지고 웃음이 많아졌다고 이야기하셨다. 그렇게 1학기가 희망차게, 또 감사하게 흘러갔다. 하지만 여름 방학이 끝나고 학교로 돌아왔을 때 민국이는 아이들을 공격하고 자신을 생채기 내던 예전의 그 뾰족하고 날카로운 모습으로 다시 돌아가 있었다. 아이와 만나지 못한 방학 기간이 그렇게 원망스러웠던 적은 교직 생활 중 처음이었다.

답이 보이지 않는 막막한 시간이었다. 그런데 변화는 뜻하지 않은 순간에 의도하지 않은 모습으로 찾아왔다. 11월 말, 자정이 다 되어 갑자기 날아온 민국이의 문자 메시지.

"선생님, 공부 안 한 게 너무 후회돼요. 중학교 가기 두려워요."

문자를 보고 눈물이 났다. 우선, 불안하고 두려운 아이 마음에 공감해 주고 선생님이 도와주면 해 보고 싶은 마음이 있는지 물었더니 한참을 망설인 끝에 "네."라는 문자가 왔다.

민국이는 다음 날부터 졸업하기 전까지 방과 후에 남아서 구구단, 간단한 곱셈과 나눗셈 공부를 했다.

중학교 올라가서 친구들과 싸우지는 않는지, 공부 시간에 또 한마디도 안 하고 버티고 있는것은 아닌지 걱정이 많았는데 아이는 그 후로 연락이 없었다. 스승의 날, 졸업한 아이들이 찾아왔을 때 떨리는 마음으로 민국이 안부를 물었다.

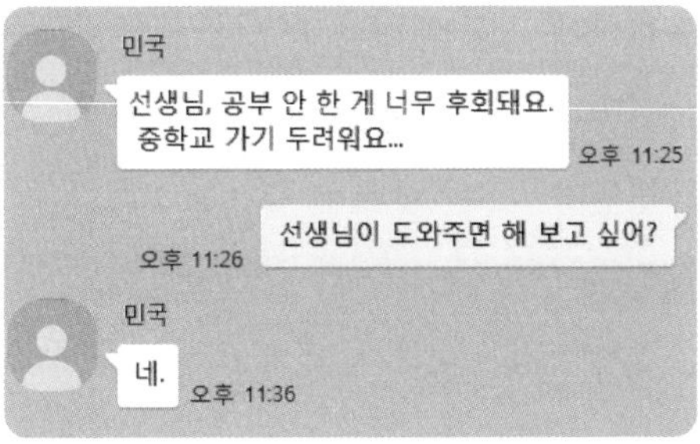

"선생님, 민국이 완전히 변했어요. 중학교 와서 공부 시간에 엄청 열심히 해요. 학원도 다니고요, 잘하고 있어요."

민국이는 이제 세상과 부딪혀 보기로 했나 보다. 맞서 보기로 했나 보다. 어떤 것이 변화의 동력이 되었는지 여전히 모르겠지만 먹먹한 마음으로 그 아이가 가는 길에 힘찬 응원의 박수를 보냈다.

사례 2. 성적 호기심으로 문제가 생긴 특수아동 철수

장애가 있는 아이의 성적 호기심 문제 그리고 가정적으로도 총체적 위기에 처해 있는 아이를 어떻게 도울 것인가에 대한 배움을 주었던 사례다.

6학년 철수는 지적장애가 있는 특수아동으로 또래보다 나이가 많다. 화가 나면 주먹으로 유리창을 깨 버리거나 물건을 집어던지고 교과서를 찢어서 쓰레기통에 버리기도 한다. 또 감정 조절이 안 될 때는 자주 교실 밖으로 나가서 돌아다니고 찻길을 가로질러 집으로 가는 상황이 발생하여 위험하다. 철수는 부모님의 이혼으로 연세가 많으신 할머니 그리고 아빠, 역시 특수아동인 여동생과 함께 살고 있다. 할머니는 노환으로 누워서 생활하셔야 하고, 아빠는 직업이 없으며 가족에 대해 보살핌과 양육 의지가 없어 보인다.

크고 작은 일들이 계속 일어나는 가운데 결정적인 사건이 터졌다. 철수가 학교 근처 골목길에서 3학년 여자아이를 껴안고 볼에 뽀뽀하는 사건이 발생하였다. 여자아이 학부모가 학교로 찾아와 고성, 욕설과 함께 교사의 멱살을 잡았다. 분노하는 학부모를 겨우 진정시키고 학교장, 교감, 특수교사, 담임, 학부모, 철수 아버지와 대책 회의를 하게 되었다. 학부모는 법적인 절차에 대해서는 일단 유보하기로 하였지만 재발 방지를 위한 확실한 대책을 요구하였다.

① 학교 자원 활용하기 - 학교장

회의에 교장 선생님 동석을 요청한 일은 옳은 판단이었다. 관련 내용을 실무자들 선에서만 결정하지 않고 학교장과 적극적으로 소통하여 대책을 회의하고 회의록을 작성하였다. 이때 학교장 결재를 받았는데, 이것이 혹시 있을지 모를 분쟁에서 교사를 지킬 수 있다는 것도 알게 되었다.

교장 선생님의 협력을 구함으로써 철수의 일은 담임교사가 외롭게 끌고 가는 사안이 아니라 학교 전체가 나서서 힘을 모아 해결해야 하는 사안이 되었고 이는 나에게 큰 힘이 되었다.

② 학교 자원 활용하기 - 특수교사

사안 보고 후 철수에게 성교육을 시행하였다. 구체적 내용은 성교육 담당자인 보건교사와 담임인 나, 그리고 특수학급 교사가 의논하여 구체적이고 실질적으로 접근하였다. 철수가 실제 나이로는 청소년에 해당하므로 초등학생의 매뉴얼이 아니라 중학생에게 적용될 만한, 하지만 철수의 정신적 특수성을 고려한 성교육 매뉴얼을 적용하도록 하였다.

매뉴얼을 소개하면, 철수가 스스로 성욕을 인지하고 있는지 상담을 통해 파악하기, 가정에서 인터넷 등을 통해 구체적으로 어느 정도의 성적 자극을 받고 있는지 확인하기, 혹시 음란물을 보지는 않았는지, 보았다면 그와 관련한 잘못된 성인식을 바로잡아 주기, 올바르고 건전한 자위행위 교육하기 등이다. 특수학급 교사가 결혼을 안 한 미혼이라 철수를 상대로 성교육과 자위행위 교육까지 하는 것에 대해 매우 힘들어하였다. 그래서 담임인 내가 오후 시간에 철수에게 성교육을 추가로 시행하게 되었다.

③ 담임교사의 역할

전체 대책 회의 후 회의록을 작성하여 학교장 결재를 받고 기록을 보관하여 향후 문제 발생에 대비하였다. 방과 후 오후 시간에 철수를 남게 하여 하루를 돌아보게 하고 마음을 진정시킬 수 있도록 상담을 주 1~2회 정도 진행하였다. 그 과정에서 특수학급 선생님이 진행하던 성교육과 관련한 내용을 철수와 이야기하면서 철수가 과연 어느 정도의 성인식을 하고 있으며 자신의 성욕을 느끼고 있는지, 그 욕구를 해소할 만한 방법을 알고 있는지 탐색하였다.

상담과정에서 철수가 음란물을 보았다고 고백하기도 해서 직접 철수의 집으로 가서 아버지의 양해를 구하고 철수의 컴퓨터로 어떤 사이트를 이용하였는지 확인하였다. 다행히 철수는 음란물 자체의 의미도 모르고 있었으며 철수가 말한 것은 영화 예고편의 키스하는 장면이었다. 그것에 대한 올바른 교육을 시행하였고, 컴퓨터에서 성인 사이트나 유료 사이트가 검색되는지 확인하고 이를 차단할 수 있도록 컴퓨터 자체에 설정을 걸어 두기도 했다.

매주 1회 이상 철수의 집을 방문하였고 그 결과를 교감 선생님께 보고하고 특수학급 선생님, 동생 은수 담임선생님 등과 공유하였다. 상황적으로 주의가 필요할 때에는 주 3회 정도 방문하기도 하였다. 가정 방문을 하여 철수의 학습적인 면도 살피고, 바르게 컴퓨터를 이용하는 방법도 지도하였다. 동생 은수의 담임선생님도 함께 동행하여 은수와 대화를 나누는 시간을 갖기도 했다. 아버지와 면담을 하거나 누워 계신 철수 할머니와 대화를 나누면서 가족 전체와 친해지고 더불어 철수의 교육에 대한 협조를 구하기도 하였다.

④ 학부모 자원 활용하기-철수 아버지

철수에 대한 관리가 취약한 순간이 혼자 방치되는 등하교 시간이다. 그래서 매일 아침 아버지가 철수를 교실 앞까지 데려다주시면 내가 맞이하고, 하교 시에도 철수와 만나서 집까지 같이 가기로 하였다. 상당히 힘들고 당황스러울 수도 있는 일을 매일 해내실 수 있었던 것은 어쩌면 아버지가 정해진 직업이 없이 기초생활수급 지원금 같은 국가 보조로 생활하는 데 만족하고 있었기 때문이기도 했다. 여러 차례 아버지에게 자활센터 등을 통한 직업교육이나 알선을 제안했지만 철수가 졸업할 때까지 아버지가 직업 활동에 나서는 모습은 볼 수 없었다.

⑤ 외부기관 연계하기

철수에게 유사한 성 관련 문제가 또 생길지도 모른다는 불안감이 컸다. 집에서 아이들을 돌봐야 할 아버지는 직업이 없었지만 집을 자주 비웠고 아이들에게 소홀했다. 철수와 은수가 단둘이 집에 있는 것이 크게 염려되었다. 학교 교사가 매일 아이들을 봐주러 오는 것도 너무 무리였고 전문성도 부족했다.

철수를 위한 프로그램이나 돌봄은 은수에게도 필요했고, 아버지에 대한 부모교육과 직업교육, 철수 가정에 대한 경제적 지원 등이 모두 필요했다. 그러한 지원을 위해 [초록우산 어린이재단]과 협의하여 이러한 지원을 약속받았다. 실제 면담해 보니 초록우산에서 지원이 가능한 분야는 매우 많았고 철수 가정에 큰 도움이 되리라는 믿음이 들었다.

[초록우산 어린이재단]에서 지원받을 수 있는 분야는 다음과 같이 다양했다.

- 보육비 지원(분윳값, 기저귓값, 난방비, 생활용품비, 부식비 등)
- 학습비 지원(교재비, 교구비, 교복비, 학원비, 등하교 교통비 등)
- 의료비 지원(치료비, 수술비, 약값, 의료 보장구, 심리치료비 등)
- 주거비 지원(임대보증금, 월세, 개보수 및 신축 비용 등)
- 아동학대 예방 및 홍보
- 학대아동 상담 및 치료
- 피해아동 임시 보호
- 가정 위탁(위탁 가정 관리, 위탁 보호자 교육, 자립지원 프로그램)

상담 뒷이야기

특수학급 아이가 교실에서 아무 문제만 안 일으키면 그냥 현재 상황에 만족해 버린 적이 많았다. 담임으로서 뭘 해야 하는지도 잘 몰랐다. 하지만 조금씩 경험이 늘어 가면서 통합학급 관련 연수를 듣고 학교 도서실에서 책을 대여해 읽거나 특수학급 선생님에게 찾아가서 물어보고 의논하기도 하였다. 또 부모님을 만나기도 하였다. 많이 지쳐 계신 특수아 부모님들에게 어떤 해결책을 드릴 수는 없지만 상당수의 부모님은 아이가 가진 장애와 관련해 거의 전문가와 다름없었다. 그래서 내가 할 수 있는 것은 그분들이 그동안 했던 고생에 대해 알아드리고 공감하면서 위로해 드리는 것, 그리고 아이의 사랑스러운 부분을 발견해 알려 드리는 것이었다.

특수아동을 위해서는 장애 이해 교육보다 교사가 해당 특수아동을 어떻게 대하느냐가 학급 아이들에게 교육의 효과가 더 크다. 특수아동을 데리고 있는 교사들이 정말 많이 힘들지만, 세상에서 외롭고 고립될 수 있는 확률이 높은 그 아이에게 교사가 사랑의 손길을 내미는 순간이 특수아동을 위한 상담망의 시작이라고 생각한다.

사실 철수의 사례는 너무도 특별해 보여서 많은 선생님이 흉내 내기조차 부담스럽다고 느낄 수 있다. 하지만 어느 순간에나 각자가 할 수 있는 일이 있다고 믿는다. 그것은 거창한 것이 아닌 작은 말과 행동이다.

"부모님 말고도, 가족 말고도, 당신의 아이를 좋아하고 사랑하는 사람이 여기에도 있습니다."라는 메시지만큼 부모님에게 큰 힘이 되는 말을 나는 아직 찾지 못했다. 그런 말 한마디면 어떠한 프로그램이나 활동보다 큰 울림과 변화가 찾아온다고 믿는다.

선생님은 네가 좋아…. 선생님은 사실 널 좋아한단다.

부모님 말고도, 가족 말고도,
당신의 아이를 좋아하고
사랑하는 사람이
여기에도 있습니다♡

사례 3. 몸과 마음의 전인격적인 관심과 사랑이 필요한 수진

전문상담교사로 한 학교에 오래 있다 보면 비정기적으로 왔다 가는 아이도 있지만 해가 지나도 계속 만나야 하는 아이도 있다. 상담교사로서 몇 년을 함께하고도 아이의 반복되는 상황을 마주하기는 결코 쉽지 않은 일이다. 가장 어려운 것은 그 상황에 나조차도 무뎌진다는 것이다.

수진이와는 3년 동안 학교에서 동고동락하다시피 하며 성장 과정을 지켜봐 왔다. 나 스스로는 아이를 가장 많이 알고 있다고 생각하면서 혼자서도 충분한 도움을 줄 수 있다고 자신했다. 하지만 매일 수진이와 만나면서도 늘 비슷하다고만 느꼈을 뿐, 조금씩 달라지는 모습은 실감하지 못했다. 수진이는 어느덧 가장 예민한 6학년이 되었고, 주변 친구들도 전처럼 호락호락하지 않다는 사실을 놓치고 있었다. 그 사실을 깨달았을 때는 이미 수진이의 마음속에 슬픔과 분노의 풍선이 언제든 팡! 하고 터질 듯 빵빵하게 부풀어 있었다. 수진이의 마음속 풍선의 존재를 알고 있었지만 언제 그렇게 커졌는지 더 빨리 알아차리지 못한 아쉬움과 함께 가장 힘들 때 나를 찾아와서 속내를 털어놓은 아이에게 고맙기도 했다.

수진이가 처한 환경과 어려움은 담임교사와 관리자 분들도 이미 인지하고 있었지만 내가 털어놓은 이야기를 공론화시키면서 '안타깝지만 어쩌겠어?' 하며 정체되어 있었던 이전 상황과 분위기가 각자 할 수 있는 만큼 다 해 보자는 분위기로 완전히 반전되었다. 교장, 교감, 행정실장, 부장 교사, 담임교사, 보건교사, 상담교사가 완전한 팀이 되어 한 아이를 위해 힘을 모으던 그때의 에너지는 지금 생각해도 참 감사하고 신기한 경험이다.

3세가 채 되기 전 부모님의 이혼으로 아버지와 오빠, 할머니와 함께 사는 수진이는 6학년 여학생이다. 귀찮다는 핑계로 잘 씻지 않아 수진이의 머리와 몸에서는 냄새가 난다. 학습적인 부분은 크게 문제가 없으나 심리적인 기반이 약해서인지 또래보다 생각하고 말하는 스타일이 다소 유치하여 친구들과의 관계를 늘 어려워했다. 그 때문에 전임 상담교사에게 인계를 받은 이후, 수진이가 4학년일 때부터 정서적인 지원을 위해 매주 한 번 상담을 진행했다. 공식적인 상담 외에 비공식적으로 아이는 매일 방과 후에 상담실에 놀러와서 교실에서는 꼭꼭 숨겨 뒀던 마음을 풀어내고 하교했다.

수진이는 친구들과 친하게 지내고 싶어 했다. 하지만 수진이는 이상한 것에 고집을 부리고 안 되면 어린아이처럼 떼를 쓰며 울고 소리 지르는 경우가 있어 친구들이 가까이하다가도 결국 돌아섰다. 그 과정에서 수진이는 친구 관계에 대한 기대가 생겼다가 좌절되는 경험이 반복되었다.

최근 담임교사가 신임하는 아이들에게 수진이를 부탁하였고 수진이는 "상담실에 이제 올 시간이 없어요." 하며 즐거운 마음으로 친구들과 어울렸다. 하지만 며칠이 채 지나지 않아 수진이는 다시 상담실로 돌아와 자기는 상담 선생님이 아니면 놀 친구가 없고 이젠 친구도 필요 없다고 울면서 말했다. 점심시간에 친구들과 어울리지 못하고 혼자 교실에 앉아 있었는데 자신을 놀리는 듯한 말을 듣고 '내가 왜 살아야 하나?'라는 생각이 들었다고 하며 너무 슬퍼서 죽고 싶다고 했다. 친구들에게 무시를 받을 때마다 죽고 싶다고 생각하며 아파트 옥상에도 여러 번 올라가 보았지만 혼자 택시 운전을 하는 아버지를 슬프게 하긴 싫어서 다시 내려왔다고 했다.

① 담임교사와 상황 공유하기

담임교사는 학기 초부터 살뜰히 수진이를 챙기며 전문상담교사인 나와 수시로 아이에 관한 이야기를 나눴던 터라 바로 연락을 드렸다. 담임교사는 수진이에게 듣지 못했던 그날 교실의 일을 말씀해 주셨다. 최근 수진이가 교실에서 친구들과 잘 놀다가 홱 돌아서고 떼를 쓰는 경우가 많아져서 같이 놀던 친구들이 점점 수진이를 피하고 있던 상황이라고 했다. 담임교사는 믿을 만한 다른 아이들에게도 도움을 청해 수진이의 친구 관계를 지원할 수 있도록 하겠다고 해 주셨다.

② 생활안전부장과 관리자에게 사안 보고하기

아이와 상담 중 자살 징후가 보이고 실제 시도 직전까지 갔던 사안을 생활안전부장님께 알리고 교장, 교감 선생님께 보고했다. 교장 선생님은 이미 수진이를 알고 계시던 상황이라 현재 상황을 바로 이해하시고 학교에서 할 수 있는 최대한으로 돕는 방안을 모색해 보자고 하셨다.

③ 위기관리위원회 회의 소집

교장, 교감, 각 부장 교사들, 담임교사, 보건교사 그리고 상담교사가 참석한 위기관리위원회 회의를 진행했다. 담임교사는 수진이의 집에 있는 반찬 위에는 날파리가 날아다니고, 밥은 오래되는 등 변변한 식사를 챙겨 주지 않아 저녁을 늘 굶는다고 전했다. 상담교사는 평소 아이가 친구 관계 때문에 힘들어했고 오늘은 특히 더 슬퍼하며 죽음까지도 생각하는 모습이었다고 말했다. 그리고 아버지께 이 사실을 알리고 학교에서 도울 수 있는 지원에 대한 동의를 받아야 한다고 했다.

교장 선생님은 아버지가 동의한다면 가정방문이라도 해서 필요한 지원이 무엇인지 살펴보고 도울 수 있으면 좋겠다고 하셨다. 또 상담프로그램으로 학교상담 이외의 청소년 동반자 프로그램을 의뢰하여 집으로 찾아가는 상담 서비스를 통해 방학 동안에도 상담을 지원받을 수 있도록 조치하기로 했다. 더불어 학교발전기금 중 일부를 수진이에게 장학금 형식으로 지원해서 매주 3회는 저녁을 챙겨 먹을 수 있도록 돕는 방안이 제안되었다. 이에 담임선생님께서는 수진이가 혼자 음식점에 가서 먹기 어려울 수 있으니 담임교사와 상담교사가 돌아가며 함께 저녁을 먹는 프로그램을 마련하자고 말씀하셔서 모두 동의했다.

④ 수진이 아버지와 상담하기(담임, 상담 교사 함께)

낮에는 택시 운전, 밤에는 대리운전을 하시는 수진이 아버지와 통화를 하는 것도 사실은 힘든 일이었다. 그런데 만나기는 어땠을까? 하지만 담임교사는 이번 사안에는 꼭 대면하여 상담하는 것이 좋을 것 같다고 하시며 불굴의 의지로 아버지와 전화 연결에 성공하고 학교까지 오시도록 하였다. 담임선생님이 혼자 상담하실 수도 있었지만 상담교사와의 상담 중에 아이가 털어놓은 이야기인 만큼 상담교사인 나의 역할도 필요할 것으로 생각하여 함께 교실에서 상담하기로 하였다.

담임선생님은 처음 6학년 올라왔을 때와 비교해 확연히 좋아진 모습과 함께 여전히 어려운 부분에 대해 말씀을 드렸다. 나는 평소 수진이와 상담을 하면서 수진이가 얼마나 아버지를 좋아하고 아버지와 함께하는 시간을 행복해하는지에 대해 말씀을 드렸다. 최근 마음에 어려움이 있어 죽고 싶었는데 아버지를 슬프게 하는 것은 싫어서 견뎌 냈다는 사실도 전해 드렸다.

수진이 아버지는 엄마 없이 두 남매를 키우는 어려움에 대해서 호소하시면서 잘해 주려고 노력은 하는데 막상 생계가 어렵다 보니 뜻대로 표현되지 않는 부분이 있음을 말씀해 주셨다. 사실 수진이를 오래 봐 왔지만 아버지와는 전화로만 잠깐 대화를 나눈 게 다였기 때문에 아버지는 어떤 분일까 하는 궁금증도 있었다. 직접 만나 대화하면서 딸을 향한 깊은 사랑과 현실의 어려움으로 딸을 제대로 챙기지 못해 미안해하는 마음이 그대로 전해져서 뭉클했고 앞으로 수진이를 더 살뜰히 챙겨 줘야겠다는 마음이 생겼다. 아버지도 그런 우리의 마음을 아시고 고마워서 어쩔 줄 몰라 하시며 돌아가셨다. 마음 한편이 찡하고 뭉클했다.

⑤ 동반자 상담프로그램 신청하기

수진이는 방과 후에 하는 활동이 없어서 학교 마치고 바로 상담실에 와서 놀다 가거나 바로 집에 가는 경우는 온종일 휴대폰만 보고 있었다. 하교 후에 수진이를 챙겨 줄 수 있는 프로그램이 무엇이 있을까 고민하다가 청소년 동반자 상담프로그램을 신청하게 되었다. 마침 오신 선생님께서 수진이 담임선생님의 옛 제자도 맡아 주셨던 분이었다. 그런데 처음에 수진이도 동반자 상담프로그램에 대해 동의를 했었지만 막상 동반자 선생님에게 마음을 열기까지 시간이 오래 걸렸다.

⑥ 상담 선생님, 동반자 선생님의 상담진행

그 사건 이후에도 수진이는 어김없이 방과 후에 상담실에 찾아와 이러쿵저러쿵 교실에서 못했던 이야기들을 늘어놓으며 나와 대화하는 것을 즐겼다. 나는 기회가 날 때마다 수진이가 얼마나 소중한 사람이고 수진이가 가진 강점과 또 좋아지고 있는 부분에 대해 말해 주려고 노력했다. 그런 내 마음을 알기는 하는 건지 언제는 깜짝 놀랄 만큼 성숙한 말을 하다가도 돌아서면 어린아이로 돌아가는 수진이 때문에 나도 괜히 싱숭생숭할 때도 있었다. 다행히 동반자 선생님이 일주일에 한 번 와서 부담을 덜어 주시니 그때 잠시 쉬면서 충전하는 것이 남은 시간 수진이를 대하는 데 큰 힘이 되었다.

⑦ 담임교사, 상담교사가 돌아가며 아이와 함께 저녁 먹기

이 부분은 나보다도 담임선생님이 힘쓰셨던 부분이다. 학기 초였다면 선뜻 이렇게 도전하기가 쉽지만은 않았을 텐데 다행히 방학이 얼마 남지 않아 수진이가 저녁을 굶지 않도록 돕자는 마음으로 프로젝트를 시작했다. 일주일에 담임선생님은 2번, 나는 1번 정도 동네 김밥집이나 분식집에 가서 수진이와 저녁을 먹었다. 수진이는 하교하고 집에 들어갔다가 나오는 것이 귀찮다고 말하면서도 입에는 미소가 가득했다.

상담 뒷이야기

수진이를 도와주었던 수많은 선생님의 손길이 떠오른다. 일주일 넘도록 머리를 감지 않아서 학교 샤워실, 보건실에서 머리를 감겨 주시던 선생님, 주위에서 안 입는 옷을 구해 와서 수진이에게 옷을 챙겨 주신 선생님, 울거나 떼쓰거나 어떤 모습도 다 받아 주던 상담 선생님인 나 등등. 수진이는 졸업하기 전 자기를 도와줬던 많은 어른처럼 좋은 사람이 되고 싶다고 말했다. 아직 어리지만, 꼭 좋은 어른이 되어서 남들을 행복하게 해 주는 사람이 되고 싶다고 말하며 수진이는 무사히 졸업했다.

사례 4. 소아 우울증, ADHD, 분노 조절이 안 되는 윤우

퇴근할 때, 올해 윤우의 담임선생님을 만났다.

"오늘 어땠어요?"

"오늘은 아빠, 엄마가 학교에 왔어요. 저에게 삿대질을 너무 많이 해서…"

"잘했어요, 선생님. 혼자 감당하지 않고 부모님 부르신 것 좋아요. 파이팅입니다."

오늘도 윤우와 담임선생님과 부모님은 힘든 하루를 보냈을 것이다. 학교에는 부모와 담임교사가 노력해도 여전히 감당하기 어려운 아이가 있다. 그래도 우리는 교육공동체가 되어 그 아이와 함께해야 한다.

윤우는 수업시간에 칠판에 욕을 적고, 앞문으로 나갔다가 뒷문으로 들어오곤 했다. 창가에서 체육 하는 아이들을 향해 고함을 질렀다. 자신이 원하는 대로 되지 않으면 반 아이와 교사에게 욕하고 물건을 던졌다. 여러 사람이 보는 앞에서 한 행동도 하지 않았다고 하고 학급에서 정한 규칙을 이야기하면 들은 적이 없다고 말하고, 왜 그런 것을 지켜야 하냐고 했다. 매일 2~3회 그 아이의 행동을 제지하기 위해 수업을 중단해야 했다. 그러면서도 친구들이 자기를 싫어하기 때문에 학교에 오기 싫다고 했다.

하루는 우리 반 아이 중 잘 울고 체격이 약한 아이를 밀고 머리를 때리는 일이 있었다. 상담하기 위해 윤우를 불렀는데 자신은 잘못한 것이 없다고 담임에게도 고래고래 고함을 지르며 오랜 시간 동안 흥분을 가라앉히지 못했다. 겨우 진정되고 사과를 했지만 이 일을 계기로 어머니께 전화를 드렸다.

① 윤우 어머니와 전화 상담하기

어머니에게 먼저 윤우의 긍정적인 면을 말씀드렸다. 하지만 수업시간에 집중하기를 어려워하고 교육 상황에서 교사에게 고함을 지른다는 것과 이런 면을 잘 극복하고 성장할 수 있도록 어머니와 한 팀이 되어 협력했으면 좋겠다고 말씀드렸다. 어머니께서는 지난해까지 그런 일이 없었다고 하면서 아이와 이야기해 보겠다고 하셨다.

다음 날 어머니께서 문자를 보내셨다. 집에서 아빠에게 혼나고 나면 엄마에게 화풀이하는 때도 있는데 선생님도 엄마처럼 편해서 그런 게 아닌가 하는 생각이 든다는 내용이었다. 윤우의 기질이 부모님과 달라서 많이 힘들었고, 어머니께서 통제를 많이 하면서 아이와 관계가 좋지 않았다고 말씀하셨다.

1학년 때 ADHD 진단을 받고 3학년 1학기까지 약을 먹었으며, 개인상담도 꾸준히 받고 있고, 어머니도 같이 상담과 부모교육을 받는다고 하셨다. 그리고 병원과 개인상담 받는 기관의 권유로 이제 약은 먹지 않고 개인상담만 계속 받고 있다는 이야기도 들려주셨다.

'윤우가 따뜻하고 편안하게 인정받고 자신의 기질을 다듬을 기회가 없었구나. 그래서 어른에 대한 믿음도 없었구나.'

윤우가 이해되었다. 어머니의 노력을 지지해 드리고 윤우를 더 잘 돕기 위해 개인상담 선생님과 통화를 하고 싶다고 말씀드렸다.

② 작년 담임선생님께 구체적인 정보 얻기

정말 작년에는 괜찮았는데, 올해 이렇게 행동이 변할 수 있을까? 작년 담임교사는 별로 문제를 일으키지 않았다고 했다. 좀 별나고 욱하는 성격이 있기는 했지만 과제도 남아서 하고 갔다는 것이다. 정말 나의 능력에 문제가 있어서 아이가 그런 것일까 걱정이 되었다.

③ 윤우 개인상담 선생님께 정보 얻기

윤우의 개인상담 선생님께서는 윤우가 특별한 문제가 없다고 하셨다. 자신의 마음 이야기도 잘하고, 문제가 생기면 윤우의 바람을 읽어 주면 괜찮다고 하였다. 나도 느끼는 것이다. 개인적으로 말하면 알아듣는 아이, 자신이 하고 싶은 것을 하게 두면 별 문제가 없는 아이. 하지만 학교에서는 다 들어줄 수 없는 상황이라서 나는 너무 힘이 빠지고 답답함을 느꼈다.

윤우 개인상담 선생님과 상담 후에 최대한 윤우의 바람을 읽으려고 했고 계속 어머니와 연락을 취하며 윤우의 강점을 찾아 칭찬하고 격려하였다.

아주 조금씩 좋을 때도 있지만 윤우의 행동으로 수업의 진행이 어려워졌다. 단호하게 안 된다고 해도 그때뿐이었다. 이런 일이 반복되자 나 스스로 좌절감이 커지고 우울하기까지 했다. 그런데 전담 수업시간에는 더욱 행동이 통제되지 않아 교실에 있는 일이 많아졌다.

④ 윤우와의 상담으로 마음 알아보기

상담하면서 윤우가 아버지에 대한 울분 같은 것을 가지고 있음을 알게 되었다. 윤우 어머니께서 윤우를 훈육하다가 안 되면 아버지께 말씀드렸고, 아버지는 말과 힘으로 윤우를 무섭게 혼내셨다. 한번은 아버지에게 맞은 적이 있었는데 그 기억이 크게 남아서 어른에 대한 부정적인 감정이 있다는 느낌이 들었다.

4월 말에 도서관으로 현장체험학습을 갔다가 돌아오는 길에 놀이터가 있었다. 윤우는 놀고 싶고 학교에 가기 싫다고 했다. 급식을 먹어야 해서 가야 한다고 해도 혼자서 놀 테니 엄마를 불러 달라고 했다. 안 된다고 하니 고함을 지르기 시작했다.

윤우는 자기가 하고 싶은 것을 하고 감정을 다 소진하고서야 미안하다고 한다. 그러고는 자기 혼자만 홀가분해지는 상황이 반복된다. 그러는 사이 아이들은 불안하고 방치되고 나도 불안하고, 긴장하고, 힘들고, 지치고, 무능함이 느껴졌다. 이 일을 계기로 어머니께 상담을 요청했고 아버지와 함께 오셨다.

⑤ 윤우 부모님과의 상담으로 협조 구하기

부모님께 지금까지의 학교생활에 대해 말씀드렸다. 집에서는 그렇지 않다는 말씀에 윤우가 하는 행동을 담은 영상도 보여 드렸다. 협조를 요청하고 윤우가 아버지께서 무심히 하시는 말에 상처를 받는 것 같다고 말씀드리니 마음을 알아주기 위해 노력하겠다고 하셨다. 윤우가 잘 성장할 수 있도록 힘을 모으자고 말씀드리니 부모님도 감사하다고 하셨다.

윤우는 부모님과의 상담 이후에 조금 좋아지는 듯하더니 학교에 오기 싫다고 하며 수업이 시작되어도 학교를 배회하고 특수반에 가는 일도 생겼다.

⑥ 특수교사, 전문상담교사에게 협조 구하기

윤우가 특수반에 간 일로 부모님께 연락하며 혹시 문제가 있을 때 특수반과 상담실에 가서 마음을 진정시키고 와도 되는지 여쭈니 찬성하셨다. 특수반 선생님께서는 윤우가 힘들 때 특수반에 내려와도 된다고 하셨고, 상담 선생님께서도 수업이 없을 때는 윤우와 상담해 주시기로 하셨다.

매일 서너 번은 윤우를 제지하기 위해 수업을 멈추었다. 윤우는 조금 좋아지다가도 나빠지기를 반복했다. 그래도 다행스러운 것은 실수하고 나면 “미안하다.”라는 말을 하는 것이었다. 그리고 반 아이들이 알아서 피한 것도 있지만 윤우도 반 아이들을 때리지는 않았다.

쉬는 시간에 친구들과 축구도 하고 실내게임도 잘하는 윤우인데 5월 중순이 되면서 학교 가기 싫고, 자기를 좋아하는 친구가 없다고 자주 말했다는 것을 알게 되었다. 그래서 친구들이 윤우를 좋아하기도 한다는 것을 알게 하고 윤우가 아이들과 잘 어울릴 수 있도록 다모임과 칭찬 쓰기, 강점 맞히기 그리고 강점 편지 쓰기 활동을 하였다.

⑦ 강점 찾기

5월부터는 윤우의 강점을 찾아서 적는 활동을 하였다. 이것은 윤우에게 힘을 주기 위한 것도 있지만 나를 위한 것이기도 했다. 매일 윤우의 행동관찰을 기록하면서 잘못한 것만 기록하다 보니 나의 좌절감도 커지고 있었기 때문이다. 윤우의 강점을 적기 시작한 첫날 58개를 적어 윤우에게 보여 주었더니 좋아하며 집에 가져가겠다고 했다. 그 이후로도 윤우의 강점을 적어 보여 주었고, 특히 윤우가 큰 실수를 했을 때, 윤우의 강점을 먼저 이야기하고 잘못한 점을 꺼내면 자신의 잘못을 보나 쉽게 인정했다. 그러면서 윤우에 대한 나의 감정도 좀 편안해져 갔다. 윤우가 흥분할 때 예전처럼 화가 나기보다는 윤우의 감정을 편안하게 하는 바람이 무엇일까에 대해 집중하게 되었다.

⑧ 학급 친구들을 활용하기

1주일에 한 번 다모임을 했다. 이 시간에 아이들은 윤우의 강점을 찾아서 칭찬해 주었고 윤우가 하는 "미안해."라는 표현에 대해 칭찬을 아끼지 않았다. 윤우도 자신의 실수한 부분에 대해 미안함을 표현하게 되었고, 그래서 아이들은 끝까지 윤우를 이해해 주려고 했던 것 같다.

그리고 서로의 긍정적인 면을 찾아서 좋은 관계를 형성할 수 있도록 아침마다 강점 편지 쓰기 활동과 친구의 강점을 알아맞히는 활동도 하였다. 이 활동을 통해 윤우도 활발하다, 웃긴다, 축구를 잘한다, 친절하다, 특별한 생각을 한다, 유머 감각이 있다 등의 강점을 받게 되었다.

⑨ 학교 밖의 자원 활용하기

학교생활에서 규칙을 지키지 못하고 자제가 안 된다는 말을 듣고 어머니께서 태권도 사범님의 말은 잘 들으니 사범님과 상담해서 윤우를 지도하게 해 보겠다고 하셨다. 이렇게 협조하려는 어머니의 마음이 고마웠다.

하지만 윤우는 시간과 장소를 가리지 않고 뛰고 돌아다니고 던지고 교사에게도 다시 욕을 하기 시작했다. 또 윤우 마음대로 되지 않으면 학교를 돌아다녔다. 과학, 영어 전담 선생님도 너무 힘들다고 하셨다.

더 늦기 전에 전문가의 도움을 받는 것이 좋을 것 같아서 윤우 어머니께 조심스럽게 다른 방안을 생각해 보자고 말씀드렸다. 하지만 어머니께서는 3학년 때 병원 의사 선생님이 괜찮다고 했으니 다시 검사받는 것은 싫다고 하셨다. 방학이 시작될 무렵, 윤우에게 심리적 퇴행이 온 것 같다는 개인상담 선생님의 의견을 어머니가 전해 주셨다. 윤우 어머니께 포기하지 않고 협조해 주시는 것에 감사를 드리고 방학 동안 마음 편히 지내다 보면 좀 나아질 수 있다고 말씀드렸다. 그렇게 되면 얼마나 좋을까?

개학 후 윤우는 수업시간에 빠트린 과제를 알려 주면 하려는 모습을 보이기도 했다. 또 반 아이들과의 갈등도 1학기보다 줄어들었다. 하지만 화가 나면 물건을 던지고 교사에게 반말하면서 흥분하여 수업은 정지되었고 가만히 두면 도저히 가라앉지 않았다.

⑩ 동학년 선생님들의 협조 

윤우가 물건을 차고 던질 때는 혼자 진정시키기가 어려워서 동학년 선생님들께 상황을 알리고 미리 도움을 청하였다. 특히 부장님은 특수 아이들에 대한 지식도 많고 기꺼이 도움을 주시며 함께해 주셔서 큰 도움이 되었다. 하지만 남자 부장님께도 "왜요? 싫어요. 선생이면 다예요?"라는 말을 거침없이 하였다.

⑪ 관리자들에게 협조를 구함 

교감 선생님께 윤우의 상황을 말씀드리고 학교 차원에서 협조가 필요하다고 보고하였다. 교감 선생님께서 학부모 동의하에 매뉴얼대로 해 주신다고 하셨다. 다행히 윤우 어머니도 찬성하셨고 윤우에게도 감정이 통제가 안 될 때는 상담실로 갈 수 있고 그것이 싫으면 집으로 간다는 것을 약속받았다.

⑫ 전문가의 도움을 받기로 함

윤우가 과학실에서 교사의 서랍을 마음대로 뒤지고 라이터 불을 켜서 교사를 위협하는 일이 있었다. 그즈음에 어머니께서 윤우를 병원에 데려가셨고 병원에서는 ADHD보다는 소아 우울증 증세가 더 심하다고 하여 약을 먹기 시작했다. 윤우는 감정이 욱하고 올라오는 정도가 약해졌지만 여전히 욕하고 물건을 던지며 수업 중에 교실을 나가고 사물함에 올라가는 행동을 보였다.

그런데 학교에서의 행동을 어머니께 말씀 드려도 윤우가 말하기 싫다고 하면 지도 없이 넘어가는 일이 많이 생겼다. 어머니는 혹시나 아이가 자살할까 걱정이라며 윤우를 우선으로 생각하시겠다고 했다. 부모님의 협조가 없어지면서 윤우는 학교에서 자기 하고 싶은 대로 하고 저지하면 감정을 강하게 표현하였다.

어느 날은 사물함에 올라가서 드러누워 종이를 찢고 아이들에게 던지고 내려오라고 하니 고함을 지르기 시작했다. 너무 안타까워서 아이들이 보이지 않는 곳에서 "윤우야, 뭘 바라는 거야? 너무 마음 아프다."라고 말하는데 눈물이 났다. 윤우는 진정되는 듯했는데 오후에 또 물건을 마음대로 만져서 하지 말라고 하니 "선생님, 또 울게 할 거예요."라고 말하였다.

4학년 마지막 날, 반 아이들이 간단한 파티를 준비하고 윤우가 대표로 나에게 고깔을 씌워 주었다. 감격도 잠시, 놀이 활동을 하던 중에 자기 마음대로 안 된다고 나를 밀쳐서 넘어지고 윤우에게 깔렸다. 옆 반 선생님이 달려오시고 어머니께서 오셔서 윤우를 데리고 가셨다.

상담 뒷이야기

윤우를 다음 학년으로 보냈지만 결코 마음이 개운하지 않았다. 문제를 여전히 안고 있는 느낌이었다. '이렇게 어려운 아이는 나 혼자 감당하려고 해서는 안 되는구나. 좀 더 일찍 부모님과 관리자와 함께 의논하고 윤우를 도왔어야 했는데….'라는 후회가 밀려왔다.

새 학년 담임 배정을 두고 윤우의 담임이 누가 될까 모두가 긴장했다. 윤우의 새 학년 담임선생님이 배정되고 나서 무슨 일이 일어나면 혼자서 감당하지 말고 같이 해결하자고 말씀드렸다. 윤우는 개학 첫날부터 교실을 돌아다녔고, 2일째에는 기분이 나쁘다며 옆 반 교실로 들어가 빈 의자에 앉아서 자기 교실로 가라는 교사에게 욕을 하였다.

그 학년의 부장님과 특수반 선생님, 담임선생님께서 나를 찾아오셨다. 나는 관리자에게 연락하고 부모님과도 바로 연락을 하여 학교 전체에서 대응해야 윤우에게 도움이 될 것이라고 조언을 드렸다. 그렇게 해서 부모님께서 오시고 관리자와 함께 윤우에 대한 매뉴얼을 짜게 되었다.

5학년인 윤우는 이제 개인상담과 병원 진료, 그리고 Wee센터의 상담까지 받는다. 오늘 윤우는 우리 교실에 왔다. 그리고 "여기에서 공부하고 싶어요."라고 말을 했다. 누구보다 사랑받고 싶고 인정받고 싶었지만 스스로 감정을 통제하지 못했던 윤우.

"사랑해, 윤우야. 쉬는 시간에는 언제든지 여기 와도 돼. 나는 윤우를 응원한다."라고 말을 해 주었다. 윤우가 졸업할 때까지 나는 이 학교에 있을 것이다. 그리고 계속 윤우의 선생님으로서 지금의 담임선생님과 내년의 윤우 담임선생님과도 함께할 것이다.

지금까지 교사가 감당하기 어려운 아이를 돕고 성장시키는 방법에 관해 구체적 사례를 통하여 알아보았다. 앞선 사례들에서 한 방에 깔끔하게 해결되는 상담 비책은 없었다. 다양한 자원이 다 같이 힘을 모아도 예상치 못한 상황에 부딪히기도 하고, 기우뚱대며 가는 고단한 여정이었다.

교사는 씨를 뿌리는 사람이라고 생각한다. 열심히 씨를 뿌리고 싹을 틔워 줄 때까지 기다리고 인내하는 사람. 변화의 싹은 어디에서 생기는지 아무도 모른다. 희망적 결과가 있어서 뭔가를 시도하는 것이 아니다. 그저 묵묵히 나의 길을 향해 가는 것이다. 내 눈길, 손길을 벗어난 어느 먼 지점에서 알맞은 환경이 되었을 때 아이는 그제야 싹을 틔우고, 열매를 맺을 수도 있다. 그러면 믿고 기다리는 시간도 소중해진다. 다만, 내리는 비에도 지치지 말아야 한다. 지금 당장 아무런 변화가 없다고 좌절하지 말아야 한다. 지금 내가 쏟는 노력과 열정이 어디선가 싹을 틔울 준비를 하느라 잠자고 있는 시간일지 모른다고 생각하면 어떨까? 2,000년 만에 싹을 틔운 대추야자 씨앗처럼.

◈ 참고문헌 ◈

당신의 삶은 누가 통제하는가? William Glasser 저 · 김인자 역, 한국심리상담연구소, 1991

현실요법의 적용 Wubbolding 저 · 김인자 역, 한국심리상담연구소, 1996

현실요법과 선택이론 김인자 저, 한국심리상담연구소, 1996

단기상담 제럴드 B. 스클레어 저 · 송현종 역, 학지사, 2001

해결을 위한 면접 Peter De Jong 외 공저 · 노혜련 외 공역, 시그마프레스, 2004

교사를 위한 학교상담기법 Garry Hornby 저 · 김병석 외 공역, 시그마프레스, 2007

현장교사를 위한 학교상담 12가지 사례: 인성편 김서규 저, 학지사, 2009

마음을 여는 초등학급상담 김명신 외 공저, 우리교육, 2011

공감대화카드 활용 가이드 최명혜 외 공저, 학지사, 2012

초등상담나무는...

2003년, 학교현장에서 아이들의 생활지도에 어려움을 겪은 선생님들이 함께 모여 상담을 공부하는 모임으로 시작하였습니다. 2009년에 그동안 함께 고민하고 연구한 내용을 많은 선생님과 나누고자 '초등상담나무' 연구회를 만들어 현재까지 활동하고 있습니다.

초등상담나무는 교육, 상담현장에서 아이들의 생활교육에 필요한 다양한 도구와 자료를 상담적 마인드를 바탕으로 연구, 개발하여 아낌없이 나눔으로써 행복한 교실, 가정, 사회를 이루는 데 기여하고자 노력하는 공동체입니다.

| 연구 개발된 책과 자료

· 쉽게 배우고 적용하는 RT상담카드(한국심리상담연구소, 2007)
· 마음을 여는 초등학급상담(우리교육, 2011)
· 공감대화카드(학지사, 2013)
· 놀며 자라는 놀이집단상담(학지사, 2018)
· 청소년용 공감대화카드(학지사, 2019)
· 공감대화보드(학지사, 2019)
· 샤이닝 강점카드(학지사, 2019)
· 공감Talk 보드게임(학지사, 2019)
· 내 마음이 궁금해(감정편)(학지사, 2021)
· 아동용 공감대화카드(학지사, 2021)
· 안녕! 오늘의 마음(학지사, 2021)
· 안녕! 오늘의 마음(한 학기용)(학지사, 2022)
· 마음쏙카드(학지사, 2022)

『배워서 바로 쓰는 학급상담』 저자

김명신(경남 서남초등학교)
곽주희(부산 운산초등학교)
김명숙(부산 안남초등학교)
김은희(경북 대도초등학교)
김현주(부산 수영초등학교)
손미영(부산 석포초등학교)
우화선(부산 좌동초등학교)
이석경(초등상담나무)
조유정(부산 토성초등학교 전문상담교사)
조인영(부산 동래교육지원청 Wee센터)
최명혜(초등상담나무)
허정인(부산 전포초등학교)

| 감수

김인자(한국심리상담연구소 소장)

| 그림, 만화

강지현(대전 송강초등학교)

| 표지그림

최다은(경남 김해활천초등학교)

함께 성장해요!

배워서 바로 쓰는

학급상담

2022년 8월 19일 1판 1쇄 인쇄
2022년 8월 26일 1판 1쇄 발행

지 은 이 • 초등상담나무
펴 낸 이 • 김진환
펴 낸 곳 • **(주)학지사, (주)인싸이트**
04030 서울 마포구 동교로 18길 20 마인드포레스트빌딩
전화·02-330-5133 팩스·02-324-8200
설 립 일 • 1992년 2월 19일
등 록 번 호 • 제2015-000357호
홈 페 이 지 • http://www.inpsyt.co.kr
I S B N • 978-89-997-2772-6 93370
가 격 • 25,000원

RT상담카드 제작방법

1. 카드를 모두 뜯어 주세요.
2. 카드 왼쪽 상단의 구멍을 뚫어 주세요.
3. 카드 오른쪽 아래의 번호를 보며 순서대로 모아 주세요.
4. 구멍에 고리를 걸면 끝!
5. RT상담카드를 다시 구하고 싶으면
   카드 표지에 있는 QR코드를 찍어 보세요.

RT상담카드

나의 선택!

행복한 삶으로의 출발

현실치료의 창시자인
W. Glasser의 CT차트를 토대로 김명신이 제작함.

1

현재의 상황

내가 진짜 원하는 것

2

내 마음속의 저울이?

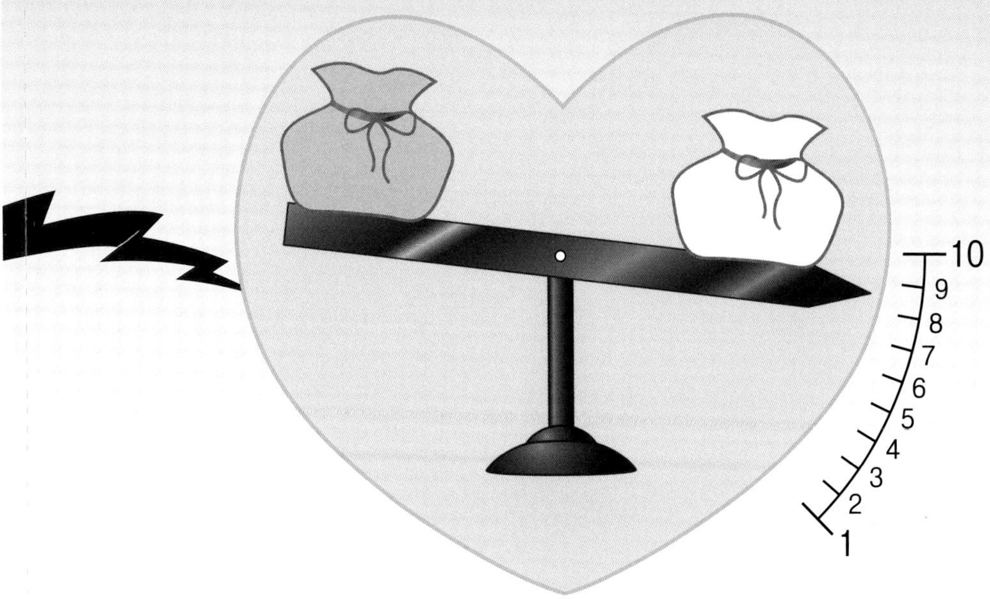

3

이런 갈등상황에서 나는 어떤 행동을 하나요?

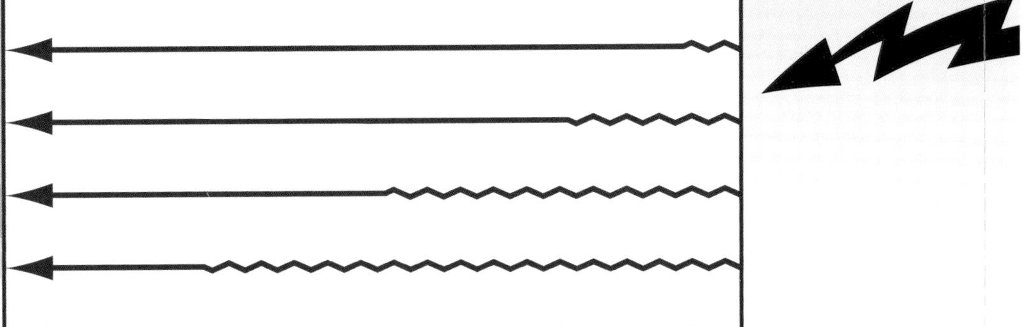

4

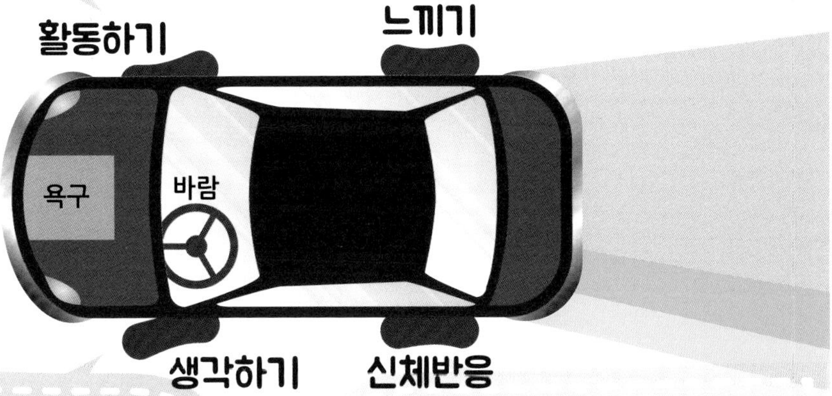

5

선택의 결과는?

6

계획 세우기

간단하게 실천
즉각 할 수 있는
구체적으로 정하기
진지하게(꼭 하겠다)

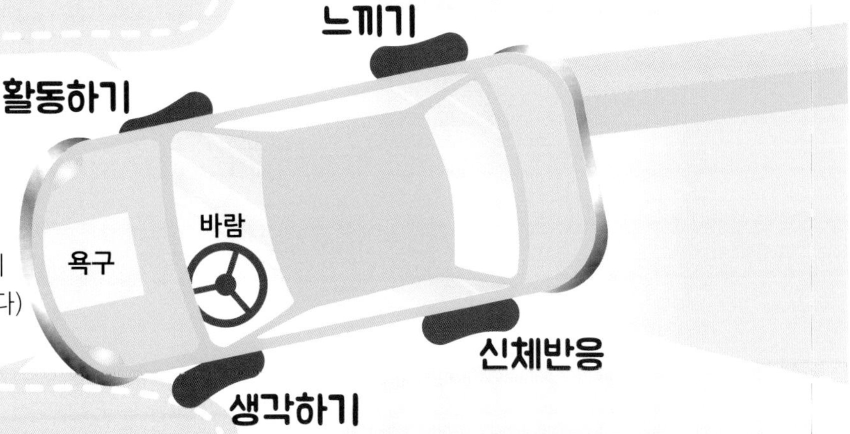

'계획 세우기'는 한국심리상담연구소 김인자 교수님께서 제시한 것임.

선택의 결과는?